제1판 경찰/검찰/교정/승진

2021.01.01. 시행 개정 관련법규정리

2021대비

형사소송법 핵심정리

수 편저

단기완성 합격지침서

정의는 결과에 불과하다. 정의롭다는 결과에 이르기 위해서는
그 절차가 공정해야 할 것이다. 그러나 국가도 법도
진실도 변호사도 당신을 지켜주지 못한다.
왜냐하면 당신이 믿고있는 법은 공정
하지도 평등하지도 않기 때문에
살아남기 위해선 절차를
잘 숙지하여 잘 싸워
스스로 방어하고
또 하늘이
도와야
한다.

마이스터연구소

머리말

검 · 경수사권의 조정과 고위공직자범죄수사처 설치 등 우리는 또 한 번의 시험대 위에서 개정법률과 마주하게 되었습니다.

법 개정이 우리 모두를 만족하게 할 수는 없지만 그래도 검 · 경의 수사권이 조정되었다는 건 의미가 있습니다. 이를 계기로 앞으로 더욱더 발전해 나갈 것을 기대해 봅니다.

이 책은 시간에 쫓기는 수험생을 위해 만들었습니다. 개정법을 정리하고 절차법의 특성상 기본골격을 도표화 해 절차의 흐름을 파악하게 한 후 관련 판례를 넣어 형사소송법을 빠르게 이해할 수 있도록 편집하였습니다. 기본이론을 숙지한 후 최신기출문제를 확인하도록 함으로써 단기간 준비로 시험에 도움을 주고자 합니다.

이 책이 나오기까지 편집과 기획을 하면서 조언과 격려를 해 주신 ㈜마이스터연구소 김연욱 대표와 이형우 님에게 감사드립니다. 그리고 오늘도 목표를 위해 정진하는 수험생 여러분들에게 영광의 결과가 있기를 기원합니다.

2020년 10월 1일

이 양 수

PART 01 서 론

PART 02 소송의 주체와 소송행위

PART 03 수사와 증거

1. 수 사

PART 04 공 판

1. 공판절차

2. 재 판

PART 05 상소 · 비상구제 절차

1. 상소 · 비상구제

2. 재판의 집행

3. 특별절차

PART 01

서 론

01. 형사소송법의 개념

<table>
<tr><td>형사소송법의 개념</td><td colspan="2">형사소송법이란 형사절차를 규정하는 국가적 법률체계, 즉 형법을 적용, 실현하기 위한 절차를 규정하는 법률체계를 의미한다.</td></tr>
<tr><td rowspan="3">비교</td><td>형법</td><td>형사소송법</td></tr>
<tr><td>법은 어떤 행위가 범죄로 되고, 그 범죄에 어떤 형벌을 부과할 수 있는가를 규정하고 있어 정적 · 고정적 성격을 가지고 있다.</td><td>형사소송법은 형법이 구체적 사건에 적용되고 실현되기 위해 절차가 필요한바, 동적 · 발전적 성격을 가지고 있다.</td></tr>
<tr><td>형법은 형사사법에 의한 정의를 실현하기 위한 법률이다.</td><td>형사소송법은 형사사법에 있어서의 정의를 실현하기 위한 법률이다.</td></tr>
<tr><td rowspan="2">형사소송법정주의</td><td colspan="2">① 형사소송법정주의라 함은 형사소송절차는 국회에서 제정한다는 원칙을 말한다. 법률에 의하지 아니하고는 피의자, 피고인 등의 기본적 인권을 제한할 수 없다는 원칙</td></tr>
<tr><td colspan="2">② 형사소송법정주의는 단순히 형사절차를 법률에 규정할 것만을 의미하는 것이 아니라, 형사절차의 내용이 합리성과 정당성을 갖추어야 하고 또한 형사절차는 공정한 재판의 이념에 부합하는 적정한 절차(due process)일 것까지 요구된다.</td></tr>
<tr><td>형사소송법의 성격</td><td colspan="2"></td></tr>
<tr><td>공법</td><td colspan="2">형사소송법은 국가형벌권을 실현함으로써 공공질서유지 등 공익을 도모하려는 절차에 관한 공법이므로 법치주의를 전제로 한다.</td></tr>
<tr><td>사법법</td><td colspan="2">형사소송법은 공법 중에서도 국가의 사법작용을 규정하는 사법법이므로 법적 안정성이 강하게 요구되나(특히 공판절차), 수사절차나 형의 집행절차에 있어서는 공판절차보다 합목적성이 상대적으로 중요한 의미를 가질 수 있다.</td></tr>
<tr><td>절차법</td><td colspan="2">형사소송법은 절차법이므로 기술적, 동적 · 발전적 성격이 강하다. 그러나 실체법인 형법은 윤리적 · 도덕적 성격이 강하다.</td></tr>
<tr><td>형사법</td><td colspan="2">형사소송법은 형법과 더불어 형사법에 속한다. 민사법이 개인과 개인, 부분과 부분 사이의 평균적 정의를 실현함에 대하여 형사법은 국가와 개인, 전체와 부분 사이의 배분적 정의를 실현함을 목적으로 하게 되고, 형사법에는 정치적 색채가 강하게 나타난다.</td></tr>
</table>

02. 법원

<table>
<tr><td>형사소송법의 법원</td><td colspan="4">법원이란 법의 존재형식으로 형사소송법의 법원은 법률에 제한되는데, 형사절차를 규정하기 위하여 제정된 법률이 바로 형사소송법이다. 형사소송법 이외에 헌법과 소송절차 등에 관한 대법원규칙도 있다.</td></tr>
<tr><td rowspan="2">헌 법</td><td colspan="3">헌법에 규정된 것</td><td>헌법에 규정이 없는 것</td></tr>
<tr><td colspan="3">① 제12조 : 형사절차법정주의, 적정절차의 원칙(제1항), 고문금지 · 불이익진술거부권(제2항), 영장주의(제3항), 변호인의 조력을 받을 권리(제4항), 체포 · 구속사유 통지를 받을 권리(제5항), 체포 · 구속적부심사청구권(제6항), 자백배제법칙과 자백의 보강법칙
② 제13조 제1항 : 일사부재리의 원칙
③ 제27조 : 군사법원의 재판을 받지 않을 권리(제2항) 신속한 공개재판을 받을 권리(제3항), 피고인의 무죄추정(제4항), 형사피해자의 재판절차 진술권(제5항)
④ 제28조 : 형사보상청구권
⑤ 제44조 : 국회의원의 불체포특권
⑥ 제84조 : 대통령의 형사상특권
⑦ 제101조~제108조 : 법원의 조직과 권한
⑧ 제109조 : 공개재판의 원칙
⑨ 제110조 : 군사법원에 관한 규정
⑩ 제111조 : 헌법소원권</td><td>① 보석청구권
② 증거보전신청권
③ 증거신청권
④ 증인신청권
⑤ 이의신청권
⑥ 위법수집증거배제의 법칙
⑦ 전문법칙
⑧ 최후진술권
⑨ 상소권
⑩ 간이공판절차</td></tr>
<tr><td rowspan="5">법 률</td><td colspan="2">형식적 의미</td><td colspan="2">형사소송법이란 명칭으로 공포, 시행되는 법률로 형사소송법의 법원이 된다.</td></tr>
<tr><td rowspan="4">실질적 의미</td><td colspan="3">명칭은 형사소송법은 아니지만, 내용이 실질적으로 형사소송절차를 규정한 법률전체를 실질적 의미의 형사소송법이라 한다.</td></tr>
<tr><td>조직에 관한 법</td><td colspan="2">① 법원조직법, 각급 법원의 설치와 관할구역에 관한 법률 ② 검찰청법 ③ 변호사법 ④ 경찰관직무집행법 등이 있다.</td></tr>
<tr><td>특별 절차</td><td colspan="2">① 소년법 ② 즉결심판에 관한 절차법 ③ 군사법원법 ④ 조세범처벌 절차법 등</td></tr>
<tr><td>기타</td><td colspan="2">① 형사소송비용법 ② 형사보상법, 행형법 ③ 사면법 ④ 소송촉진 등에 관한 특례법 ⑤ 국가보안법 ⑥ 관세법 등</td></tr>
<tr><td rowspan="2">대법원 규칙</td><td colspan="4">대법원은 법률에 저촉되지 아니하는 범위 안에서 소송에 관한 절차, 법원의 내부규율과 사무처리에 관한 규칙을 제정할 수 있어 이를 근거로 제정된 대법원규칙도 형사소송법의 법원이 된다.</td></tr>
<tr><td colspan="4">① 형사소송규칙 ② 공판정에서의 좌석에 관한 규칙 ③ 법정에서 방청 · 촬영에 관한 규칙 ④ 소송촉진에 관한 특례법시행규칙 ⑤ 형사소송비용 등에 관한 규칙 ⑥ 소년심판규칙</td></tr>
<tr><td>법무부령</td><td colspan="4">① 사법경찰관리집무규칙 ② 검찰사건사무규칙 ③ 검찰압수물사무규칙
④ 검찰집행사무규칙 ⑤ 검찰징수사무규칙 ⑥ 검찰보고사무규칙 등
○헌재는 검찰사건사무규칙의 법원성을 부정하고 있다.</td></tr>
<tr><td>기타</td><td colspan="4">헌재 판례와 국제조약은 형사소송법의 법원이 될 수 있으나, 대법원예규, 판례나 관습법은 형사소송법의 법원이 될 수 없다.</td></tr>
</table>

판례 · 지문 **형사소송법의 법원**

1. **대법원예규** 등은 간접적으로 형사절차의 운용에 영향을 미치나 직접적으로 소송관계인의 권리와 의무에 영향을 미치지 않으므로 **형사소송법의 법원은 아니다**(헌재 1991.7.8, 91헌마42).

2. 재기수사의 명령이 있는 사건에 관하여 지방검찰청검사가 다시 불기소처분을 하고자 하는 경우에는 미리 그 명령청의 장의 승인을 얻도록 한 **검찰사건사무규칙**의 규정은 **검찰청 내부의 사무처리 지침**에 불과한 것일 뿐 **법규적 효력을 가진 것이 아니다**(헌재 1991.7.8, 91헌마42).

3. **검찰사건사무규칙**은 검찰청법 제11조의 **규정**에 따라 각급 검찰청의 사건의 수리 · 수사 · 처리 및 공판수행 등에 관한 사항을 정함으로써 사건사무의 적정한 운영을 기함을 목적으로 하여 제정된 것으로서 **그 실질은 검찰 내부의 업무처리지침으로서의 성격을 가지는 것**이므로, 이를 형사소송법 제57조의 적용을 배제하기 위한 **법률의 다른 규정으로 볼 수 없다**(대판 2007.10.25. 선고 2007도4961).

참고 · 지문

1. 정부조직법, 군형법, 특별범죄가중처벌법, 경범죄처벌법, 조세범처벌법, 형의 실효에 관한 법은 형사소송법의 법원이 될 수 없다.
2. 대법원규칙은 형사소송법의 법원이나 대법원예규는 직접소송관계인에게 영향을 미치지 않으므로 형사소송법의 법원이 되지 않는다.
3. 검찰징수사무규칙은 벌금형 등의 집행에 관한 사항을 정한 것으로 대외적으로 구속력을 가진 법규명령으로 본다.

【참고조문 헌법 제12조】

① 모든 국민은 신체의 자유를 가진다. 누구든지 법률에 의하지 아니하고는 체포 · 구속 · 압수 · 수색 또는 심문을 받지 아니하며, 법률과 적법한 절차에 의하지 아니하고는 처벌 · 보안처분 또는 강제노역을 받지 아니한다.
② 모든 국민은 고문을 받지 아니하며, 형사상 자기에게 불리한 진술을 강요당하지 아니한다.
③ 체포 · 구속 · 압수 또는 수색을 할 때에는 적법한 절차에 따라 검사의 신청에 의하여 법관이 발부한 영장을 제시하여야 한다. 다만, 현행범인인 경우와 장기 3년 이상의 형에 해당하는 죄를 범하고 도피 또는 증거인멸의 염려가 있을 때에는 사후에 영장을 청구할 수 있다.
④ 누구든지 체포 또는 구속을 당한 때에는 즉시 변호인의 조력을 받을 권리를 가진다. 다만, 형사피고인이 스스로 변호인을 구할 수 없을 때에는 법률이 정하는 바에 의하여 국가가 변호인을 붙인다.
⑤ 누구든지 체포 또는 구속의 이유와 변호인의 조력을 받을 권리가 있음을 고지받지 아니하고는 체포 또는 구속을 당하지 아니한다. 체포 또는 구속을 당한 자의 가족 등 법률이 정하는 자에게는 그 이유와 일시 · 장소가 지체없이 통지되어야 한다.
⑥ 누구든지 체포 또는 구속을 당한 때에는 적부의 심사를 법원에 청구할 권리를 가진다.
⑦ 피고인의 자백이 고문 · 폭행 · 협박 · 구속의 부당한 장기화 또는 기망 기타의 방법에 의하여 자의로 진술된 것이 아니라고 인정될 때 또는 정식재판에 있어서 피고인의 자백이 그에게 불리한 유일한 증거일 때에는 이를 유죄의 증거로 삼거나 이를 이유로 처벌할 수 없다.

03. 적용범위

장소적 적용범위	원칙	대한민국 영역 내에서 발생한 소송행위에 대하여서는 피의자, 피고인의 국적에 상관없이 모든 사건에 적용된다(속지주의). 또한 대한민국 영역 외 일지라도 영사재판권이 미치는 지역에서는 우리 형사소송법이 적용된다.
	예외	대한민국 영역 내라도 국제법 또는 조약상 치외법권이 행하여지는 구역, 즉 대사관, 우리나라 영해 내의 외국군함 내에는 우리나라 재판권은 미치지 않으며, 따라서 형사소송법이 적용되지 않는다.
인적 적용범위	원칙	형사소송법은 국적여부를 불문하고 대한민국 영역 내에 있는 모든 사람에게 적용된다.
	국내법상의 예외	㉠ 대통령은 내란 또는 외환의 죄를 범한 경우를 제외하고는 재직 중 형사상의 소추를 받지 아니한다(헌법 제84조). ㉡ 국회의원은 국회에서 직무상 행한 발언과 표결에 관하여 국회 외에서 책임을 지지 아니하며, 현행범인 경우를 제외하고는 회기 중 국회의 동의 없이 체포 또는 구금되지 아니한다(헌법 제44조).
	국제법상의 예외	㉠ 외국의 원수, 그 가족 및 대한민국 국민이 아닌 수행자 ㉡ 신임받은 외국의 사절과 그 직원 · 가족 ㉢ 승인받고 대한민국 영역 내에 주둔하는 외국의 군인(SOFA)
시간적 적용범위	① 형사소송법에는 소급효금지의 원칙이 적용되지 아니하므로 이는 구법과 신법 중 어느 법을 적용할 것인가는 입법정책의 문제이다. ② 형사소송법 부칙은 법 시행 당시 수사 중이거나 법원에 계속 중인 사건에도 적용한다. 다만, 이 법 시행 전에 종전의 규정에 따라 행한 행위의 효력에는 영향을 미치지 아니한다고 규정, 구법에 의해 진행된 소송행위효력을 인정하고 신법시행 후 소송절차는 신법을 적용하는 혼합주의를 취하고 있다.	

참고 · 지문

1. (SOFA)규정에 의거 주한미군의 직무상 범죄는 미국형사소송법이 적용되나, 일반형사범죄는 우리나라 형사소송법이 적용된다.
2. 주한미군이나 외국대사의 범죄에 대하여 한국법원에 공소제기 된 경우 그 심판절차는 우리나라 형사소송법이 적용된다.

판례 · 지문 적용범위

1. 대한민국 내에 있는 **미국문화원**이 치외법권 지역이고 그 곳을 미국영토의 연장으로 본다 하더라도, 그 곳에서 죄를 범한 대한민국 국민에 대하여 우리 법원에 먼저 공소가 제기되고 미국이 자국의 재판권을 주장하지 않고 있는 이상, **속인주의를 함께 채택**하고 있는 우리나라의 재판권은 동인들에게도 당연히 미친다 할 것이며 미국문화원 측이 동인들에 대한 처벌을 바라지 않았다고 하여 **그 재판권이 배제되는 것도 아니다**(대판 1986.6.24. 86도403).

2. **캐나다 시민권자인 피고인이 캐나다에서 위조사문서를 행사**하였다는 내용으로 기소된 사안에서, 형법 제234조의 위조사문서행사죄는 형법 제5조 제1호 내지 제7호에 열거된 죄에 해당하지 않고, 위조사문서행사를 형법 제6조의 대한민국 또는 대한민국 국민의 법익을 직접적으로 침해하는 행위라고 볼 수도 없으므로 피고인의 행위에 대하여는 우리나라에 재판권이 없는데도, 위 행위가 **외국인의 국외범**으로서 우리나라에 재판권이 있다고 보아 유죄를 인정한 원심판결에 재판권 인정은 법리오해의 위법이 있다(대판 2011.8.25. 선고 2011도6507).

3. **국회의원의 면책특권에 속하는 행위**에 대하여는 공소를 제기할 수 없으며 이에 반하여 공소가 제기된 것은 결국 공소권이 없음에도 공소가 제기된 것이 되어 형사소송법 제327조 제2호의 **공소제기의 절차가 법률의 규정에 위반하여 무효인 때**에 해당되므로 **공소기각판결**을 하여야 한다(대판 1992.9.22. 91도3317).

4. **면책특권의 목적 및 취지** 등에 비추어 볼 때, 발언 내용 자체에 의하더라도 직무와는 아무런 관련이 없음이 분명하거나, 명백히 허위임을 알면서도 허위의 사실을 적시하여 타인의 명예를 훼손하는 경우 등까지 면책특권의 대상이 될 수는 없지만, **발언 내용이 허위라는 점을 인식하지 못하였다면 비록 발언 내용에 다소 근거가 부족하거나 진위 여부를 확인하기 위한 조사를 제대로 하지 않았다고 하더라도, 그것이 직무 수행의 일환으로 이루어진 것인 이상 이는 면책특권의 대상이 된다**(대판 2007.1.12. 선고 2005다57752).

5. **면책특권의 대상이 되는 행위는** 국회의 직무수행에 필수적인 국회의원의 국회 내에서의 **직무상 발언과 표결이라는 의사표현행위 자체에만 국한되지 아니하고 이에 통상적으로 부수하여 행하여지는 행위까지 포함**하며, 그와 같은 부수행위인지 여부는 구체적인 행위의 목적 · 장소 · 태양 등을 종합하여 개별적으로 판단하여야 한다(대판 2011.5.13. 선고 2009도14442).

6. 국회의원이 대기업으로부터 이른바 떡값 명목의 금품을 수수하였다는 내용이 게재된 **보도자료를** 작성하여 국회 법제사법위원회 개의 당일 국회 의원회관에서 기자들에게 배포한 사안에서, 국회의원이 국회 법제사법위원회에서 발언할 내용이 담긴 위 **보도자료를 사전에 배포한 행위는** 국회의원 면책특권의 대상이 되는 **직무부수행위에 해당**하므로, 허위사실적시 명예훼손 및 통신비밀보호법 위반의 점에 대한 공소를 기각하여야 한다(대판 2011.5.13. 선고 2009도14442).

7. **한반도의 평시상태**에서 미합중국 군 당국은 **미합중국 군대의 군속**에 대하여 형사 재판권을 가지지 않으므로, 미합중국 군대의 군속이 대한민국 영역 안에서 저지른 범죄로서 **대한민국 법령에 의하여 처벌**할 수 있는 범죄에 대한 형사 재판권을 바로 행사할 수 있다(대판 2006.5.11. 선고 2005도798).

8. **내국 법인의 대표자인 외국인이** 내국 법인이 외국에 설립한 특수목적법인에 위탁해 둔 자금을 정해진 목적과 용도 외에 임의로 사용한 데 따른 횡령죄의 피해자는 당해 금전을 위탁한 내국 법인이다. 따라서 그 **행위가 외국에서 이루어진 경우에도 행위지의 법률에 의하여 범죄를 구성하지 아니하거나 소추 또는 형의 집행을 면제할** 경우가 아니라면 그 외국인에 대해서도 우리 형법이 적용되어(형법 제6조), **우리 법원에 재판권이 있다**(대판 2017.3.22. 2016도17465).

9. **중국 북경시에 소재한 대한민국 영사관 내부는** 여전히 중국의 영토에 속할 뿐 이를 대한민국의 영토로서 그 영역에 해당한다고 볼 수 없을 뿐 아니라 사문서위조죄가 형법 제6조의 대한민국 또는 대한민국 국민에 대하여 범한 죄에 해당하지 아니하여 **외국인의 국외범**에 해당한다는 이유로 피고인에 대한 재판권이 없다(대판 2006.9.22. 2006도5010).

04. 실체적 진실주의

실체적 진실주의	사실에 관하여 객관적 진실을 발견하여 사안의 진상을 명백히 하자는 주의를 말한다.	
내용	적극적 진실주의	범죄사실을 밝혀 죄 있는 자를 빠짐없이 벌해야 한다는 유죄자 필벌의 사상으로 적극적으로 범인을 적발하여 그에 상응하는 형벌을 부과하자는 대륙의 직권주의에서 유래된 제도이다.
	소극적 진실주의	죄 없는 자를 유죄로 하여서는 안 된다는 무죄자 불벌의 사상으로 무고한 시민을 범죄의 혐의에서 벗어나게 함으로써 부정의 한 형벌의 부과가 행하여지지 않도록 하는 영 · 미의 당사자주의에서 유래된 제도이다.
	현행법	① 무죄추정의 원칙 ② 증인의 신문 전 선서 ③ 자백배제법칙 ④ 자백의 보강법칙 ⑤ 전문법칙 ⑥ 검사의 거증책임 ⑦ 의심스러울 때는 피고인의 이익으로 등은 소극적 진실주의를 강조하는 규정 및 법언이며, 적극적 진실주의와 소극적 진실주의가 충돌하는 경우에는 소극적 진실주의를 우선시키고 있다.
제도적 표현	직권 증거조사	법원은 피고인과 증인을 신문할 수 있고, 직권에 의하여 증거조사를 할 수 있다.
	증거법칙의 원칙	실체적 진실은 합리적 사실인정을 통하여 달성될 수 있음으로 증거재판주의(제307조), 자유심증주의(제308조) 및 사실을 인정하는 과정에서 적용되는 임의성 없는 자백의 배제(제309조), 전문증거의 증거능력의 배제(제310조의2), 자백의 보강법칙
	증거의 수집과 보전	실체적 진실의 발견을 위한 증거확보를 위해 피의자신문, 참고인조사, 증거보전절차(제184조)등을 두고 있다.
	상소와 재심 제도	오판의 방지를 위하여 미확정의 재판에 대한 상소제도와 오판의 시정을 위하여 유죄의 확정판결에 대한 재심제도를 규정하고 있다.
한 계	이념상 한계	① 적정절차의 원칙에 의한 제약 : 진실 발견도 적법한 절차에 따르지 아니하고 수집한 증거는 증거로 할 수 없는 위법수집증거의 증거능력제한, 진술거부권(제289조)등 적정절차에 의한 제약을 받는다.
		② 신속한 재판의 원칙에 의한 제약 : 시간적 제약에의 제한으로 구속기간의 제한(제92조), 판결 선고기간의 제한, 항소심의 사후심적구조 등이 있다.
	사실상	절대적 · 객관적 진실을 발견하는 것은 인간의 능력으로 불가능하므로 범죄사실인정에 있어서는 합리적 의심 없는 고도의 개연성으로 족하다.
	초소송법적 이익	근친자의 형사책임에 대한 증인거부(제147조) 등 국가적, 사회적, 개인적 이익을 소송법적 이익보다 우위로 인정한 것이다.

참고 지문

1. 진술거부권의 고지, 필요적 보석, 비상상고, 영장주의, 약식절차, 집중심리주의는 실체적 진실주의와 관련이 없다.
2. 소극적 진실주의의 요구를 외면한 채 범인필벌의 요구만을 앞세워 합리성과 정당성을 갖추지 못한 방법이나 절차에 의한 증거수집과 증거조사를 허용하는 것은 적법절차의 원칙 및 공정한 재판을 받을 권리에 위배된다.
3. 헌법 제109조, 법원조직법 제57조 제1항이 정한 공개금지사유가 없음에도 불구하고 재판의 심리에 관한 공개를 금지하기로 결정하였다면 그러한 공개금지결정은 피고인의 공개재판을 받을 권리를 침해한 것으로서 그 절차에 의하여 이루어진 증인의 증언은 증거능력이 없다고 할 것이고, 변호인의 반대신문권이 보장되었더라도 달리 볼 수 없다(대판 2015.10.29, 2014도 5939).

05. 적정절차

적정절차	적정절차란 헌법정신을 구현한 공정한 법정절차에 의하여 형벌권이 실현되어야 한다는 원칙을 말한다.	
근 거	적정절차의 원칙은 영국의 Magna Charta에서 유래되어, 우리 헌법 제12조 제1항 이외에 개별조항으로 영장주의, 체포구속적부심사제도, 무죄추정의 원칙, 묵비권 등을 규정하고, 형사소송법은 위법수집증거의 배제(제308조의2)의 원칙을 규정하고 있다.	
적용범위	적정절차의 원칙은 형사절차에 한하지 않고 입법 · 행정 등 국가의 모든 공권력의 영역에 적용된다.	
내용	**공정한 재판의 원칙**	① 공평한 법원의 구성 ② 피고인의 방어권 보장 ③ 무기평등의 원칙
	비례성의 원칙	국가 형벌권을 실현하기 위해 강제처분을 하더라도 구체적 상황을 고려하여 목적과 수단 방법 침해와 공익사이에 비례관계가 유지되어야 한다는 원칙
	피고인 보호의 원칙	㉠ 진술거부권의 고지(제283조의2) ㉡ 퇴정한 피고인에 대한 증인 · 감정인 · 공동피고인의 진술요지의 고지 ㉢ 증거조사결과에 대한 의견과 증거조사신청에 대한 고지(제293조) ㉣ 상소에 대한 고지(제324조) ㉤ 피고인 구금 시 범죄사실의 요지와 변호인선임권에 대한 고지(제72조) ㉥ 장애인 등 특별히 보호를 요하는 자에 대한 특칙(제276조의2)

참고 지문

1. 헌법 제12조 제1항 제2문과 동조 제3항에서 적법절차의 원칙을 규정한 것은 법관이 헌법과 법률을 적용함에 있어 국가형벌권보다 개인의 인권옹호에 우위를 두라는 취지이다.

판례 · 지문 **적정절차 위배**

1. **국민참여재판을 받을 권리**는 헌법상 기본권으로서 보호될 수는 없지만, 「국민의 형사재판 참여에 관한 법률」에서 정하는 대상 사건에 해당하는 한 피고인은 원칙적으로 국민참여재판으로 재판을 받을 법률상 권리를 가진다고 할 것이고, 이러한 형사소송절차 상의 권리를 배제함에 있어서는 헌법에서 정한 적법절차의 원칙을 따라야 한다(헌재 2014.1.28. 2012헌바 298).

2. 헌법 제12조 제1항 후문이 규정하고 있는 **적법절차란 법률이 정한 절차 및 그 실체적 내용이 모두 적정하여야 함**을 말하는 것으로서 적정하다고 함은 공정하고 합리적이며 상당성이 있어 정의 관념에 합치되는 것을 뜻한다(대판 1988.11.16. 선고 88초60 판결).

3. **검사가 법원의 증인으로 채택된 수감자를** 그 증언에 이르기까지 거의 **매일 검사실로 하루 종일 소환**하여 피고인 측 변호인이 접근하는 것을 차단하고, 검찰에서의 진술을 번복하는 증언을 하지 않도록 회유 · 압박하는 한편, 때로는 검사실에서 그에게 편의를 제공하기도 한 행위가 **피고인의 공정한 재판을 받을 권리를 침해한다**(대판 2001도3931).

4. **금치 처분을 받은 수형자에 대한 절대적인 운동의 금지는** 징벌의 목적을 고려하더라도 그 수단과 방법에 있어서 필요한 최소한도의 범위를 벗어난 것으로서, 수형자의 헌법 제10조의 인간의 존엄과 가치 및 신체의 안전성이 훼손당하지 아니할 자유를 포함하는 제12조의 **신체의 자유를 침해하는 정도에 이르렀다고 판단된다**(2004.12.16. 2002헌마478).

5. 선거관리위원회 위원 · 직원이 **선거범죄를 조사하면서 관계인에게 진술이 녹음된다는 사실을 미리 알려 주지 아니하고 진술을 녹음한 경우**, 그와 같은 조사절차에 의하여 수집한 녹음 파일 내지 그에 터 잡아 작성된 녹취록은 적법한 절차에 따르지 아니하고 수집한 증거' 에 해당하여 원칙적으로 **유죄의 증거로 쓸 수 없다**(대판 2014.10.15. 2001도3509).

6. 피의자들이 **유치장에 재 수용되는 과정**에서 흉기 등 위험물이나 반입금지물품을 소지, 은닉할 가능성이 극히 낮았음에도 불구하고 피의자들을 **옷을 전부 벗긴 상태에서 앉았다 일어서기를 반복하게 하는 신체수색**은 헌법 제10조의 인간의 존엄과 가치로부터 유래하는 인격권 및 제12조의 **신체의 자유가 침해**된 것으로 판단된다(헌재 2002.7.18. 2000헌마 327).

판례 · 지문 적법절차에 위배되지 않는 것

1. **통고처분은** 법관이 아닌 행정공무원에 의한 것이지만 처분을 받은 당사자의 임의의 승복을 발효요건으로 하고 **불응시 정식재판의 절차가 보장되어 있으므로** 통고처분을 행정심판이나 행정소송의 대상에서 제외하고 있는 관세법 제38조 제3항 제2호는 재판청구권을 침해하였거나 **적법절차에 위배되지 않는다**(96헌바4).

2. 경범죄처벌법 제1조 제42호가 범죄의 피의자로 입건된 사람들로 하여금 경찰공무원이나 검사의 신문을 받으면서 자신의 신원을 밝히지 않고 지문채취에 불응하는 경우 벌금, 과료, 구류의 형사처벌을 받도록 하고 있는 것은 관련 요소들을 합리적으로 고려한 것으로서 헌법상의 적법절차원칙에 위배되지 않는다.(헌재 2004.9.23. 2002헌가17)

3. 법관의 선고에 의하여 개시된 **치료감호를 사회보호위원회가 그 종료 여부를 결정하도록 규정**하고 있으나, 피치료감호자 등은 치료감호의 종료 여부를 심사 · 결정하여 줄 것을 사회보호위원회에 신청할 수 있고, 위원회가 신청을 기각하는 경우에 이들은 그 **결정에 대하여 행정소송을 제기하여 법관에 의한 재판을 받을 수 있다고 해석되므로, 피치료감호자 등의 재판청구권이 침해된 것이 아니다**(2005.2.3. 2003헌바1).

4. 음주운전과 관련한 도로교통법 위반죄의 범죄수사를 위하여 미성년자인 피의자의 혈액채취가 필요한 경우에도 피의자에게 **의사능력이 있다면** 피의자 본인만이 혈액채취에 관한 유효한 동의를 할 수 있고, 피의자에게 의사능력이 없는 경우에도 명문의 규정이 없는 이상 **법정대리인이 피의자를 대리하여 동의할 수는 없다**.(대판 2014.11.13. 2013도1228)

5. 금치 기간 중의 접견 · 서신수발을 금지하면서도, 그 단서에서 소장으로 하여금 "교화 또는 처우상 특히 필요하다고 인정되는 때" 에는 금치 기간 중이라도 접견 · 서신수발을 허가할 수 있도록 예외를 둠으로써 과도한 규제가 되지 않도록 조치하고 있으므로, **금치 수형자에 대한 접견 · 서신수발의 제한은** 수용시설 내의 안전과 질서 유지라는 **정당한 목적을 위하여 필요 · 최소한의 제한이다**(2004.12.16. 2002헌마478).

6. 수용자를 **교정시설에 수용할 때마다 전자영상검사기를 이용하여 수용자의 항문 부위에 대한 신체검사**를 하는 것은 사전에 검사의 목적과 방법을 고지한 후, 다른 사람이 볼 수 없는 차단된 장소에서 실시하는 등 검사받는 사람의 모욕감 내지 수치심 유발을 최소화하는 방법으로 실시하였는바, 기본권 침해의 최소성 요건을 충족하여 신체검사는 필요한 최소한도를 벗어나 **과잉금지원칙에 위배되어 청구인의 인격권 내지 신체의 자유를 침해한다고 볼 수 없다**(2011.5.26. 2010헌마775).

7. 경찰관이 **간호사로부터 진료 목적**으로 채혈된 음주운전 피의자의 혈액 중 일부를 주취운전 여부에 대한 감정을 목적으로 **임의로 제출받아 압수**하였다면, 간호사에게 병원 등을 대리하여 혈액을 제출할 권한이 없었다고 볼 특별한 사정이 없는 한 압수절차가 피의자 또는 피의자 가족의 동의 및 영장 없이 이루어졌다는 사실 때문에 **적법절차에 위배된다고 볼 수 없다**.(1999.9.3. 98도968)

06. 신속한 재판

<table>
<tr><td>신속한 재판</td><td colspan="2">신속한 재판은 피고인의 이익보호(미결구금의 장기화로 인한 폐단방지)를 위해 인정되는 원칙이지만 동시에 실체진실의 발견과 형벌의 예방적 효과달성, 소송경제, 재판에 대한 국민의 신뢰보호 등 공익의 보호를 위해서도 신속한 재판은 필요하다.</td></tr>
<tr><td rowspan="3">재판의 신속을 위한 제도</td><td>수사와 공소제기</td><td>① 검사에 대한 수사권의 집중(제195조) ② 수사기관의 구속기간제한(제202조~제203조) ③ 기소편의주의(제247조 제1항) ④ 공소시효제도(제249조)</td></tr>
<tr><td>공판절차</td><td>① 공판준비절차 : 공소장부본의 송달(제266조), 공판기일의 지정과 변경(제267조 · 제270조), 공판기일 전의 증거조사와 증거제출(제273조 · 제274조)등이 공판준비절차에 속한다.
② 심판범위 한정 : 법원의 심판범위를 공소장에 기재된 공소사실에 제한(제254조 제3항)하는 것도 신속한 재판에 기여한다.
③ 궐석재판제도 : 궐석재판제도(제277조 · 제306조)에 의해서 형사재판의 신속이 실현된다.
④ 재판장의 소송지휘권 : 공판심리의 신속을 위해서 공판기일의 소송지휘권과 불필요한 변론의 제한이 있다(제279조).
⑤ 각종 기간의 제한 : 구속기일의 제한(제92조), 판결 선고기간의 제한(소송촉진 등에 관한 특례법 제21조 · 제22조), 상소기간의 제한(제358조 · 제374조) 등
⑥ 집중심리주의(계속심리주의) : 계속심리주의는 공판심리의 기본원칙으로서 심리에 2일 이상을 요하는 사건은 연일 계속하여 심리해야 한다는 원칙을 말한다(제267조의2).
⑦ 기 타 : 대표변호인제도(제32조의2)와 증거의 동의(제318조) 등도 재판의 신속을 위한 제도이다. 상소기간(제358 · 374조), 상소기록의 송부기간(제361조 · 제377조), 상소이유서 또는 답변서 제출기간(제361조의3, 제379조) 등 상소에 관하여 기간을 제한하고 있는 것은 신속한 재판을 위한 제도이다.</td></tr>
<tr><td>특수한 공판절차</td><td>증거조사방법의 간이화와 증거동의를 의제하는 ① 간이공판절차와 서면심리에 의하여 재판을 하는 ② 약식절차 및 ③ 즉결심판절차도 신속한 재판을 실현하는 제도이다.</td></tr>
<tr><td>침해와 구제</td><td colspan="2">현행법은 공소시효에 관해서 공소제기된 범죄가 판결확정 없이 25년을 경과하면 공소시효가 완성된 것으로 보고 면소판결 사유로 규정하고 있으나 그 정도에 이르지 않는 재판의 지연은 양형에서 고려할 수 있다는 것이 다수의 견해이다.</td></tr>
</table>

참고 · 지문

1. 임의수사의 원칙, 재심제도, 상호심문제도, 피고인의 공판정출석권이나 공소시효제도는 신속한 재판과 관련이 없다.
2. 합리적이고 적정한 변론 진행을 통하여 실현되는 공익은 피고인의 신속한 재판을 받을 권리가 제한되는 정도에 비하여 결코 작다고 할 수 없으므로, 형사소송법 변론의 분리 · 병합에 관한 조항(제 300조)은 신속한 재판을 받을 권리를 침해한다고 할 수 없다.
3. 신속한 재판을 받을 권리는 주로 피고인의 이익을 보호하기 위하여 인정된 기본권이지만 동시에 실체적 진실발견, 소송경제, 재판에 대한 국민의 신뢰와 형벌목적의 달성과 같은 공공의 이익에도 근거가 있기 때문에 어느 면에서는 이중적인 성격을 갖고 있다고 할 수 있어, 형사사법체제를 위하여서도 아주 중요한 의미를 갖는 기본권이다(헌재 1995.11.30., 92헌마44).

판례 · 지문 신속한 재판 침해

1. 형사소송법 제20조 제1항은 관할 위반, 기피사유서 미제출의 경우나 소송절차 지연을 목적으로 하는 것이 명백한 경우에 한하여 이를 허용하고 있고, 그에 대하여 즉시항고권을 허용하여 그에 대한 상급심에 의한 시정의 기회를 부여함으로써 기피신청을 기각당한 당사자가 사실상 입을 수 있는 불이익을 최대한 줄여주는 효과가 있으므로 심판대상 조항은 침해의 최소성도 갖추고 있다고 할 것이며, 나아가 형사소송 절차의 신속성이라는 공익적 법익은 기피신청을 기각당한 당사자가 입는 불이익보다 훨씬 크다고 할 것이어서 심판대상 조항은 법익의 균형성도 갖추고 있다고 할 것이므로 공정한 재판을 받을 권리를 침해하였다고 할 수 없다(헌재 2006.7.27. 2005헌바58).

2. **국가보안법 제7조(찬양 · 고무) 및 제10조(불고지)의 죄**는 구성요건이 특별히 복잡한 것도 아니고 사건의 성질상 증거수집이 더욱 어려운 것도 아님에도 불구하고 국가보안법 제19조가 제7조 및 제10조의 범죄에 대하여서까지 형사소송법상의 수사기관에 의한 **피의자 구속기간 30일보다 20일이나 많은 50일을 인정한 것**은 헌법 제37조 제2항의 기본권 제한입법의 원리인 과잉금지의 원칙을 현저하게 위배하여 피의자의 신체의 자유, **무죄추정의 원칙 및 신속한 재판을 받을 권리를 침해**한 것이다(헌재 1992.4.14. 90헌마82).

판례 · 지문 신속한 재판 침해하지 않는 것

1. **구속사건**에 대해서는 법원이 구속기간 내에 재판을 하면 되는 것이고 **구속만기 25일을 앞두고 제1회 공판**이 있었다 하여 헌법에 정한 신속한 재판을 받을 권리를 침해하였다 할 수 없다(대판 1990.6.12. 선고 90도672).

2. 검사와 피고인 쌍방이 항소한 경우에 1심 **선고형기 경과 후 2심 공판이 개정**되었다고 하여 이를 위법이라 할 수 없고 **신속한 재판을 받을 권리를 박탈한 것이라고 할 수 없다**(대판 1972.5.23. 72도840).

3. 형사소송법 제92조 제1항의 **구속기간은 법원이 피고인을 구속한 상태에서 재판할 수 있는 기간**을 의미하므로 구속사건을 심리하는 법원으로서는 만약 심리를 더 계속할 필요가 있다고 판단하는 경우에는 **피고인의 구속을 해제한 다음 구속기간의 제한에 구애됨이 없이 재판을 계속할 수 있고**, 따라서 비록 이 사건 법률조항이 법원의 피고인에 대한 구속기간을 엄격히 제한하고 있다 하더라도 이로써 법원의 심리기간이 제한된다거나 나아가 피고인의 공격 · 방어권 행사를 제한하여 피고인의 공정한 재판을 받을 권리가 침해된다고 볼 수는 없다(99헌가14).

4. **신속한 재판을 받을 권리 등이 침해되었다는 이유로 헌법소원을 제기**하였으나 곧 이어 법원이 그 위헌제청신청을 기각한 경우에 있어서 그와 같이 **재판이 지연된 것이 재판부 구성원의 변경, 재판의 전제성과 관련한 본안심리의 필요성, 청구인에 대한 송달불능 등으로 인한** 것이어서 **법원이 재판을 특별히 지연시켰다고 볼 수 없을 뿐**만 아니라 청구인의 기본권 침해는 피청구인이 위헌제청신청을 기각하는 결정을 함으로써 소멸되어 권리보호의 목적이 이미 이루어졌고 달리 불분명한 헌법문제의 해명이나 침해반복의 위험을 이유로 한 심판의 이익이 있다 할 특별한 사정도 없다(헌재 1993.11.25. 92헌마169).

5. 헌법 제109조, 법원조직법 제57조 제1항이 정한 **공개금지사유가 없음에도** 불구하고 재판의 심리에 관한 공개를 금지하기로 결정하였다면 그러한 공개금지결정은 피고인의 공개재판을 받을 권리를 침해한 것으로서 그 절차에 의하여 이루어진 증인의 증언은 증거능력이 없다고 할 것이고, 변호인의 반대신문권이 보장되었더라도 달리 볼 수 없다(대판 2015.10.29. 2014도 5939).

07. 소송구조론

소송구조론	누가 소송의 주체이고 또 소송주체 사이의 관계를 어떻게 구성할 것인가에 대한 이론을 소송구조론이라 한다.	
규문주의	소추기관의 소추없이 재판기관이 스스로 절차를 개시하여 심리 · 재판하는 주의	① 소추기관이 없으므로 불고불리의 원칙이 인정되지 않는다. ② 형사절차는 소송의 구조를 갖지 아니하므로 피고인은 당사자로서의 지위를 인정하지 아니하므로 단순한 심리의 객체에 불과하다.
탄핵주의	소추기관의 소추에 의해서 재판기관이 비로소 재판절차를 개시하는 주의	① 소추기관이 존재하므로 불고불리의 원칙이 적용된다. ② 형사절차는 소송의 구조를 가지므로 피고인은 소송주체로서 절차에 관여하게 된다.
현행법	국가소추주의에 의한 탄핵주의 소송구조를 채택하고 있다.	

<table>
<tr><th>직권주의</th><th colspan="2">당사자주의</th></tr>
<tr><td>직권주의란 법원에 소송의 주도권을 인정하여 법원의 직권에 의해서 심리를 행하는 주의로 대륙법계의 형사소송절차의 원칙</td><td colspan="2">검사와 피고인에게 소송의 주도적 지위를 인정하여 법원은 제3자적 입장에서 양당사자의 주장과 입증을 판단하는 소송구조로 영 · 미 법계의 형사소송절차의 원칙</td></tr>
<tr><td rowspan="3">ⓐ 공소장변경요구제도(제298조 제2항)
ⓑ 증거조사신청에 대한 결정과 직권에 의한 증거조사(제295조)
ⓒ 법원의 증인 신문(제161조의2 제3항)
ⓓ 피고인에 대한 법원의 신문(제296조의2)
ⓔ 자유심증주의(제308조)</td><td>소송</td><td>ⓐ 공소장에 의한 심판범위의 확정(제254조 제4항)
ⓑ 공소장변경제도(제298조)
ⓒ 공소장일본주의(제118조 제2항)</td></tr>
<tr><td>증거조사</td><td>ⓐ 당사자의 증거신청권(제294조)
ⓑ 증인신문에 있어서의 교호신문제도(제161조의2)
ⓒ 당사자의 증거보전신청권(제184조)
ⓓ 증거조사에 대한 이의신청권(제296조)
ⓔ 전문법칙(제310조의2)
ⓕ 증거동의제도(제318조의1)</td></tr>
<tr><td>기타</td><td>ⓐ 공소장 부본의 송달(제266조)
ⓑ 제1회 공판기일의 유예기간(제269조)
ⓒ 검사의 모두진술(제285조)
ⓓ 피고인의 진술권과 진술거부권(제286조)
ⓔ 검사의 의견진술과 피고인의 최후진술(제302 · 303조)</td></tr>
</table>

참고 · 지문

1. 공소장변경제도는 당사자주의 요소이나, 법원에 의한 공소장변경요구제도는 직권주의 요소이다.
2. 공소장변경요구에 검사가 응하지 않으면 공소장변경의 효과가 발생하지 않는 것은 직권주의 요소라 볼 수 없다.
3. 증거의 동의는 당사자주의 요소이나 법원이 진정한 것으로 인정해야 그 효력이 발생하는 증거동의의 진정성판단은 직권주의 요소이다.

판례 · 지문 **소송구조**

1. 근세 초기의 규문주의적 형사절차에서는 재판기관이 수사기관, 소추기관, 재판기관으로서의 역할을 모두 하였으므로 소송의 구조를 갖추지 못하였다고 할 수 있으나, **프랑스혁명 이후** 자유민권사상이 대두되면서 도입된 **탄핵주의적 형사소송제도 하에 있어서는 재판기관이 수사기관 및 소추기관과 명확히 분리**되었다고 본다(헌재 2001.11.29. 2001헌바41).

2. **우리나라 형사소송법**은 그 해석상 소송절차의 전반에 걸쳐 **기본적으로 당사자주의 소송구조**를 취하고 있는 것으로 이해되고 있다(헌재 1995.11.30. 92헌마44).

참고 · 지문

1. 실체면이 절차면에 영향을 미치는 경우 : 사물관할의 표준, 고소의 요부, 긴급체포의 요건, 피고인출석의 요부, 필요적 변호의 요부, 간이공판절차의 요건, 공소시효의 완성 여부 등
2. 절차면이 실체면에 영향을 미치는 경우 : 위법수집증거배제법칙, 전문법칙, 자백의 보강법칙(증거에 관한 법적 규제)등

주체의 종류	법원은 재판권의 주체이고, 검사는 공소권의 주체, 피고인은 방어권의 주체이다.
소송 관계인	① 당사자 : 검사와 피고인을 소송당사자라 한다. ② 보조자 : 피고인의 보조자에는 변호인과 대리인이 있으며, 검사의 보조자에는 사법경찰관리가 있다.
소송 관여자	소송에 대해 적극적 형성력이 없이 관여하는 자를 소송관여자라 한다. 예컨대, 증인, 감정인, 고소인, 고발인이 있다.

PART 02

소송의 주체와 소송행위

01.법원

국법상 의미의 법원	사법행정상의 법원을 말하며, 사법행정상의 관청으로서의 법원과 사법행정상의 관서로서의 법원으로 구분된다. 전자는 사법행정권의 주체로 되나, 후자는 재판을 하기 위해 필요한 인적·물적 설비를 총칭한다.
소송법상 의미의 법원	개개의 소송사건에 관하여 실제로 재판권을 행사하는 법원, 즉 단독제와 합의제를 소송법상 의미의 법원이라 한다. 형사소송법에서 법원이라 할 때에는 소송법상 의미의 법원을 말한다.
단독제와 합의제	① 전자는 1인의 법관으로 구성되며, 후자는 2인 이상의 법관으로 구성된다. ② 형사소송에 있어서 제1심 법원에는 단독제와 합의제를 병용하고 있지만 단독제가 원칙이 되고 있음에 반하여, 상소법원은 합의제로 구성되어 있다.
재판장	법원이 합의체인 경우에는 그 구성원 중의 1인이 재판장이 된다. 재판장 이외의 법관을 합의부원(실무상 배석판사라 함)이라 하며 재판장은 소송지휘권, 법정경찰권 등 다른 합의부원에 비해서 월등한 권한이 인정되나, 심리와 재판에 있어서는 동등한 권한을 가진다.
수명법관	합의체의 법원이 그 구성원인 법관에게 특정한 소송행위를 하도록 명하였을 때 그 법관을 수명법관이라고 한다.
수탁판사	하나의 법원이 다른 법원의 법관에게 일정한 소송행위를 하도록 촉탁한 경우에 그 촉탁을 받은 법관을 수탁판사라고 하며, 촉탁을 받은 법관은 일정한 경우에 다른 법원의 판사에게 전촉 할 수 있다.
수소법원	법원에 공소를 제기하면 그 공소를 제기 받아 형사피고사건의 소송이 계속된 법원이 수소법원이 된다. 즉결심판이나 약식명령청구를 받은 법원은 수소법원이나, 체포·구속·압수영장청구 받은 법원, 재정신청 받은 고등법원, 비상상고신청을 받은 법원은 수소법원이 아니다.
수임판사	수소법원과는 독립하여 소송법상의 권한을 행사할 수 있는 개개의 법관을 수임판사라고 한다. ① 영장을 발부하는 판사(제201조) ② 증거보전절차를 행하는 판사(제184조) ③ 수사상의 증인신문을 행하는 판사(제221조의2)

참고·지문

수임판사의 결정에 대해서는 항고할 수 없으나 증거보전 청구기각결정에 대해서는 3일 이내 즉시항고 할 수 있다.

판례·지문 법원

1. 형사소송법 제416조는 **재판장 또는 수명법관이 한 재판에 대한 준항고**에 관하여 규정하고 있는바, 여기에서 말하는 **재판장 또는 수명법관이라 함은 수소법원의 구성원으로서의 재판장 또는 수명법관만을 가리키는 것**이어서, 지방법원 판사가 한 압수영장발부의 재판에 대하여는 위 조항에서 정한 준항고로 불복할 수 없고, 나아가 같은 법 제402조, 제403조에서 규정하는 항고는 법원이 한 결정을 그 대상으로 하는 것이므로 법원의 결정이 아닌 **지방법원 판사가 한 압수영장발부의 재판**에 대하여 그와 같은 **항고의 방법으로도 불복할 수 없다**(대판 97모1).

2. **검사의 체포영장 또는 구속영장 청구에 대한 지방법원판사의 재판**은 형사소송법 제402조의 규정에 의하여 **항고의 대상이 되는 법원의 결정에 해당하지 아니하고**, 제416조 제1항의 규정에 의하여 준항고의 대상이 되는 **재판장 또는 수명법관의 구금 등에 관한 재판에도 해당하지 아니한다**(대판 2006모646).

02. 제척

	제척	기피	회피
원인	유형적, 제한적	비유형적, 비제한적	비유형적
신청	신청불요	당사자의 신청	법관의 신청
효과	당연히 직무에서 배제	재판에 의해 배재	재판에 의해 배재

<table>
<tr><td>제척</td><td colspan="2">구체적인 사건의 심판에 있어서 법관이 불공평한 재판을 할 우려가 현저한 것으로 법률에 유형적으로 규정되어 있는 사유에 해당하는 때에 법관을 직무집행에서 당연히 배제시키는 제도</td></tr>
<tr><td rowspan="2">원인</td><td colspan="2">① 법관이 피해자인 때 (간접피해자는 제외된다)
② 법관이 피고인과 밀접한 개인적 관련이 있는 경우
③ 법관이 이미 당해 사건에 관여하였을 때</td></tr>
<tr><td>전심 재판 에 관여</td><td>㉠ 전심재판이란 제2심에 있어서는 제1심, 제3심에 있어서는 제2심 또는 제1심을 의미한다. 재판은 판결 · 결정을 불문하나 종국재판만을 의미한다.
㉡ 당해 사건의 전심을 의미하므로 같은 피고인의 다른 사건, 분리 심리된 다른 공범자에 대한 사건은 전심이 아니다.
㉢ 관여란 전심재판의 내부적 성립(판결의 합의 또는 재판서작성)에 실질적으로 관여한 때를 말한다.</td></tr>
<tr><td>효과</td><td colspan="2">제척사유에 해당하는 법관은 아무런 재판을 기다리지 않고 법률상 당연히 당해 사건의 직무집행으로부터 배제된다. 직무집행이란 당해 사건에 대한 일체의 소송행위를 말한다.</td></tr>
</table>

전심에 포함되지 않는 경우	전심에 포함되는 경우
① 구속영장을 발부한 경우 ② 구속적부심사에 관여한 경우 ③ 보석허가결정에 관여한 경우 ④ 증거보전절차에서 증인신문 한 경우	① 수탁판사로서 증거조사를 한 경우 ② 증거 조사한 판사 ③ 재정신청절차에서 공소제기결정을 한 경우

참고 · 지문

1. 수사기관의 수사단계에서 참고인으로 된 자(제221조) 또는 수사기관으로부터 감정인으로 위촉된 자(제221조)는 증인 · 감정인이 아니므로 제척사유에 해당하지 아니한다.
2. 파기환송 전의 원심, 재심의 대상인 원판결, 판결정정 사건 등은 전심이 아니다.
3. 재판의 선고에만 관여한 때, 공판기일을 연기하는 재판에만 관여한 때, 공판에 관여한 바는 있어도 판결 선고 전에 경질된 때는 관여가 아니다.
4. 제척의 원인 있는 법관이 재판에 관여한 때에는 그 판결은 당연 무효가 아니고 절대적 항소 또는 상대적 상고 사유가 된다.

판례 · 지문 **제척사유에 해당하지 않는 것**

1. **사실혼 관계에 있는 사람은 민법에서 정한 친족이라고 할 수 없어** 형사소송법 제17조 제2호에서 말하는 친족에 해당하지 않으므로, **통역인이 피해자의 사실혼 배우자라고 하여도** 통역인에게 형사소송법 제25조 제1항, 제17조 제2호에서 정한 **제척사유가 있다고 할 수 없다**(대판 2011.4.14. 선고 2010도13583 판결).

2. **환송판결 전의 원심에 관여한 재판관이 환송 후의 원심재판관으로 관여**하였다 하여 군법회의법 제48조나 형사소송법 제17조에 **위배된다고 볼 수 없다**(대판 1979.2.27. 선고 78도3204).

3. 공소제기에 검사의 **증거보전청구에 의하여 증인신문을 한 법관**은 형사소송법 제17조 제7호 소정의 **전심재판** 또는 기초되는 조사심리에 관여한 **법관이라고 할 수 없다**(대판 1971.7.6. 71도974)(학설은 반대 입장).

4. 형사소송법 제17조 제7호의 제척원인인 법관이 사건에 관하여 그 기초되는 조사에 관여한 때라 함은 전심재판의 내용형성에 사용될 자료의 수집 · 조사에 관여하여 그 결과가 전심재판의 사실인정자료로 쓰여 진 경우를 말하므로, **법관이 선거관리위원장으로서** 공직선거 및 선거부정방지법 위반혐의사실에 대하여 **수사기관에 수사의뢰**를 하고, 그 후 당해 형사피고사건의 **항소심재판을 하는 경우**, 형사소송법 제17조 제7호 소정의 **법관이 사건에 관하여 그 기초되는 조사에 관여한 때에 해당한다고 볼 수는 없다**(대판 1999.4.3. 99도155).

5. 약식절차와 피고인 또는 검사의 정식재판청구에 의하여 개시된 제1심 공판절차는 동일한 심급 내에서 서로 절차만 달리할 뿐이므로, **약식명령을 발부한 법관이 정식재판절차의 제1심판결에 관여하였다고 하여** 형사소송법 제17조 제7호에 정한 법관이 사건에 관하여 전심재판 또는 그 기초되는 조사, 심리에 관여한 때에 해당하여 **제척의 원인이 된다고 볼 수는 없다**(대판 2002.4.12. 선고2002도944).

판례 · 지문 **제척사유**

1. 형사소송법 제17조 제4호는 법관이 사건에 관하여 증인, 감정인, 피해자의 대리인으로 된 때에는 직무집행에서 제척된다고 규정하고 있고, 위 규정은 **형사소송법 제25조 제1항에 의하여 통역인에게 준용**되므로, **통역인이 사건에 관하여 증인으로 증언한 때에는 직무집행에서 제척**되고, 제척사유가 있는 통역인이 통역한 증인의 증인신문조서는 유죄 인정의 증거로 사용할 수 없다(대판 2011.4.14. 선고 2010도13583 판결).

2. 제1심판결에서 피고인에 대한 **유죄의 증거로 사용된 증거를 조사한 판사**는 형사소송법 제17조 제7호 소정의 전심재판의 기초가 되는 조사 · 심리에 관여하였다 할 것이고, 그와 같이 전심재판의 기초가 되는 조사 · 심리에 관여한 판사는 직무집행에서 **제척되어 항소심재판에 관여할 수 없다**(대판 1999.10.22. 99도3534).

3. **약식명령을 발부한 법관**이 그 정식재판 절차의 **항소심판결에 관여**함은 형사소송법 제17조 제7호, 제18조 제1항 제1호 소정의 법관이 사건에 관하여 전심재판 또는 그 기초되는 조사심리에 관여한 때에 해당하여 **제척, 기피의 원인이 된다**(대판 1985.4.23. 선고 85도281).

03. 기피, 회피

기피	법관이 제척사유가 있음에도 불구하고 재판에 관여하거나 기타 불공정한 재판을 할 염려가 있는 때에 당사자의 신청에 의하여 그 법관을 직무집행에서 배제시키는 제도	
원인	① 법관이 제척의 원인에 해당하는 때(제18조 제1호) ② 법관이 불평등한 재판을 할 염려가 있는 때(제18조 제2호)	
절차	**신청권자**	검사와 피고인, 변호인도 피고인의 명시한 의사에 반하지 않는 한 기피신청을 할 수 있다
	신청의 방식	㉠ 기피신청은 서면 또는 공판정에서 구두로 할 수 있다. 그러나 기피사유의 소명은 신청한 날로부터 3일 이내에 서면으로 하여야 한다. ㉡ 기피신청은 합의법원의 법관인 경우에는 그 법관의 소속법원에, 단독판사 · 수명법관 · 수탁판사인 경우에는 당해 법관에게 하여야 한다.
	신청의 시기	시기를 제한하고 있지 아니하므로 판결 선고 전까지 기피신청이 가능하다.
	신청의 효과	적법한 기피신청이 있는 때에는 급속한 경우를 제외하고는 소송 진행을 정지하여야 한다.
관할	① 기피신청사건에 대한 관할법원은 기피당한 법관의 소속법원 합의부이며(제21조 제2항), ② 그 소속법원이 합의부를 구성하지 못하는 때에는 직근 상급법원이 관할법원으로 된다(제21조 제3항).	
재판	기각결정	기피신청을 기각한 결정에 대해서는 즉시항고를 할 수 있다.
	인용결정	인용결정은 항고하지 못한다.

참고 · 지문

1. 불평등한 재판을 할 염려가 있는가는 객관적으로 구체적 사정을 종합하여 판단하여야 하나 제척사유는 모두 기피사유가 될 수 있다.
2. 간이기각결정, 급속을 요하는 경우와 구속기간의 갱신 · 판결의 선고는 정지해야 할 소송절차에 포함되지 않는다.
3. 간이기각결정에 대해 즉시항고 할 수는 있지만 재판의 집행을 정지하는 효력은 없다.
4. 제척 · 기피제도는 전문심리위원과 국민의 형사재판 참여의 배심원에게도 인정된다.
5. 변호인은 피고인의 명시한 의사에 반하지 않는 범위에서만 기피신청을 할 수 있다(제18조 제2항).
6. 단독판사에 대한 기피는 당해법관에게 신청하여야 한다(제19조 제1항).

판례 · 지문 **기피사유가 되지 않는 것**

1. **재판부가 당사자의 증거신청을 채택하지 아니하였다는 사정**만으로는 재판의 공평을 기대하기 어려운 **객관적인 사정이 있다고 할 수 없고,** 또 소송기록 열람신청에 대하여 국선변호인이 선임되어 있으나 **국선변호인을 통하여 소송기록의 열람 및 등사신청을 하도록 알려준 것**을 가리켜 재판장의 부당한 소송지휘라고 볼 수 없고, 국선변호인이 불성실한 변론을 하도록 촉구하지 아니한 잘못을 범하였다고도 볼 수 없다(대판 1996.2.9, 95모93).

2. **검사의 피고인에 관한 공소장변경허가신청에 대하여 불허가 결정**을 한 사유만으로 재판의 공평을 기대하기 어려운 **객관적인 사정이 있다고 보기 어렵다**(대결 2001모2 결정).

3. **기피신청**이 있는 경우에 형사소송법 제22조에 의하여 **정지될 소송 진행**은 그 피고사건의 실체적 재판에의 도달을 목적으로 하는 본안의 소송절차를 말하고 **판결의 선고는 이에 해당되지 않는다**(대판 1987. 5.28. 자87모10 결정).

4. 형사소송법 제22조에 규정된 **정지하여야 할 소송절차**란 실체재판에의 도달을 직접의 목적으로 하는 본안의 소송절차를 말하며 **구속기간의 갱신절차**는 이에 **포함되지 아니하는 것이다**(대판 1987.2.3. 자 86모57 결정).

제2편 소송행위

5. 제1회 공판기일이 개시된 이래 이 사건 기피신청이 변호인의 신청에 의하여 전후 6회에 걸쳐 공판기일이 변경되었거나 연기되었으며 증인도 그 동안 도합 9명이 채택되어 신문을 마친 사실 상태에서 원심법원이 검사의 공소장변경신청을 불허하고 이미 증거로 채택하지 않기로 결정한 한동기에 대한 변호인의 증인신청을 기각하자 변호인이 구두로 이 사건 기피신청을 한 사실을 알 수 있는바, 이 사건 **기피신청은 소송지연을 목적으로 한 것**이라는 이유로 기각한 것은 수긍할 수 있고, **원심법원이 기피신청인의 소명자료 제출을 기다리지 아니하고 이를 기각하였다 하여 거기에 형사소송법 제20조 제1항에 관한 법리오해의 위법이 있다고 할 수 없다**(대결 2001.3.21. 자 2001모2).

6. 법원이 **기피신청에 대하여 한 각하결정은** 법원의 재판을 헌법소원심판의 대상에서 제외하고 있는 헌재법 제68조 제1항에 따라 **헌법소원심판의 대상이 되지 아니한다**(헌재 2004.6.24. 2003헌마612).

7. 기피신청을 받은 법관이 형사소송법 제22조에 위반하여 본안의 소송절차를 정지하지 않은 채 그대로 소송을 진행하여서 한 소송행위는 그 효력이 없고, 이는 그 후 그 기피신청에 대한 기각결정이 확정되었다고 하더라도 마찬가지이다.(대판 2012.10.11. 2012도8544)

판례 · 지문 기피사유

1. **기피원인**에 관한 형사소송법 제18조 제1항 제2호 소정의 불공정한 재판을 할 염려가 있는 때라고 함은 당사자가 **불공평한 재판**이 될지도 모른다고 추측할 만한 주관적인 사정이 있는 때를 말하는 것이 아니라, **통상인의 판단**으로서 법관과 사건과의 관계상 불공평한 재판을 할 것이라는 의혹을 갖는 것이 합리적이라고 인정할 만한 **객관적인 사정이 있는 때를 말한다**(대결 2001모2 결정).

2. 법관에 대한 기피신청 때문에 소송의 진행이 정지되더라도 **구속기간의 만료가 임박하였다는 사정**도 소송 진행정지의 예외사유인 **급속을 요하는 경우에 해당한다**(대판 1994.3.8. 선고 94도142).

3. **기피신청이 소송지연을 목적으로 함이 명백한 기피신청인지의 여부**는 기피신청인이 제출한 소명 방법 만에 의하여 판단할 것은 아니고 **당해 법원에 현저한 사실이거나 당해 사건기록에 나타나 있는 제반 사정들을 종합하여 판단할 수 있다**(대판 2001.3.21. 자2001모2 결정).

회피	법관이 스스로 기피의 원인이 있다고 판단한 때에 자발적으로 직무집행에서 탈퇴하는 제도
원인	기피사유와 동일
절차	① 회피의 신청은 소속법원에 서면으로 하여야 하며(제24조 제2항) ② 회피신청에 대한 결정에는 기피에 관한 규정이 준용되며, 회피신청의 시기에는 제한이 없다. ③ 회피신청에 대한 법원의 결정에 대해 항고할 수 없으며, 법관이 회피신청하지 않았다고 상고 이유가 되지 않는다.

04. 토지관할, 심급관할

토지관할	토지관할이라 함은 동등 법원 간에 있어서 사건의 지역적 관계에 의한 관할의 분배를 말하며, 재판적이라고도 한다. 토지관할은 범죄지, 피고인의 주소, 거소 또는 현재지로 한다.
범죄지	㉠ 범죄구성요건에 해당하는 사실의 전부 또는 일부가 발생한 장소를 말한다. 따라서 실행 행위지와 결과발생지뿐만 아니라 중간지도 범죄지에 포함된다. ㉡ 예비 · 음모를 처벌하는 경우에는 예비 · 음모지도 포함되며 , 공동 정범에 있어서는 공모지도 포함된다. ㉢ 간접정범에 있어서는 피이용자의 실행행위지와 결과발생지가 모두 포함되고 교사범과 방조범에 있어서는 교사와 방조의 장소, 정범의 실행행위지 및 결과발생지가 모두 범죄지로 된다. ㉣ 부작위범은 부작위지 · 작위의무지 · 결과발생지가 모두 범죄지이다.
주소 · 거소	주소는 생활의 근거가 되는 곳을 말하고, 거소는 다소 계속적으로 거주하는 곳을 말한다.
현재지	현재지란 임의 또는 적법한 강제에 의하여 피고인이 현재하는 장소로서 공소제기 시를 기준으로 판단한다. ○ 불법하게 연행된 장소는 포함되지 않는다.
선박, 항공기	국외에 있는 대한민국 선박 내에서 범한 죄에 관하여는 이외에 선적지 또는 범죄 후의 선착지를 토지관할로 한다.

참고 · 지문

1. 피고인의 등록기준지는 토지관할의 표준이 아니다.
2. 하나의 사건에 토지관할은 여러 개가 있을 수 있으므로, 검사는 토지관할이 있는 이상 어느 곳이나 공소를 제기할 수 있다.
3. 예비 · 음모지는 범죄지에 포함되지 않으나 예비 · 음모를 처벌하는 경우는 범죄지에 포함된다.
4. 범죄지는 범죄사실의 전부 또는 일부가 발생한 장소로서 범죄 실행의 장소는 물론 결과발생의 장소를 포함하고 공모공동정범에 있어서 공모지도 범죄지에 포함된다.

판례 · 지문 **토지관할**

1. 형사소송법 제4조 제1항은 **"토지관할은** 범죄지, 피고인의 주소, 거소 또는 현재지로 한다" 라고 정하고, 여기서 **현재지라고 함은** 공소제기 당시 피고인이 현재한 장소로서 임의에 의한 현재지 뿐만 아니라 **적법한 강제에 의한 현재지도 이에 해당**한다(대판 2011.12.22. 선고 2011도12927).

2. **소말리아 해적**인 피고인들 등이 공해상에서 대한민국 해운회사가 운항 중인 선박을 납치하여 대한민국 국민인 선원 등에게 해상강도 등 범행을 저질렀다는 내용으로 국군 청해부대에 의해 체포 · 이송되어 국내 수사기관에 인도된 후 구속 · 기소된 사안에서, 피고인들은 적법한 체포, 즉시 인도 및 **적법한 구속에 의하여 공소제기 당시 국내에 구금**되어 있어 **현재지인 국내법원에 토지관할**이 있다(대판 2011.12.22. 선고 2011도12927).

심급관할	심급관할이라 함은 상소관계에 있어서의 관할을 말한다.			
1심		2심		3심
지방법원 단독판사의 판결 · 결정	➡	지방법원 본원합의부	➡	대법원
지방법원 합의부의 판결 · 결정	➡	고등법원	➡	대법원

05. 사물관할

사물관할	사물관할이라 함은 사건의 경중 또는 성질에 의한 제1심 관할의 분배를 말한다. 제2심과 3심은 합의부에서 심판하므로 사물관할이 문제되지 않는다.
원 칙	단독판사의 관할(법원조직법 제7조 제4항)
예 외	1. 합의부에서 심판할 것으로 합의부가 결정한 사건 2. 민사사건에 관하여는 대법원규칙으로 정하는 사건 3. 사형 · 무기 또는 단기 1년 이상의 징역 또는 금고에 해당하는 사건 합의부에서 관할한다. 다만, 아래에 열거하는 사건을 제외한다(법원조직법 제32조). 4. 제3호의 사건과 동시에 심판할 공범사건 5. 지방법원판사에 대한 제척 · 기피사건 6. 다른 법률에 의하여 지방법원합의부의 권한에 속하는 사건(국민참여재판, 형사보상사건, 치료감호사건)
	사형 · 무기 또는 단기 1년 이상의 징역 또는 금고에 해당하는 사건 중 단독판사관할
	ⓐ 형법(특수절도) 제331조, 제332조(제331조의 상습범에 한한다)와 그 각 미수죄에 해당하는 사건 ⓑ 폭력행위 등 처벌에 관한 법률 해당하는 사건 ⓒ 병역법 위반사건 ⓓ 특정범죄가중처벌 등에 관한법률 ⓓ 보건범죄단속에 관한특별조치법 제5조에 해당하는 사건 ⓕ 부정수표단속법 제5조에 해당하는 사건 ⓖ 도로교통법 제148조의2 제1항 · 제2항 제1호에 해당하는 사건
관련사건	관련사건이란 관할이 인정된 사건을 전제로 서로 주관적 또는 객관적으로 관련성이 인정되는 사건을 말한다.
범위	㉠ 1인이 범한 수죄 : 수죄란 과형상 수죄로 경합범이 이에 해당한다. ㉡ 수인이 공동으로 범한 죄 : 형법총칙상의 공범(임의적 공범)뿐만 아니라 필요적 공범과 합동범을 포함한다. ㉢ 수인이 동시에 동일 장소에서 범한 죄 : 동시범의 경우를 말한다. ㉣ 범인은닉죄, 증거인멸죄, 위증죄, 허위감정통역죄 또는 장물에 관한 죄와 그 본범의 죄는 관련사건에 해당한다.

판례 · 지문 관련사건

형사소송법 제5조에 정한 **관련 사건의 관할은,** 이른바 **고유관할사건 및 그 관련 사건이 반드시 병합 기소되거나 병합되어 심리될 것을 전제요건으로 하는 것은 아니고,** 고유관할사건 계속 중 고유관할 법원에 관련 사건이 계속된 이상 그 후 양 사건이 **병합되어 심리되지 아니한 채 고유사건에 대한 심리가 먼저 종결되었다 하더라도 관련 사건에 대한 관할권은 여전히 유지된다**(대판 2008.6.12. 2006도8568).

참고 · 지문

1. 상상적 경합범이나 법조경합, 포괄1죄 등은 관련사건에 속하지 않는다.
2. 증언거부죄나 무고죄와 본범은 관련사건에 속하지 않는다.

06. 사물관할의 병합

사물관할의 병합심리	① 사물관할을 달리하는 수개의 관련사건이 각각 법원합의부와 단독판사에 계속된 때에는 합의부는 결정으로 단독판사에 속한 사건을 병합하여 심리할 수 있다(제10조). ② 법원합의부와 단독판사에 계속된 각 사건이 토지관할을 달리하는 경우에도 이를 적용한다. ③ 합의부가 법 제10조의 규정에 의한 병합심리 결정을 한 때에는 즉시 그 통지하여야 결정등본을 단독판사에게 송부하여야 하고, 단독판사는 그 결정등본을 송부 받은 날로부터 5일 이내에 소송기록과 증거물을 합의부에 송부하여야 한다.
항소사건의 병합심리	① 사물관할을 달리하는 수개의 관련 항소사건이 각각 고등법원과 지방법원 본원합의부에 계속된 때에는 고등법원은 결정으로 지방법원 본원합의부에 계속한 사건을 병합하여 심리할 수 있다. 수개의 관련 항소사건이 토지관할을 달리하는 경우에도 같다. ② 고등법원이 병합심리결정을 한 때에는 즉시 그 결정등본을 지방법원본원 합의부에 송부하여야 하고, 지방법원본원합의부는 그 결정등본을 송부받은 날로부터 5일 이내에 소송기록과 증거물을 고등법원에 송부하여야 한다.
토지관할의 병합심리	① 사물관할은 같지만, 토지관할을 달리 하는 수개의 관련사건이 각각 다른 법원에 계속된 때에는 공통되는 직근 상급법원은 검사 또는 피고인의 신청에 의하여 결정으로 1개 법원으로 하여금 병합심리하게 할 수 있다. ② 상급법원의 결정에 의하여 병합심리하게 된 법원 이외의 법원은 그 결정등본을 송부받은 날로부터 7일 이내에 소송기록과 증거물을 병합심리하게 된 법원에 송부하여야 한다. ③ 토지관할의 병합신청이 제기된 경우 사건계속법원은 급속을 요하는 경우 이외에는 그 신청에 대한 결정이 있을 때 까지 소송절차를 정지하여야 한다(규칙 제7조).

참고 · 지문

1. 사물관할의 병합심리는 동일심급이면 토지관할을 달리하는 경우에도 병합심리할 수 있다
2. 토지관할의 병합심리는 검사 또는 피고인의 신청에 의한 법원의 결정이 있어야 하므로, 사물관할의 병합심리와 다르다

07. 사물관할의 경합

사물관할의 경합		동일사건이 사물관할을 달리하는 수개의 법원에 계속된 때에는 법원합의부가 심판한다(제12조). 심판을 하지 않는 법원은 공소기각결정을 하여야 한다.
토지관할의 경합	선착수의 원칙	동일사건이 사물관할을 같이하는 수개의 법원에 계속된 때에는 먼저 공소를 받은 법원이 심판한다. 그러나 각 법원에 공통되는 직근 상급법원은 검사 또는 피고인의 신청에 의하여 결정으로 뒤에 공소를 받은 법원으로 하여금 심판하게 할 수 있다.
		심판을 하지 않게 된 법원은 공소기각결정을 하여야 한다. 그러나 뒤에 공소가 제기된 사건이 먼저 확정된 때에는 먼저 공소가 제기된 사건에 대하여 면소판결을 하여야 한다.
판결의 효력		동일사건에 대한 수개의 법원에 의한 판결이 모두 확정된 경우에는 먼저 확정된 판결이 유효하고 뒤에 확정된 판결은 당연 무효이다.

판례 · 지문 토지관할의 경합

사물관할은 같지만 토지관할을 달리하는 수개의 제1심 법원들에 관련 사건이 계속된 경우에 있어서, **형사소송법 제6조에서 말하는 공통되는 직근 상급법원은** 그 성질상 형사사건의 토지관할 구역을 정해 놓은 각급 법원의 설치와 관할구역에 관한 법률 제4조에 기한 관할구역 구분을 기준으로 정하여야 할 것인바, 토지관할을 달리하는 수개의 제1심 법원들에 관련 사건이 계속된 경우에 그 소속 **고등법원이 같은 경우에는 그 고등법원이,** 그 소속 **고등법원이 다른 경우에는 대법원이** 위 제1심 법원들의 공통되는 직근 상급법원으로서 위 조항에 의한 토지관할 병합심리 신청사건의 **관할법원이 된다**(대판 전원합의체 결정).

08. 관할의 지정 · 이전

관할의 지정	관할의 지정이란 관할법원이 없거나 관할법원이 명확하지 아니한 경우에 상급법원이 사건을 심판할 법원을 지정하는 것을 말한다.	
	사유	1. 법원의 관할이 명확하지 아니한 때 2. 관할위반을 선고한 재판이 확정된 사건에 관하여 다른 관할법원이 없는 때
	절차	관할의 지정은 공소제기 전후를 불문하고 검사가 관계있는 제1심법원에 공통되는 직근 상급법원에 신청하여야 하며, 신청은 사유를 기재한 신청서를 제출함에 의한다.
관할의 이전	관할의 이전이란 관할법원이 재판권을 행사할 수 없거나 적당하지 않은 때에 법원의 관할권을 관할권 없는 법원으로 이전하는 것을 말한다.	
	사유	1. 관할법원이 법률상의 이유 또는 특별한 사정으로 재판권을 행할 수 없는 때 2. 범죄의 성질, 지방의 민심, 소송의 상황 기타 사정으로 재판의 공평을 유지하기 어려울 염려가 있는 때
	절차	관할의 이전은 검사(의무적) 또는 피고인(권리)의 신청에 의한다(제15조). 관할의 이전을 신청함에는 그 사유를 기재한 신청서를 직근 상급법원에 제출하여야 하며 공소를 제기한 후에 신청한 때에는 즉시 공소를 접수한 법원에 통지하여야 한다(제16조).
소송절차 정지	관할 지정신청 또는 관할이전신청이 제기된 경우에는 그 신청에 대한 결정이 있기까지 소송절차를 정지하여야 한다. 다만, 급속을 요하는 경우에는 그러하지 아니하다.	

참고 · 지문

1. 관할의 이전사유가 있는 경우 검사는 반드시 이전신청을 하여야하나 피고인의 신청은 의무가 아니다.
2. 검사의 신청은 공소제기 전후를 불문하나 피고인은 공소제기 후에만 가능하다.

09. 사건의 이송

사건의 이송	사건의 이송이라 함은 수소법원이 소송계속 중인 사건을 다른 법원으로 이송하는 것을 말한다.	
필요적 이송	관할의 병합	토지관할의 병합의 경우 결정서 등본을 송부받은 날로부터 7일 이내, 사물관할의 병합심리의 경우에는 5일 이내에 소송기록과 증거물을 병합심리하게 된 법원에 송부하여야 한다.
	관할의 지정 · 이전	관할지정 또는 관할이전의 결정을 한 경우 결정을 한 법원은 결정등본을 검사와 피고인 및 사건계속법원에 각 송부하여야 한다.
	공소장 변경	단독판사가 공판심리 중 공소장 변경에 의하여 합의부의 관할사건으로 변경된 경우에 법원은 합의부로 이송한다.
	군사법원이송	법원은 공소가 제기된 사건에 관하여 군사법원이 재판권을 가지게 되었거나 재판권을 가졌음이 판명된 때에는 결정으로 사건을 같은 심급의 군사법원으로 이송한다.
	소년부송치	소년에 대한 피고사건을 심리한 결과 보호처분에 해당하는 사유가 있다고 인정될 경우에는 법원은 결정으로 사건을 관할소년부에 송치하여야 한다.
임의적 이송	현재지 이송	법원은 피고인이 관할구역 내에 현재하지 아니하는 경우에 특별한 사정이 있으면 결정으로 사건을 피고인의 현재지를 관할하는 동급법원에 이송할 수 있다. 이송을 할 것인가의 여부는 법원의 재량에 의하여 결정된다.

판례 · 지문 관할이송

1. **내국 법인의 대표자인 외국인이** 내국 법인이 외국에 설립한 특수목적법인에 위탁해 둔 자금을 정해진 목적과 용도 외에 임의로 사용한 경우, 그 행위가 외국에서 이루어진 경우에도 행위지의 법률에 의하여 범죄를 구성하지 아니하거나 소추 또는 형의 집행을 면제할 경우가 아니라면 그 외국인에 대해서 우리 법원에 재판권이 있다(대판 2017.3.22, 2016도17465).

2. 형사소송법 제8조의 법의는 법원이 피고인에 대하여 관할권은 있으나 피고인이 그 관할구역 내에 현재하지 아니한 경우 **심리의 편의와 피고인의 이익을 위하여** 피고인의 현재지를 관할하는 동급법원에 이송할 수 있음을 **규정한 것뿐이고 피고인에 대하여 관할권이 없는 경우에도 필요적으로 이송하여야 한다는 뜻은 아니다**(대판 1978.10.10. 78도2225 판결).

3. **항소심에서 공소장 변경**에 의하여 단독판사의 관할사건이 합의부 관할사건으로 된 경우에도 법원은 사건을 관할권이 있는 법원에 이송하여야 하고, 항소심에서 변경된 위 합의부 관할사건에 대한 **관할권이 있는 법원은 고등법원**이라고 봄이 상당하다(대판 1997.12.12., 97도2463).

4. 제1심에서 **합의부 관할사건에 관하여 단독판사 관할사건으로 죄명, 적용 법조를 변경하는 공소장변경허가신청서가 제출된 경우**에 합의부는 공소장변경허가결정을 하였는지에 관계없이 사건의 실체에 들어가 심판하였어야 하고 사건을 단독판사에게 재배당할 수 없는데도, 사건을 재배당 받은 제1심 및 원심(지방법원 합의부)이 사건에 관한 실체 심리를 거쳐 심판한 조치는 **관할권이 없는데도 이를 간과하고 실체 판결을 한** 것으로서 소송절차에 관한 법령을 위반한 잘못이 있다(대판 2013.4.25. 2013도1658).

5. 피고인의 소재불명으로 법원이 공시송달로 공판을 진행하여 피고인이 불출석한 상태에서 유죄판결을 선고하고 그 판결이 항소기간 도과로 확정되었으나, **피고인은 방위소집되어 위 판결 선고 당시 군복무 중이었던 사실이 인정된다면** 군사법원법 제2조 제2항에 의하여 **일반법원에는 신분적 재판권이 없어** 위 법원으로서는 형사소송법 제16조의2에 의하여 사건을 **군사법원에 이송하였어야 함에도 피고인에 대하여 재판권을 행사하였음은 위법하다** 할 것이므로 이를 이유로 한 **비상상고는 이유 있다**(대판 1991.3.27. 90오1 판결).

6. **지방법원본원 합의부에서 재판하여야 할 항소사건**에 대하여 **고등법원이 관할권이 없음을 간과하고 그 실체에 들어가 재판한 경우**, 이는 소송절차의 법령을 위반한 잘못을 저지른 것으로서, 관할제도의 입법 취지와 그 위법의 중대성 등에 비추어 판결에 영향을 미쳤음이 명백하다는 이유로, **직권으로 원심판결을 파기하고 형사소송법 제394조에 의하여 사건을 관할권이 있는 지방법원본원 합의부에 이송한다**(대판 1997.4.8. 96도2789).

7. 단독판사 관할 피고사건의 항소사건이 지방법원 합의부나 지방법원지원 합의부에 계속 중일 때 그 변론종결시까지 청구된 **치료감호 사건의 관할법원은 고등법원**이고, 피고사건의 관할법원도 치료감호사건의 관할을 따라 고등법원이 된다. 따라서 치료감호사건이 지방법원이나 지방법원지원에 청구되어 피고사건 항소심을 담당하는 합의부에 배당된 경우 그 합의부는 **치료감호사건과 피고사건을 모두 고등법원에 이송**하여야 한다(대판 2009.11.12. 2009도6946, 2009감도24).

8. 형사소송법 제5조에 정한 관련 사건의 관할은, 이른바 **고유관할사건 및 그 관련 사건**이 반드시 병합기소 되거나 병합되어 심리될 것을 전제요건으로 하는 것은 아니고, 고유관할사건 계속 중 고유관할 법원에 관련 사건이 계속된 이상 그 후 양 사건이 병합되어 심리되지 아니한 채 고유사건에 대한 심리가 먼저 종결되었다 하더라도 관련사건에 대한 관할권은 여전히 유지된다(대판 2008.6.12. 2006도8568).

9. 일반국민이 **실체적 경합범 관계**에 있는 특정 군사범죄와 일반범죄에 관하여 하나의 사건으로 기소된 경우, 군사범죄에 대하여는 군사법원이, 일반범죄에 대하여는 일반법원이 각 전속적인 재판권을 가진다(대판 2016.6.16. 2016초기318).

10. 지방법원 본원과 지방법원 지원 사이의 관할의 분배도 지방법원 내부의 사법행정사무로서 행해진 지방법원 본원과 지원 사이의 단순한 사무분배에 그치는 것이 아니라 소송법상 토지관할의 분배에 해당한다. 그러므로 형사소송법 제4조에 의하여 지방법원 본원에 제1심 토지관할이 인정된다고 볼 특별한 사정이 없는 한, **지방법원 지원**에 제1심 토지관할이 인정된다는 사정만으로 **당연히 지방법원 본원에도 제1심 토지관할이 인정된다고 볼 수는 없다**(대판 2015.10.15. 2015도1803).

10. 검사

검사동일체의 원칙	검사동일체의 원칙이란 전국의 검사는 검찰권의 행사에 관하여 검찰총장을 정점으로 하여 피라미드형의 계층적 조직체를 형성하고 일체불가분의 유기적 통일체로서 활동한다.
지휘 · 감독관계	검사는 검찰사무에 관하여 소속 상급자의 지휘 · 감독에 따라야 한다(검찰청법 제7조).
	검사는 준사법기관으로써 인적 · 물적 독립성이 요구된다. 따라서 검사는 구체적 사건과 관련된 상급자의 지휘 · 감독의 적법성 또는 정당성 여부에 이견이 있을 때는 이의를 제기할 수 있도록 규정하고 있다(검찰청법 제7조 제1항).
직무이전의 권한	검찰총장, 검사장, 지청장은 자신의 권한에 속하는 직무의 일부 또는 소속검사의 직무를 다른 소속검사로 하여금 처리하게 할 수 있다
직무승계의 권한	검찰총장, 검사장, 지청장은 소속검사의 직무를 자신이 처리할 수 있다.
직무대리권	각 검찰청의 차장검사는 소속장이 사고가 있을 때에는 특별한 수권 없이 소속장의 직무를 대리하는 권한을 갖는다(동법 제18조 제2항, 제23조).
법무부장관의 지휘 · 감독권	법무부장관은 검찰사무의 최고 감독자로서 일반적으로 검사를 지휘 · 감독하고 구체적 사건에 대하여는 검찰총장만을 지휘 · 감독한다(동법 제8조).
검사의 객관의무	검사는 공익의 대표자로서 피의자, 피고인의 정당한 이익을 보호하여야 할 공익적 지위에 있다.

참고 · 지문

검사의 객관의무의 제도적 표현
1. 검사의 피고인 이익을 위한 상소, 재심청구
2. 검사의 피고인을 위한 비상상고, 무죄변론
3. 검사의 피고인에게 유리한 증거수집

판례 · 지문 검사

1. 검사는 소추와 공소유지를 담당하는 당사자로서의 지위 외에도 공익의 대표자로서의 지위에서 피고인의 정당한 이익을 옹호해야 할 의무도 지고 있으므로, **진실을 발견하고 적법한 법의 운용을 위하여** 피고인에게 불리한 증거에 대하여는 상대방에게 방어의 기회를 부여하고, **피고인에게 유리한 증거**에 대하여는 이를 **상대방이 이용할 수 있도록 하여 주어야 한다**(헌재 1997.11.27. 94헌마60).

2. **검사가 수사 및 공판과정에서 피고인에게 유리한 증거를 발견한 경우**, 이를 **법원에 제출**하는 등으로 피고인의 정당한 이익을 옹호할 의무가 있으며, 강도강간의 피해자가 제출한 팬티에 대한 국립과학수사연구소의 유전자검사 결과 그 팬티에서 범인으로 지목되어 기소된 피고나 피해자의 남편과 다른 남자의 유전자형이 검출되었다는 감정결과를 검사가 공판과정에서 입수한 경우 그 **감정서는 피고의 무죄를 입증할 수 있는 결정적인 증거에 해당하는데도 검사가 그 감정서를 법원에 제출하지 아니하고 은폐하였다면** 검사의 그와 같은 행위는 위법하다고 보아 **국가배상 책임이 인정된다**(2001다23447).

3. 검사 甲이, 범죄혐의를 발견하고 수사 중인 검사 乙에게 **내사중지 및 종결처리를 명령**한 것은 정당한 지휘권을 행사로 보기 어렵다(대판 2010.1.28. 2008도7312).

4. 재기수사의 명령이 있는 사건에 관하여 지방검찰청 검사가 다시 불기소처분을 하고자 하는 경우에는 **미리 그 명령청의 장의 승인**을 얻도록 한 검찰사건사무규칙의 규정은 검찰청 내부의 사무처리 지침에 불과한 것일 뿐 **법규적 효력을 가진 것이 아니다**(헌재 1991.07.08. 91헌마42).

11. 피고인

피고인	① 검사에 의하여 형사책임을 져야 할 자로 공소가 제기된 자 또는 공소가 제기된 자로 취급되어 있는 자를 피고인이라 한다. ② 즉결심판이 청구된 자도 피고인이며, 위장출석한 부진정피고인도 피고인이며, 진범인가의 여부, 당사자능력과 소송능력의 유무, 공소제기의 유효성 여부는 불문한다.
공동피고인	수인의 피고인이 동일소송절차에서 공동으로 심판받는 경우를 공동피고인이라 한다.

참고 · 지문

1. 수인의 피고인이 동일소송절차에서 공동으로 심판받기위해서 일괄 기소되거나 관련사건일 것을 요하지 않는다.
2. 공동피고인은 반드시 공범자임을 요하지 않으며, 공동피고인의 소송관계는 각 피고인에게 별도로 존재하므로 1인에 대하여 발생한 사유는 다른 피고인에게 영향을 미치지 않는다.
3. 수인의 피고인이 동일소송절차에서 공동으로 심판받기위해서 일괄 기소되거나 관련사건일 것을 요하지 않는다.
4. 공동피고인을 위하여 원심판결을 파기하는 경우에 파기의 이유가 항소한 공동피고인에게 공통되는 때에는 그 공동피고인에게 대하여도 원심판결을 파기하여야 한다(제364조의2).

성명모용	갑이 수사기관에서 을의 성명을 사칭하여 검사가 을의 이름으로 공소가 제기된 경우	
모용자가 공판정에 출석한 때	모용자	갑(피고인)이 을의 성명을 모용하여 을의 이름으로 공소가 제기된 경우 모용자인 갑이 피고인이 되고 검사는 법원의 허가없이 공소장정정 절차에 의하여 피모용자의 성명 · 본적 등을 모용자로 정정하면 된다.
	피모용자	피모용자는 공소장에 표시 되었다 할지라도 피고인이 아니므로 절차에서 배제되며, 별도의 무죄나 공소기각판결을 할 필요가 없다.
피모용자가 공판정에 출석한 때	모용자	검사는 공소장 정정절차에 의한 피고인 표시정정을 하여야 하며, 이 경우 법원은 모용자에 대하여 심리를 진행한다.
	피모용자	피모용자도 형식적 피고인이 되나 법원은 피모용자에 대하여 공소기각판결을 하여야 한다.
피모용자가 약식명령에 대한 정식재판을 청구	모용자	피모용자인 을이 정식재판을 청구하였다 해도 갑에게 약식명령의 송달이 없으면 검사는 피고인표시를 정정할 수 있으며, 법원은 약식명령정본과 피고인 표시경정결정을 모용자인 갑에게 송달하여야 한다.
	피모용자	약식명령을 송달하여 심리진행과정에서 성명모용의 사실이 밝혀진 경우 법원은 피모용자인 을에 대하여 공소기각판결을 선고하여야 한다.
위장출석	공소장에는 갑이 피고인으로 기재되어 있음에도 불구하고 을이 출석하여 재판을 받는 경우, 피고인으로 표시된 자를 진정피고인(실질적 피고인), 위장출석한 자를 부진정피고인(형식적 피고인)이라고 한다.	
인정신문의 단계	을(형식적 피고인)을 퇴정시키고, 갑(실질적 피고인)을 소환하여 절차를 진행해야 한다. 이 경우 을에게는 공소기각판결을 할 필요가 없다.	
사실심리의 단계	을(형식적 피고인)에게도 소송계속이 발생하므로 을에 대하여는 공소기각 판결하고, 갑(실질적 피고인)에 대하여는 공소제기 이후의 절차를 다시 진행해야 한다.	
상소심단계	을(형식적 피고인)에 대하여는 공소기각판결, 갑(실질적 피고인)에 대하여는 제1심의 소송절차부터 다시 진행해야 한다.	

참고 · 지문

위장출석의 경우 실질적 피고인에게 처음부터 절차를 진행하면 되고 별도의 공소제기를 할 필요가 없다.

판례 · 지문 피고인

1. 피의자가 다른 사람의 성명을 모용한 탓으로 **공소장에 피모용자가 피고인으로 표시되었다** 하더라도 이는 당사자의 표시상의 착오일 뿐이고 이와 같은 경우 **검사는 공소장의 인적 사항의 기재를 정정**하여 피고인의 표시를 바로 잡아야 하는 것인바, 이는 **피고인의 표시상의 착오를 정정**하는 것이지 공소장을 변경하는 것이 아니므로 형사소송법 제298조에 따른 **공소장변경의 절차를 밟을 필요가 없고 법원의 허가도 필요로 하지 아니한다.**

2. **검사가 공소장의 피고인 표시를 정정하여 모용관계를 바로잡지 아니한 경우**에는 외형상 피모용자 명의로 공소가 제기된 것으로 되어 있어 공소제기의 방식이 형사소송법 제254조의 규정에 위반하여 무효라 할 것이므로 **법원은 공소기각의 판결**을 선고하여야 한다(대판 1993.1.19. 92도2554).

3. **피모용자가 약식명령을 송달받고 이에 대하여 정식재판의 청구를** 하여 피모용자를 상대로 심리를 하는 과정에서 성명모용 사실이 발각되고 검사가 공소장을 정정하는 등 사실상의 소송계속이 발생하고 형식상 또는 외관상 피고인의 지위를 갖게 된 경우에는 법원으로서는 **피모용자에게 적법한 공소의 제기가 없었음을 밝혀주는 의미에서** 형사소송법 제327조 제2호를 유추적용하여 **공소기각의 판결**을 함으로써 피모용자의 불안정한 지위를 명확히 해소해 주어야 한다(대판 1997.11.28. 97도2215).

4. **진정한 피고인인 모용자에게는 아직 약식명령의 송달이 없었다고 할 것이므로 검사는 공소장에 기재된 피고인 표시를 정정**하고 **법원은** 이에 따라 약식명령의 피고인 표시를 정정하여 본래의 **약식명령과 함께 이 경정결정을 모용자인 피고인에게 송달**하면 이때야 비로소 위 약식명령은 적법한 송달이 있다고 볼 것이고, 이에 대하여 소정의 기간 내에 정식재판의 청구가 없으면 이 약식명령은 확정된다(대판 1997.11.28. 97도2215).

12. 무죄추정의 원칙

무죄추정의 원칙	형사절차에서 피의자 · 피고인은 유죄판결이 확정되기까지는 무죄로 추정된다는 원칙을 말한다.
인적 범위	헌법과 형사소송법은 피고인에 대해서만 무죄의 추정을 규정하고 있으나, 피의자에 대한 무죄추정의 규정은 없으나 당연히 인정된다.
시적 범위	피고인이 유죄의 판결확정시까지 무죄의 추정을 받으며, 여기서 유죄판결이란 형선고의 판결뿐만 아니라 형 면제판결과 선고유예판결을 포함한다. ☞ 면소 · 공소기각 또는 관할위반의 판결이 확정될 때에는 무죄의 추정이 유지된다.
재심청구사건	유죄판결이 확정된 경우가 명백한 이상 재심청구가 있다고 해서 피고인에게 무죄가 추정된다고 볼 수 없다.

판례 · 지문 무죄추정의 원칙 위배

1. **수사 및 재판단계에서 유죄가 확정되지 아니한 미결수용자에게 재소자용 의류를 입게 하는 것은** 미결수용자로 하여금 모욕감이나 수치심을 느끼게 하고, 도주 방지 등 어떠한 이유를 내세우더라도 그 제한은 정당화될 수 없어 헌법 제37조 제2항의 기본권 제한에서의 비례원칙에 위반되는 것으로서, **무죄추정의 원칙에 반하고 인간으로서의 존엄과 가치에서 유래하는 인격권과 행복추구권, 공정한 재판을 받을 권리를 침해하는 것이다**(헌재 1999.5.27. 97헌마137,98헌마5(병합)).

2. **형사사건으로 기소되기만 하면** 그가 국가공무원법 제33조 제1항 제3호 내지 제6호에 해당하는 유죄판결을 받을 고도의 개연성이 있는가의 여부에 무관하게 경우에 따라서는 벌금형이나 무죄가 선고될 가능성이 큰 사건인 경우에 대해서까지도 **당해 공무원에게 일률적으로 직위해제처분을 하지 않을 수 없도록 한 이 사건 규정**은 헌법 제37조 제2항의 비례의 원칙에 위반되어 직업의 자유를 과도하게 침해하고 헌법 제27조 제4항의 **무죄추정의 원칙에도 위반된다**(헌재 1998.5.28. 96헌가12).

3. **관세법상 몰수할 것으로 인정되는 물품을 압수한 경우**에 있어서 범인이 당해관서에 출두하지 아니하거나 또는 범인이 도주하여 그 물품을 압수한 날로부터 4월을 경과한 때에는 당해 물품은 별도의 재판이나 처분없이 국고에 귀속한다고 규정하고 있는 이 사건 법률조항은 **재판이나 청문의 절차도 밟지 아니하고 압수한 물건에 대한 피의자의 재산권을 박탈하여 국고귀속시킴으로써 그 실질은 몰수형을 집행한 것과 같은 효과를 발생하게 하는 것**이므로 헌법상의 **적법절차의 원칙과 무죄추정의 원칙에 위배된다**(96헌가17).

4. 검사 조사실에서 **조사를 받는 수용자에 대한 계구사용**을 원칙으로 정한 계호근무준칙은 위헌이며, 이 사건 청구인이 검사 조사실에 소환되어 **피의자신문을 받을 때 도주 등의 구체적 위험이 없음에도 포승과 수갑을 채운 상태에서 조사를 받도록 한 것은** 신체의 자유를 침해한 행위로서 **위헌**임을 확인한다(2004헌마49).

5. **공정거래위원회의 고발조치** 등으로 **장차 형사절차 내에서 진술을 해야 할 행위자에게 사전에 법위반사실의 공표를 하게 하는 것은** 장차 진행될 형사절차에도 영향을 미칠 수 있다. 결국 법위반사실의 공표명령은 공소제기조차 되지 아니하고 단지 고발만 이루어진 수사의 초기단계에서 아직 법원의 유무죄에 대한 판단이 가려지지 아니하였는데도 관련 **행위자를 유죄로 추정하는 불이익한 처분이 된다**(2001헌마43).

6. 지방자치단체의 장(이하 자치단체장이라 한다)이 **금고 이상의 형을 선고받고 그 형이 확정되지 아니한 경우 부단체장이 그 권한을 대행하도록 규정한 지방자치법은** 금고 이상의 형이 선고되었다는 사실 자체에 주민의 신뢰가 훼손되고 자치단체장으로서 직무의 전념성이 해쳐질 것이라는 부정적 의미를 부여한 후, 그러한 판결이 선고되었다는 사실만을 유일한 요건으로 하여, **형이 확정될 때까지의 불확정한 기간동안 자치단체장으로서의 직무를 정지시키는 불이익**을 가하고 있으며, 그와 같이 불이익을 가함에 있어 필요 최소한에 그치도록 엄격한 요건을 설정하지도 않았으므로, **무죄추정의 원칙에 위배된다**(2010.9.2. 2010헌마418).

판례 · 지문 무죄추정의 원칙에 위배되지 않음

1. **사회보호법에 의한 치료감호처분은** 치료가 필요한 자에 대하여 사회복귀를 촉진하고 사회를 보호함에 목적으로 과하는 감호 또는 감찰처분으로서 **형벌과 같이 볼 수 없으므로** 치료감호의 요건을 사법적 판단에 맡기면서 **사회보호위원회로 하여금 감호기간을 정하도록 하였다 하여 죄형법정주의나 무죄추정의 원칙에 반한다고 할 수 없다**(대판 87감도50).

2. **공소장의 공소사실 첫머리에 피고인들이 특수절도 등으로 소년부송치처분을 받은 자들로서 일정한 직업이 없는 자들인바 라고 기재하였**다 하더라도 이는 형사소송법 제254조 제3항 제1호에서 말하는 **피고인들을 특정할 수 있는 사항에 속한**다고 할 것이어서 그와 같은 내용의 기재가 있다하여 공소제기의 절차가 법률의 규정에 위반된 것이라고 할 수 없고 또 헌법상의 형사피고인에 대한 **무죄추정조항이나 평등조항에 위배되는 것도 아니다**(대판 90 66도1813).

3. **미결수용자에게 시설 안에서 재소자용 의류를 입게 하는 것**은 구금 목적의 달성, 시설의 규율과 안전유지를 위한 필요 최소한의 제한으로서 정당성 · 합리성을 갖춘 **재량의 범위내의 조치이다**(헌재 1999.5.27. 98헌마5).

4. **대법원의 파기환송판결에 의하여 사건을 환송받은 법원**은 형사소송법 제92조 제1항에 따라 2월의 구속기간이 만료되면 특히 계속할 필요가 있는 경우에는 결정으로 구속기간을 갱신할 수 있는 것이고, 한편 **무죄추정을 받는 피고인**이라고 하더라도 그에게 **구속의 사유가 있어 구속영장이 발부, 집행된 이상 신체의 자유가 제한되는 것은 당연한 것**이므로, 이러한 조치가 무죄추정의 원칙에 위배되는 것이라고 할 수는 없다(대판 2001.11.30. 선고 2001도5225).

5. **지문날인제도**로 인하여 정보주체가 현실적으로 입게 되는 불이익에 비하여 경찰청장이 보관 · 전산화하고 있는 지문정보를 범죄수사 활동, 대형사건 사고나 변사자가 발생한 경우의 신원확인, 타인의 인적사항 도용 방지 등 각종 신원확인의 목적을 위하여 이용함으로써 **달성할 수 있게 되는 공익이 더 크다**고 보아야 할 것이므로, 이 사건 **지문날인제도는 법익의 균형성의 원칙에 위배되지 아니한다**(2004헌마190 전원재판부).

6. **징계사유가 인정되는 이상** 이에 관련된 형사사건이 아직 유죄로 확정되지 아니한 채 **재판계속이라고 하더라도 징계처분을 할 수 있는 것이다**(대판 1983.9.27. 83누89).

7. **공무원이 형사사건으로 기소되면** 임용권자는 국가공무원법 제73조의2 제1항 제4호에 의하여 **그 사건의 유 · 무죄에 관계없이 일단 당연히 그 직위를 해제하여야 한다**고 할 것이고, 또 위 규정이 헌법 제27조 제4항의 무죄추정의 원칙에 위반된다고도 볼 수 없다(대판 1987.5.26. 87누60).

8. 형사소송에 있어서 경찰 공무원은 당해 피고인에 대한 수사를 담당하였는지의 여부에 관계없이 그 피고인에 대한 공판과정에서는 제3자라고 할 수 있어 **수사 담당 경찰 공무원이라 하더라도 증인의 지위에 있을 수 있음을 부정할 수 없고**, 이러한 증인신문 역시 공소사실과 관련된 실체적 진실을 발견하기 위한 것이지 피고인을 유죄로 추정하기 때문이라고 인정할 만한 아무런 근거도 없다는 점에서, 이 사건 법률조항은 **무죄추정의 원칙에 반하지 아니한다**(2001.11.29. 2001헌바41).

9. **교도소에 수용된 때에는 국민건강보험급여를 정지하도록 한 국민건강보험법** 제49조 제4호는 수용자에게 불이익을 주기 위한 것이 아니라, 국가의 보호, 감독을 받는 수용자의 질병치료를 국가가 부담하는 것을 전제로 수용자에 대한 의료보장제도를 합리적으로 운영하기 위한 것이므로 입법목적의 정당성을 갖고 있다. 위 조항은 수용자의 의료보장체계를 일원화하기 위한 입법 정책적 판단에 기인한 것이며 유죄의 확정 판결이 있기 전인 미결수용자에게 어떤 불이익을 주기 위한 것은 아니므로 **무죄추정의 원칙에 위반된다고 할 수 없다**(2005.2.24. 2004헌마695).

13. 진술거부권

<table>
<tr><td>진술거부권</td><td colspan="2">피고인 또는 피의자가 공판절차 또는 수사절차에서 법원 또는 수사기관의 신문에 대하여 진술을 거부할 수 있는 권리를 말하며 묵비권이라고도 한다.</td></tr>
<tr><td>주체</td><td colspan="2">진술거부권은 피고인뿐만 아니라 피의자에게도 인정된다. 의사무능력자인 피의자 · 피고인의 대리인(제26조), 피고인인 법인의 대표자도 진술거부권을 가지며 외국인에게도 인정되는 권리이다.</td></tr>
<tr><td rowspan="3">내용</td><td>진술강요금지</td><td>피고인 · 피의자는 수사기관 · 법원 등의 신문에 대하여 진술의무가 없다.</td></tr>
<tr><td rowspan="2">진술의 거부</td><td>구두진술 · 서면진술을 불문하며, 진술은 형사상의 이익 · 불이익 진술을 불문하나, 민사상 · 행정상 자기에게 불리한 진술은 진술거부권의 대상에 포함되지 않는다.</td></tr>
<tr><td>지문채취, 사진촬영, 신체검사는 진술이 아니므로 진술거부권이 적용되지 않는다.</td></tr>
<tr><td rowspan="3">고지</td><td>사전고지의무</td><td>검사 또는 사법경찰관은 피의자에 고지하여야 한다(명시적, 적극적 고지).</td></tr>
<tr><td>고지의 내용</td><td>㉠ 일체의 진술을 하지 아니하거나 개개의 질문에 대하여 진술을 하지 아니할 수 있다는 것
㉡ 진술을 하지 아니하더라도 불이익을 받지 아니한다는 것
㉢ 진술을 거부할 권리를 포기하고 행한 진술은 법정에서 유죄의 증거로 사용될 수 있다는 것
㉣ 신문을 받을 때에는 변호인을 참여하게 하는 등 변호인의 조력을 받을 수 있다는 것</td></tr>
<tr><td>조서에 기재</td><td>㉠ 진술거부권과 변호인의 조력을 받을 권리를 행사할 것인지 여부에 대한 피의자의 답변을 하도록 하였다.
㉡ 피의자의 답변은 피의자로 하여금 자필로 기재하게 하거나 검사 또는 사법경찰관이 피의자의 답변을 기재한 부분에 하게 하여야 한다.</td></tr>
<tr><td>불고지의 효과</td><td colspan="2">수사기관이 피의자 신문을 하면서 피의자에게 진술거부권을 고지하지 아니한 경우에는 그 피의자 신문에 의한 자백의 증거능력은 부정된다.</td></tr>
</table>

참고 · 지문

1. 헌법은 불리한 진술의 강요를 금지하고 있으나 형사소송법은 형사상의 이익 · 불이익을 불문하고 진술을 거부할 수 있다.
2. 조사대상자의 진술 내용이 단순히 제3자의 범죄에 관한 경우가 아니라 자신과 제3자에게 공동으로 관련된 범죄에 관한 것이거나 제3자의 피의사실뿐만 아니라 자신의 피의사실에 관한 것이기도 하여 실질이 피의자신문조서의 성격을 가지는 경우라면 수사기관은 진술을 듣기 전에 미리 진술거부권을 고지하여야 한다.
3. 진술거부권은 구두진술 뿐만 아니라 서면진술에 대하여도 인정된다.
4. 진술거부권은 현재 피의자나 피고인으로서 수사 또는 공판절차에 계속 중인 자 뿐만 아니라 장차 피의자나 피고인이 될 자에게도 보장되며 <u>형사절차뿐 아니라 행정절차나 국회에서의 조사절차 등에서도 보장된다</u>(헌재 1997.3.27.9 6헌가11).

판례 · 지문 **진술거부권 침해되지 않는 것**

1. **교통사고를 일으킨 운전자에게 신고의무를 부담시키고** 있는 도로교통법 제50조 제2항, 제111조 제3호는 피해자의 구호 및 교통질서의 회복을 위한 조치가 필요한 범위 내에서 **교통사고의 객관적 내용만을 신고하**도록 한 것으로 해석하고, **형사책임과 관련되는 사항에는 적용되지 아니하는 것으로 해석**하는 한 헌법에 위반되지 아니한다(헌재 1990.8.27, 89헌가118).

2. 구 공직선거법(2013.8.13. 법률 제12111호로 개정되기 전의 것. 이하 같다)은 제272조의2에서 선거범죄 조사와 관련하여 선거관리위원회 위원·직원이 관계자에게 질문·조사를 할 수 있다고 규정하면서도 **진술거부권의 고지에 관하여는 별도의 규정을 두지 않았고**, 수사기관의 피의자에 대한 진술거부권 고지를 규정한 형사소송법 제244조의3 제1항이 구 공직선거법상 선거관리위원회 위원·직원의 조사절차에 당연히 유추적용된다고 볼 수도 없다. 결국 구 공직선거법 시행 당시 선거관리위원회 위원·직원이 선거범죄 조사와 관련하여 관계자에게 질문을 하면서 미리 진술거부권을 고지하지 않았다고 하여 단지 그러한 이유만으로 그 조사절차가 위법하다거나 그 과정에서 작성·수집된 선거관리위원회 문답서의 **증거능력이 당연히 부정된다고 할 수는 없다**(대판 2014.01.16. 선고 2013도5441).

3. **음주측정은** 호흡측정기에 입을 대고 호흡을 불어 넣음으로써 신체의 물리적·사실적 상태를 그대로 드러내는 행위에 불과하므로 이를 두고 **진술이라 할 수 없고**, 따라서 주취운전의 혐의자에게 호흡측정기에 의한 주취 여부의 측정에 응할 것을 요구하고 이에 **불응할 경우 처벌한다고 하여도 이는 형사상 불리한 진술을 강요하는 것에 해당한다고 할 수 없으므로** 헌법 제12조 제2항의 진술거부권조항에 위배되지 아니한다(헌재 1997.3. 27, 96헌가11).

4. 도로교통법 제41조 제2항, 제3항의 해석상, 운전자의 신체 이상 등의 사유로 호흡측정기에 의한 측정이 불가능 내지 심히 곤란하거나 **운전자가 처음부터 호흡측정기에 의한 측정의 방법을 불신하면서 혈액채취에 의한 측정을 요구하는 경우** 등에는 호흡측정기에 의한 **측정의 절차를 생략하고 바로 혈액채취에 의한 측정으로 나아가야 할 것**이고, 이와 같은 경우라면 **호흡측정기에 의한 측정에 불응한 행위를 음주측정불응으로 볼 수 없다**(대판 2002도4220).

5. **음주측정을 위하여 운전자를 강제로 연행하기 위해서는 수사상 강제처분에 관한 형사소송법상 절차에 따라야** 하고, 이러한 절차를 무시한 채 이루어진 강제연행은 위법한 체포에 해당한다. 이와 같은 **위법한 체포 상태에서 음주측정요구**가 이루어진 경우, **운전자가 주취운전을 하였다고 인정할 만한 상당한 이유가 있다 하더라도 운전자에게 경찰공무원의 이와 같은 위법한 음주측정요구까지 응할 의무가 있다고 보아 이를 강제하는 것은 부당하므로** 그에 불응하였다고 하여 음주측정거부에 관한 도로교통법 위반죄로 처벌할 수 없다(대판 2012.12.13. 2012도11162).

6. 특별한 이유 없이 호흡측정기에 의한 측정에 불응하는 운전자에게 **경찰공무원이 혈액채취에 의한 측정방법이 있음을 고지하고 그 선택 여부를 물어야 할 의무가 있다고는 할 수 없다**(대판 2002도4220).

7. 경찰관이 음주운전 단속시 **운전자의 요구에 따라 곧바로 채혈을 실시하지 않은 채 호흡측정기에 의한 음주측정을 하고 1시간 12분이 경과한 후에야 채혈을 하였다**는 사정만으로는 위 행위가 법령에 위배된다거나 객관적 정당성을 상실하여 **운전자가 음주운전 단속과정에서 받을 수 있는 권익이 현저하게 침해되었다고 단정하기 어렵다**(대판 2008.4.24. 선고 2006다32132).

8. **척추장애로 지체장애 3급 장애인으로 등록된 피고인**이 경찰공무원의 음주측정 요구에 불응하였다는 구 도로교통법 위반의 공소사실에 대하여, 피고인의 폐활량은 정상인의 약 26.9%, 1초간 노력성 호기량은 약 33.5%에 불과하고, 호흡측정기가 작동하기 위하여는 최소 1.251ℓ 의 호흡유량이 필요하나 **피고인의 폐활량은 0.71ℓ 에 불과한** 점 등에 비추어 **음주측정에 불응한 것으로 볼 수 없다**고 하여, 이를 무죄로 인정함(대판 2010.7.15. 선고 2010도2935)

9. 참고인 또는 피내사자에게 진술거부권을 고지하지 아니하고 얻은 진술의 증거능력 은 수사기관에 의한 진술거부권 고지 대상이 되는 피의자 지위는 수사기관이 조사대상자에 대한 범죄혐의를 인정하여 수사를 개시하는 행위를 한 때 인정되는 것으로 보아야 한다. 이러한 **피의자 지위에 있지 아니한 자에 대하여는 진술거부권이 고지되지 아니하였더라도 진술의 증거능력을 부정할 것은 아니다**(대판 2014.4.30. 2012도725).

판례 · 지문 **진술거부권**

1. 진술거부권이 보장되는 절차에서 **진술거부권을 고지받을 권리**가 헌법 제12조 제2항에 의하여 바로 도출된다고 할 수는 없고, 이를 인정하기 위해서는 **입법적 뒷받침이 필요하다**(대판 2014.1.16. 2013도5441).

2. 경찰관이 술에 취한 상태에서 자동차를 운전한 것으로 보이는 피고인을 경찰관직무집행법 제4조 제1항에 따른 보호조치 대상자로 보아 경찰관서로 데려온 직후 음주측정을 요구하였는데 피고인이 불응하여 구 도로교통법상 음주측정불응죄로 기소된 사안에서, **위법한 보호조치 상태를 이용하여 음주측정 요구가 이루어졌다는 등의 특별한 사정이 없는 한** 피고인의 행위는 **음주측정불응죄에 해당한다**(대판 2012.2.9. 선고 2011도4328).

3. 수사기관에 의한 **진술거부권 고지의 대상이 되는 피의자의 지위**는 수사기관이 범죄인지서를 작성하는 등의 형식적인 사건수리 절차를 거치기 전이라도 조사대상자에 대하여 범죄의 혐의가 있다고 보아 **실질적으로 수사를 개시하는 행위를 한 때**에 인정되는 것으로 봄이 상당하다(대판 2015.10.29. 2014도5939).

4. 검사 또는 사법경찰관이 출석한 피의자의 진술을 들을 때에는 **미리 피의자에 대하여 진술을 거부할 수 있음을 알려야 한다**고 규정하고 있는바, 수사기관이 피의자를 신문함에 있어서 피의자에게 **미리 진술거부권을 고지하지 않은 때에는** 그 피의자의 진술은 위법하게 수집된 증거로서 진술의 **임의성이 인정되는 경우라도 증거능력이 부인되어야 한다**(대판 1992.6.26. 92도682).

5. 형사소송절차에서 **피고인은 방어권에 기하여 범죄사실에 대하여** 진술을 거부하거나 거짓 진술을 할 수 있고, 이 경우 범죄사실을 단순히 부인하고 있는 것이 죄를 반성하거나 후회하고 있지 않다는 인격적 비난요소로 보아 가중적 양형의 조건으로 삼는 것은 결과적으로 피고인에게 자백을 강요하는 것이 되어 허용될 수 없다고 할 것이나, 그러한 태도나 행위가 **피고인에게 보장된 방어권 행사의 범위를 넘어 객관적이고 명백한 증거가 있음에도 진실의 발견을 적극적으로 숨기거나 법원을 오도하려는 시도에 기인한 경우에는 가중적 양형의 조건으로 참작될 수 있다**(대판 2001.3.9. 선고 2001도192).

14. 당사자능력

<table>
<tr><td rowspan="1">당사자능력</td><td colspan="2">① 자연인은 연령이나 책임능력의 여하를 불문하고 언제나 당사자능력을 가진다.
② 법인에 대한 형사처분이 양벌규정을 통하여 인정되는 경우, 법인도 형사절차의 당사자능력이 인정된다.
☞ 태아나 사자는 당사자능력이 없다. 다만, 재심절차에서 피고인의 사망은 영향이 없다.</td></tr>
<tr><td>당사자능력의 소멸</td><td colspan="2">① 피고인이 사망하면 당사자능력은 소멸하므로 이때 법원은 공소기각결정을 하여야 한다.
② 유죄의 선고를 받아 확정된 자가 사망하였더라도 그 배우자, 직계친족 또는 형제자매는 재심을 청구할 수 있고, 이 경우 재심개시결정에 따라 열리게 되는 재심사건의 공판절차에서는 사망자에 대한 공소기각결정이 인정되지 않는다.</td></tr>
<tr><td>소송능력</td><td colspan="2">소송당사자가 유효하게 소송행위를 할 수 있는 능력, 즉 피고인 또는 피의자가 자기의 소송상의 지위와 이해관계를 이해하고 이에 따라 방어행위를 할 수 있는 의사능력을 의미한다.</td></tr>
<tr><td>소송능력의 결여</td><td colspan="2">피고인의 소송능력은 방어능력을 의미하므로 소송능력의 결여는 방어능력의 결여를 의미한다. 따라서 피고인이 계속적으로 소송능력이 없는 상태에 있을 때에는 원칙적으로 공판절차를 정지하여야 한다.</td></tr>
<tr><td rowspan="3">공판절차정지의 예외</td><td>유리한 재판</td><td>피고사건에 대하여 무죄, 면소, 형의 면제, 공소기각 등의 재판을 할 경우에는 피고인에게 소송능력이 없어도 피고인의 출정없이 재판할 수 있다.</td></tr>
<tr><td>책임능력 부적용사건</td><td>형사상 책임능력에 관한 규정을 적용 받지 않는 범죄(형법 제9조~제11조)사건에 대하여 피고인 또는 피의자가 의사능력이 없는 경우 법정대리인 또는 특별대리인이 소송행위를 대리한다.</td></tr>
<tr><td>법 인</td><td>피고인이 법인인 때에는 그 대표자가 소송행위를 대표한다. 법인을 대표할 자가 없는 경우에는 법원은 직권 또는 검사의 청구에 의해 특별대리인을 선임하여야 한다.</td></tr>
</table>

참고 · 지문

1. 형사미성년자나 책임능력이 없는 자도 당사자능력은 있다.
2. 법인격 없는 사단과 재단은 당사자능력이 인정되나, 조합은 당사자능력이 부정 된다.
3. 수인이 공동하여 법인을 대표하는 경우에도 소송행위에 관하여는 각자가 대표한다.

판례 · 지문 당사자능력

1. 법인은 그 청산결료의 등기가 경료 되었다면 특단의 사정이 없는 한 법인격이 상실되어 법인의 당사자능력 및 권리능력이 상실되었다고 추정할 것이나 **법인세 체납 등으로 공소 제기되어 그 피고사건의 공판 계속 중에 그 법인의 청산결료의 등기가 경료 되었다고 하더라도** 동 사건이 종결되지 아니하는 동안 **법인의 청산사무는 종료된 것이라 할 수 없고 형사소송법상 법인의 당사자능력도 그대로 존속한다**(대판 1986.10.28. 선고 84도693).

2. 회사합병이 있는 경우 피합병회사의 권리 · 의무는 사법상의 관계나 공법상의 관계를 불문하고 모두 합병으로 인하여 존속하는 회사에 승계되는 것이 원칙이지만, 형사소송법 제328조가 피고인인 법인이 존속하지 아니하게 되었을 때를 공소기각결정의 사유로 규정하고 있는 것은 형사책임이 승계되지 않음을 전제로 한 것이라고 볼 수 있는 점 등에 비추어 보면, **합병으로 인하여 소멸한 법인이 그 종업원 등의 위법행위에 대해 양벌규정에 따라 부담하던 형사책임은 그 성질상 이전을 허용하지 않는 것으로서 합병으로 인하여 존속하는 법인에 승계되지 않는다**(대판 2005도4471).

15. 변호인

변호인	변호인이란 피고인 · 피의자의 방어력을 보충함을 임무로 하는 보조자를 말한다.	
선임권자	고유의 선임권자는 피고인 또는 피의자이다(제30조 제1항). 구속 · 불구속을 불문한다.	
선임대리권자	피고인 또는 피의자의 법정대리인, 배우자, 직계친족, 형제자매는 독립하여 변호인을 선임할 수 있다. ☞ 피고인이 법인인 경우에는 대표자가 제3자에게 변호인선임을 위임하여 제3자로 하여금 변호인을 선임하도록 할 수는 없다.	
피선임자	**변호인의 수**	1인의 피고인 또는 피의자가 선임할 수 있는 변호인의 수에는 제한이 없다.
	대표변호인	㉠ 피고인에게 수인의 변호인이 있는 때에는 재판장은 피고인 · 피의자 또는 변호인의 신청이나 직권으로 대표변호인을 지정 및 철회 · 변경할 수 있으며 대표변호인에 대한 통지 또는 서류의 송달은 변호인 전원을 위하여 효력이 있고, 이때 대표변호인은 3인을 초과할 수 없다. ㉡ 피의자에게 수인의 변호인이 있는 경우 검사가 대표변호인을 지정할 수 있으며 그 지정은 기소 후에도 효력이 있다.
	특별변호인	변호인은 변호사 중에서 선임하여야 한다. 단, 대판 이외의 법원은 특별한 사정이 있으면 변호사 아닌 자를 변호인으로 선임함을 허가할 수 있다.
선임의 효력	**심급과의 관계**	변호인선임의 효력은 그 심급에 한하여 미치므로 변호인은 심급마다 선임하여야 한다. 다만, 공소제기 전의 변호인선임은 제1심에도 그 효력이 있다.
	사건과의 관계	㉠ 사건의 일부에 대한 선임 : 변호인선임의 효력은 사건을 단위로 하는 것이므로 선임의 효력은 공소사실의 동일성이 인정되는 사건의 전부에 미친다. ㉡ 병합 심리된 다른 사건 : 추가 기소되어 병합 심리된 다른 사건도 피고인 또는 변호인이 다른 의사표시를 하지 않는 한 선임의 효력이 미친다(규칙 제13조).
	파기사건	원심법원에서의 변호인선임은 항소심법원이 원심판결을 파기하여 사건을 원심법원에 환송하거나 관할법원에 이송하는 경우에 그 환송 또는 이송 후의 형사절차에도 효력이 있다(규칙 제158조).

참고 · 지문

1. 직권주의 보다 당사자주의 소송구조에서 변호인의 지위가 강화된다.
2. 동거인, 고용주, 내연녀 등은 선임 대리권자에 포함되지 않는다.
3. 사건의 일부에 대한 변호인의 선임은 그 사건이 가분이면, 일부분에 대한 선임이 합리적이라 인정되는 경우에만 허용된다.

판례 · 지문 변호인

1.형사소송에 있어서 **변호인을 선임할 수 있는 자는 피고인 및 피의자와 형사소송법 제30조 제2항에 규정된 자에 한정되는 것**이고, 피고인 및 피의자로부터 그 선임권을 위임받은 자가 피고인이나 피의자를 대리하여 변호인을 선임할 수는 없는 것이므로, 피고인이 법인인 경우에는 형사소송법 제27조 제1항 소정의 **대표자가 피고인인 당해 법인을 대표하여 피고인을 위한 변호인을 선임하여야 하며, 대표자가 제3자에게 변호인선임을 위임하여 제3자로 하여금 변호인을 선임하도록 할 수는 없다**(대판 1994.10.28. 94모25 결정).

2. 변호인의 접견교통권은 피의자 등이 변호인의 조력을 받을 권리를 실현하기 위한 것으로서, 피의자 등이 헌법 제12조 제4항에서 보장한 기본권의 의미와 범위를 정확히 이해하면서도 이성적 판단에 따라 자발적으로 **그 권리를 포기한 경우까지 피의자 등의 의사에 반하여 변호인의 접견이 강제될 수 있는 것은 아니다**(대판 2018.12.27).

16. 국선변호인

국선 변호인	법원에 의하여 선정된 변호인을 국선변호인이라고 한다. 사선변호인제도를 보충하여 피고인의 변호권을 강화하기 위한 제도이다.
필요적 변호사건	제33조 【국선변호인】 ① 다음 각 호의 어느 하나에 해당하는 경우에 변호인이 없는 때에는 법원은 직권으로 변호인을 선정하여야 한다. 1. 피고인이 구속된 때 2. 피고인이 미성년자인 때 3. 피고인이 70세 이상인 때 4. 피고인이 농아자인 때 5. 피고인이 심신장애의 의심이 있는 때 6. 피고인이 사형, 무기 또는 단기 3년 이상의 징역이나 금고에 해당 하는 사건으로 기소된 때 ② 법원은 피고인이 빈곤 그 밖의 사유로 변호인을 선임할 수 없는 경우에 피고인의 청구가 있는 때에는 변호인을 선정하여야 한다. ③ 법원은 피고인의 연령 · 지능 및 교육 정도 등을 참작하여 권리보호를 위하여 필요하다고 인정하는 때에는 피고인의 명시적 의사에 반하지 아니하는 범위 안에서 변호인을 선정하여야 한다.
영장실질심사	영장실질심사에서 심문할 피의자에게 변호인이 없을 때는 지방법원 판사는 직권으로 변호인을 선임하여야 한다. 변호인 선정은 피의자에 대한 구속영장청구가 기각되어 그 효력이 소멸한 경우를 제외하고 제1심까지 효력이 있다.
체포 · 구속 적부심사	체포 · 구속적부심사를 청구한 피의자가 제33조의 국선변호인 선정사유에 해당하고, 변호인이 없는 때에는 국선변호인을 선정하여야 한다.
재심사건	재심개시결정이 확정된 사건에서 다음의 경우에 재심청구자가 변호인을 선임하지 아니하는 경우에는 재판장은 직권으로 변호인을 선임하여야 한다. 재심개시결정을 구하는 재심청구절차에서는 국선변호인선정청구를 할 수 없다.
공판준비절차	법원은 공판준비기일이 지정된 사건에 관하여 변호인이 없는 때에는 직권으로 변호인을 선정하여야 한다.
국민참여재판	국민참여재판으로 진행되는 사건에서 변호인이 없는 때에는 법원은 직권으로 변호인을 선정하여야 한다.
기타	㉠ 치료감호청구사건(치료감호법제15조 제2항) ㉡ 군사법원 관할사건(군사법원법 제62조 제1항) ㉢ 전자장치부착명령청구사건

참고 · 지문

1. 빈곤 그 밖의 사유로 국선변호인 선정을 청구하는 경우 피고인은 소명자료를 제출하여야 한다. 다만, 기록에 의하여 그 사유가 소명되었다고 인정될 때에는 그러하지 아니하다(규칙 제17조의2).
2. 공판절차가 아닌 재심개시결정을 구하는 재심청구절차에서는 국선변호인선정청구를 할 수 없다.
3. 아동 · 청소년대상 성범죄, 성폭력범죄의 피해자에게 변호인이 없는 경우 검사는 국선변호인을 지정하여 피해자의 권익을 보호할 수 있다.
4. 법원은 피고인의 연령 · 지능 및 교육 정도 등을 참작하여 권리보호를 위하여 필요하다고 인정하는 때에는 피고인의 명시적 의사에 반하지 아니하는 범위 안에서 변호인을 선정하여야 한다(제33조 제3항).

판례 · 지문 국선 변호인

1. **피고인이 구속된 때**라고 함은, 원래 구속제도가 형사소송의 진행과 형벌의 집행을 확보하기 위하여 법이 정한 요건과 절차 아래 피고인의 신병을 확보하는 제도라는 점 등에 비추어 볼 때 피고인이 **당해 형사사건에서 구속되어 재판을 받고 있는 경우를 의미**하고, 피고인이 **별건으로 구속되어 있거나 다른 형사사건에서 유죄로 확정되어 수형 중인 경우는 이에 해당하지 아니한다**(대판 2009.5.28. 선고 2009도579).

2. 형사소송법 제33조 제1항 제1호 소정의 **'피고인이 구속된 때' 라고 함은** 피고인이 당해 형사사건에서 이미 구속되어 재판을 받고 있는 경우를 의미하는 것이므로, **불구속 피고인에 대하여 판결을 선고한 다음 법정구속을 하더라도 구속되기 이전까지는 위 규정이 적용된다고 볼 수 없다**(대판 2011.3.10. 2010도17353).

3. 형사소송법 제455조 제3항은 정식재판의 청구가 적법한 때에는 공판절차에 의하여 심판하여야 한다고 규정하고 있는바, 위 각 규정 내용에 비추어 보면 **즉결심판을 받은 피고인이 정식재판청구를 함으로써 공판절차가 개시된 경우**에는 통상의 공판절차와 마찬가지로 **국선변호인의 선정에 관한 형사소송법 제283조의 규정이 적용된다**(대판 1997.2.14. 96도3059).

4. **상소심에서 사건이 형사소송법 제282조에 따라 변호인 없이 개정하지 못하는 때에 해당하는지의 여부를 결정함에 있어서는 공소사실로 된 죄의 법정형이 그 기준**이 된다. 다만, 필요적 변호가 있어야 할 사건이라도 **하급심에서 공소사실 중 일부만이 유죄로** 인정되고 **유죄부분만이 상소되어 그 범죄사실이 변호인 없이 개정할 수 있는 사건에 해당하게 된 경우라면 필요적 변호사건으로 취급되지 아니할 뿐**이다(대판 2002도5748).

5. 피고인이 빈곤 등을 이유로 국선변호인의 선정을 청구하면서, 국선변호인의 조력을 받아 항소이유서를 작성 · 제출하는 데 필요한 충분한 시간 여유를 두고 선정청구를 하였는데도 **법원이 정당한 이유없이 그 선정을 지연하여 항소이유서 제출기간이 경과한 후에야 비로소 국선변호인이 선정**됨으로써 항소이유서의 작성 · 제출에 필요한 변호인의 조력을 받지도 못한 상태로 피고인에 대한 항소이유서 제출기간이 도과해 버렸다면 그 국선변호인에게도 별도로 소송기록 접수통지를 하여 국선변호인이 그 통지를 받은 날로부터 기산하여 소정의 기간 내에 **피고인을 위하여 항소이유서를 제출할 수 있는 기회를 주어야 한다**(대판 2000모66).

6. 국선변호인제도는 구속적부심의 경우를 제외하고는 공판절차에서 피고인의 지위에 있는 자에게만 인정되는 것으로서, 공판절차가 아닌 **재심개시결정 전의 절차에서** 재심청구인이 **국선변호인선임청구를 할 수는 없다**(대판 92모49).

7. 필요적 변호사건의 공판절차가 **사선변호인과 국선변호인이 모두 불출석한 채 개정**되어 국선변호인 선정 취소결정이 고지된 후 변호인 없이 피해자에 대한 증인신문 등 심리가 이루어진 경우, 그와 같은 위법한 공판절차에서 이루어진 **피해자에 대한 증인신문 등 일체의 소송행위는 모두 무효**라고 할 것이고, 다만 필요적 변호사건에서 변호인이 없거나 출석하지 아니한 채 공판절차가 진행되었기 때문에 그 **공판절차가 위법한 것이라 하더라도 그 절차에서의 소송행위 외에 다른 절차에서 적법하게 이루어진 소송행위까지 모두 무효로 된다고 볼 수는 없다**(대판 1999.4.23. 선고 99도915).

8. 필요적 변호사건에서 항소법원이 국선변호인을 선정하고 피고인과 그 변호인에게 소송기록접수통지를 한 다음 피고인이 사선변호인을 선임함에 따라 항소법원이 국선변호인의 선정을 취소한 경우에도 마찬가지이다. 이러한 경우 항소이유서 제출기간은 **국선변호인 또는 피고인이 소송기록접수통지를 받은 날부터 계산**하여야 한다(대판 2018.11.22. 2015도10651).

9. 피고인과 국선변호인이 모두 법정기간 내에 항소이유서를 제출하지 아니하였다고 하더라도, 국선변호인이 항소이유서를 제출하지 아니한 데 대하여 피고인에게 귀책사유가 있음이 특별히 밝혀지지 않는 한, 항소법원은 종전 국선변호인의 선정을 취소하고 새로운 국선변호인을 선정하여 다시 소송기록접수통지를 함으로써 새로운 국선변호인으로 하여금 그 통지를 받은 때로부터 형사소송법 제361조의 3 제1항의 기간 내에 피고인을 위하여 항소이유서를 제출하도록 하여야 한다(대판 2012.2.16. 2009모1044).

판례 · 지문 위법

1. 형사소송법 제33조 제2호에(피고인이 빈곤 기타 사유로 의한)의한 **국선변호인 선임신청을 법원에 하였음**에도 법원이 피고인의 위 **신청에 대하여 아무런 결정을 하지 아니한 것은 위법**하다(대판 94도2880).

2. 법원은 **시각장애인인 피고인의 명시적 의사에 반하지 아니하는 범위 안에서 국선변호인을 선정하여 방어권을 보장해 줄 필요가 있다.** 그럼에도 국선변호인의 선정 없이 공판심리가 이루어져 피고인의 방어권이 침해됨으로써 판결에 영향을 미쳤다고 인정되는 경우에는 위 법 제33조 제3항을 위반한 **위법이 있다**고 보아야 한다(대판 2010.4.29. 선고 2010도881).

3. **피고인이 지체(척추)4급 장애인**으로서 국민기초생활수급자에 해당한다는 **소명자료를 첨부하여 서면으로 형사소송법 제33조 제2항에서 정한 빈곤을 사유로 한 국선변호인선정 청구**를 하였고, 위 소명자료에 의하면 피고인이 빈곤으로 인하여 변호인을 선임할 수 없는 경우에 해당하는 것으로 인정할 여지가 충분하며 기록상 이와 달리 판단할 사정을 찾아볼 수 없으므로, 특별한 사정이 없는 한 국선변호인 선정결정을 하여 선정된 변호인으로 하여금 공판심리에 참여하도록 하였어야 하는데도, **위 청구를 기각하는 결정을 한 후 피고인만 출석한 상태에서 심리를 진행하여 판결을 선고한 원심의 조치에 법령위반의 위법**이 있다(대판 2011.3.24. 선고 2010도18103 판결).

4. 필요적 변호사건의 항소심에서, 원심법원이 피고인 본인의 항소이유서 제출기간 경과 후 국선변호인을 선정하고 그에게 소송기록접수통지를 하였으나 **국선변호인이 법정기간 내에 항소이유서를 제출하지 아니한 사안에서, 국선변호인의 항소이유서 불제출에 대하여 피고인의 귀책사유가 밝혀지지 아니한 이상 국선변호인의 선정을 취소하고 새로운 국선변호인을 선정하는 조치를 취했어야** 하는데도, 위와 같은 조치를 취하지 아니한 채 항소를 기각한 원심결정에 법리오해의 위법이 있다(대판 2012.2.16. 자 2009모1044).

5. **국선변호인에 대한 사임허가 및 선정취소결정이 있은 후**에 피고인이 **새로운 국선변호인 선정 혹은 특별변호인 선임 허가신청을 하였으나 법원이 그에 대한 결정을 하지 아니한 채** 변호인 없이 공판절차를 계속 진행하여 심리를 마친 것은 위법하다(대판 2006.11.24. 선고 2006도3213).

6. 피고인에 대한 공소사실 범행의 피해자가 공동피고인이고 범행동기도 공동피고인에 대한 공소사실 범행에 있어 **피고인에 대한 유리한 변론은 공동피고인의 정상에 대하여 불리한 결과를 초래**하므로 공소사실들 자체로 **피고인과 공동피고인은 이해가 상반되는 관계에 있다고 보아 동일한 국선변호인을 선정한 것은 형사소송규칙 제15조 제2항에 위배된다**(대판 2000.11.24. 2000도4398).

7. **형사변호인의 기본적인 임무가 피고인 또는 피의자를 보호하고 그의 이익을 대변하는 것**이라고 하더라도, 그러한 이익은 **법적으로 보호받을 가치가 있는 정당한 이익으로 제한**되고, 변호인이 의뢰인의 요청에 따른 변론행위라는 명목으로 수사기관이나 법원에 대하여 **적극적으로 허위의 진술**을 하거나 피고인 또는 피의자로 하여금 허위진술을 하도록 하는 것은 **허용되지 않는다**(대판 2012.8.30., 2012도6027).

17. 선임의 취소, 사임

선정의 취소	필요적 취소	ⓐ 피고인 또는 피해자에게 변호인이 선임된 때 ⓑ 국선변호인이 자격을 상실한 때 ⓒ 법원 또는 지방법원 판사가 국선변호인의 사임을 허가한 때
	임의적 취소	ⓐ 국선변호인이 그 직무를 성실하게 수행하지 아니하는 때 ⓑ 피고인 또는 피의자의 국선변호인 변경 신청이 상당하다고 인정하는 때 ⓒ 그 밖에 국선변호인의 선정결정을 취소할 상당한 이유가 있는 때
	법원이 국선변호인의 선정을 취소한 때에는 지체 없이 그 뜻을 해당되는 국선변호인과 피고인 또는 피의자에게 통지하여야 한다.	
변호인의 사임	ⓐ 질병 또는 장기여행으로 인하여 국선변호인의 직무를 수행하기 곤란할 때 ⓑ 피고인 또는 피의자로부터 폭행 · 협박 또는 모욕을 당하여 신뢰관계를 지속할 수 없을 때 ⓒ 피고인 또는 피의자로부터 부정한 행위를 할 것을 종용받았을 때 ⓓ 그 밖에 국선변호인으로서의 직무를 수행하는 것이 어렵다고 인정할 만한 상당한 사유가 있을 때	
	국선변호인은 어느 하나에 해당하는 경우에는 법원 또는 지방법원 판사의 허가를 얻어 사임할 수 있다.	

18. 변호인의 지위

<table>
<tr><td>보호자적 지위</td><td colspan="2">변호인은 형사절차에서 피고인 · 피의자의 이익을 보호할 임무가 있다(변호인의 기본적 지위).</td></tr>
<tr><td rowspan="3">내용</td><td>법적 조언</td><td>피의자 · 피고인의 소송법적 권리와 실체법상의 문제점 설명, 접견교통권의 행사는 피의자 · 피고인의 심리적 불안감을 해소, 방어 전략의 수립에 있다.</td></tr>
<tr><td>독립적 지위</td><td>변호인은 피의자 · 피고인의 의사에 종속되지 않고 피의자 · 피고인에 대한 관계에서도 독립적 지위를 보유(독립대리권 · 고유권)한다.</td></tr>
<tr><td>비밀유지의무</td><td>변호인은 피의자 · 피고인에 대하여 직무상 알게 된 비밀을 누설하여서는 안된다는 비밀유지의무를 부담한다.</td></tr>
<tr><td>공익적 지위</td><td colspan="2">변호인은 피의자 · 피고인의 정당한 이익을 보호함으로써 국가형벌권의 공정한 실현에 협력할 의무가 있다.</td></tr>
<tr><td rowspan="5">진실의무</td><td colspan="2">적극적으로 실체진실발견에 협력할 적극적 진실의무는 아니며, 진실은폐 · 허위진술 등에 의하여 진실발견을 방해하지 않고, 피의자 · 피고인에게 유리한 사실을 밝힘으로써 진실을 발견하는 소극적 진실의무이다.</td></tr>
<tr><td>법적 조언</td><td>변호인이 실체적 진실에 반하는 것을 알면서 적극적으로 피고인 등과 동일한 법적 주장을 하거나, 이러한 주장을 무죄변론의 기초로 삼는 것은 진실의무에 반한다.</td></tr>
<tr><td>진술거부권</td><td>진술거부권 행사를 권고하는 것은 진실의무에 반하지 않으나, 허위진술을 권고하거나 임의자백의 철회를 권고하는 것은 진실의무에 반한다.</td></tr>
<tr><td>증거수집</td><td>증인에게 위증을 교사하거나 증거인멸을 지시하는 것은 허용되지 않는다. 그러나 변호인은 피고인 등에게 불리한 증거를 법정에 제출해야 할 의무는 없다.</td></tr>
<tr><td>무죄변론</td><td>ⓐ 자백의 보강증거가 없는 경우 또는 자백이 허위라고 판단하는 경우에는 무죄의 변론을 하여야 한다.
ⓑ 피고인 등이 변호인에게 자신의 범행을 자백한 경우에 변호인은 진실의무 외에도 비밀유지의무가 있으므로 이를 법원이나 검사에게 고지할 의무는 없다.</td></tr>
</table>

19. 대리권

독립대리권	**본인의 명시적 의사에 반해서도 행사할 수 있는 것**	㉠ 구속취소청구(제93조) ㉡ 보석청구(제94조) ㉢ 증거보전청구(제184조) ㉣ 공판기일변경신청(제270조 제1항) ㉤ 증거조사에 대한 이의신청(제296조)
	본인의 명시적 의사에는 반할 수 없으나, 묵시적 의사에 반하여는 행사할 수 있는 것	㉠ 기피신청(제18조) ㉡ 상소제기(제341조)
종속대리권	㉠ 관할이전의 신청(제15조) ㉡ 관할위반의 신청(제320조) ㉢ 증거동의(제318조) ㉣ 상소취하(제349조) ㉤ 정식재판의 취하(제458조)	

포괄적대리가 허용되는 경우	① 의사무능력자인 피고인의 법정대리인이 행하는 소송행위의 대리(제26조) ② 법인인 피고인의 대표자가 행하는 소송행위의 대리(제27조) ③ 변호인 · 보조인에 의한 소송행위의 대리(제29조 · 제36조) ④ 경미사건 등에 있어서 피고인의 대리인에 의한 소송행위의 대리(제277조)
개별의 소송행위 대한 대리	① 고소 또는 취소의 대리(제236조) ② 재정신청의 대리(제264조) ③ 변호인선임의 대리(제30조) ④ 상소의 대리(제341조) ⑤ 적부심사청구의 대리(제214조의2)

ㅇ고발의 대리, 공소제기의 대리, 공소취소의 대리, 자수 · 자백의 대리는 인정되지 않는다.

판례 · 지문 대리

음주운전과 관련한 도로교통법 위반죄의 범죄수사를 위하여 미성년자인 피의자의 혈액채취가 필요한 경우에도 피의자에게 의사능력이 있다면 **피의자 본인만이 혈액채취에 관한 유효한 동의를 할 수 있고**, 피의자에게 의사능력이 없는 경우에도 명문의 규정이 없는 이상 **법정대리인이 피의자를 대리하여 동의할 수는 없다**(대판 2014.11.13. 2013도1228).

구 분	변호인	보조인
자 격	원칙적으로 변호사	피고인 · 피의자의 법정대리인, 배우자, 직계친족, 형제자매
절 차	① 사선 : 선임신고서 제출 ② 국선 : 선임결정	신고에 의해서 지위 발생
권 리	① 독립대리권 : 명시적 의사에 반해서도 가능 ② 고유권 : 있다.	① 독립대리권 : 명시적 의사에 반할 수 없다. ② 고유권 : 없다.

20. 소송행위의 방식

구두방식	실체형성행위	검사의 모두진술(제285조), 피고인의 모두진술(제286조), 피고인신문(제296조의2), 증인신문(제161조의2), 검사의 의견진술(제302조), 변호인의 최종변론(제303조), 피고인의 최후진술(제303조)
	소송지휘	인정신문(제284조), 진술거부권의 고지(제283조의2), 공소장변경의 허가(제298조 제1항), 불필요한 변론의 제한(제299조), 퇴정명령(제281조).
	판결 선고	결정 · 명령도 포함
서면방식	공소제기(제254조), 약식명령청구(제449조), 영장청구(규칙 제94조), 영장발부(제75조 · 제114조), 상소제기(제343조 제1항), 준항고(제418조), 재심청구(규칙 제166조), 비상상고신청(제442조), 제정신청, 공소장변경신청, 보석청구, 정식재판청구	
구두방식 · 서면방식의 병용	기피신청(제18조), 보조인 신고(제29조), 고소 · 고발 및 그 취소(제237조), 공소취소(제255조), 상소의 포기 · 취하(제352조), 정식재판청구의 포기 · 취하(제458 · 352조), 증거조사신청(제273조), 변론분리 · 병합신청(제300조)	
방식위반의 효과	방식에 관한 규정이 효력규정인 경우에는 무효인 소송행위가 된다(구두에 의한 공소제기 · 재정신청 · 상소제기).	

21. 공판조서

공판조서	공판조서란 공판기일의 소송절차에 참여한 법원사무관 등이 공판절차의 공정을 담보하고 후에 발생할 분쟁을 방지하기 위해 공판기일의 소송절차에 따라 작성한 조서를 공판조서라 한다. ○ 공판준비절차, 증거보전절차에서 작성한조서는 공판조서가 아니다.
공판조서의 기재요건	1. 공판을 행한 일시와 법원 2. 법관, 검사, 법원사무관 등의 관직, 성명 3. 피고인, 대리인, 대표자, 변호인, 보조인과 통역인의 성명 4. 피고인의 출석여부 5. 공개의 여부와 공개를 금한 때에는 그 이유 6. 공소사실의 진술 또는 그를 변경하는 서면의 낭독 7. 피고인에게 그 권리를 보호함에 필요한 진술의 기회를 준 사실과 그 진술한 사실 8. 제48조 제2항에 기재한 사항 9. 증거조사를 한 때에는 증거 될 서류, 증거물과 증거조사의 방법 10. 공판정에서 행한 검증 또는 압수 11. 변론의 요지 12. 재판장이 기재를 명한 사항 또는 소송관계인의 청구에 의하여 기재를 허가한 사항 13. 피고인 또는 변호인에게 최종 진술할 기회를 준 사실과 그 진술한 사실 14. 판결 기타의 재판을 선고 또는 고지한 사실
기명날인 또는 서명	㉠ 공판조서에는 재판장과 참여한 법원사무관 등이 기명날인 또는 서명하여야 한다. ㉡ 재판장이 기명날인 또는 서명할 수 없는 때에는 다른 법관이 그 사유를 부기하고 기명날인 또는 서명하여야 하며 법관전원이 기명날인 또는 서명할 수 없는 때에는 참여한 법원사무관 등이 그 사유를 부기하고 기명날인 또는 서명하여야 한다. ㉢ 법원사무관 등이 기명날인 또는 서명할 수 없는 때에는 재판장 또는 다른 법관이 그 사유를 부기하고 기명날인 또는 서명하여야 한다.
공판조서의 정리	㉠ 공판조서는 각 공판기일 후 신속히 정리하여야 한다. ㉡ 다음 회의 공판기일에 있어서는 전회의 공판심리에 관한 주요사항의 요지를 조서에 의하여 고지하여야 한다. 다만, 다음 회의 공판기일까지 전회의 공판조서가 정리되지 아니한 때에는 조서에 의하지 아니하고 고지할 수 있다. ㉢ 공판조서의 정확성을 제고하기 위하여 검사, 피고인 또는 변호인은 공판조서의 기재에 대하여 변경을 청구하거나 이의를 제기할 수 있다. 이 경우 변경청구나 이의제기가 있었다는 취지와 이에 대한 재판장의 의견을 기재한 조서를 작성하여 해당 공판조서 뒤에 첨부하도록 하였다.
속기 · 녹취	㉠ 법원은 검사, 피고인 또는 변호인의 신청이 있는 때에는 특별한 사정이 없는 한 공판정에서의 심리의 전부 또는 일부를 속기사로 하여금 속기하게 하거나 녹음장치 또는 영상녹화장치를 사용하여 녹음 또는 영상녹화 하여야 하며, 필요하다고 인정하는 때에는 직권으로 이를 명할 수 있다. ㉡ 법원은 속기록 · 녹음물 또는 영상녹화물을 공판조서와 별도로 보관하여야 한다. ㉢ 검사, 피고인 또는, 변호인은 비용을 부담하고 속기록 · 녹음물 또는 영상녹화물의 사본을 청구할 수 있다. ㉣ 속기록, 녹음물, 영상녹화물 또는 녹취서는 전자적 형태로 이를 보관할 수 있으며, 재판이 확정되면 폐기한다. 다만, 속기록, 녹음물, 영상녹화물 또는 녹취서가 조서의 일부가 된 경우에는 그러하지 아니하다.
열람 · 등사	① 피고인은 공판조서의 열람 또는 등사를 청구할 수 있다. ② 피고인이 공판조서를 읽지 못하는 때에는 공판조서의 낭독을 청구할 수 있다. ③ 전2항의 청구에 응하지 아니한 때에는 그 공판조서를 유죄의 증거로 할 수 없다.

참고 · 지문

1. 공판준비절차, 증거보전절차에서 작성한 조서는 공판조서가 아니다.

판례 · 지문 **공판조서**

1. 피고인에게 공판조서의 열람 또는 등사청구권을 부여한 이유는 공판조서의 열람 또는 등사를 통하여 피고인으로 하여금 진술자의 진술내용과 그 기재된 조서의 기재내용의 일치 여부를 확인할 수 있도록 기회를 줌으로써 그 조서의 정확성을 담보함과 아울러 피고인의 방어권을 충실하게 보장하려는 데 있으므로 **피고인의 공판조서에 대한 열람 또는 등사청구에 법원이 불응**하여 피고인의 열람 또는 등사청구권이 침해된 경우에는 **그 공판조서를 유죄의 증거로 할 수 없을 뿐만 아니라, 공판조서에 기재된 당해 피고인이나 증인의 진술도 증거로 할 수 없다**(대판 2003.10.10. 2003도3282).

2. 피고인이 공판조서의 열람 또는 등사를 청구하였음에도 법원이 불응하여 피고인의 열람 또는 등사청구권이 침해된 경우에는 공판조서를 유죄의 증거로 할 수 없을 뿐만 아니라 공판조서에 기재된 당해 피고인이나 증인의 진술도 증거로 할 수 없다고 보아야 한다. 다만 그러한 **증거들 이외에 적법하게 채택하여 조사한 다른 증거들 만에 의하더라도 범죄사실을 인정하기에 충분**하고, 또한 당해 공판조서의 내용 등에 비추어 보아 공판조서의 열람 또는 등사에 응하지 아니한 것이 **피고인의 방어권이나 변호인의 변호권을 본질적으로 침해한 정도에 이르지는 않은 경우**에는 판결에서 공판조서 등을 증거로 사용하였다고 하더라도 그러한 잘못이 판결에 영향을 미친 위법이라고 할 수는 없다(대판 2012.12.27. 2011도15869).

3. 피고인이 차회 공판기일 전 등 원하는 시기에 공판조서를 열람 · 등사하지 못하였다 하더라도 그 **변론종결 이전에 이를 열람 · 등사한 경우에는** 그 열람 · 등사가 늦어짐으로 인하여 **피고인의 방어권 행사에 지장이 있었다는 등의 특별한 사정이 없는 한** 피고인의 공판조서의 열람 · 등사청구권이 침해되었다고 볼 수 없어, **그 공판조서를 유죄의 증거로 할 수 있다고** 보아야 한다(대판 2007도3906).

4. **공판조서에 그 공판에 관여한 법관의 성명이 기재되어 있지 아니하다면** 공판절차가 법령에 위반되어 판결에 영향을 미친 **위법이 있다** 할 것이다(대판 1970.9.22. 선고 70도1312).

5. **공판조서에 서명날인할 재판장은 당해 공판기일에 열석한 재판장이어야 하므로** 당해 **공판기일에 열석하지 아니한 판사가 재판장으로서 서명날인한 공판조서**는 적식의 공판조서라고 할 수 없어 이와 같은 공판조서는 **소송법상 무효**라 할 것이므로 공판기일에 있어서의 소송절차를 증명할 공판조서로서의 증명력이 없다(대판 1983.2.8. 선고 82도2940).

22. 소송서류의 송달

소송서류의 송달	당사자 기타 소송관계인에 대하여 법률에 정한 방식에 의하여 소송서류의 내용을 알리게 하는 법원, 법관의 직권적 소송행위로 송달에는 일정한 소송법적인 효과가 강제적으로 부여된다. 특별한 법률규정이 없으면 교부송달이 원칙이며, 민사소송법을 준용한다.
송달영수인	① 피고인, 대리인, 대표자, 변호인 또는 보조인이 법원소재지에 서류의 송달을 받을 수 있는 주거 또는 사무소를 두지 아니한 때에는 법원소재지에 주거 또는 사무소 있는 자를 송달영수인으로 선임하여 연명한 서면으로 신고하여야 한다. ② 송달영수인은 송달에 관하여 본인으로 간주하고 그 주거 또는 사무소는 본인의 주거 또는 사무소로 간주한다(제60조 2항). ③ 송달영수인의 선임은 같은 지역에 있는 각 심급법원에 대하여 효력이 있다.
우편 송달	주거, 사무소 또는 송달영수인의 선임을 신고하여야 할 자가 그 신고를 하지 아니하는 때에는 법원사무관 등은 서류를 우체에 부치거나 기타 적당한 방법에 의하여 송달할 수 있다. 서류를 우체에 부친 경우에는 도달된 때에 송달된 것으로 간주한다.
검사에 송달	검사에 대한 송달은 소속검찰청으로 하여야 한다.
구속된 자	교도소나 구치소에 구속된 자에 대한 송달은 그 소장에게 한다.
공시송달	① 공시송달의 사유는 피고인의 소재불명, 재판권이 미치지 않는 장소, 사무소와 현재지를 알 수 없을 때 공시송달을 할 수 있다. ② 공시송달은 법원사무관 등이 송달할 서류를 보관하고 그 사유를 법원게시장에 공시하여야 한다. ③ 법원은 전항의 사유를 관보나 신문지상에 공고할 것을 명할 수 있다. ④ 최초의 공시송달은 공시를 한 날로부터 2주일을 경과하면 그 효력이 생긴다. 단, 제2회 이후의 공시송달은 5일을 경과하면 그 효력이 생긴다.

판례 · 지문 **송달의 효력이 없는 것**

1. 피고인이 제1심판결에 **항소를 제기한 후 타처로 전입하여 주민등록상 신고**를 하였는데, 법원이 **종전의 주거지로 소송기록접수통지서를 송달하여 피고인의 모가 이를 수령한 경우**, 피고인이 주민등록상의 신고와 같이 주거지를 변경한 것이라면 피고인의 종전 주거지는 형사소송법 제65조에 의하여 준용되는 민사소송법 제170조 소정의 적법한 송달장소라고 할 수 없고, 피고인의 모를 같은 민사소송법 제172조 제1항 소정의 동거자라고도 할 수 없으므로, 위 **송달은 그 효력이 없다**(대판 1997.6.10. 선고 96도2814).

2. **재감자에 대한 재심기각결정의 송달을 교도소 등의 장에게 하지 아니하였다면 부적법하여 무효**이고, 즉시항고 제기기간의 기산일을 정하게 되는 송달 자체가 부적법한 이상 재감자인 피고인이 **재심기각결정이 고지된 사실을 다른 방법으로 알았다고 하더라도 송달의 효력은 여전히 발생하지 않는다**(대판 1995.1.12. 선고 94도2687).

3. 항소한 피고인이 거주지 변경신고를 하지 아니한 상태에서, 기록에 나타난 피고인의 **휴대전화번호로 연락하여 송달받을 장소를 확인해 보는 등의 조치를 취하지 아니한 채 곧바로 공시송달**을 명하고 피고인의 진술 없이 판결을 한 원심의 조치가 형사소송법 제63조 제1항, 제365조에 **위배된다**(대판 2010.1.28. 선고 2009도12430).

4. 형사소송절차에서 피고인에 대한 공시송달은 피고인의 주거, 사무소와 현재지를 알 수 없는 때에 한하여 할 수 있을 뿐이고, 피고인의 사무소와 현재지가 기록상 명백한 경우에는 이를 할 수 없다 할 것이므로, 우편집배원이 2회에 걸쳐 재항고인의 주소지에 갔었으나 그때마다 **수취인이 부재하였다는 사유만으로는 그 주거를 알 수 없는 때에 해당한다고 단정하기 어렵다**(대판 1984.11.8. 자 84모31).

판례 · 지문 **송달**

1. 형사소송법 제60조 제4항이 규정한 **신체구속을 당한 자라 함은 그 사건에서 신체를 구속당한 자를 가리키는 것이요, 다른 사건으로 신체구속을 당한 자는 여기에 해당되지 아니한다**고 보는 것이 상당하므로 다른 사건으로 신체구속을 당한 자로서는 이 강도 상해사건에 관하여는 **송달받기 위한 신고의무를 면제받을 수 없는 것이다**(대판 1976.11.10. 자76모69).

2. 피고인의 어머니가 **주거지에서** 항소사건 소송기록접수통지서를 **동거자로서 송달받은 경우, 그 어머니가 문맹이고 관절염, 골다공증으로 인하여 거동이 불편**하다고 하더라도 그것만으로 사리를 변식할 능력이 없다고 할 수 없으므로 위 송달은 적법한 보충송달로서의 효력이 있다(대판 2000.2.14. 자99모225).

3. **재판을 받는 자가 구치소에 수용되어 있는 경우 재판서 등본이 모사전송의 방법으로 구치소장에게 송부되었다면** 구치소장에게는 이를 수용중인 재판을 받는 자에게 전달할 의무가 있으므로 **이로써 재판을 받는 자가 그 재판의 내용을 알 수 있는 상태에 이르렀다고 봄이 상당**하고, 따라서 **재판서 등본이 모사전송의 방법으로 구치소장에게 송부된 때 그 재판이 고지되었다고 보아야 한다**(대판 2004.8.12. 자 2004모208).

4. **약식명령의 송달이 무효**이기 때문에 그에 대한 정식재판청구기간 자체가 진행하지 않고, 정식재판청구권 회복청구와 함께 정식재판청구가 제기되었다면 그 정식재판청구는 그 청구기간 내의 적법한 청구로서 독립하여 그 효력을 발생하므로, 당사자로서는 **약식명령을 송달받지 못했다는 점을 소명**하여 정식재판청구절차에 따른 재판을 받으면 되지 **따로 정식재판청구권 회복청구를 할 필요가 없다**(대판 1995.6.14. 자95모14).

5. 보충송달은 피고인의 동거 가족에게 서류가 교부되고 **그 동거 가족이 사리를 변식할 지능이 있는 이상** 피고인이 **그 서류의 내용을 알지 못한 경우에도 송달의 효력이 있고**, 사리를 변식할 지능이 있다고 하기 위하여는 사법제도 일반이나 소송행위의 효력까지 이해할 필요는 없더라도 송달의 취지를 이해하고 영수한 서류를 **수송달자에게 교부하는 것을 기대할 수 있는 정도의 능력이 있으면 족하다**(대판 2000. 2. 14. 자 99모225).

6. 공시송달은 형사소송법 제63조 제1항에 의하여 피고인의 주거 · 사무소 및 현재지를 알 수 없는 때에 한하여 이를 할 수 있을 뿐이고 **피고인의 주거 · 사무소 · 현재지 등이 기록상 나타나 있는 경우에는 이를 할 수 없는 것이다**(대판 1999.12.24. 99도3784).

7. **공시송달 방법에 의한 피고인 소환이 부적법**하여 피고인이 공판기일에 출석하지 않은 가운데 진행된 제1심의 절차가 위법하고 그에 따른 제1심판결이 파기되어야 한다면, **항소심으로서는 다시 적법한 절차에 의하여 소송행위를 새로이 한 후 항소심에서의 진술과 증거조사 등 심리 결과에 기초하여 다시 판결**하여야 한다(대판 2012.4.26., 2012도986).

8. 형사소송법 제452조에서 약식명령의 고지는 검사와 피고인에 대한 재판서의 송달에 의하도록 규정하고 있으므로 **약식명령은 그 재판서를 피고인에게 송달함으로써 효력이 발생**하고, 변호인이 있는 경우라도 반드시 변호인에게 약식명령 등본을 송달해야 하는 것은 아니다. 따라서 정식재판 청구기간은 피고인에 대한 약식명령 고지일을 기준으로 하여 기산하여야 한다(대판 2017.7.27. 2017모1557).

23. 소송서류열람 · 복사

<table>
<tr><td rowspan="4">피고인과 변호인</td><td>법원보관 서류</td><td>피고인과 변호인 그리고 피고인의 법정대리인, 특별대리인, 보조인 등에게 소송계속 중의 관계서류 또는 증거물을 열람하거나 등사할 수 있다.</td></tr>
<tr><td>검사보관 서류</td><td>공소제기 이후 검사가 보관하고 있는 서류에 대해 열람 · 등사할 수 있다. 피고인에게 변호인이 있는 경우 피고인은 열람신청만 가능하다.</td></tr>
<tr><td>수사서류</td><td>공소제기 전 피의자에 대한 수사기록 열람 · 등사권은 인정되지 않으나 수사기록 중 고소 · 고발장과 피의자 신문조서와 피의자가 제출한 서류는 방어권보장을 위해 열람 · 등사가 가능하다.</td></tr>
<tr><td colspan="2">피고인과 변호인 직계친족, 배우자 형제자매, 법정대리인은 구속영장을 발부한 법원에 영장의 등본 교부청구가 가능하다.</td></tr>
<tr><td>감정인</td><td colspan="2">감정인은 감정에 관하여 필요한 경우 재판장의 허가를 얻어 서류와 증거물을 열람 또는 등사할 수 있다.</td></tr>
<tr><td>증인</td><td colspan="2">증인은 자신에 대한 증인신문조서 및 그 일부에 대한 열람, 등사 또는 사본을 청구할 수 있다.</td></tr>
<tr><td rowspan="2">피해자</td><td colspan="2">① 소송계속 중인 사건의 피해자(피해자가 사망하거나 그 심신에 중대한 장애가 있는 경우에는 그 배우자 · 직계친족 및 형제자매를 포함한다), 피해자 본인의 법정대리인 또는 이들로부터 위임을 받은 피해자 본인의 배우자 · 직계친족 · 형제자매 · 변호사는 소송기록의 열람 또는 등사를 재판장에게 신청할 수 있다.
② 재판장이 등사를 허가하는 경우에는 등사한 소송기록의 사용목적을 제한하거나 적당하다고 인정하는 조건을 붙일 수 있다.
③ 조건을 붙인 재판에 대하여는 불복할 수 없다.</td></tr>
<tr><td colspan="2">고소인, 고발인 또는 피해자는 비용을 납입하고 구속영장을 발부한 법원에 영장의 등본 교부청구가 가능하다.</td></tr>
<tr><td rowspan="2">재판확정 기록</td><td colspan="2">① 누구든지 권리구제 · 학술연구 또는 공익적 목적이 있는 경우 재판이 확정된 소송기록을 보관하고 있는 검찰청에 재판확정기록의 열람 또는 등사를 신청할 수 있다.
② 검사는 소송기록의 전부 또는 일부의 열람 또는 등사를 제한할 수 있다.</td></tr>
<tr><td colspan="2">③ 소송기록의 열람 또는 등사를 신청한 자는 열람 또는 등사에 관한 검사의 처분에 불복하는 경우에는 당해 기록을 보관하고 있는 검찰청에 대응한 법원에 그 처분의 취소 또는 변경을 신청할 수 있다.</td></tr>
</table>

참고 · 지문

검사는 증거인멸 또는 피의자나 공범 관계에 있는 자가 도망할 염려가 있는 등 수사에 방해가 될 염려가 있는 때에는 지방법원 판사에게 서류(구속영장청구서는 제외한다)의 열람 제한에 관한 의견을 제출할 수 있고, 지방법원 판사는 검사의 의견이 상당하다고 인정하는 때에는 그 전부 또는 일부의 열람을 제한할 수 있다.

24. 소송행위

불성립	소송법상의 정형을 충족하기 위한 소송행위로서의 외관을 구비하지 않은 경우를 불성립이라 한다.
성립	소송행위로서의 외관을 구비한 경우를 성립이라 한다.
판단의 실익	1. 소송행위가 불성립한 때에는 이를 무시 · 방치할 수 있으나, 성립한 때에는 무효라도 방치할 수 없고, 특히 신청에 관하여는 법원의 판단을 요한다. 2. 소송행위가 성립하고 있는 한 무효라도 일정한 법적 효과가 발생한다. 3. 무효의 치유는 성립을 전제로 하므로 불성립일 때는 치유가 문제되지 아니한다.
유효 · 무효	소송행위가 성립한 것을 전제로 소송행위의 본래적 효력을 인정할 것인가에 대한 가치판단을 말한다.
주체에 관한	① 행위적격의 흠결 : 행위적격이 없는 자에 의한 소송행위는 무효이다 ② 대리권의 흠결 : 대리권이 없는 자에 의한 소송행위는 무효이다. ③ 소송능력의 흠결 : 절차형성행위인 경우는 무효원인으로 되나, 실체형성행위에 대해서는 견해가 대립 ④ 착오, 사기, 강박 : 절차형성행위는 원칙적으로 무효원인으로 되지 않으나 착오 등이 본인이 책임질 사유에 기인하지 않고 그 행위를 유효로 하는 것이 현저하게 정의에 반하는 경우에는 그 소송행위는 무효임
내용에 관한	소송행위의 내용이 법률상 또는 사실상 실현불능이거나 불특정, 불명확한 경우에는 원칙적으로 무효이다.
방식 · 절차	구두에 의한 공소제기, 증인선서를 결여한 증인신문, 필요적 변호사건에 관하여 변호인 없이 진행한 공판심리, 상소제기기간 경과 후에 행해진 상소제기, 소송조건의 흠결 등은 무효이다.
무효의 치유	소송행위 당시에는 무효인 소송행위가 그 후의 사정변경에 의하여 유효로 되는 경우를 무효의 치유라고 한다(불성립의 경우 하자의 치유는 문제되지 않는다).
소송행위의 추완	소송행위의 추완이란 법정기간이 경과한 후에 이루어진 소송행위에 대하여 그 기간 내에 행한 소송행위와 같은 효력을 인정할 수 있는가의 문제를 말한다.
단순 추완	법정기간이 지난 후에 소송행위를 했을 경우에도 법정기간 내에 행위가 있었던 것과 같은 효과가 발생하는 것을 말한다. ⓐ상소권 회복(제345조), 약식명령에 대한 정식재판청구권의 회복(제458조)
보정적 추완	무효의 원인이 제거 · 보정됨으로써 무효인 소송행위가 다른 소송행위로 보정되는 경우를 보정적 추완이라 한다.
	ⓐ 변호인선임의 추완 : 변호인선임계 제출 이전에 제출된 상고이유서의 효력을 부인하고 있다.
	ⓑ 공소사실의 추완 : 공소사실의 기재가 전혀 없는 경우에는 추완을 인정할 수 없으나 공소제기시 공소사실이 기재되고 피고인의 방어권행사에 영향이 없는 한 추완을 인정해야 한다.
고소의 추완	친고죄에 있어서 고소없이 공소가 제기된 후에 비로소 고소가 있는 경우 공소제기가 적법하게 될 수 있는가의 문제로 친고죄에서만 문제된다. 공소제기는 절차의 형식적 확실성이 강하게 요청되는 소송행위이므로 무효의 치유를 부정한다.
공격 · 방어권 소멸에 의한 하자의 치유	① 소송의 발전에 의한 치유 : 소송이 어느 단계에 이르면 더 이상 무효를 주장할 수 없게 되는 경우(토지관할의 위반, 피고사건에 대한 진술 후에는 신청 불가)
	② 책문권의 포기에 의한 치유 : 상당한 시기에 이의신청을 아니 한 경우 책문권의 포기에 의하여 하자의 치유(공소장부본송달의 하자, 공판기일지정의 하자)

25. 소송조건

구분	세부	내용
소송조건	소송조건이란 사건의 실체에 대하여 심판할 수 있는 실체심판의 전제조건을 말한다.	
종류	일반적 소송조건	일반적 소송조건은 일반의 사건에 공통적인 소송조건(재판권, 관할권)
	특별 소송조건	특별소송조건은 특수한 사건에 관해서만 요구되는 소송조건(친고죄의 고소, 처벌희망의 의사표시)
	절대적 소송조건	절대적 소송조건은 공익을 위하여 법원이 직권으로 조사함을 요하는 소송조건
	상대적 소송조건	상대적 소송조건은 당사자의 신청을 기다려 비로소 법원이 조사하는 소송조건(토지관할)
	적극적 소송조건	적극적 소송조건은 일정한 사실의 존재가 소송조건으로 되는 경우(재판권, 관할권)
	소극적 소송조건	소극적 소송조건은 일정한 사실의 부존재가 소송조건으로 되는 경우(동일사건에 대하여 확정판결이 없을 것, 동일법원에 이중의 공소제기가 없을 것)
	형식적 소송조건	형식적 소송조건은 절차면에 관한 사유가 소송조건으로 되는 경우(공소기각의 사유(제327조 · 제328조), 관할위반의 사유(제319조))
	실체적 소송조건	실체적 소송조건은 실체면에 관한 사유가 소송조건으로 되는 경우(면소판결의 사유)
조사	① 소송조건의 존부는 법원의 직권조사가 원칙이며, 공소제기시 이외에 재판시에도 존재하여야 한다.	
	② 토지관할은 공소제기시에 존속하면 족하고, 공소시효완성 여부의 판단은 공소제기시의 범죄사실을 기준으로 한다.	
소송조건의 흠결	형식적 소송조건 흠결	공소기각 결정(제328조), 공소기각판결(제327조), 관할위반판결(제319조)순으로 선고한다.
	실체적 소송조건 흠결	면소판결(제326조)을 선고한다.
	소송조건 흠결의 경합	① 형식적 소송조건의 흠결과 실체적 소송조건의 흠결이 경합한 경우에는 형식적 소송조건의 흠결을 이유로 소송을 종결하여야 한다.
		② 형식적 소송조건의 흠결이 서로 경합한 경우에는 즉 공소기각결정사유와 공소기각판결사유가 경합할 경우 공소기각결정 사유로 소송을 종결하여야 한다.

참고 · 지문

1. 소송조건은 공소장에 기재된 공소사실을 기준으로 판단하고, 공소장이 변경된 경우 변경된 공소사실이 기준이 되고 공소시효 완성여부는 공소제기시를 기준으로 판단한다.
2. 피고인 또는 피의자가 법인인 때에는 그 대표자가 소송행위를 대표한다. 수인이 공동하여 법인을 대표하는 경우에도 소송행위에 관하여는 각자가 대표한다(제27조 제1항 · 제2항).

판례 · 지문 **소송행위**

1. **즉결심판 청구기각의 결정**이 있어 경찰서장이 관할 지방검찰청 또는 지청의 장에게 송치한 사건의 경우에는 검사만이 공소를 제기할 수 있고, 공소를 제기할 경우에는 검사는 형사소송법 제254조에 따른 공소장을 작성하여 법원에 제출하여야 할 것임에도, **검사가 이를 즉결심판에 대한 피고인의 정식재판청구가 있은 사건으로 오인하여 그 사건기록을 법원에 송부한 경우**에는 이러한 검사의 사건기록 송부행위는 외관상 즉결심판에 대한 피고인의 정식재판청구가 있는 사건의 사건기록 송부행위와 차이가 없다고 할지라도, **공소제기의 본질적 요소라고 할 수 있는 검사에 의한 공소장의 제출이 없는 이상** 기록을 법원에 송부한 사실만으로 **공소제기가 성립되었다고 볼 수 없다**(대판 2003.11.14. 2003도2735).

2. 소송행위로서 요구되는 본질적인 개념요소가 결여되어 소송행위로 성립되지 아니한 경우에는 소송행위가 성립되었으나 무효인 경우와는 달리 하자의 치유문제는 발생하지 않으나, **추후 당해 소송행위가 적법하게 이루어진 경우**에는 그 때부터 **위 소송행위가 성립된 것으로 볼 수 있다**(대판 2003.11.14. 2003도2735).

3. **절차 형성적 소송행위가 착오로 인하여 행하여진 경우**, 착오에 의한 소송행위가 무효로 되기 위하여서는 첫째 통상인의 판단을 기준으로 하여 만일 착오가 없었다면 그러한 소송행위를 하지 않았으리라고 인정되는 **중요한 점(동기를 포함)에 관하여 착오**가 있고, 둘째 착오가 **행위자 또는 대리인이 책임질 수 없는 사유**로 인하여 발생하였으며, 셋째 그 행위를 유효로 하는 것이 **현저히 정의에 반한다**고 인정될 것 등 세 가지 요건을 필요로 한다(1992.3.13. 자 92모1).

4. 교도관이 내어 주는 상소권 포기서를 항소장으로 잘못 믿은 나머지 이를 확인하여 보지도 않고 서명무인 하였다는 점에 있어서는 **재항고인에게 과실이 없다고 보기는 어렵고**, 따라서 재항고인의 항소포기는 유효하다(대결 1995.8.17. 자95모49).

5. 변호인선임신고서를 제출하지 아니한 변호인이 변호인 명의로 정식재판청구서만 제출하고, 형사소송법 제453조 제1항이 정하는 **정식재판청구기간 경과 후에 비로소 변호인선임신고서를 제출한 경우**, 변호인 명의로 제출한 위 정식재판청구서는 **적법 · 유효한 정식재판청구로서의 효력이 없다**(대판 2003모429 결정).

6. 검사가 공소를 제기할 당시에는 그 범죄사실을 협박죄로 구성하여 기소하였다 하더라도, 그 후 **공판 중에 기본적 사실관계가 동일하여 공소사실을 공갈미수로 공소장 변경이 허용된 이상 그 공소제기의 하자는 치유된다**(대판 1996.9.24. 선고 96도2151).

7. 고소인이 제출한 고소장 및 고소 보충진술조서에 **처벌의사를 표시한 바 없는 간통행위에 대하여**, 고소인이 **원심재판 진행 중 검찰 조사에서 원래의 고소 취지는 고소장 접수 이전의 모든 간통행위를 처벌해 달라는 것이었다는 취지의 진술을 한 경우**, 이는 **친고죄에 있어서 공소제기 후의 고소 추완에 해당하여 허용되지 않는다**(대판 2006.4.28. 선고 2005도8976).

PART 03

수사와 증거

01. 수사기관 (법률 제16924호 형사소송법 일부개정 시행일 2021년 1년 1일)

수사기관	사법경찰관 (경무관, 총경, 경정, 경감, 경위)	검사
양자의 관계 (협력, 대등관계)	① 검사와 사법경찰관은 수사, 공소제기 및 공소유지에 관하여 서로 협력하여야 한다. ② 제1항에 따른 수사를 위하여 준수하여야 하는 일반적 수사준칙에 관한 사항을 대통령령으로 정한다.	
수사의 보조기관	경사, 경장, 순경	검찰청직원
		특별사법경찰관리
		① 삼림, 해사, 전매, 세무, 군수사기관 기타 특별한 사항(지역적, 사항적으로 제한을 받음) ② 특별사법경찰관은 모든 수사에 관하여 검사의 지휘를 받는다. ③ 검사의 지휘에 관한 구체적 사항은 법무부령으로 정한다.

02. 수사개시 범죄범위

<table>
<tr><th></th><th colspan="2">경찰</th><th colspan="3">검찰</th></tr>
<tr><td colspan="6">◎ 수사에서 검 · 경 협력관계, 송치전 검사의 수사지휘권 폐지</td></tr>
<tr><td rowspan="14">수사개시권</td><td colspan="2" rowspan="14">모든사건</td><td colspan="3">검사의 수사개시 기준</td></tr>
<tr><td rowspan="8">가.</td><td>부패범죄</td><td>주요공직자의 뇌물, 특정범죄가중법상 뇌물 · 알선수재 · 국고손실, 정치자금, 배임수증재, 변호사법위반, 의료리베이트 범죄</td></tr>
<tr><td colspan="2">ㅇ외국공무원에 대한 뇌물범죄는 합계 3,000만원 이상이나 그 외는 수수금액 합계 5,000만원 이상 관련 범죄수익 · 은닉의 경우 ㅇ범죄수익 발생의 원인이 된 범죄의 기준으로 수사개시 기준 설정</td></tr>
<tr><td>경제범죄</td><td>특정경제범죄법상(5억) 사기 · 횡령 · 배임, 특정범죄가중법상 조세 · 관세, 공정거래, 금융증권범죄, 산업기술유출, 마약수출입 범죄 등</td></tr>
<tr><td colspan="2">대외무역법은 수출입가액 50억원이상 조작가액 10억원 이상</td></tr>
<tr><td>공직자범죄</td><td>주요공직자의 직권남용, 직무유기, 공무상비밀누설 등 직무상 범죄</td></tr>
<tr><td>선거범죄</td><td>공무원의 정치관여, 공직선거 · 위탁선거 · 국민투표 등 관련 범죄</td></tr>
<tr><td>방위사업범죄</td><td>방위사업의 수행과 관련한 범죄</td></tr>
<tr><td>대형참사</td><td>대형 화재 · 붕괴 · 폭발사고 등 국가적 차원의 대처가 필요한 참사 사건과 관련한 범죄, 국가 주요통신기반 시설에 대한 사이버테러 범죄</td></tr>
<tr><td>나.</td><td colspan="2">경찰공무원이 범한 범죄</td></tr>
<tr><td>다.</td><td colspan="2">가목·나목의 범죄 및 사법경찰관이 송치한 범죄와 관련하여 인지한 각 해당 범죄와 직접 관련성이 있는 범죄</td></tr>
<tr><td>송치범죄직접관련성</td><td colspan="2">1. 「형사소송법」 제11조 각 호의 관련사건 다만, 같은 조 제1호에 따른 1인이 범한 수죄는 다음 각 목의 죄로 한정하되, "사법경찰관이 송치한 범죄와 관련하여 인지한 각 해당 범죄와 직접관련성이 있는 범죄"에 대하여는 해당 범죄와 영장에 의해 확보한 증거물을 공통으로 하는 범죄를 포함한다.
가. 해당 범죄와 동종범죄. 나. 범죄수익의 원인 또는 그 처분으로 인한 「형법」 제129조부터 제133조까지, 제355조 및 제356조의 죄
2. 「형사소송법」 제208조제2항에 따른 동일한 범죄
3. 「형법」 제19조에 따른 독립행위로서 경합하는 범죄
4. 해당 범죄에 대한 무고죄</td></tr>
<tr><td>기타</td><td colspan="2">경제범죄와 선거범죄중 사회적 이목을 끌만한 사건으로 관할 지방검찰청 검사장이 검사의 수사개시가 필요하다고 판단한 중요사건.</td></tr>
<tr><td colspan="3">경찰과 동시 수사시 송치요구권</td></tr>
<tr><td rowspan="2">수사종결권</td><td rowspan="2">1 차 종결</td><td>송치</td><td colspan="3">송치사건수사, 송치 후 보완수사요구</td></tr>
<tr><td>불송치</td><td colspan="3">재수사 요구</td></tr>
<tr><td rowspan="2">영장</td><td colspan="2">신청</td><td colspan="3"></td></tr>
<tr><td colspan="2">기각☞이의제기</td><td colspan="3">고등검찰청 영장심의위원회</td></tr>
</table>

03. 개정형사소송법과 수사준칙

	제195조【검사와 사법경찰관의 관계 등】 ① 검사와 사법경찰관은 수사, 공소제기 및 공소유지에 관하여 서로 협력하여야 한다. ② 제1항에 따른 수사를 위하여 준수하여야 하는 일반적 수사준칙에 관한 사항을 대통령령으로 정한다.
검사와 사법경찰관	제6조(상호협력의 원칙) ① 검사와 사법경찰관은 상호 존중하고 수사, 공소제기 및 공소유지에 관하여 협력해야 한다. ② 검사와 사법경찰관은 수사와 공소제기 및 유지를 위해 필요한 경우 수사, 기소, 재판 **관련 자료를 서로 요청할 수 있다.** ③ 검사와 사법경찰관의 협의는 신속히 이루어져야 하며 수사 또는 절차가 지연되어서는 안 된다. 제7조(중요사건 협력절차) 검사와 사법경찰관은 공소시효가 임박하거나 내란 · 외환, 선거, 테러범죄, 대형참사, SOFA사건, 연쇄살인 등 다수 피해자를 양산하거나 국가적 · 사회적 피해가 큰 중요한 사건의 경우에는 송치 전에 수사할 사항, 증거수집의 대상, 법령의 적용 등에 관하여 **상호 의견을 제시 · 교환할 것을 요청할 수 있다.** 제8조(검사와 사법경찰관의 협의) ① 검사와 사법경찰관은 수사와 사건의 송치, 송부 등에 관하여 이견 조정이나 협력 등이 필요한 경우 상호 협의할 수 있다. 다만, 다음 각호의 경우에는 **상대방이 협의를 요청하면 그 요청에 응해야 한다.** 1. 전조에 따른 중요사건에 대하여 상호 의견을 제시·교환함에 있어 이견이 있는 경우 2. 「형사소송법」(이하 "법" 이라 한다) 제197조의2에 따른 "정당한 이유" 에 대해 이견이 있는 경우 3. 법 제197조의3에 따른 "정당한 이유" 에 대해 이견이 있는 경우 4. 법 제197조의4 제2항 단서에 따라 수사경합 시 사법경찰관이 계속 수사할 수 있는 경우 5. 법 제222조에 따라 변사자의 검시를 하는 경우 6. 법 제245조의8제2항에 따른 재수사의 결과에 대해 이견이 있는 경우 7. 법 제316조제1항에 따라 사법경찰관이 조사자로서 공판준비 또는 공판기일에서 진술하게 된 경우 ② 제1항 제1호, 제2호, 제4호 또는 제6호의 경우 해당 검사와 사법경찰관의 협의로 필요한 조치를 하지 못하는 경우 해당 검사가 소속된 검찰청의 장과 해당 사법경찰관이 소속된 관서의 장의 협의에 따른다. 제9조(수사기관협의회) ① 대검찰청, 경찰청 및 해양경찰청 간에 수사기관협의회를 둔다. ② 수사기관협의회는 다음 각 호의 사항에 대해 협의 · 조정한다. 1. 국민의 인권보호, 적정한 국가형벌권 행사, 수사의 신속성 · 효율성을 위한 제도 개선 및 정책 제안 2. 국가적 재난 상황 등 관련 기관 사이의 긴밀한 협조가 필요한 업무를 공동수행하기 위해 필요한 사항 3. 그 밖에 제1항의 어느 한 기관이 수사기관협의회의 협의 또는 조정이 필요하다고 요구한 사항 ③ 수사기관협의회는 반기마다 정기적으로 개최하되, 제1항의 어느 한 기관이 요청하면 수시로 개최할 수 있다. ④ 제1항의 각 기관은 수사기관협의회에서 협의 · 조정된 사항의 세부 추진계획을 수립 · 시행해야 한다. ⑤ 제1항부터 제4항까지에서 정한 사항 외에 수사기관협의회의 운영 등에 필요한 사항은 수사기관협의회에서 정한다.
수사	제196조【검사의 수사】 검사는 범죄의 혐의가 있다고 사료하는 때에는 범인, 범죄사실과 증거를 수사한다. 제197조【사법경찰관리】 ① 경무관, 총경, 경정, 경감, 경위는 사법경찰관으로서 범죄의 혐의가 있다고 사료하는 때에는 범인, 범죄사실과 증거를 수사한다. ② 경사, 경장, 순경은 사법경찰리로서 수사의 보조를 하여야 한다.

제16조(수사의 개시) ① 검사 또는 사법경찰관이 다음 각 호의 어느 하나에 해당하는 행위에 착수한 때에는 수사를 개시한 것으로 본다. 이 경우 **검사 또는 사법경찰관은 해당 사건을 즉시 입건**해야 한다.
1. 피혐의자의 수사기관 출석조사
2. 피의자신문조서의 작성
3. 긴급체포
4. 체포 · 구속 영장의 청구 또는 신청
5. 사람의 신체, 주거, 관리하는 건조물, 자동차, 선박, 항공기 또는 점유하는 방실에 대하여 압수 · 수색 · 검증영장을 청구하거나 신청한 때(다만, **부검을 위한 검증영장은 제외**한다)
② 검사 또는 사법경찰관은 수사 중인 사건의 범죄 혐의를 밝히기 위한 목적으로 관련 없는 사건을 개시하거나 수사기간을 부당하게 지연해서는 안 된다.
③ 검사 또는 사법경찰관은 입건 전에 범죄를 의심할 만한 정황이 있어 수사 개시 여부를 결정하기 위해 사실관계 확인 등 필요한 조사를 할 때는 적법절차를 준수하고 사건관계인의 인권을 존중해야 하며, 부당하게 장기화되지 않도록 신속하게 진행해야 한다.
④ 전항의 조사에 대해 입건하지 않는 결정을 할 때에는 보복범죄나 2차 피해의 우려 등의 경우를 제외하고는 피혐의자 등 사건관계인에게 통지하여야 한다. 이때 통지의 구체적인 방법 · 절차 등은 법무부장관, 경찰청장 또는 해양경찰청장이 정한다.

제3조(수사의 기본원칙) ① 검사와 사법경찰관은 모든 수사과정에서 헌법과 법률에서 보장하는 피의자와 피해자 · 참고인 등 사건관계인의 권리를 보호하고, 적법한 절차에 따라야 한다.
② 검사와 사법경찰관은 예단이나 편견 없이 신속하게 수사해야 하고, 주어진 권한을 자의적으로 행사하거나 남용해서는 안 된다.
③ 검사와 사법경찰관은 수사를 할 때 다음 각호의 사항에 유의하여 실체적 진실을 발견해야 한다.
1. 물적 증거를 기본으로 하여 객관적이고 신빙성 있는 증거의 발견과 수집을 위해 노력할 것
2. 과학수사 기법과 지식 · 기술 · 자료를 충분히 활용하여 합리적으로 수사할 것
3. 수사과정에서 선입견을 가지지 말고, 근거 없는 추측을 배제하며, 사건관계인의 진술을 과신하지 않도록 주의할 것
④ 검사와 사법경찰관은 피의자에게 다른 사건의 수사를 통해 확보된 증거 또는 자료를 내세워 관련성 없는 사건에 대한 자백이나 진술을 강요해서는 안 된다.
제21조(심야조사 제한) ① 검사 또는 사법경찰관은 조사, 신문, 면담 등 명칭을 불문하고 피의자나 사건관계인에 대해 **오후 9시부터 오전 6시까지** 사이에 조사(이하 "심야조사"라 한다)를 해서는 안 된다. 다만, 이미 작성된 조서의 열람을 위한 절차에 한하여 자정 이전까지 진행할 수 있다.
② 제1항에도 불구하고 다음 각 호의 어느 하나에 해당하는 경우에는 **예외적으로 심야조사**를 할 수 있다. 이 경우 심야조사의 사유를 조서에 명확하게 기재해야 한다.
1. 피의자를 **체포한 후 48시간 이내**에 구속영장 청구 · 신청 여부의 판단을 위해 불가피한 경우
2. 공소시효가 임박한 경우
3. 피의자나 사건관계인이 국외 출국, 입원, 원거리 거주, 직업 등 재출석이 곤란한 구체적 사유를 들어 심야조사를 요청하고(변호인이 심야조사에 **동의하지 않는다는 의사를 명시한 경우는 제외**한다), 그 요청에 상당한 이유가 인정되는 경우
4. 그 밖에 사건의 성질 등을 고려할 때 심야조사가 불가피하다고 판단하여 법무부장관, 경찰청장 또는 해양경찰청장이 정하는 경우로서 **해당 기관 소속 인권보호관의 허가 등 절차를 거친 경우**
제22조(장시간 조사 제한) ① 검사 또는 사법경찰관은 조사, 신문, 면담 등 명칭을 불문하고 피의자나 사건관계인을 조사할 때에는 대기시간, 휴식시간, 식사시간 등 모든 시간을 합산한 조사시간(이하 "총조사시간"이라 한다)이 **12시간을 초과해서는 안 된다.** 다만, 다음 각 호의 어느 하나에 해당하는 경우에는 그렇지 않다.

	1. 조서의 열람만을 위해 피의자나 사건관계인이 서면으로 요청한 경우 2. 제21조 제2항 각 호의 어느 하나에 해당하는 경우 ② 검사 또는 사법경찰관은 특별한 사정이 없는 한 총 조사시간 중 식사시간, 휴식시간 및 조서의 열람시간을 제외한 **실제 조사시간이 8시간을 초과하지 않도록** 해야 한다. ③ 검사 또는 사법경찰관은 피의자나 사건관계인의 조사를 마친 후 **최소한 8시간이 경과하기 전에는 다시 조사할 수 없다.** 다만, 제1항 제2호에 해당하는 경우에는 그렇지 않다. 제23조(휴식시간 부여) ① 검사 또는 사법경찰관은 조사에 상당한 시간이 소요되는 경우에는 특별한 사정이 없는 한 조사 도중에 **최소한 2시간마다 10분 이상의 휴식시간**을 피의자 또는 사건관계인에게 부여해야 한다. ② 검사 또는 사법경찰관은 조사 도중에 피의자, 사건관계인 또는 그 변호인으로부터 휴식시간을 요청받았을 때에는 그때까지 조사에 소요된 시간, 피의자 또는 사건관계인의 건강상태 등을 고려해 적정하다고 판단될 경우 휴식시간을 부여해야 한다. ③ 검사 또는 사법경찰관은 조사 중인 피의자 또는 사건관계인의 건강상태에 이상 징후가 발견되면 의사의 진료를 받게 하거나 휴식을 하게 하는 등 필요한 조치를 해야 한다.
보완수사 요구	제197조의2【보완수사요구】① 검사는 다음 각 호의 어느 하나에 해당하는 경우에 사법경찰관에게 보완수사를 요구할 수 있다. 1. 송치사건의 공소제기여부 결정 또는 공소의 유지에 관하여 필요한 경우 2. 사법경찰관이 신청한 영장의 청구 여부결정에 관하여 필요한 경우 ② 사법경찰관은 제1항의 요구가 있는 때에는 정당한 이유가 없는 한 지체없이 이를 이행하고, 그 결과를 검사에게 통보하여야 한다. ③ 검찰총장 또는 각급 검찰청 검사장은 사법경찰관이 정당한 이유 없이 제1항의 요구에 따르지 아니하는 때에는 권한 있는 사람에게 해당 사법경찰관의 직무배제 또는 징계를 요구할 수 있고, 그 징계 절차는 「공무원 징계령」 또는 「경찰공무원 징계령」에 따른다.
	제60조(보완수사요구의 방법과 절차) ① 검사는 법 제197조의2 제1항에 따라 보완수사를 요구할 때에는 그 이유와 내용 등을 구체적으로 기재한 서면과 함께 관계 서류와 증거물을 사법경찰관에게 송부해야 한다. 다만, 검사가 보완수사 대상의 성질, 사안의 긴급성 등을 고려하여 관계 서류와 증거물을 송부할 필요성이 없거나 송부하는 것이 적절하지 않다고 판단하는 경우에는 그 관계 서류와 증거물을 송부하지 않을 수 있다. ② 보완수사를 요구받은 사법경찰관은 제1항 단서에 따라 관계 서류와 증거물을 받지 못한 경우 보완수사를 위해 필요하다고 판단하면 해당 **서류와 증거물을 대출하거나 그 전부 또는 일부를 등사할 수 있다.** ③ 사법경찰관은 법 제197조의 2제1항 각 호에 따라 보완수사 요구를 이행한 경우에는 그 이행 결과를 **검사에게 서면으로 통보**해야 하며, 제1항 본문에 따라 관계 서류와 증거물을 송부받은 경우에는 그 서류와 증거물을 함께 반환해야 한다. 다만, 관계 서류와 증거물을 반환할 필요가 없는 경우에는 보완수사의 **이행 결과만을 검사에게 통보할 수 있다.** ④ 사법경찰관은 법 제197조의2제1항 제1호에 따라 **보완수사를 이행한 결과** 법 제245조의5제1호에 해당하지 않는다고 판단한 경우에는 같은 조 제2호에 따라 사건을 **불송치하거나 이 영 제51조제1항제4호에 따라 수사중지** 할 수 있다. 제61조(직무배제 또는 징계요구의 방법과 절차) ① 검찰총장 또는 각급 검찰청 검사장은 법 제197조의 2제3항에 따라 사법경찰관의 직무배제 또는 징계를 요구할 때에는 서면에 그 이유를 구체적으로 기재하고 이를 증명할 수 있는 관계 자료를 첨부하여 해당 사법경찰관이 소속된 경찰관서장에게

	통보해야 한다. ② 제1항의 직무배제 요구를 통보받은 경찰관서장은 정당한 이유가 없으면 그 **요구를 받은 날부터 20일 이내**에 해당 사법경찰관을 직무에서 배제해야 한다. ③ 경찰관서장은 제1항에 따른 요구의 처리 결과와 그 이유를 직무배제 또는 징계요구를 한 **검찰총장 또는 각급 검찰청 검사장에게 통보**해야 한다.
	제197조의3【시정조치요구 등】① 검사는 사법경찰관리의 수사과정에서 법령위반, 인권침해 또는 현저한 수사권 남용이 의심되는 사실의 신고가 있거나 그러한 사실을 인식하게 된 경우에는 사법경찰관에게 사건기록 등본의 송부를 요구할 수 있다. ② 제1항의 송부 요구를 받은 사법경찰관은 지체 없이 검사에게 사건기록 등본을 송부하여야 한다. ③ 제2항의 송부를 받은 검사는 필요하다고 인정되는 경우에는 사법경찰관에게 시정조치를 요구할 수 있다. ④ 사법경찰관은 제3항의 시정조치 요구가 있는 때에는 정당한 이유가 없으면 지체 없이 이를 이행하고, 그 결과를 검사에게 통보하여야 한다. ⑤ 제4항의 통보를 받은 검사는 제3항에 따른 시정조치 요구가 정당한 이유 없이 이행되지 않았다고 인정되는 경우에는 사법경찰관에게 사건을 송치할 것을 요구할 수 있다. ⑥ 제5항의 송치 요구를 받은 사법경찰관은 검사에게 사건을 송치하여야 한다. ⑦ 검찰총장 또는 각급 검찰청 검사장은 사법경찰관리의 수사과정에서 법령위반, 인권침해 또는 현저한 수사권 남용이 있었던 때에는 권한 있는 사람에게 해당 사법경찰관리의 징계를 요구할 수 있고, 그 징계 절차는 「공무원 징계령」 또는 「경찰공무원 징계령」에 따른다. ⑧ 사법경찰관은 피의자를 신문하기 전에 수사과정에서 법령위반, 인권침해 또는 현저한 수사권 남용이 있는 경우 검사에게 구제를 신청할 수 있음을 피의자에게 알려주어야 한다.
시정조치 요구	제45조(시정조치 요구의 방법 및 절차 등) ① 검사는 법 제197조의3 제1항에 따라 사법경찰관에게 사건기록 등본의 송부를 요구하려는 경우에는 그 내용과 이유를 구체적으로 기재한 서면으로 해야 한다. ② 사법경찰관은 제1항에 따른 요구를 받은 날부터 **7일 이내에 사건기록 등본을 검사에게 송부**해야 한다. ③ 검사는 제2항에 따라 사건기록 등본을 **송부받은 날부터 30일**(다만, 사안의 경중 등을 고려하여 **10일의 범위에서 한 차례 연장**할 수 있다) 이내에 법 제197조의3 제3항에 따른 시정조치 요구 여부를 결정하여 사법경찰관에게 통보해야 한다. 이 경우 시정조치 요구의 통보는 그 내용과 이유를 구체적으로 기재한 서면으로 해야 한다. ④ 사법경찰관은 시정조치 요구를 통보받은 경우에는 정당한 이유가 없으면 지체 없이 시정조치를 이행하고 그 이행 결과를 서면에 구체적으로 기재하여 검사에게 통보해야 한다. ⑤ 검사는 법 제197조의3 제5항에 따라 사법경찰관에게 사건송치를 요구하려는 경우에는 그 내용과 이유를 구체적으로 기재한 서면으로 해야 한다. ⑥ 사법경찰관은 제 5항의 요구를 받은 날부터 7일 이내에 사건을 검사에게 송치하고, 관계 서류와 증거물을 송부해야 한다. ⑦ 제6항에도 불구하고 공소시효 만료일 임박 등 특별한 사정이 있는 때에는 검사는 서면에 그 사정을 명시하고 별도의 송치기한을 정하여 사법경찰관에게 통지할 수 있다. 이 경우 사법경찰관은 정당한 사유가 없으면 해당 송치기한까지 사건을 검사에게 송치해야 한다. 제46조(징계요구의 방법 등) ① 검찰총장 또는 각급 검찰청 검사장은 법 제197조의3 제7항에 따라 사법경찰관리의 징계를 요구할 때에는 서면에 그 사유를 구체적으로 기재하고 이를 증명할 수 있는 관계 자료를 첨부하여 해당 사법경찰관리가 **소속된 경찰관서의 장**(이하 "경찰관서장"이라 한다)에게 통보해야 한다. ② 경찰관서장은 제1항에 따른 요구의 처리 결과와 그 이유를 검찰총장 또는 각급 검찰청 검사장에게

	통보하여야 한다. 제47조(구제신청 고지의 확인) 사법경찰관은 법 제197조의3 제8항에 따라 피의자에게 검사에 대해 구제를 신청할 수 있음을 알려준 후 피의자로부터 **고지 확인서를 받아 사건기록에 편철**해야 한다. 다만, 피의자가 확인서에 기명날인 또는 서명하는 것을 거부하는 경우에는 사법경찰관이 확인서 말미에 그 사유를 기재하고 기명날인 또는 서명해야 한다.
	제197조의4【수사의 경합】① 검사는 사법경찰관과 동일한 범죄사실을 수사하게 된 때에는 사법경찰관에게 사건을 송치할 것을 요구할 수 있다. ② 제1항의 요구를 받은 사법경찰관은 지체 없이 검사에게 사건을 송치하여야 한다. 다만, 검사가 영장을 청구하기 전에 동일한 범죄사실에 관하여 사법경찰관이 영장을 신청한 경우에는 해당 영장에 기재된 범죄사실을 계속 수사할 수 있다.
수사의 경합	제48조(동일한 범죄사실 여부의 판단 등) ① 검사와 사법경찰관은 법 제197조의4에 따른 수사의 경합과 관련하여 동일한 범죄사실 여부나 영장(「통신비밀보호법」에 따른 통신제한조치 허가서, 통신사실확인자료 제공 요청 허가서를 포함한다) 청구·신청의 선후 여부 등을 판단하기 위해 필요한 경우에는 필요한 범위에서 사건기록의 **상호 열람을 요청할** 수 있다. ② 제1항에 따른 영장 청구·신청의 선후는 검사의 영장청구서와 사법경찰관의 영장신청서가 **각각 법원과 검찰청에 접수된 시점을 기준**으로 판단한다. ③ 검사는 제2항에 따른 사법경찰관의 영장신청서의 접수를 거부하거나 지연해서는 안 된다. 제49조(수사경합에 따른 사건송치) ① 검사는 법 제197조의4 제1항에 따라 사법경찰관에게 사건송치를 요구할 때에는 그 내용과 이유를 구체적으로 기재한 서면으로 해야 한다. ② 사법경찰관은 제1항에 따른 요구를 받은 날부터 **7일 이내에 사건을 검사에게 송치**하고, 관계 서류와 증거물을 검사에게 송부해야 한다. 제50조(중복수사의 방지) 법 제197조의4제2항 단서에 따라 사법경찰관이 범죄사실을 계속 수사할 수 있게 된 경우 검사는 그와 동일한 범죄사실에 대해 특별한 사정이 없는 한 사건 이송 등 중복수사를 피하기 위해 노력해야 한다.
	제18조(검사의 사건 이송 등) ① 검사는 다음 각 호의 어느 하나에 해당하는 때에는 사건을 **검찰청 이외의 수사기관**에 이송해야 한다. 1. 「검찰청법」 제4조제1항제1호 각 목에 해당되지 않는 범죄에 관한 고소·고발·진정 등이 접수된 때 2. 사건 수사 중 범죄 혐의가 「검찰청법」 제4조제1항제1호 각 목에 해당되지 않는다고 판단되는 때. 다만 구속영장이나 사람의 신체, 주거, 관리하는 건조물, 자동차, 선박, 항공기 또는 점유하는 방실에 대하여 **압수·수색·검증 영장이 발부된 경우는 제외한다.** ② 검사는 다음 각 호의 어느 하나에 해당하는 때에는 사건을 검찰청 이외의 수사기관에 이송할 수 있다. 1. 법 제197조의4 제2항 단서에 따라 사법경찰관이 범죄사실을 계속 수사할 수 있게 된 때 2. 그 밖에 다른 수사기관에서 수사하는 것이 적절하다고 판단되는 때 ③ 검사가 제1항 또는 제2항에 따라 사건을 이송하는 경우에는 그 관계 서류와 증거물을 해당 수사기관에 송부해야 한다.
사법경찰관 신청한 영장의 청구 여부에 대한 심의	제221조의5【사법경찰관이 신청한 영장의 청구 여부에 대한 심의】① 검사가 사법경찰관이 신청한 영장을 정당한 이유 없이 판사에게 청구하지 아니한 경우 사법경찰관은 그 검사 소속의 지방검찰청 소재지를 관할하는 고등검찰청에 영장 청구 여부에 대한 심의를 신청할 수 있다. ② 제1항에 관한 사항을 심의하기 위하여 각 고등검찰청에 영장심의위원회(이하 이 조에서 "심의위원회"라 한다)를 둔다. ③ 심의위원회는 위원장 1명을 포함한 10명 이내의 외부 위원으로 구성하고, 위원은 각 고등검찰청

	검사장이 위촉한다. ④ 사법경찰관은 심의위원회에 출석하여 의견을 개진할 수 있다. ⑤ 심의위원회의 구성 및 운영 등 그 밖에 필요한 사항은 법무부령으로 정한다.
사법경찰관의 사건송치	제245조의5 【사법경찰관의 사건송치 등】 사법경찰관은 고소·고발사건을 포함하여 범죄를 수사한 때에는 다음 각 호의 구분에 따른다. 1. 범죄의 혐의가 있다고 인정되는 경우에는 지체 없이 검사에게 사건을 송치하고, 관계 서류와 증거물을 송부하여야 한다. 2. 그 밖의 경우에는 그 이유를 명시한 서면과 함께 관계 서류와 증거물을 지체 없이 검사에게 송부하여야 한다. 이 경우 검사는 송부받은 날로부터 90일 이내에 사법경찰관에게 반환하여야 한다.
고소인 대한 송부통지	제245조의6 【고소인 등에 대한 송부통지】 사법경찰관은 제245조의5 제2호의 경우에는 그 송부한 날로부터 7일 이내에 서면으로 고소인 · 고발인 · 피해자 또는 그 법정대리인(피해자가 사망한 경우에는 그 배우자 · 직계친족 · 형제자매를 포함한다.)에게 사건을 검사에게 송치하지 아니하는 취지와 그 이유를 통지하여야 한다.
고소인의 이의신청	제245조의7 【고소인 등의 이의신청】 ① 제245조의6의 통지를 받은 사람은 해당 사법경찰관의 소속 관서의 장에게 이의를 신청할 수 있다. ② 사법경찰관은 제1항의 신청이 있는 때에는 지체 없이 검사에게 사건을 송치하고 관계 서류와 증거물을 송부하여야 하며, 처리결과와 그 이유를 제1항의 신청인에게 통지하여야 한다.
재수사요청	제245조의8 【재수사요청 등】 ① 검사는 제245조의5 제2호의 경우에 사법경찰관이 사건을 송치하지 아니한 것이 위법 또는 부당한 때에는 그 이유를 문서로 명시하여 사법경찰관에게 재수사를 요청할 수 있다. ② 사법경찰관은 제1항의 요청이 있는 때에는 재수사하여야 한다. 제63조(재수사요청의 절차 등) ① 검사는 법 제245조의8에 따라 사법경찰관에게 재수사요청을 하려는 경우에는 법 제245조의5제2호에 따라 관계 서류와 증거물을 송부받은 날부터 **90일 이내**에 해야 한다. 다만, 다음 각 호의 어느 하나에 해당하는 경우에는 **그 기한이 지난 후에도 재수사요청**을 할 수 있다. 1. 불송치 결정에 영향을 줄 수 있는 명백히 새로운 증거 또는 사실이 발견된 경우 2. 증거 등에 대해 허위, 위조 또는 변조를 인정할 만한 상당한 정황이 있는 경우 ② 제1항의 재수사요청은 그 내용과 이유를 구체적으로 기재한 서면으로 한다. 이 경우 검사는 법 제245조의5제2호에 따라 송부받은 관계 서류와 증거물을 사법경찰관에게 반환해야 한다. ③ 검사는 법 제245조의8에 따라 재수사요청을 한 경우 그 사실을 **고소인등에게 통지**해야 한다. 제64조(재수사 결과의 처리) ① 사법경찰관은 법 제245조의8제2항에 따라 재수사를 한 경우 다음 각 호의 구분에 따라 처리한다. 1. 범죄의 혐의가 있다고 인정되는 경우: 법 제245조의5제1호에 따라 검사에게 사건을 송치하고 관계 서류와 증거물을 송부 2. 기존의 불송치 결정을 유지하는 경우: 재수사 결과서에 그 내용과 이유를 구체적으로 기재하여 검사에게 통보 ② 검사는 사법경찰관이 제1항 제2호에 따라 **재수사 결과를 통보한 사건에 대하여 다시 재수사요청을 하거나 송치요구를 할 수 없다.** 다만, 사법경찰관의 재수사에도 불구하고 위법 또는 부당이 시정되지 않은 경우로서 관련 법리에 반하거나 명백히 채증법칙에 위반되는 경우 또는 공소시효나 소추요건 판단에 오류가 있는 경우에는 재수사결과를 통보받은 날로부터 **30일 이내**에 법 제197조의3에 따라 **사건송치를 요구할 수 있다.**

	제65조(재수사 중의 이의신청) 사법경찰관은 법 제245조의8 제2항에 따라 재수사 중인 사건에 대해 법 제245조의7 제1항에 따른 **이의신청이 있는 경우 재수사를 중단**하고 같은 조 제2항에 따라 해당 사건을 **지체없이 검사에게 송치**하고 관계 서류와 증거물을 송부해야 한다.
중요보칙	제66조(재정신청 접수에 따른 절차) ① 사법경찰관이 수사 중인 사건이 법 제260조 제2항 제3호에 해당하여 같은 조 제3항에 따라 지방검찰청 검사장 또는 지청장에게 재정신청서가 제출된 경우 해당 지방검찰청 또는 지청소속 검사는 **즉시 사법경찰관에게 그 사실을 통보**해야 한다. ② 사법경찰관은 제1항의 통보를 받으면 즉시 검사에게 해당 사건을 송치하고 관계 서류와 증거물을 송부해야 한다. ③ 검사는 제1항에 따른 재정신청에 대해 법 제262조 제2항제1호의 기각결정이 있는 경우 해당 결정서를 사법경찰관에게 송부해야 한다. 이 경우 제2항에 따라 송치받은 사건을 사법경찰관에게 이송해야 한다. 제69조(수사서류 열람 · 복사) ① 피의자, 사건관계인 또는 그 변호인은 검사 또는 사법경찰관이 수사 중인 사건의 경우 **본인의 진술이 기재된 부분 및 본인이 제출한 서류의 전부 또는 일부**에 대해 열람 · 복사를 신청할 수 있다. ② 피의자, 사건관계인 또는 그 변호인은 검사가 **불기소처분을 하거나 사법경찰관이 불송치결정**을 한 사건의 경우 **기록의 전부 또는 일부에 대해 열람 · 복사를 신청**할 수 있다. ③ 피의자 또는 그 변호인은 필요한 사유를 소명하고 **고소장, 고발장, 이의신청서, 항고장, 재항고장**(이하 "고소장등" 이라 한다)의 열람 · 복사를 신청할 수 있다. 이 경우 열람 · 복사의 대상은 **피의자에 대한 혐의사실 부분으로 한정**하고, 그 밖에 사건관계인에 관한 사실이나 **개인정보, 증거방법 또는 고소장등에 첨부된 서류 등은 제외**한다. ④ 체포 · 구속된 피의자 또는 그 변호인은 현행범인체포서, 긴급체포서, 체포영장, 구속영장의 열람 · 복사를 신청할 수 있다. ⑤ 피의자 또는 사건관계인의 법정대리인, 배우자, 직계친족, 형제자매로서 피의자 또는 사건관계인의 위임장 및 신분관계를 증명하는 문서를 제출한 자도 제1항부터 제4항까지와 같다. ⑥ 제1항부터 제5항까지의 규정에 따른 신청을 받은 검사 또는 사법경찰관은 해당 서류의 공개로 인해 사건관계인의 개인정보나 영업비밀이 침해될 우려가 있거나 범인의 증거인멸 · 도주를 용이하게 할 우려가 있는 경우 등 정당한 사유가 없는 한 열람 · 복사를 허용해야 한다. ⑦ 제1항부터 제6항까지의 규정은 제16조제3항에 따른 조사의 경우에도 준용한다. 제70조(영의 해석 및 개정) 이 **영의 해석 및 개정은 법무부장관이 행안부장관과 협의**하여 결정한다.
증거능력	제312조 【검사 또는 사법경찰관의 조서 등】 ① 검사가 작성한 피의자신문조서는 적법한 절차와 방식에 따라 작성된 것으로서 공판준비, 공판기일에 그 피의자였던 피고인 또는 변호인이 그 내용을 인정할 때에 한하여 증거로 할 수 있다.
부 칙	○ 이 법은 공포 후 6개월이 경과한 때로부터 1년 내에 시행하되, 그 기간 내에 대통령령으로 정하는 시점 2021.01.01.부터 시행한다. ○ 증거능력은 2022.01.01.부터 시행한다.

04. 수사의 조건

○ 수사란 범죄혐의의 유무를 명백히 하여 공소를 제기 · 유지할 것인가의 여부를 결정하기 위하여 범인을 발견 · 확보하고 증거를 수집 · 보전하는 수사기관의 활동을 수사라 한다. 수사는 주로 공소제기 전에 행하여지나 공소제기 후에 행하여지는 경우도 있다.

수사의 조건	수사개시의 조건과 수사실행의 조건을 의미하며, 필요한 경우에 상당한 방법으로 하여야 한다.		
필요성	수사는 수사의 목적을 달성함에 필요한 경우에 한해서 허용된다. 따라서 피의자의 구속(제201조), 압수, 수색, 검증(제215조)과 같은 강제수사의 경우는 물론이고 임의수사의 경우에도 수사의 필요성이 수사의 조건이 된다.		
필요성	범죄혐의	수사는 구체적 사실에 근거를 둔 수사기관의 주관적 혐의에 의하여 개시된다. 따라서 혐의가 없음이 명백한 사건에 대한 수사는 허용되지 않는다.	
필요성	소송조건	고소가 없는 경우에도 수사는 허용되지만 고소의 가능성이 없는 때(고소기간이 경과한 경우, 고소권을 포기한 경우, 고소를 취소한 경우)에는 수사가 허용되지 않거나 제한되어야 한다.	
상당성	수사의 신의칙	수사기관이 수사하는 데에 있어서 사술에 의하여 국민을 기망하여서는 아니 된다.	
상당성	함정수사	수사기관이나 그 정보원이 국민에게 범죄기회를 제공하고 그에 따라 범죄를 실행할 때 체포하는 수사방법을 의미한다. 특히 마약, 조직범죄 등의 수사에서 활용되고 있다.	
상당성	함정수사의 유형	기회제공형	이미 범죄의사를 갖고 있는 자에게 범죄의 기회를 제공한 경우로 수사의 상당성이 인정되어 적법하다.
상당성	함정수사의 유형	범의유발형	범죄의사 없는 자에게 범죄를 유발한 경우로 수사의 신의칙에 반하여 위법수사로 보고 있다.
상당성	함정수사에 대해서는 수사를 개시할 수 없고 공소를 제기할 수 없으므로, 함정수사에 의하여 수집된 증거의 증거능력은 부정된다.		

참고 · 지문

1. 체포 · 구속시 범죄의 혐의는 증거가 뒷받침되는 객관적 혐의가 요구된다.
2. 수사의 조건인 필요성과 상당성은 임의수사와 강제수사 모두 적용된다.
3. 형사소송법은 내사나 피내사자를 구별하지 않고 또 피의자의 권리를 피내사자에게 준용하는 규정도 없다.
4. 영장의 성격을 규문적수사관에 의하면 허가장의 성격을 가지나, 탄핵적수사관은 명령장의 성격을 가진다.
5. 함정수사에 기한 공소제기는 그 절차가 법률의 규정에 위반하여 무효이므로 공소기각판결 사유가 된다.

판례 · 지문 **함정수사**

1. **범의를 가진 자에 대하여 단순히 범행의 기회를 제공하거나 범행을 용이하게 하는 것에 불과한 수사방법**이 경우에 따라 허용될 수 있음은 별론으로 하고, **본래 범의를 가지지 아니한 자에 대하여 수사기관이 사술이나 계략 등을 써서 범의를 유발케 하여 범죄인을 검거하는 함정수사**는 위법함을 면할 수 없고, 이러한 함정수사에 기한 공소제기는 그 절차가 **법률의 규정에 위반하여 무효**인 때에 해당한다(대판 2005.10.28. 선고 2005도1247).

2. **본래 범의를 가지지 아니한 자**에 대하여 수사기관이 사술이나 계략 등을 써서 범의를 유발케 하여 범죄인을 검거하는 함정수사는 위법하다 할 것인바, **구체적인 사건에 있어서 위법한 함정수사에 해당하는지 여부**는 해당 범죄

의 종류와 성질, 유인자의 지위와 역할, 유인의 경위와 방법, 유인에 따른 피유인자의 반응, 피유인자의 처벌 전력 및 유인행위 자체의 **위법성 등을 종합하여 판단하여야** 한다(대판 2007.7.12. 선고 2006도2339).

3. 경찰관이 **노래방의 도우미 알선영업단속** 실적을 올리기 위하여 그에 대한 **제보나 첩보가 없는데도 손님을 가장하고 들어가** 도우미를 불러낸 사안에서, 위법한 **함정수사**로서 공소제기가 무효이다(대판 2008.10.23. 선고 2008도7362).

4. 함정수사라 함은 본래 범의를 가지지 아니한 자에 대하여 수사기관이 사술이나 계략 등을 써서 범죄를 유발케 하여 범죄인을 검거하는 수사방법을 말하는 것이므로, **범의를 가진 자에 대하여 범행의 기회를 주거나 범행을 용이하게 한 것**에 불과한 경우에는 **함정수사라고 할 수 없다**(대판 2004.5.14. 선고 2004도1066).

5. 경찰관이 취객을 상대로 한 이른바 **부축빼기절도범**을 단속하기 위하여, 공원 인도에 쓰러져 있는 취객근처에서 감시하고 있다가, 마침 피고인이 나타나 취객을 부축하여 10m 정도를 끌고 가 지갑을 뒤지자 현장에서 체포하여 기소한 경우, 위법한 **함정수사에 기한 공소제기가 아니다**(대판 2007도1903).

6. **수사기관이 피고인의 범죄사실을 인지하고도 피고인을 바로 체포하지 않고 추가 범행을 지켜보고 있다가 범죄사실이 많이 늘어난 뒤에야 피고인을 체포하였다**는 사정만으로 피고인에 대한 수사와 공소제기가 위법하다거나 **함정수사에 해당하지 않는다**(대판 2007.6.29. 선고 2007도3164).

7. 수사기관과 직접 관련이 있는 **유인자가 피유인자와의 개인적인 친밀관계를 이용**하여 피유인자의 동정심이나 감정에 호소하거나, 금전적 · 심리적 압박이나 위협 등을 가하거나, 거절하기 힘든 유혹을 하거나, 또는 범행방법을 구체적으로 제시하고 범행에 사용할 금전까지 제공하는 등으로 과도하게 개입함으로써 피유인자로 하여금 범의를 일으키게 하는 것은 위법한 함정수사에 해당하여 허용되지 아니하지만, **유인자가 수사기관과 직접적인 관련을 맺지 아니한 상태에서** 피유인자를 상대로 단순히 수차례 반복적으로 범행을 부탁하였을 뿐 **수사기관이 사술이나 계략 등을 사용하였다고 볼 수 없는 경우는**, 설령 그로 인하여 피유인자의 범의가 유발되었다 하더라도 위법한 함정수사에 **해당하지 아니한다**(대판 2007.7.12. 선고 2006도2339).

8. 갑이 수사기관에 체포된 동거남의 석방을 위한 공적을 쌓기 위하여 을에게 필로폰 밀수입에 관한 정보제공을 부탁하면서 대가의 지급을 약속하고, 이에 을이 병에게, 병은 정에게 순차 필로폰 밀수입을 권유하여, 이를 승낙하고 필로폰을 받으러 나온 정을 체포한 사안에서, 을, **병 등이 각자의 사적인 동기에 기하여 수사기관과 직접적인 관련이 없이 독자적으로 정을 유인한 것으로서** 위법한 **함정수사에 해당하지 않는다**(대판 2007.11.29.).

05. 수사의 단서

수사기관 자신의 체험에 의한 단서	타인의 체험의 청취에 의한 단서
① 현행범인의 체포 ② 변사자의 검시 ③ 불심검문 ④ 타 사건 수사 중의 범죄발견 ⑤ 기사, 풍설, 세평	① 고소, 고발 ② 자수 ③ 진정 ④ 범죄신고, 밀고, 투서, 탄원

참고 · 지문

1. 고소, 고발, 자수 등의 경우에는 즉시 수사가 개시되는 반면, 기타의 경우에는 단서를 바탕으로 구체적 범죄혐의의 인지에 의하여 수사가 개시된다(입건). 인지 전의 단계를 내사라고 한다.

06. 불심검문

불심검문의 대상		수상한 거동 또는 기타 주위의 사정을 합리적으로 판단하여 죄를 범하였거나 범하려 하고 있다고 의심할 만한 상당한 이유가 있는 자 또는 이미 행하여진 범죄나 행하여지려고 하는 범죄행위에 관하여 그 사실을 안다고 인정되는 자
불심검문의 방법	정지와 질문	① 정 지 : 질문을 위한 수단이므로 강제수단에 의해 정지시키는 것은 허용되지 않는다. 그러나 정지요구에 응하지 않고 지나가거나 질문 도중에 떠나는 경우에는 사태의 긴급성, 혐의의 정도, 질문의 필요성과 수단의 상당성을 고려하여 강제에 이르지 않는 정도의 유형력의 행사는 허용된다.
		② 질 문 : 거동불심자에게 행선지나 용건 또는 성명, 주소, 연령 등을 묻고 필요한 때에는 소지품의 내용을 질문하여 수상한 점을 밝히는 방법에 의한다. 질문은 어디까지나 임의수단이다. 따라서 질문에 대하여 상대방은 답변을 강요당하지 아니한다(동법 제3조 제7항).
		③ 동행요구 : 경찰관은 질문을 위하여 당해인을 부근의 경찰서, 지서, 파출소 또는 출장소에 동행할 것을 요구할 수 있다. 동행의 요구는 그 장소에서 질문하는 것이 당해인에게 불리하거나 교통의 방해가 된다고 인정되는 때에 한하여 할 수 있으며, 당해인은 경찰관의 동행요구를 거절할 수 있다.
	절차	① 질문하거나 동행을 요구할 경우 : 경찰관은 당해인에게 자신의 신분을 표시하는 증표를 제시하면서 소속과 성명을 밝히고 그 목적과 이유를 설명하여야 하며, 동행의 경우에는 동행장소를 밝혀야 한다.
		② 동행을 한 경우 : 경찰관은 당해인의 가족 또는 친지 등에게 동행한 경찰관의 신분, 동행장소, 동행목적과 이유를 고지하거나 본인으로 하여금 즉시 연락할 수 있는 기회를 부여하여야 하며, 변호인의 조력을 받을 권리가 있음을 고지하여야 한다.
한계		동행을 한 경우에도 6시간을 초과하여 당해인을 경찰관서에 머무르게 할 수는 없고(동법 제3조 제6항), 당해인은 그 의사에 반하여 답변을 강요당하지 아니한다(동법 제3조 제7항).

참고 · 지문

1. 불심검문은 구체적 범죄혐의가 없는 경우에도 행하여 질 수 있다.

2. 검문하는 사람이 경찰관이고 검문하는 이유가 범죄행위에 관한 것임을 피고인이 충분히 알고 있었다고 보이는 경우에는 신분증을 제시하지 않았다고 하여 그 불심검문이 위법한 공무집행이라고 할 수 없다.

판례 · 지문 **불심검문**

1. **임의동행은** 상대방의 동의 또는 승낙을 그 요건으로 하는 것이므로 경찰관으로부터 임의동행 요구를 받은 경우 상대방은 이를 거절할 수 있을 뿐만 아니라 임의동행 후 언제든지 경찰관서에서 퇴거할 자유가 있다 할 것이고, 경찰관직무집행법 제3조 제6항이 **임의동행한 경우 당해인을 6시간을 초과하여 경찰관서에 머물게 할 수 없다고 규정하고 있다고 하여 그 규정이 임의동행한 자를 6시간 동안 경찰관서에 구금하는 것을 허용하는 것은 아니다**(대판 1997.8.22. 97도1240).

2. 경찰관이 불심검문을 하고자 할 때에는 자신의 신분을 표시하는 증표를 제시하여 야 한다고 규정하고, 법시행령 제5조는 소정의 신분을 표시하는 증표는 경찰관의 공무원증이라고 규정 하고 있는 바, 불심검문을 하게 된 경위, 불심검문 당시의 **현장상황**과 검문을 하는 경찰관들의 복장, 피고인이 공무원증 제시나 신분확인을 요구하였는지 여부 등을 **종합적으로 고려하여, 검문하는 사람이 경찰관이고 검문하는 이유가 범죄행위에 관한 것임을 피고인이 충분히 알고 있었다고 보이는 경우에는 신분증을 제시하지 않았다고 하여 그 불심검문이 위법한 공무집행이라고 할 수 없다**(대판 2014.12.11.2014도7976).

3. 경찰관직무집행법의 목적, 규정 내용 및 체계 등을 종합하면, 경찰관은 법 제3조 제1항에 규정된 대상자에게 질문을 하기 위하여 범행의 경중, 범행과의 관련성, 상황의 긴박성, 혐의의 정도, 질문의 필요성 등에 비추어 **목적 달성에 필요한 최소한의 범위 내에서 사회통념상 용인될 수 있는 상당한 방법으로** 대상자를 **정지시킬 수 있고 질문에 수반하여 흉기의 소지 여부도 조사할 수 있다**(대판 2012.9.13., 2010도6203).

4. 경찰관이 법 제3조 제1항에 규정된 대상자(이하 '불심검문 대상자' 라 한다) 해당 여부를 판단함에 있어서는 불심검문 당시의 구체적 상황은 물론 사전에 얻은 정보나 전문적 지식 등에 기초하여 불심검문 대상자인지 여부를 객관적 · 합리적인 기준에 따라 판단하여야 할 것이나, 반드시 불심검문대상자에게 형사소송법상 체포나 구속에 이를 정도의 혐의가 있을 것을 요한다고 할 수는 없다(대판 2014.2.27. 2011도13999).

5. 피고인의 마약류 투약 혐의가 상당하다고 판단하여 **경찰서로 임의동행을 요구**하였고, 동행장소인 경찰서에서 피고인에게 마약류 투약 혐의를 밝힐 수 있는 **소변과 모발의 임의제출을 요구**하였으므로 피고인에 대한 임의동행은 마약류 투약 혐의에 대한 수사를 위한 것이어서 형사소송법 제199조 제1항에 따른 임의동행에 해당한다는 이유로, 피고인에 대한 임의동행은 경찰관 직무집행법 제3조 제2항에 의한 것인데 같은 조 제6항을 위반하여 불법구금 상태에서 제출된 피고인의 **소변과 모발은 위법하게 수집된 증거라고 본 원심판단에 임의동행에 관한 법리를 오해한 잘못이 있다**(대판 2020. 5. 14. 선고 2020도398).

07. 변사자검시

변사자 검시	변사자의 검시란 사람의 사망이 범죄로 인한 것인가를 판단하기 위하여 수사기관이 변사자의 상황을 조사하는 것을 말한다. 범죄에 기인한 사망이라고 의심되는 사체를 의미하므로, 자연사 또는 통상의 병사가 명백한 사체는 검시의 대상이 아니다.
영장의 여부	① 변사자의 검시는 수사전 의 처분인 수사의 단서에 불과하므로 법관의 영장을 요하지 않는다.
	② 검시의 결과 범죄의 혐의가 인정될 때에는 수사가 개시되며, 사체해부는 검증이므로 법관의 영장에 의하는 것이 원칙이지만 긴급을 요할 때에는 영장없이 검증할 수 있다(제222조 제2항).
검시의 주체	변사자 또는 변사의 의심있는 사체가 있는 때에는 그 소재지를 관할하는 지방검찰청검사가 검시하여야 한다. 검사는 사법경찰관에게 검시를 명할 수 있다(제222조 제2항).

참고 · 지문

1. 검시 : 수사의 단서에 불과하므로 법관의 영장을 요하지 않는다.
2. 수사기관의 검증 : 수사가 개시된 경우에 하는 수사기관의 강제처분, 원칙적으로 영장이 필요하다.
3. 법원의 검증 : 증거조사의 일종으로 영장을 요하지 않는다.

08. 고소

고소		고소란 범죄의 피해자 또는 그와 일정한 관계가 있는 고소권자가 수사기관에 대하여 범죄사실을 신고하여 범인의 처벌을 구하는 의사표시이다.
범죄사실의 특정		① 고소의 대상인 범죄 사실은 고소인의 의사가 구체적으로 어떤 범죄사실을 지정하여 범인의 처벌을 구하고 있는가를 확정할 수 있을 정도로 특정되어야 한다. ② 범인의 성명 · 일시 · 장소, 방법 등이 특정되지 않아도 고소는 유효하며, 친고죄의 경우 양벌규정에 의하여 처벌받는 자에 대하여 별도의 고소를 요하지는 않는다.
고소능력		① 고소가 유효하기 위해서는 고소능력이 있어야 한다. 고소능력은 고소의 의미를 이해할 수 있는 사실상의 의사능력으로 족하며 민법상의 행위무능력자라도 고소능력이 인정되는 경우가 있다. ② 고소능력이 없었다가 고소 당시에 비로소 고소능력이 생겼다면, 그 고소기간은 고소능력이 생긴 때로부터 기산되어야 한다.
고소권자	**피해자**	㉠ 범죄로 인한 피해자는 고소할 수 있다(제223조). 그러나 자기 또는 배우자의 직계존속을 고소하지 못한다(제224조). ㉡ 자연인 · 법인은 물론 법인격 없는 사단 · 재단도 포함한다. 피해자는 범죄로 인한 직접적 피해자에 제한되며 간접피해자는 제외된다. ㉢ 고소권은 일신전속적인 권리이므로 상속, 양도의 대상이 될 수 없다.
	피해자의 법정대리인	㉠ 피해자의 법정대리인은 독립하여 고소할 수 있다(제225조 제1항). ㉡ 피해자의 고소권이 소멸하더라도 법정대리인은 고소권을 행사할 수 있으며, 고소기간은 법정대리인이 범인을 알게 된 날로부터 진행한다(고유권).
	피해자의 배우자, 친족	㉠ 피해자의 법정대리인이 피의자이거나 법정대리인의 친족이 피의자인 때에는 피해자의 친족은 독립하여 고소할 수 있다(제226조). ㉡ 피해자가 사망한 때에는 그 배우자, 직계친족 또는 형제자매는 고소할 수 있다. 다만, 피해자의 명시한 의사에 반하지 못한다(제225조 제2항). ㉢ 사자의 명예를 훼손한 범죄에 대하여는 그 친족 또는 자손은 고소할 수 있다(제227조).
	지정고소권자	친고죄에 대하여 고소할 자가 없는 경우에 이해관계인의 신청이 있으면 검사는 10일 이내에 고소할 수 있는 자를 지정해야 한다(제228조).
고소의 방법	**서면 또는 구술**	고소는 서면 또는 구술로 검사 또는 사법경찰관에게 하여야 한다. 법원에 대하여 피고인의 처벌 희망의 의사표시를 하더라도 고소로서의 효력이 없다.
	조서의 작성	검사 또는 사법경찰관이 구술에 의한 고소를 받은 때에는 조서를 작성하여야 한다(제237조).
	사법경찰관이 고소 또는 고발을 받은 때에는 신속히 조사하여 관계서류와 증거물을 검사에게 송부하여야 한다(제238조).	
고소의 대리		고소는 대리인으로 하여금 하게 할 수 있다(제236조).

판례 · 지문 **고소**

1. 고소는 범죄의 피해자 등이 수사기관에 대하여 범죄사실을 신고하여 범인의 소추처벌을 구하는 의사표시이므로 그 범죄사실 등이 구체적으로 특정되어야 할 것이나, **그 특정의 정도는** 고소인의 의사가 수사기관에 대하여 일정한 범죄사실을 지정 신고하여 범인의 소추처벌을 구하는 의사표시가 있었다고 볼 수 있을 정도면 그것으로 충분하고, **범인의 성명이 불명이거나 또는 오기가 있었다거나 범행의 일시 · 장소 · 방법 등이 명확하지 않거나 틀리는 것이 있다고 하더라도 그 효력에는 아무 영향이 없다**(대판 1984.10.23. 선고 84도1704).

2. **친고죄의 경우 양벌규정에 의하여 처벌받는 자**에 대하여 고소가 있으면 족하고, 양벌규정에 의하여 처벌받는 자에 대하여 **별도의 고소를 요한다고 할 수는 없다**(대판 1996.3.12. 선고 94도2423).

3. **고소가 어떠한 사항에 관한 것인가의 여부**는 **고소장에 붙인 죄명에 구애될 것이 아니라 고소의 내용에 의하여 결정**하여야 할 것이므로 고소장에 명예훼손죄의 죄명을 붙이고 그 죄에 관한 사실을 적었으나 그 사실이 **명예훼손죄를 구성하지 않고 모욕죄를 구성하는 경우**에는 위 고소는 **모욕죄에 대한 고소로서의 효력을 갖는다**(대판 81도1250).

4. 청구인의 고소장을 피청구인이 진정사건으로 수리하였으나, 피청구인이 고소사건으로 수리하여 처리하였다고 하더라도 **공소를 제기할 사건으로 보이지 아니하므로 피청구인의 위 진정종결처분**으로 인하여 청구인의 **재판절차진술권과 평등권이 침해되었다고 볼 수는 없다**(헌재 2004.5.27. 2003헌마149).

5. 고소는 범죄의 피해자 또는 그와 일정한 관계가 있는 고소권자가 수사기관에 대하여 범죄사실을 신고하여 범인의 처벌을 구하는 의사표시이므로, **고소인은 범죄사실을 특정하여 신고하면 족하고 범인이 누구인지 나아가 범인 중 처벌을 구하는 자가 누구인지를 적시할 필요도 없다**(대판 1996.3.12. 94도2423).

6. 폭행죄에 있어 피해자가 사망한 후 그 상속인이 피해자를 대신하여 처벌불원의 의사표시를 할 수는 없다. 따라서 피해자의 상속인들이 제1심판결 선고 전에 피고인에 대한 처벌불원의 의사표시를 하였다고 하더라도, 원심이 피고인에 대한 폭행죄를 유죄로 판단한 것은 옳다(대판 2010.5.27. 2010 도2680).

7. **고소는 고소능력이 있어야 하나, 고소능력은 피해를 입은 사실을 이해하고 고소에 따른 사회생활상의 이해관계를 알아차릴 수 있는 사실상의 의사능력으로 충분**하므로, **민법상 행위능력이 없는 사람이라도 위와 같은 능력을 갖추었다면 고소능력이 인정된다**(대판 2011.6.24. 선고 2011도4451).

8. **저작재산권의 양도**에 관하여 양수인의 지위와 양립할 수 없는 법률상 지위를 취득한 경우 등 저작재산권의 양도에 관한 등록의 흠결을 주장함에 정당한 이익을 가지는 제3자에 한하고, 저작재산권을 침해한 사람은 여기서 말하는 제3자가 아니므로, **저작재산권을 양도받은 사람은 그 양도에 관한 등록 여부에 관계없이 그 저작재산권을 침해한 사람을 고소할 수 있다**(대판 2002.11.26. 선고 2002도4849).

9. 형사소송법 제225조 제1항이 규정한 **법정대리인의 고소권은 무능력자의 보호를 위하여 법정대리인에게 주어진 고유권**이므로, 법정대리인은 피해자의 고소권 소멸 여부에 관계없이 고소할 수 있고, 이러한 고소권은 피해자의 명시한 의사에 반하여도 행사할 수 있다(대판 1999.12.24. 선고 99도3784).

10. 형사소송법 제236조의 **대리인에 의한 고소의 경우 대리권이 정당한 고소권자에 의하여 수여되었음이 실질적으로 증명되면 충분하고 그 방식에 특별한 제한은 없다**고 할 것이며 한편 친고죄에 있어서의 고소는 고소권 있는 자가 수사기관에 대하여 범죄사실을 신고하고 범인의 처벌을 구하는 의사표시로서 서면뿐만 아니라 구술로도 할 수 있는 것이므로, **피해자로부터 고소를 위임받은 대리인은 수사기관에 구술에 의한 방식으로 고소를 제기할 수도 있다**(대판 2002.6.14. 2000도4595).

11. 형사소송법 제230조 제1항 본문은 "친고죄에 대하여는 범인을 알게 된 날로부터 6월을 경과하면 고소하지 못한다."고 규정하고 있는바, 여기서 **범인을 알게 된다** 함은 통상인의 입장에서 보아 고소권자가 고소를 할 수 있을 정

도로 범죄사실과 범인을 아는 것을 의미하고, 범죄사실을 안다는 것은 고소권자가 친고죄에 해당하는 범죄의 피해가 있었다는 **사실관계에 관하여 확정적인 인식이 있음을 말한다**(대판 2001.10.9. 선고 2001도3106).

12. 형사소송법 제230조 제1항에서 말하는 **범인을 알게 된 날이란 범죄행위가 종료된 후에 범인을 알게 된 날을 가리키는 것으로서**, 고소권자가 범죄행위가 계속되는 도중에 범인을 알았다 하여도, 그 날부터 곧바로 위 조항에서 정한 친고죄의 고소기간이 진행된다고는 볼 수 없고, 이러한 경우 **고소기간은 범죄행위가 종료된 때부터 계산하여야** 하며, 동종행위의 반복이 당연히 예상되는 영업범 등 **포괄일죄의 경우에는 최후의 범죄행위가 종료한 때에 전체 범죄행위가 종료된** 것으로 보아야 한다(대판 2004.10.28. 선고 2004도5014).

13. 반의사불벌죄라고 하더라도 피해자인 **청소년에게 의사능력이 있는 이상**, 단독으로 피고인 또는 피의자의 처벌을 희망하지 않는다는 **의사표시 또는 처벌희망 의사표시의 철회를** 할 수 있고, 거기에 **법정대리인의 동의가 있어야 하는 것으로 볼 것은 아니다**(대판 2009.11.19. 2009도6058).

14. 고소는 수사기관에 단순히 피해사실을 신고하거나 수사 및 조사를 촉구하는 것에 그치지 않고 범죄사실을 신고하여 범인의 소추 · 처벌을 요구하는 의사표시이므로, 피해자가 **경찰청 인터넷 홈페이지에 피고인을 철저히 조사해 달라' 는 취지의 민원을 접수**하는 형태로 피고인에 대한 조사를 촉구하는 의사표시를 한 것은 형사소송법에 따른 적법한 고소로 보기 어렵다(대판 2012.2.23. 2010도 9524).

참고 · 지문

1. 고소권은 형사절차상의 법적인 권리에 불과하므로 원칙적으로 입법자가 그 나라의 고유한 사법문화와 윤리관, 문화전통을 고려하여 합목적적으로 결정할 수 있는 넓은 입법형성권을 갖는다.
2. 피해자는 범죄로 인한 직접적 피해자에 제한되며 간접피해자(처가 간강당한 경우 그 남편이나 사기죄의 피해자에게 채권이 있는 자)등은 포함되지 않는다.
3. 이해관계인이란 법률상 또는 사실상 이해관계를 가진 자를 말하며 단순한 감정상의 관계로는 족하지 않다.
4. 참고인 진술조서에 처벌을 요구하는 의사표시가 기재된 경우 유효한 고소가 되며, 전보 · 전화에 의한 고소는 조서를 작성해야 유효하다.
5. 자기 또는 배우자의 직계존속은 고소하지 못한다(제224조). 다만, 성폭력범죄인 형법 제298조의 강제추행죄에 대하여는 자기 또는 배우자의 직계존속도 고소할 수 있다(성폭력범죄의 처벌 등에 관한 특례법 제18조).

절대적 친고죄	상대적 친고죄	반의사불벌죄
사자(死者)명예훼손죄(제308조), 모욕죄(제311조), 비밀침해죄(제316조), 업무상비밀누설죄(제317조)	권리행사방해죄, 절도죄, 야간주거침입절도죄, 특수절도죄, 횡령죄, 배임죄, 업무상횡령죄, 업무상배임죄, 배임수증죄, 점유이탈물횡령죄, 장물죄,	외국 원수에 대한 폭행 · 협박 등, 폭행 · 존속폭행죄, 과실치상죄, 협박 · 존속협박죄, 명예훼손죄 및 출판물 등에 의한 명예훼손죄.

09. 고소불가분의 원칙

객관적 불가분의 원칙		친고죄의 경우 한 개의 범죄사실의 일부분에 대한 고소 또는 그 취소는 그 범죄사실 전부에 대하여 효력이 발생한다는 원칙을 말한다.
적용범위	단순일죄	단순일죄에 대하여는 이 원칙이 예외 없이 적용된다.
	과형상의 일죄	ⓐ 과형상의 일죄의 각 부분이 모두 친고죄이고 피해자가 같을 때에는 이 원칙이 적용된다. ⓑ 각 부분이 모두 친고죄라 하더라도 피해자가 다를 때에는 이 원칙이 적용되지 않는다. 하나의 문서로 갑 · 을 · 병을 모욕한 경우에 갑의 고소는 을 · 병에 대한 모욕에 효력을 미치지 않는다. ⓒ 일죄의 일부분만이 친고죄인 때에는 비 친고죄에 대한 고소의 효력은 친고죄에 대하여 미치지 아니한다.
	수죄(경합범)	객관적 불가분의 원칙은 1개의 범죄사실을 전제로 한 원칙이므로 경합범에 대하여는 적용되지 않는다.
주관적 불가분의 원칙		친고죄의 공범 중 1인 또는 수인에 대한 고소와 그 취소는 다른 공범자에 대하여도 효력이 있다(제233조)는 원칙을 말한다. 공범은 임의적 공범에 한하지 않고 필요적 공범을 포함한다.
적용범위	절대적 친고죄	절대적 친고죄에 있어서는 언제나 이 원칙이 적용된다.
	상대적 친고죄	친족상도례의 경우와 같이 범인과 피해자 사이에 일정한 신분관계가 있는 경우에만 친고죄가 된다. ⓐ 공범자 전원이 피해자와 일정한 신분관계가 있는 경우에는 이 원칙이 적용된다. ⓑ 공범자 중 비신분자에 대한 고소의 효력은 신분관계 있는 공범에게는 미치지 아니하며 신분관계 있는 자에 대한 피해자의 고소취소는 비신분자에게 효력이 없다.

참고 · 지문

1. 객관적 불가분의 원칙 : 이론상 인정 객관적 불가분의 원칙은 형사소송법에 명문의 규정이 없다.
2. 주관적 불가분의 원칙 : 형사소송법상 명문의 규정(제233조)
3. 고소의 주관적 불가분의 효력은 친고죄에만 적용되고 반의사불벌죄에는 적용이 없다.
4. 조세범처벌법 제9조에 의한 즉시 고발사건에 경우에는 고소의 주관적불가분의 원칙이 적용되지 않는다.

판례 · 지문 고소불가분의 원칙

1. **고소와 고소취소의 불가분에 관한 규정을 함에 있어서는 반의사불벌죄에 이를 준용하는 규정을 두지 아니한 것은** 처벌을 희망하지 아니하는 의사표시나 처벌을 희망하는 의사표시의 철회에 관하여 친고죄와는 달리 공범자 간에 불가분의 원칙을 적용하지 아니하고자 함에 있다고 볼 것이지, **입법의 불비로 볼 것은 아니다**(대판 1994.4.26, 93도1689).

2. **조세범처벌법** 제6조는 조세에 관한 범칙행위에 대하여는 원칙적으로 국세청장 등의 고발을 기다려 논하도록 규정하고 있는바, 같은 법에 의하여 하는 **고발에 있어서는 이른바 고소 · 고발 불가분의 원칙이 적용되지 아니하므로,** 고발의 구비 여부는 양벌규정에 의하여 처벌받는 자연인인 **행위자와 법인에 대하여 개별적으로 논하여야 한다**(대판 2004.9.24. 선고 2004도4066).

3. 친고죄에 관한 **고소의 주관적 불가분 원칙**을 규정하고 있는 형사소송법 제233조가 **공정거래위원회의 고발**에도 유추적용된다고 해석한다면 이는 공정거래위원회의 고발이 없는 행위자에 대해서까지 형사처벌의 범위를 확장하는 것으로서, 결국 **피고인에게 불리하게 유추해석** 한 경우에 해당하므로 죄형법정주의에 반하여 허용될 수 없다(2008도4762).

10. 고소취소

고소의 취소	고소인이 제기한 고소를 수사기관 또는 법원에 대하여 범인의 처벌을 희망하는 의사표시를 철회하는 법률적 소송행위를 고소의 취소라 한다.	
취소권자	고소를 취소할 수 있는 자는 고유의 고소권자(피해자)이거나 고소의 대리행사권자이거나 불문한다. 다만, 고유의 고소권자는 대리행사권자가 제기한 고소를 취소할 수 있지만 고소의 대리권자는 고유의 고소권자가 제기한 고소를 취소할 수 없다	
취소의 방법	고소의 취소는 서면 또는 구술로써 할 수 있으며 공소제기 전에는 수사기관에, 공소제기 후에는 수소법원에 하여야 한다(제239 · 237조). 고소취소에 대하여도 대리가 허용된다(제236조).	
취소의 시기	① 국가사법권의 발동이 고소인의 자의에 의해 좌우되는 것을 방지하기 위하여 고소는 제1심 판결 선고 전까지 취소할 수 있도록 하고 있다(제232조 제1항). ② 이러한 제한은 친고죄의 고소의 경우에만 해당하며, 비친고죄의 고소는 수사의 단서에 불과하므로 언제나 취소할 수 있다. ③ 반의사불벌죄에 있어서 처벌을 희망하는 의사표시의 철회도 제1심 판결 선고 전까지만 할 수 있다.	
공범자에 대한 제1심 판결 선고 후	공범 중 일부에 대하여 제1심 판결이 선고된 후에 제1심 판결 전의 다른 공범자에 대한 고소취소가 허용되는가의 문제로서 고소권자의 선택에 의하여 불공평한 결과를 초래하는 것이므로 고소를 취소할 수 없고 고소의 취소가 있어도 효력이 없다.	
취소의 효과	**고소권의 소멸**	고소의 취소에 의해 고소권이 소멸한다. 고유의 고소권자인 피해자가 고소를 취소하면 고소 대리권자의 고소권도 소멸하지만 고소 대리권자가 고소를 취소하더라도 피해자의 고소권은 소멸하지 않는다.
	재고소의 금지	고소취소에 의하여 고소권이 소멸하므로 고소를 취소한 자는 다시 고소하지 못한다(제232조 제2항). 고소의 취소에 대하여도 고소불가분의 원칙이 적용된다.
	친고죄의 경우	친고죄에서 공소제기 전에 고소가 취소된 경우에는 검사는 공소권 없음을 이유로 불기소처분을 하여야 하며, 공소제기 후에 취소한 경우 법원은 공소기각의 판결을 하여야 한다(제327조 제5호). 그러나 비친고죄의 경우에는 양형의 자료가 됨에 불과하다.
고소의 포기	고소권의 포기란 친고죄의 고소기간 내에 장차 고소권을 행사하지 아니한다는 의사표시를 하는 것으로 고소포기의 강요의 폐단에 대한 우려가 있어 부정한다(판례).(비친고죄의 경우에는 고소권의 포기가 문제되지 아니한다)	

참고 · 지문

1. 항소심에서 비친고죄가 친고죄로 공소장이 변경된 경우에도 고소는 취소할 수 없다.

판례 · 지문 고소의 취소

1. 검사가 작성한 피해자에 대한 진술조서기재 중 피의자들의 처벌을 원하는가요? 라는 물음에 대하여 **'법대로 처벌하여 주기 바랍니다'** 로 되어 있고 이어서 더 할 말이 있는가요? 라는 물음에 대하여 '젊은 사람들이니 한번 기회를 주시면 감사 하겠습니다' 로 기재되어 있다면 피해자의 진술취지는 법대로 처벌하되 관대한 처분을 바란다는 취지로 보아야 하고 **처벌의사를 철회한 것으로 볼 것이 아니다**(대판 1981.1.13. 선고, 80도2210).

2. 피해자가 경찰에 강간치상의 범죄사실을 신고한 후 경찰관에게 가해자의 처벌을 원한다는 취지의 진술을 하였다가, 피해자는 가해자를 상대로 이 사건과 관련한 어떠한 **민 · 형사상의 책임도 묻지 아니한다는 취지의 가해자와 피해자 사이의 합의서가 경찰에 제출**되었다면, 위와 같은 합의서의 제출로써 피해자는 가해자에 대하여 처벌을 희망하던 종전의 의사를 철회한 것으로서 공소제기 전에 **고소를 취소한 것으로 봄이 상당하다**(대판 2002.7.12. 선고 2001도6777).

3. 형사소송법 제239조, 제237조에 의하면, 고소의 취소는 서면 또는 구술로서 검사 또는 사법경찰관에게 하여야 하도록 규정되어 있으므로 원심이 판시 모욕죄의 고소인이 소론과 같은 내용의 **합의서를 피고인에게 작성하여준 것만으로는 고소가 적법하게 취소된 것으로는 볼 수 없다**(대판 1983.9.27. 선고 83도516).

4. 폭행죄에 있어 **피해자가 사망한 후 그 상속인이 피해자를 대신하여 처벌불원의 의사표시를 할 수는 없다.** 따라서 피해자의 상속인들이 제1심판결 선고 전에 피고인에 대한 처벌불원의 의사표시를 하였다고 하더라도, 원심이 피고인에 대한 폭행죄를 유죄로 판단한 것은 옳다(대판 2010.5.27. 2010도2680)

5. **부도수표가 제권판결에 의하여 무효**로 됨으로써 수표소지인이 더 이상 발행인 등에게 수표금의 지급을 구할 수 없게 되었다고 하더라도, 이러한 사정만으로는 **수표가 회수되거나 수표소지인이 처벌을 희망하지 아니하는 의사를 명시한 경우에 해당한다고 볼 수는 없다**(대판 1996.1.26.선고95도1971).

6. 피해자들과의 전화통화 내용을 기재한 검사 작성의 각 수사보고서는 그 증거능력이 없으나, 원심이 위 각 수사보고서를 **피해자들의 처벌희망 의사표시 철회의 효력 여부를 판단하는 증거로 사용한 것 자체는 정당하다**(대판 2010.10.14. 선고 2010도5610).

7. **반의사불벌죄의 경우**에도 피해자인 청소년에게 의사능력이 있는 이상 단독으로 피고인 또는 피의자의 처벌을 희망하지 않는다는 의사표시 또는 처벌희망 의사표시의 철회를 할 수 있고, **법정대리인의 동의가 있어야 하는 것은 아니다**(대판 2009.11.19. 선고 2009도6058 전원합의체).

8. 피고인이 피해자로부터 작성 · 교부받은 **교통사고 합의서를 수사기관에 제출한 경우**, 피해자의 처벌불원의사가 적법하게 표시되었고, 피고인이 피해자에게 **약속한 합의금 전액을 지급하지 않은 경우에도 처벌불원의사를 철회할 수 없다**(대판 2001.12.14. 2001도4283).

9. **항소심에서 공소장의 변경**에 **의하여** 또는 공소장변경절차를 거치지 아니하고 법원 직권에 의하여 **친고죄가 아닌 범죄를 친고죄로 인정하였더라도** 항소심을 제1심이라 할 수는 없는 것이므로, **항소심에 이르러 비로소 고소인이 고소를 취소하였다면 이는 친고죄에 대한 고소취소로서의 효력은 없다**(대판 96도1922).

10. **친고죄에 있어서의 피해자의 고소권은 공법상의 권리라고 할 것이므로** 법이 특히 명문으로 인정하는 경우를 제외하고는 자유처분을 할 수 없고, 따라서 일단 한 고소는 취소할 수 있으나 **고소 전에 고소권을 포기할 수 없다고 함이 상당할 것이다**(대판 1967.5.23. 67도471).

11. 상소심에서 제1심의 공소기각판결이 법률에 위반됨을 이유로 이를 파기하고 사건을 제1심법원에 환송함에 따라 다시 제1심 절차가 진행된 경우, 종전의 제1심판결은 이미 파기되어 그 효력을 상실하였으므로 환송 후의 제1심판결 선고 전에는 고소취소의 제한사유가 되는 제1심판결 선고가 없는 경우에 해당한다. 따라서 **환송 후 제1심판결 선고 전**에 고소가 취소되면 형사소송법 제327조 제5호에 의하여 **판결로써 공소를 기각**하여야 한다(대판 2011.8.25. 2009 도 9112).

11. 고발

	고소	고발
주체	고소권자	범인 및 고소권자 이외의 제3자
기간	친고죄의 경우 범인을 안 날로부터 6월 (비친고죄는 기간의 제한이 없다)	제한이 없다
대리	허용	허용하지 않음
취소시기	제1심판결 선고 전	제한이 없다
재 고소 · 고발	허용하지 않음	허용
공통점	1. 수사의 단서가 된다. 2. 구두나 서면으로 가능하다. 3. 자기 또는 배우자의 직계존속을 고소, 고발할 수 없다.	

참고 · 지문

자백 : 범인이 수사기관의 조사에 응하여 자기의 범죄사실을 진술하는 것
자복 : 반의사불벌죄에서 피해자에게 자발적으로 자기의 범죄사실을 고하고 용서를 비는 것

판례 · 지문 고발

1. **위증죄는** 국가의 사법기능을 보호법익으로 하는 죄로서 개인적 법익을 보호법익으로 하는 것이 아니므로 위증사실의 신고는 **고소의 형식을 취하였더라도 고발이고,** 고발은 피해자 본인 및 고소권자를 제외하고는 누구나 할 수 있는 것이어서 **고발의 대리는 허용되지 않고** 고발의 의사를 결정하고 고발행위를 주재한 자가 고발인이라고 할 것이므로, 타인명의의 고소장 제출에 의해 위증사실의 신고가 행하여졌더라도 피고인이 고소장을 작성하여 수사기관에 제출하고 수사기관에 대하여 고발인진술을 하는 등 피고인의 의사로 고발행위를 주도하였다면 그 고발인은 피고인이다(대판 1989.9.26. 88도1533).

2. 고발이란 범죄사실을 수사기관에 고하여 그 소추를 촉구하는 것으로서 범인을 지적할 필요가 없는 것이고, 또한 **고발에서 지정한 범인이 진범인이 아니더라도 고발의 효력에는 영향이 없는** 것이므로, 고발인이 농지전용행위를 한 사람을 갑으로 잘못 알고 **갑을 피고발인으로 하여 고발하였다고 하더라도 을이 농지전용행위를 한 이상 을에 대하여도 고발의 효력이 미친다**(대판 1994.5.13. 94도458).

3. 조세범처벌법에 의한 고발은 고발장에 범칙사실의 기재가 없거나 특정이 되지 아니할 때에는 부적법하나, **반드시 공소장 기재요건과 동일한 범죄의 일시 · 장소를 표시하여 사건의 동일성을 특정할 수 있을 정도로 표시하여야 하는 것은 아니고,** 조세범처벌법이 정하는 **어떠한 태양의 범죄인지를 판명할 수 있을 정도의 사실을 일응 확정할 수 있을 정도로 표시하면 족하다.** 또한, 고발사실의 특정은 고발장에 기재된 범칙사실과 세무공무원의 보충진술 기타 고발장과 같이 제출된 서류 등을 종합하여 판단하여야 한다(대판 2009도3282).

4. **검사의 불기소처분에는** 확정재판에 있어서의 확정력과 같은 효력이 없어 일단 불기소처분을 한 후에도 **공소시효가 완성되기 전이면 언제라도 공소를 제기할 수 있으므로,** 세무공무원 등의 고발이 있어야 공소를 제기할 수 있는 **조세범처벌법 위반죄에 관하여 일단 불기소처분이 있었더라도 세무공무원 등이 종전에 한 고발은 여전히 유효하다.** 따라서 나중에 공소를 제기함에 있어 세무공무원 등의 새로운 고발이 있어야 하는 것은 아니다(대판 2009.10.29. 선고 2009도6614).

판례 · 지문 **자수**

1. **자수라 함은** 범인이 스스로 수사책임이 있는 관서에 자기의 범행을 자발적으로 신고하고 그 처분을 구하는 의사표시를 말하고, 가령 수사기관의 직무상의 질문 또는 **조사에 응하여 범죄사실을 진술하는 것은 자백일 뿐 자수로는 되지 않는다**(대판 2006.9.22. 선고 2006도4883).

2. **자수의 신고방법**에는 법률상 특별한 제한이 없으므로 **제3자를 통하여서도 이를 할 수 있다**(대판 1964. 8.31. 64도252).

3. 피고인이 검찰의 소환에 따라 **자진 출석하여 검사에게 범죄사실에 관하여 자백**함으로써 형법상 **자수의 효력이 발생하였다면, 그 후에 검찰이나 법정에서 범죄사실을 일부 부인하였다고 하더라도 일단 발생한 자수의 효력이 소멸하는 것은 아니다**(대판 2002.8.23. 2002도46).

4. 세관 검색시 **금속 탐지기에 의해 대마 휴대 사실이 발각될 상황**에서 세관 검색원의 추궁에 의하여 대마 수입 범행을 시인한 경우, 자발성이 결여되어 **자수에 해당하지 않는다**(대판 1999.4.13. 98도4560).

5. 수사기관에 뇌물수수의 범죄사실을 자발적으로 신고하였으나 그 **수뢰액을 실제보다 적게 신고**함으로써 적용법조와 **법정형이 달라지게 된 경우**에는 **자수가 성립하였다고 할 수 없다**(대판 2004.6.24., 2004도2003).

6. **신문지상에 혐의사실이 보도되기 시작**하였는데도 수사기관으로부터 공식소환이 없으므로 자진출석하여 혐의사실을 모두 인정하는 내용의 진술서를 작성하고 **검찰 수사과정에서 혐의사실을 모두 자백**한 경우 피고인은 수사책임 있는 관서에 자기의 범죄사실을 자수한 것으로 보아야 하고 **법정에서** 수수한 금원의 직무관련성에 대하여만 수사기관에서의 **자백과 차이가 나는 진술을 하였다 하더라도 자수의 효력에는 영향이 없다**(대판1994.9.9. 선고 94도619).

7. **자수란** 범인이 스스로 수사책임이 있는 관서에 자기의 범행을 자발적으로 신고하고 그 처분을 구하는 의사표시이므로, 수사기관의 직무상의 질문 또는 조사에 응하여 범죄사실을 진술하는 것은 자백일 뿐 자수로는 되지 아니하고, 나아가 자수는 범인이 수사기관에 의사표시를 함으로써 성립하는 것이므로 **내심적 의사만으로는 부족하고 외부로 표시되어야 이를 인정할 수 있는 것이다.** 또한 피고인이 자수하였다 하더라도 자수한 이에 대하여는 법원이 임의로 형을 감경할 수 있음에 불과한 것으로서 원심이 자수감경을 하지 아니하였다거나 자수감경 주장에 대하여 판단을 하지 아니하였다 하여 위법하다고 할 수 없다(대판 2011.12.22. 선고 2011도12041).

8. 피고인이 금융기관 직원인 자신의 업무와 관련하여 금품을 수수하였다고 하여 특정경제범죄 가중처벌 등에 관한 법률 위반(수재)죄로 기소된 사안에서, **피고인이 수사기관에 자진 출석하여 처음 조사를 받으면서는 돈을 차용하였을 뿐이라며 범죄사실을 부인하다가 제2회 조사를 받으면서 비로소 업무와 관련하여 돈을 수수하였다고 자백한 행위를 자수라고 할 수 없다**(대판 2011.12.22. 선고 2011도12041).

9. 수사기관에의 신고가 자발적이라고 하더라도 그 신고의 내용이 자기의 범행을 명백히 부인하는 등의 내용으로 자기의 범행으로서 범죄성립요건을 갖추지 아니한 사실일 경우에는 자수는 성립하지 않고, 수사과정이 아닌 그 후의 **재판과정에서 범행을 시인**하였다고 하더라도 새롭게 자수가 성립할 여지는 없다고 할 것이다(대판 1999.9.21. 99도2443).

12. 임의수사

<table>
<tr><td>임의수사</td><td colspan="2">임의수사는 임의적인 수사방법, 즉 강제력을 수반함이 없고 상대방의 동의, 승낙을 전제로 한 수사를 말한다. 형사소송법상 임의수사 불구속수사가 원칙이고 강제수사는 법률규정이 존재하는 경우에 예외적으로 허용된다.</td></tr>
<tr><td>임의수사의 원칙</td><td colspan="2">수사에 관하여는 그 목적을 달성하기 위하여 필요한 조사를 할 수 있다. 다만, 강제처분은 법률에 특별한 규정이 없으면 하지 못한다(제119조).</td></tr>
<tr><td rowspan="3">강제수사의 규제</td><td>강제처분 법정주의</td><td>강제처분은 법률에 특별한 규정이 없으면 하지 못한다. 강제처분의 종류와 요건 및 절차는 법률에 규정되어 있을 것을 요한다.</td></tr>
<tr><td>영장주의</td><td>영장주의란 법원 또는 법관이 발부한 적법한 영장에 의하지 않으면 형사절차상의 강제처분을 할 수 없다는 원칙을 말한다. 따라서 여기서 영장은 사전영장을 의미한다.</td></tr>
<tr><td>비례성의 원칙</td><td>강제처분은 임의수사에 의 하여는 형사소송의 목적을 달성할 수 없는 경우에 최후의 수단으로만 인정되어야 한다는 제한을 받는다.</td></tr>
<tr><td>한계</td><td colspan="2">임의수사에 있어서도 수사의 필요성과 상당성이 인정되어야 하며 상대방의 자유로운 의사에 의한 승낙을 받아 행할 것을 요한다.</td></tr>
<tr><td>임의동행</td><td colspan="2">임의동행이란 수사기관이 피의자의 동의를 받고 수사관서까지 피의자와 동행하는 것을 말한다. 임의동행의 형식을 취한 경우에도 강제의 실질을 갖춘 때에는 임의수사로서 적법화 될 수 없는 강제수사, 즉 체포 또는 구속에 해당한다.</td></tr>
<tr><td>보호실 유치</td><td colspan="2">강제유치든 피의자의 승낙을 받아 유치하는 승낙유치든 본인의 사전 동의를 받은 경우에도 그것이 법률에 규정된 강제처분과 같은 효과를 가져 오는 경우에는 실질적으로 구속과 다를 바 없고, 이를 허용하는 것은 영장주의를 유린할 우려가 있다.</td></tr>
<tr><td>승낙수색 승낙검증</td><td colspan="2">승낙의 임의성이 인정되는 경우에는 임의제출물의 압수에 영장이 필요 없는 것에 비추어(제218조) 임의수사로서 허용된다.</td></tr>
<tr><td rowspan="2">거짓말 탐지기검사</td><td>전제 조건</td><td>ⓐ 거짓말을 하면 반드시 일정한 심리상태의 변동이 일어나야 한다.
ⓑ 심리상태의 변동은 반드시 일정한 생리적 반응을 일으켜야 한다.
ⓒ 그 생리적 반응에 의하여 거짓말이라는 것이 명확히 판정될 수 있는 인적 · 물적 장치가 구비되어야 한다.</td></tr>
<tr><td>적법성</td><td>전제조건을 갖추고, 또한 피검사자의 동의가 있으면 임의수사로 허용 된다. 다만, 이러한 경우에도 검사결과는 검사를 받는 사람의 신빙성을 가늠하는 정황증거로서의 기능을 다하는데 그친다.</td></tr>
<tr><td>마취분석</td><td colspan="2">약품의 작용에 의하여 진실을 진술하게 하는 것을 말한다. 마취분석은 인간의 정신을 해체시키고 인격의 분열을 초래하는 것이므로 피의자의 승낙이 있는 경우에도 위법한 것으로서 허용되지 않는다.</td></tr>
</table>

참고 · 지문

1. 임의 수사가 임의수사 자유를 의미한 것이 아니고 적법절차의 법적 규제와 수사의 필요성과 상당성(비례의 원칙)이 필요하다.
2. 예외적으로 보호실 유치가 허용되는 경우 : 정신착란자, 주취자, 자살기도자 등 응급의 구호를 요하는 자, 긴급체포, 현행범체포.

판례 · 지문 **임의수사**

1. 임의동행은 수사관이 동행에 앞서 피의자에게 동행을 거부할 수 있음을 알려 주었거나 동행한 피의자가 언제든지 자유로이 동행과정에서 이탈 또는 동행장소에서 퇴거할 수 있었음이 인정되는 등 오로지 **피의자의 자발적인 의사에 의하여 수사관서 등에 동행이 이루어졌다는 것이 객관적인 사정에 의하여 명백하게 입증된 경우에 한하여**, 동행의 적법성이 인정된다고 보는 것이 타당하다(대판 2012.9.13. 선고 2012도8890).

2. **거짓말탐지기의 검사결과에 대하여 증거능력을 인정할 수 있으려면 첫째로 거짓말을 하면 반드시 일정한 심리 상태의 변동**이 일어나고, 둘째로 그 심리상태의 변동은 반드시 **일정한 생리적 반응**을 일으키며, 셋째로 그 생리적 반응에 의하여 피검사자의 말이 **거짓인지 여부가 정확히 판정될 수 있다**는 전제요건이 충족되어야 하며 특히 생리적 반응에 대한 거짓여부의 판정은 거짓말탐지기가 위 생리적 반응을 정확히 측정할 수 있는 장치이어야 하고 검사자가 탐지기의 **측정내용을 객관성 있고 정확하게 판독할 능력을 갖춘 경우라야 그 정확성을 확보할 수 있어 증거능력을 부여할 것이다**(대판 1983.9.13. 선고 83도712).

3. **우편물 통관검사절차**에서 이루어지는 우편물의 개봉, 시료채취, 성분분석 등의 검사는 수출입물품에 대한 적정한 통관 등을 목적으로 한 **행정조사의 성격을 가지는 것**으로서 수사기관의 강제처분이라고 할 수 없으므로, 압수 · 수색영장 없이 우편물의 개봉, 시료채취, 성분분석 등 검사가 진행되었다 하더라도 특별한 사정이 없는 한 위법하다고 볼 수 없다(2013.9.26. 선고 2013도7718).

4. 경찰서 조사대기실이 경찰관직무집행법상 정신착란자, 주취자, 자살기도자 등 응급의 구호를 요하는 자를 24시간 초과하지 않는 범위 내에서 경찰관서에 보호조치할 수 있는 시설로 **제한적으로 운영되는 경우를 제외하고는 구속영장을 발부 받음이 없이 조사대기실에 유치하는 것은 영장주의에 위배된다**(대판 1995.5.26. 94다3726).

5. 보호조치를 필요로 하는 피구호자에 해당하는지는 구체적인 상황을 고려하여 **경찰관 평균인을 기준으로 판단하**되, 그 판단은 보호조치의 취지와 목적에 비추어 현저하게 불합리하여서는 아니 되며, **피구호자의 가족 등에게 피구호자를 인계할 수 있다면** 특별한 사정이 없는 한 **경찰관서에서 피구호자를 보호하는 것은 허용되지 않는다**(대판 2012.12.13. 선고 2012도11162).

13. 임의수사 (피의자신문)

구분	세부	내용
피의자 신문		검사 또는 사법경찰관은 수사에 필요한 때에는 피의자의 출석을 요구하여 진술을 들을 수 있다(제200조). 피의자신문은 피의자의 진술의무와 출석의무가 부정되는 점에 비추어 임의수사라고 본다.
출석요구		수사기관은 피의자에 대하여 출석을 요구할 수 있다(제200조). 출석요구의 방법에는 서면, 전화, 구두, 인편 모두 가능하다.
변호인의 참여권	참여 고지	검사 또는 사법경찰관은 피의자를 신문하기 전에 신문을 받을 때에는 변호인을 참여하게 하는 등 변호인의 조력을 받을 수 있다는 것을 알려주어야 한다.
	참여 신청	피의자뿐 아니라 변호인, 법정대리인, 배우자, 직계친족 또는 형제자매도 변호인의 참여를 신청할 수 있다.
	변호인의 지정	신문에 참여하고자 하는 변호인이 2인 이상인 때에는 피의자가 신문에 참여할 변호인 1인을 지정한다. 지정이 없는 경우에는 검사 또는 사법경찰관이 이를 지정할 수 있다.
피의자신문의 방법	구제 신청고지	사법경찰관은 피의자를 신문하기 전에 수사과정에서 법령위반, 인권침해 또는 현저한 수사권 남용이 있는 경우 검사에게 구제를 신청할 수 있음을 피의자에게 알려주어야 한다(제197조의⑧).
	진술거부 고지	검사 또는 사법경찰관은 피의자에 대한 신문에 들어가기 전에 피의자가 일체의 진술을 하지 않거나 개개의 질문에 대하여 진술을 하지 않을 수 있으며, 진술을 하지 않더라도 불이익을 받지 않는다는 것, 피의자가 한 일체의 진술은 법정에서 유죄의 증거로 사용될 수 있다는 것을 구체적으로 설명하도록 하였다.
	조서작성	㉠ 피의자의 진술은 조서에 기재하여야 한다. ㉡ 조서는 피의자에게 열람하게 하거나 읽어 들려주어야 하며, 피의자가 증감 또는 변경의 청구 등 이의를 제기하거나 의견을 진술한 때에는 이를 조서에 추가로 기재하여야 한다. ㉢ 피의자가 조서에 대하여 이의나 의견이 없음을 진술한 때에는 피의자로 하여금 그 취지를 자필로 기재하게 하고 조서에 간인한 후 기명날인 또는 서명하게 한다.
	수사과정기록	검사 또는 사법경찰관은 피의자가 조사장소에 도착한 시각, 조사를 시작하고 마친 시각 기타 피의자의 행적을 확인하기 위해 필요한 사항을 기록하여 수사 기록에 편철하도록 하였다.
이의제기 의견진술		① 부당한 신문방법에 대하여는 신문 중이라도 이의를 제기할 수 있으며, 피의자신문에 참여한 변호인은 신문 후에 의견을 진술할 수 있고, ② 다만 검사 · 사법경찰관의 승인을 얻는 경우 신문 중이라도 의견을 진술할 수 있다.
변호인의 참여 제한		수사기관은 정당한 사유가 있는 경우 변호인의 신문참여를 제한할 수 있다. 신문을 방해할 염려가 있다거나, 수사기밀을 누설하여 증거를 인멸하거나, 관련 사건의 수사를 방해할 염려가 있음이 객관적으로 명백한 경우에 참여를 제한할 수 있다.
참여권 침해구제		㉠ 수사기관의 자의적인 변호인 참여제한을 방지하기 위하여 변호인의 신문 참여 및 그 제한에 관한 사항은 피의자신문조서에 기재하도록 하였다. ㉡ 검사나 사법경찰관이 변호인의 참여를 제한하거나 퇴거시킨 처분에 대해서 법원에 그 처분의 취소 또는 변경을 청구할 수 있다(제417조 준항고).
신뢰관계인의 동석		검사 또는 사법경찰관은 피의자를 신문하는 경우 피의자가 신체적 또는 정신적 장애로 사물을 변별하거나 의사를 결정 · 전달할 능력이 미약하거나 피의자의 연령 · 성별 · 국적 등의 사정을 고려하여 그 심리적 안정의 도모와 원활한 의사소통을 위하여 필요한 경우 직권 또는 피의자 · 법정대리인의 신청에 따라 피의자와 신뢰관계에 있는 자를 동석하게 할 수 있다.

참고 · 지문

1. 변호인의 신청이 있는 경우 변호인의 참여를 허용한다는 취지일 뿐이고 국선변호인을 선정해 주어야 한다는 의미는 아니다.
2. 변호인의 참여신청이 있는 경우라도 변호인이 상당시간 내에 출석하지 않거나 출석할 수 없는 때는 변호인의 참여없이 피의자를 신문할 수 있다
3. 피의자의 진술은 조서에 기재하여야 한다. 조서는 피의자에게 열람하게 하거나 읽어 들려주어야 하며, 진술한 대로 기재되지 아니하였거나 사실과 다른 부분의 유무를 물어 피의자가 증감 또는 변경의 청구 등 이의를 제기하거나 의견을 진술한 때에는 이를 조서에 추가로 기재하여야 한다. 이 경우 피의자가 이의를 제기하였던 부분은 읽을 수 있도록 남겨두어야 한다(제244조 제1항, 제2항).

판례 · 지문 **피의자신문**

1. 사법경찰관이 피의자에게 진술거부권을 행사할 수 있음을 알려 주고 그 행사 여부를 질문하였다 하더라도, **진술거부권 행사 여부에 대한** 피의자의 답변이 자필로 기재되어 있지 아니하거나 그 답변 부분에 피의자의 기명날인 또는 서명이 되어 있지 아니한 사법경찰관 작성의 피의자신문조서는 특별한 사정이 없는 한 '적법한 절차와 방식'에 따라 작성된 조서라 할 수 없으므로 그 증거능력을 인정할 수 없다(대판 2014.4.10. 선고 2014도1779).

2. **피의자와 신뢰관계에 있는 자의 동석을 허락할 것인지는** 원칙적으로 **검사 또는 사법경찰관**이 피의자의 건강 상태 등 여러 사정을 고려하여 **재량에 따라 판단**하여야 할 것이나, 이를 허락하는 경우에도 **동석한 사람으로 하여금 피의자를 대신하여 진술하도록 하여서는 안 된다.** 만약 동석한 사람이 피의자를 대신하여 진술한 부분이 조서에 기재되어 있다면 그 부분은 피의자의 진술을 기재한 것이 아니라 동석한 사람의 진술을 기재한 조서에 해당하므로, 그 사람에 대한 진술조서로서의 증거능력을 취득하기 위한 요건을 충족하지 못하는 한 이를 유죄 인정의 증거로 사용할 수 없다(대판 2009.6.23. 선고).

3. **구금된 피의자가 피의자신문시 변호인의 참여를 요구할 수 있는 권리**가 형사소송법 제209조, 제89조 등의 유추적용에 의하여 보호되는 권리라 하더라도 헌법상 보장된 다른 기본권과 사이에 조화를 이루어야 하며, 구금된 피의자에 대한 신문시 무제한적으로 변호인의 참여를 허용하는 것 또한 헌법이 선언한 적법절차의 정신에 맞지 아니하므로 **신문을 방해하거나 수사기밀을 누설하는 등의 염려가 있다고 의심할 만한 상당한 이유가 있는 특별한 사정이 있음이 객관적으로 명백**하여 변호인의 참여를 제한하여야 할 필요가 있다고 인정되는 경우에는 **변호인의 참여를 제한할 수 있음**은 당연하다(대판 2003.1.11. 자 2003모402).

4. 사법경찰관이 피고인을 수사관서까지 동행한 것이 적법요건이 갖추어지지 아니한 채 불법 체포에 해당하는 경우, 사법경찰관이 그로부터 6시간 상당이 경과한 이후에 비로소 피고인에 대하여 **긴급체포의 절차를 밟았다**고 하더라도 이는 동행의 형식 아래 행해진 불법 체포에 기하여 사후적으로 취해진 것에 불과하므로 그와 같은 긴급체포 또한 위법하다(대판 2006.7.6. 선고 2005도6810).

5. 변호인의 피의자신문 참여권을 규정한 형사소송법 제243조의2 제1항에서 정당한 사유란 변호인이 피의자신문을 방해하거나 수사기밀을 누설할 염려가 있음이 **객관적으로 명백한 경우** 등을 말하는 것이므로, 수사기관이 피의자신문을 하면서 위와 같은 **정당한 사유가 없는데도 변호인에 대하여 피의자로부터 떨어진 곳으로 옮겨 앉으라고 지시를 한 다음 이러한 지시에 따르지 않았음을 이유로 변호인의 피의자신문 참여권을 제한하는 것은 허용될 수 없다**(대판 2008.9.12. 자2008모793).

6. **범죄 발생 직후** 목격자의 기억이 생생하게 살아있는 상황에서 현장이나 그 부근에서 **범인식별절차를 실시하는 경우**에는, 목격자에 의한 생생하고 정확한 식별의 가능성이 열려 있고 **범죄의 신속한 해결을 위한 즉각적인 대면의 필요성도 인정할 수 있으므로, 용의자와 목격자의 일대일 대면도 허용된다**(대법원 2009.06.11. 선고 2008도12111).

제3편 수사와 증거

14. 영상녹화

진술의 영상녹화	수사과정의 영상녹화제도는 수사절차의 적법성과 투명성을 보장하여 인권침해를 방지할 필요가 있고, 기억이 불명확한 경우 기억 환기용 수단으로 사용할 수 있도록 하였다.
피의자	ⓐ 피의자신문 과정을 영상녹화하기 위해서는 피의자 또는 변호인의 동의를 받을 필요는 없으나 미리 영상녹화를 한다는 사실을 알려 주어야 한다. ⓑ 조사의 개시부터 종료까지의 조사의 전 과정과 객관적 정황을 영상녹화해야 한다. ⓒ 영상녹화가 완료된 때에는 피의자 또는 변호인 앞에서 지체 없이 그 원본을 봉인하고 피의자로 하여금 서명 또는 기명날인하게 함으로써 조작 가능성을 봉쇄하였다. ⓓ 피의자 또는 변호인의 요구가 있는 때에는 영상녹화물을 재생하여 시청하게 하여야 한다. 이 경우 그 내용에 대하여 이의를 진술하는 때에는 그 취지를 기재한 서면을 첨부하여야 한다.
참고인	검사 또는 사법경찰관은 수사에 필요한 때에는 피의자 아닌 자의 출석을 요구하여 진술을 들을 수 있으며, 그의 동의를 받아 영상녹화 할 수 있다. 이때 피의자 아닌 제3자를 참고인이라 한다.

규칙 제134조의3 (제3자의 진술과 영상녹화물) ①검사는 피의자가 아닌 자가 공판준비 또는 공판기일에서 조서가 자신이 검사 또는 사법경찰관 앞에서 진술한 내용과 동일하게 기재되어 있음을 인정하지 아니하는 경우 그 부분의 성립의 진정을 증명하기 위하여 영상녹화물의 조사를 신청할 수 있다.

제134조의4 (영상녹화물의 조사) ①법원은 검사가 영상녹화물의 조사를 신청한 경우 이에 관한 결정을 함에 있어 피고인 또는 변호인으로 하여금 그 영상녹화물이 적법한 절차와 방식에 따라 작성되어 봉인된 것인지 여부에 관한 의견을 진술하게 하여야 한다.
③ 법원은 공판준비 또는 공판기일에서 봉인을 해체하고 영상녹화물의 전부 또는 일부를 재생하는 방법으로 조사하여야 한다. 이 때 영상녹화물은 그 재생과 조사에 필요한 전자적 설비를 갖춘 법정 외의 장소에서 이를 재생할 수 있다.
④ 재판장은 조사를 마친 후 지체 없이 법원사무관 등으로 하여금 다시 원본을 봉인하도록 하고, 원진술자와 함께 피고인 또는 변호인에게 기명날인 또는 서명하도록 하여 검사에게 반환한다. 다만, 피고인의 출석 없이 개정하는 사건에서 변호인이 없는 때에는 피고인 또는 변호인의 기명날인 또는 서명을 요하지 아니한다.

15. 참고인

구분	증 인	참고인
진술의 상대방	법원 또는 법관	수사기관
출석진술의무	인정(과태료, 구인)	부정

1. 참고인이 진술을 하는가의 여부는 참고인의 임의에 속한다.
2. 출석한 참고인에 대해 진술거부권을 고지할 필요는 없으나 진술거부권은 보장되며, 참고인에 대한 조사와 조서작성방법은 피의자신문조서에 준한다.
3. 참고인의 진술도 영상녹화가 가능하나 이 경우 참고인의 동의가 있어야 한다.
4. 참고인이 출석 또는 진술을 거부하는 경우에 검사는 제1회 공판기일 전에 한하여 증인신문을 청구할 수 있다(제221조의2). 참고인의 진술을 기재한 진술조서는 일정한 조건하에서 증거능력이 인정된다.

16. 통신제한조치

○ 일정한 요건 하에 우편물의 검열 · 전기통신의 감청 또는 통신사실 확인 자료의 제공을 하거나 공개되지 아니한 타인간의 대화를 녹음 또는 청취하는 것을 말한다.

통신제한 허가요건		범죄를 계획 또는 실행하고 있거나 실행하였다고 의심할 만한 충분한 이유가 있고 다른 방법으로 그 범죄의 실행을 저지하거나 범인의 체포 또는 증거의 수집이 어려운 사정이 있어야 한다.
대상범죄	형법	내란의 죄, 외환의 죄 중 (전시 군수계약불이행죄는 제외) 국교에 관한 죄 중, 공안을 해하는 죄 중 제114조, 제115조의 죄, 폭발물에 관한 죄, 집합명령위반죄, 공무상비밀누설죄, 뇌물, 자살방조, 체포와 감금, 협박의 죄 중(존속협박은 제외) 약취(略取), 유인(誘引) 및 인신매매, 경매입찰방해죄, 인질강요, 인질상해, 인질살해, 절도와 강도, 공갈죄, 강간과 추행의 죄 중(미성년자간음, 업무상 위력에 의한 간음죄는 제외)
	기타	1. 군형법 2. 국가보안법 3. 군사기밀보호법 4. 「군사기지 및 군사시설 보호법」에 규정된 범죄 5. 마약류관리에 관한 법률에 규정된 범죄 중 일부 6. 폭력행위 등 처벌에 관한법률에 규정된 범죄 중 제4조 및 제5조의 죄 7. 「총포 · 도검 · 화약류 등의 안전관리에 관한 법률」 8. 「특정범죄 가중처벌 등에 관한 법률」 9. 특정경제범죄가중처벌 등에 관한법률에 규정된 범죄 중 일부

☞사기, 존속협박, 공무집행방해, 장물의 취득, 폭행, 상해, 선거방해의 죄는 통신비밀보호법에 대상이 되지 않는다.

청구		검사는 통신제한조치를 받을 당사자의 주소 또는 소재지를 관할하는 법원에 각 피의자별 또는 각 피내사자별로 통신제한조치를 허가하여 줄 것을 청구할 수 있다.
기간		통신제한조치기간은 2월을 초과하지 못하고, 그 기간 중 통신제한조치의 목적이 달성되었을 경우에는 즉시 종료 하여야 한다.
통지		검사는 통신제한조치를 집행한 사건에 관하여 공소를 제기하거나, 공소의 제기 또는 입건을 하지 아니하는 처분(기소중지 결정을 제외한다)을 한 때에는 그 처분을 한 날부터 30일 이내에 우편물 검열의 경우에는 그 대상자에게, 감청의 경우에는 그 대상이 된 전기통신의 가입자에게 통신제한조치를 집행한 사실과 집행기관 및 그 기간 등을 서면으로 통지하여야 한다.
취득한 자료의 관리		① 통신제한조치를 집행한 경우 사용하거나 사용을 위하여 보관하고자 하는 때에는 집행종료일부터 **14일 이내**에 보관 등이 필요한 전기통신을 허가한 법원에 보관 등의 승인을 청구하여야 한다. ② 검사 또는 사법경찰관은 청구나 신청을 하지 아니하는 경우에는 집행종료일부터 14일(검사가 사법경찰관의 신청을 기각한 경우에는 그 날부터 7일) 이내에 통신제한조치로 취득한 전기통신을 폐기하여야 하고, 법원으로부터 7일 이내에 승인을 받지 못한 전기통신을 폐기하여야 한다. ③ 검사 또는 사법경찰관은 통신제한조치로 취득한 전기통신을 폐기한 때에는 폐기의 이유와 범위 및 일시 등을 기재한 폐기결과보고서를 작성하여 피의자의 수사기록 또는 피내사자의 내사사건기록에 첨부하고, 폐기일부터 7일 이내에 통신제한조치를 허가한 법원에 송부하여야 한다.
국가안보를 위한 통신 제한조치	허가	일방 또는 쌍방당사자가 내국인인 때에는 고등법원 수석부장판사의 허가, 대한민국에 적대하는 국가, 반국가활동의 혐의가 있는 외국의 기관 · 단체와 외국인, 대한민국의 통치권이 사실상 미치지 아니하는 한반도내의 집단이나 외국에 소재하는 그 산하단체의 구성원의 통신인 때 및 군용전기통신경우에는 서면으로 대통령의 승인을 얻어야 한다.
	기간	통신제한조치의 기간은 <u>4월을</u> 초과하지 못하고, 고등법원 <u>수석부장판사</u>의 허가 또는 대통령의 승인을 얻어 4월의 범위 이내에서 통신제한조치의 기간을 연장할 수 있다.

<table>
<tr><td rowspan="2">긴급통신제한조치</td><td colspan="2">검사 · 사법경찰관 또는 정보수사기관의 장은 국가안보를 위협하는 음모행위, 직접적인 사망이나 심각한 상해의 위험을 야기할 수 있는 범죄 또는 조직범죄 등 중대한 범죄의 계획이나 실행 등 긴급한 사유가 있는 때에는 법원의 허가없이 통신제한조치를 할 수 있다.</td></tr>
<tr><td>허가</td><td>집행착수 후 지체없이 법원에 허가청구를 하여야 하며, 그 긴급통신제한조치를 한 때부터 36시간 이내에 법원의 허가를 받지 못한 때에는 즉시 이를 중지하여야 한다.</td></tr>
</table>

판례 · 지문 **통신제한조치**

1. **인터넷 통신망을 통한 송 · 수신**은 통신비밀보호법 제2조 제3호에서 정한 '전기통신'에 해당하므로 인터넷 통신망을 통하여 흐르는 전기신호 형태의 패킷(packet)을 중간에 확보하여 그 내용을 지득하는 이른바 **'패킷 감청'** 도 같은 법 **제5조 제1항에서 정한 요건을 갖추는 경우 다른 특별한 사정이 없는 한 허용된다**고 할 것이고, 이는 패킷 감청의 특성상 수사목적과 무관한 통신내용이나 제3자의 통신내용도 감청될 우려가 있다는 것만으로 달리 볼 것이 아니다(대판 2012.10.11. 2012도7455).

2. 통신비밀보호법상 '감청' 이란 대상이 되는 전기통신의 송 · 수신과 동시에 이루어지는 경우만을 의미하고, 이미 **수신이 완료된 전기통신**의 내용을 지득하는 등의 행위는 포함되지 않는다(대판 2012.10.25. 2012도 4644).

3. 통비법이 보호하는 타인 간의 **'대화' 는 원칙적으로 현장에 있는 당사자들이 육성으로 말을 주고받는 의사소통행위**를 가리킨다. 따라서 사람의 육성이 아닌 사물에서 발생하는 음향, 사람의 목소리라도 의사를 전달하는 말이 아닌 단순한 **비명소리나 탄식 등은 타인 간의 '대화' 에 해당하지 않는다**(대판 2017.3.15. 2016도19843).

4. **통신비밀보호법에서는 그 규율의 대상을 통신과 대화로 분류**하고 그 중 통신을 다시 우편물과 전기통신으로 나눈 다음, 그 제2조 제3호로 **"전기통신"이라 함은 유선 · 무선 · 광선 및 기타의 전자적 방식에 의하여 모든 종류의 음향 · 문언 · 부호 또는 영상을 송신하거나 수신하는 것을 말한다**고 규정하고 있는바, **무전기와 같은 무선전화기를 이용한 통화**가 위 법에서 규정하고 있는 전기통신에 해당함은 전화통화의 성질 및 위 규정 내용에 비추어 명백하므로 이를 같은 법 제3조 제1항 소정의 **'타인간의 대화'에 포함된다고 할 수 없다**(대판 2003.11.13. 선고 2001도6213).

5. 통신제한조치의 하나인 '감청' 은 전기통신이 이루어지고 있는 상황에서 실시간으로 그 전기통신의 내용을 지득 · 채록하는 경우와 **통신의 송 · 수신을 직접적으로 방해하는 경우**를 의미하는 것이지 이미 **수신이 완료된 전기통신에 관하여 남아 있는 기록이나 내용을 열어보는 등의 행위는 포함하지 않는다.** 따라서 감청을 허가하는 내용의 통신제한조치허가서를 발부받아 이미 수신이 완료되어 서버에 저장되어 있는 전자정보를 수집하는 것은 위법하다(대판 2016.10.13. 2016도8137).

6. 수사기관이 갑으로부터 피고인의 마약류관리에 관한 법률 위반(향정) 범행에 대한 진술을 듣고 추가적인 증거를 확보할 목적으로, **구속수감 되어 있던 갑에게 그의 압수된 휴대전화를 제공하여 피고인과 통화하고 위 범행에 관한 통화 내용을 녹음하게 한 행위는 불법감청에 해당**하므로, 그 녹음 자체는 물론 이를 근거로 작성된 녹취록 첨부 수사보고는 **피고인의 증거동의에 상관없이 그 증거능력이 없다**(대판 2010.10.14. 선고 2010도9016).

7. **불법 감청 · 녹음 등에 관여하지 아니한 언론기관**이 그 통신 또는 대화 내용을 보도하여 공개하는 행위가 형법 제20조의 **정당행위에 해당하기 위한 요건** 및 그 공개행위의 주체가 **언론기관이나 그 종사자 아닌 사람인 경우에도 마찬가지**로 적용 된다(대판 2011.05.13. 선고 2009도14442).

8. 수사기관으로부터 통신제한조치의 집행을 **위탁받은 통신기관 등이 그 집행에 필요한 설비가 없을 때**에는 수사기관에 그 설비의 제공을 요청하여야 하고, 그러한 요청 없이 통신제한조치허가서에 기재된 사항을 **준수하지 아니한 채 통신제한조치를 집행**하였다면, 그러한 집행으로 인하여 취득한 전기통신의 내용 등은 적법한 절차를 따르지 아니하고 수집한 증거에 해당하므로 이는 **유죄 인정의 증거로 할 수 없다**(대판 2016.10.13. 2016도 8137).

9. 검사 또는 사법경찰관이 수사를 위하여 필요한 경우 전기통신사업자에게 통신사실 확인 자료의 열람이나 제출을 요청할 수 있도록 한 **통신비밀보호법 13조 1항(일부) 및 기소 등 처분을 한 날부터 30일 이내에 통신자료제공을 받은 사실 등을 통지하도록** 한 같은 법 13조의3 제1항(일부)은 헌법에 합치되지 아니한다(2018.6.28. 2012헌마191).

10. 압수수색영장 대상자와 피의자 사이에 요구되는 **인적 관련성**은 압수수색영장에 기재된 대상자의 공동정범, 간접정범, 교사범 등은 물론이며 필요적 공범 등에 대한 피고사건에 대해서도 인정될 수 있다(대판 2017도13458).

17. 강제처분

강제처분	강제처분이란 소송의 진행과 형벌의 집행을 확보하기 위하여 강제력을 사용하는 것을 말한다. 강제력의 행사에는 직접적으로 물리적인 힘을 행사하여 상대방의 의사를 제압하는 경우(구속, 압수, 수색, 검증)와 상대방에게 일정한 법적의무 부과하는 데 불과한 경우(소환, 제출명령)도 있다.	
대 상	**대인적 강제처분**	체포, 구속, 소환, 신체검증
	대물적 강제처분	압수, 수색, 검증, 제출명령
구제	**사전적 구제**	① 영장주의 ② 강제처분법정주의 ③ 구속 전 피의자신문 ④ 진술거부권제도 ⑤ 재체포 · 재구속의 제한 ⑥ 자백의 보강법칙
	사후적 구제	① 체포 · 구속적부심사 ② 구속의 취소 ③ 구속의 집행정지 ④ 보석 ⑤ 준항고 ⑥ 국가배상 ⑦ 형사보상제도 ⑧ 구속기간제한

18. 체포

<table>
<tr><td rowspan="4">체포</td><td>의의</td><td colspan="2">체포란 상당한 범죄혐의가 있고 일정한 체포사유가 존재할 경우 사전영장에 의하여 단 시간 동안 구속에 선행하여 피의자에게 인신의 자유를 빼앗는 수사처분을 말한다.</td></tr>
<tr><td rowspan="3">요건</td><td>범죄혐의</td><td>피의자를 체포하기 위하여 피의자가 죄를 범하였다고 의심할 만한 상당한 이유가 있어야 한다(제200조의2 제1항).</td></tr>
<tr><td>체포사유</td><td>피의자를 체포하기 위해서는 피의자가 수사기관의 출석요구에 응하지 아니하거나 응하지 않을 우려가 있어야 한다(제200조의2 제1항).</td></tr>
<tr><td colspan="2">○ 다액 50만 원 이하의 벌금 · 구류 또는 과료에 해당하는 경미사건의 경우 피의자의 주거부정 또는 수사기관의 출석요구에 불응한 경우에 한하여 체포할 수 있다.</td></tr>
</table>

<table>
<tr><td rowspan="6">체포</td><td rowspan="4">체포영장의 집행</td><td>영장의 청구</td><td colspan="2">㉠ 체포영장의 청구권은 검사에게 있고 사법경찰관은 검사에게 신청하여 검사의 청구로 체포영장을 발부받아야 한다.
㉡ 검사가 청구하며 동일한 범죄사실에 관하여 전에 체포영장을 발부하였거나 발부받은 사실이 있을 때는 다시 체포영장을 청구하는 취지 및 이유를 기재하여야 된다.</td></tr>
<tr><td>영장의 발부</td><td colspan="2">㉠ 지방법원판사는 상당하다고 인정될 때 체포영장을 발부한다.
㉡ 체포영장의 유효기간은 7일로 한다. 다만 법원 또는 법관이 상당하다고 인정하는 때에는 7일을 넘는 기간을 정할 수 있다.
㉢ 체포영장은 여러 통을 작성하여 사법경찰관리에게 교부할 수 있고 이 경우에는 그 사유를 체포영장에 기재하여야 한다.
㉣ 지방법원판사가 체포영장을 발부하지 아니할 경우 청구서에 그 취지 및 이유를 기재하고 서명 · 날인하여 청구한 검사에게 교부한다.</td></tr>
<tr><td>영장의 집행</td><td colspan="2">① 검사의 지휘 : 체포영장은 검사의 지휘에 의하여 사법경찰관리가 집행한다. 교도소 또는 구치소에 있는 피의자는 검사의 지휘에 의해 교도관이 집행한다.
② 영장의 제시 : 체포영장을 집행할 때에는 상대방에게 체포영장을 제시하여야 한다.
③ 범죄사실 등의 고지 : ⓐ 범죄사실의 요지 ⓑ 체포 이유 ⓒ 변호인선임권의 고지 ⓓ 변명할 기회를 준 후가 아니면 체포할 수 없다(제200조의5).
④ 압수수색: ㉠ 체포영장 집행을 위하여 영장 없이 타인의 주거 등을 수색하려는 경우에는 미리 수색영장을 발부받기 어려운 긴급한 사정이 있어야 한다. ㉡ 체포현장에서는 영장 없이 압수, 수색, 검증을 할 수 있다.
⑤ 인치 및 구금 : 체포된 피의자는 경찰서 유치장, 구치소 또는 교도소 내의 미결 수용실에 수용된다.</td></tr>
<tr><td>긴급집행</td><td colspan="2">① 체포영장을 소지하지 아니한 경우 긴급을 요 할 때는 피의자에게 피의사실의 요지와 영장이 발부되었음을 고지하고 집행할 수 있다.
② 영장의 제시 : 집행을 완료한 경우 신속히 체포영장 원본을 제시해야 한다.</td></tr>
<tr><td colspan="2" rowspan="2">집행 후의 조치</td><td>체포의 통지</td><td>지체 없이 사건명, 체포일시 · 장소, 피의사실의 요지, 체포의 이유와 변호인을 선임할 수 있다는 취지를 서면으로 통지하여야 한다.</td></tr>
<tr><td>영장청구</td><td>㉠ 체포한 때부터 48시간 이내 구속영장을 청구하여야 한다. 48시간 이내에 구속영장을 청구하면 족하고 구속영장이 발부될 것을 요하지 않는다.
㉡ 48시간 내에 구속영장을 청구하지 아니하거나, 구속영장을 발부받지 못할 때에는 즉시 석방하여야 한다.</td></tr>
</table>

19. 긴급체포

<table>
<tr><td>긴급체포</td><td colspan="3">긴급체포란 중대한 죄를 범하였다고 의심할 만한 상당한 이유가 있는 피의자를 수사기관이 법관의 체포영장을 발부받지 않고 체포하는 것을 말하며, 범행과 체포 사이에 시간적 접속성이 인정되지 않는 점에서 현행범인의 체포와 다르다.</td></tr>
<tr><td rowspan="3">요건</td><td colspan="2">중대성</td><td>피의자가 혐의 받고 있는 범죄는 사형 · 무기 또는 장기 3년 이상의 징역이나 금고에 해당하는 죄를 범하였다고 의심할 만한 상당한 이유가 있어야 한다.</td></tr>
<tr><td colspan="2">필요성</td><td>증거를 인멸할 염려가 있거나 도망하거나 도망할 우려가 있어야 한다. 주거부정은 포함되지 않는다.</td></tr>
<tr><td colspan="2">긴급성</td><td>체포영장이나 구속영장을 받기 위해 시간을 지체하면 체포 · 구속이 불가능하거나 현저히 곤란해지는 긴박한 상황이어야 한다.</td></tr>
<tr><td rowspan="13">긴급체포</td><td rowspan="4">방법</td><td>긴급체포</td><td>검사 또는 사법경찰관은 긴급체포의 요건을 갖춘 때에는 그 사유를 고지하고 영장없이 피의자를 체포할 수 있다(요건을 갖추었는지 여부는 체포당시의 상황을 수사주체가 판단한다).</td></tr>
<tr><td>고지</td><td>ⓐ 범죄사실의 요지 ⓑ 긴급체포이유 ⓒ 변호인선임권의 고지 ⓓ 변명할 기회를 준 후가 아니면 체포할 수 없다(제200조의5).</td></tr>
<tr><td>압수수색검증</td><td>㉠ 긴급체포시에는 영장없이 체포현장에서 압수수색검증을 할 수 있으나, 타인의 주거 등을 수색하려는 경우에는 미리 수색영장을 발부받기 어려운 긴급한 사정이 있어야 한다.
㉡ 검사 또는 사법경찰관은 긴급체포된 자가 소유 · 소지 또는 보관하는 물건에 대하여 긴급히 압수 할 필요가 있는 경우에는 체포한 때부터 24시간 이내에 한하여 영장 없이 압수 · 수색 또는 검증을 할 수 있다.</td></tr>
<tr><td>체포서</td><td>① 긴급체포서 작성 : 검사 또는 사법경찰관이 긴급체포한 경우에는 즉시 긴급체포서를 작성한다.
② 사후승인 : 사법경찰관이 긴급체포를 한 경우에는 사후에 즉시 검사의 승인을 얻어야 한다.</td></tr>
<tr><td rowspan="3">긴급체포 후의 조치</td><td>긴급체포 통지</td><td>지체 없이 사건명, 체포일시 · 장소, 피의사실의 요지, 체포의 이유와 변호인을 선임할 수 있다는 취지를 서면으로 통지하여야 한다.</td></tr>
<tr><td>영장청구</td><td>㉠ 긴급체포한 피의자를 구속하고자 할 때에는 체포한 때로부터 지체 없이 검사는 관할지방법원 판사에게 구속영장을 청구하여야 한다.
㉡ 영장청구시간은 48시간을 초과할 수 없으며 사법경찰관은 검사에게 신청하여 검사의 청구로 판사에게 구속영장을 신청해야 한다.
㉢ 검사의 구속영장청구나 사법경찰관의 신청에는 긴급체포서를 첨부하여야 한다.</td></tr>
<tr><td>피의자의 석방</td><td>긴급체포한 후 48시간 이내에 구속영장을 청구하지 아니하거나 영장을 발부받지 못한 때에는 피의자를 즉시 석방하여야 한다.</td></tr>
<tr><td rowspan="3">영장을 청구하지 아니한 피의자석방</td><td>검사에게 보고</td><td>사법경찰관은 긴급체포한 피의자에 대하여 구속영장을 신청하지 아니하고 석방한 경우에는 즉시 검사에게 보고하여야 한다.</td></tr>
<tr><td>법원에 통지</td><td>수사기관이 구속영장을 청구하지 아니하고 긴급체포한 피의자를 석방한 경우에는 30일 이내에 검사가 법원에 서면으로 일정한 사항을 통지하도록 하였다.</td></tr>
<tr><td>열람 등사</td><td>긴급체포 후 석방된 자 또는 그 변호인 · 법정대리인 · 배우자 · 직계친족 · 형제자매는 통지서 및 관련 서류를 열람하거나 등사할 수 있다.</td></tr>
<tr><td>재체포</td><td colspan="3">긴급체포 후 구속영장을 청구하지 아니하거나 영장을 발부받지 못하여 석방된 자는 영장없이 동일한 범죄사실에 관하여 체포하지 못한다(제200조의4 제3항). 그러나 영장에 의한 체포는 가능하다.</td></tr>
</table>

제3편 수사와 증거

참고 · 지문

1. 체포는 출석요구에 불응하거나 그러한 우려가 있으면 족하고, 구속사유인 도망이나 증거인멸의 우려가 있어야 하는 것은 아니다.
2. 체포영장은 집행 전에 반드시 체포영장을 제시하여야 한다. 그러나 긴급을 요할 때는 범죄사실의 요지와 체포영장이 발부되었음을 고지하고 집행하며 집행완료 후 신속히 체포영장원본을 제시하여야 한다.

1. 폭행, 도박, 명예훼손, 과실치사상, 점유물이탈횡령, 실화, 무면허운전, 음주운전(0.2%미만)은 긴급체포 할 수 없다. 그러나 상습도박, 상해, 장물취득, 주거침입, 허위사실 유포 명예훼손, 음주측정거부는 긴급체포대상임.
2. 사법경찰관이 피의자를 긴급체포한 경우에는 즉시 검사의 승인을 받아야 하지만, 검사가 피의자를 긴급체포한 경우에는 법원의 승인을 받을 필요가 없다.

판례 · 지문 긴급체포

1. **긴급체포의 요건을 갖추었는지 여부**는 사후에 밝혀진 사정을 기초로 판단하는 것이 아니라 **체포 당시의 상황을 기초로 판단하여야** 하고, 이에 관한 **검사나 사법경찰관 등 수사주체의 판단에는 상당한 재량의 여지**가 있다고 할 것이나, 긴급체포 당시의 상황으로 보아서도 그 요건의 충족 여부에 관한 검사나 사법경찰관의 판단이 경험칙에 비추어 현저히 합리성을 잃은 경우에는 그 체포는 위법한 체포라 할 것이고, 이러한 위법은 영장주의에 위배되는 중대한 것이니 그 체포에 의한 유치 중에 작성된 피의자신문조서는 위법하게 수집된 증거로서 특별한 사정이 없는 한 이를 유죄의 증거로 할 수 없다(대판 2000도5701).

2. 검사나 사법경찰관이 수사기관에 **자진 출석한 사람을 긴급체포의 요건을 갖추지 못하였음에도 실력으로 체포하려고 하였다면** 적법한 공무집행이라고 할 수 없고, 자진 출석한 사람이 검사나 사법경찰관에 대하여 이를 **거부하는 방법으로써 폭행을 하였다고 하여 공무집행방해죄가 성립하는 것은 아니다**(대판 2006.9.8. 선고 2006도148).

3. **검사의 구속영장청구 전 피의자 대면조사는** 긴급체포의 적법성을 의심할 만한 사유가 기록 기타 객관적 자료에 나타나고 피의자의 대면조사를 통해 그 여부의 판단이 가능할 것으로 보이는 예외적인 경우에 한하여 허용될 뿐, **긴급체포의 합당성이나 구속영장청구에 필요한 사유를 보강하기 위한 목적으로 실시되어서는 아니 된다.** 나아가 검사의 구속영장청구 전 피의자 대면조사는 강제수사가 아니므로 피의자는 검사의 출석 요구에 응할 의무가 없고, **피의자가 검사의 출석 요구에 동의한 때에 한하여** 사법경찰관리는 피의자를 검찰청으로 호송하여야 한다(대판 2010.10.28. 선고 2008도11999).

4. 긴급체포는 긴급을 요하여 체포영장을 받을 수 없는 때에 할 수 있는 것이고, 이 경우 긴급을 요한다 함은 '피의자를 **우연히 발견한 경우** 등과 같이 체포영장을 받을 **시간적 여유가 없는 때**'를 말한다(대판 2016.10.13. 2016도5814).

5. 검사 또는 사법경찰관이 형사소송법 제200조의3의 규정에 의하여 **피의자를 긴급체포하는 경우**에는 반드시 피의사실의 요지, 체포의 이유와 변호인을 선임할 수 있음을 말하고, 변명할 기회를 주어야 한다. 이와 같은 고지는 **긴급체포를 위한 실력행사에 들어가기 이전에 미리 하여야 하는 것이 원칙이나**, 달아나는 피의자를 쫓아가 붙들거나 폭력으로 대항하는 피의자를 실력으로 제압하는 경우에는 붙들거나 제압하는 과정에서 하거나, 그것이 **여의치 않은 경우에는 일단 붙들거나 제압한 후에 지체 없이 하여야 한다**(대판 2008.7.24. 선고 2008도2794).

20. 현행범체포

현행범	의의	현행범	범죄의 실행 중이거나 실행의 직후에 있는 자(제211조 제1항) 범죄의 실행 중은 범죄의 실행에 착수하여 종료하지 못한 상태를 말하며, 결과발생이나 실행행위의 종료 여부는 불문하나, 시간적 · 장소적 근접성은 인정되어야 한다.
		준현행범	현행범인은 아니지만 현행범인으로 간주되는 자(제211조 제2항) ㉠ 범인으로 호창되어 추적되고 있는 때 ㉡ 장물이나 범죄에 사용되었다고 인정함에 충분한 흉기 기타의 물건을 소지하고 있는 때 ㉢ 신체 또는 의복류에 현저한 증적이 있는 때 ㉣ 누구임을 물음에 대하여 도망하려 하는 때에 해당되는 자
	요건	범인임이 명백	체포시에 현장의 상황에 의하여 특정범죄의 범인임이 명백할 것이 요구된다.
		체포의 필요성	현행범체포는 영장주의의 예외를 인정한 것일 뿐이고 긴급체포처럼 구속사유가 있는 경우에 한해 체포할 수 있다.
		경미사건	**다액 50만 원 이하의 벌금 · 구류 또는 과료**에 해당하는 경미사건의 경우 피의자의 **주거가 분명하지 아니한 때에 한하여** 현행범체포 할 수 있다.
		소송조건	소송조건은 체포의 요건이 아니다. 따라서 고소의 가능성이 처음부터 없는 경우를 제외하고는 친고죄에서 고소가 없는 경우에도 체포할 수 있다.
현행범체포	일반인의 현행범체포		① 검사 또는 사법경찰관리가 아닌 자가 현행범인을 체포한 때에는 즉시 검사 또는 사법경찰관리에게 인도하여야 한다(제213조 제1항). ② 사인이 체포한 현행범인을 인도하지 않고 석방하는 것은 허용되지 않는다. ③ 사법경찰관리가 현행범인의 인도를 받은 때에는 체포자의 성명, 주소, 체포의 사유를 물어야 하고 필요한 때에는 체포자에 대하여 경찰관서에 동행함을 요구할 수 있다(제213조).
	현행범체포의 통지		지체 없이 사건명, 체포일시 · 장소, 피의사실의 요지, 체포의 이유와 변호인을 선임할 수 있다는 취지를 서면으로 통지하여야 한다.
	사후영장의 청구		검사 또는 사법경찰관리가 현행범인을 체포한 경우 또는 현행범인을 인도받은 때에는 48시간 내에 구속영장을 청구하여야 하며, 그 시간 내에 사후 구속영장을 청구하지 아니한 때에는 즉시 석방하여야 한다.

참고 · 지문

1. 검사 또는 사법경찰관리는 현행범을 체포하는 경우나 일반 사인에게 현행범을 인도받은 경우에 피의사실의 요지 및 체포의 이유와 변호인을 선임할 수 있음을 고지하고 변명할 기회를 준 후가 아니면 체포할 수 없다.
2. 경미사건, 즉 50만 원 이하의 벌금 · 구류 · 과료에 해당하는 죄의 현행범인에 대하여는 그 범인의 **주거가 분명하지 아니한 때**에 한하여 체포가 허용된다.
3. 국회의원은 현행범인 경우를 제외하고 회기 중 국회의 동의없이 체포 · 구속할 수 없으며, 회기 전에 체포 · 구속된 경우 현행범이 아닌 한 국회의 요구가 있으면 회기 중 석방된다.

판례 · 지문 **현행범체포**

1. 형사소송법 제211조가 현행범인으로 규정한 **"범죄의 실행행위를 종료한 직후"** 라고 함은, 범죄행위를 실행하여 끝마친 순간 또는 이에 아주 접착된 시간적 단계를 의미하는 것으로 해석되므로, **시간적으로나 장소적으로 보아 체포를 당하는 자가 방금 범죄를 실행한 범인이라는 점에 관한 죄증이 명백히 존재하는 것으로 인정되는 경우**에만 현행범인으로 볼 수 있는 것이다(대판 2007.4.13. 선고 2007도1249).

2. 순찰 중이던 경찰관이 **교통사고를 낸 차량이 도주하였다는 무전연락을 받고 주변을 수색하다가 범퍼 등의 파손 상태로 보아 사고차량으로 인정되는 차량에서 내리는 사람을 발견한 경우**, 형사소송법 제211조 제2항 제2호 소정의 장물이나 범죄에 사용되었다고 인정함에 충분한 흉기 기타의 물건을 소지하고 있는 때에 해당하므로 **준현행범으로서 영장없이 체포할 수 있다**(대판 2000.7.4. 99도4341).

3. 피고인이 **음주운전을 종료한 후 40분 이상이 경과한 시점에서** 길가에 앉아 있던 피고인에게서 **술 냄새가 난다는 점만을 근거로 피고인을 음주운전의 현행범으로 체포한 것은** 피고인이 방금 음주운전을 실행한 범인이라는 점에 관한 죄증이 명백하다고 할 수 없는 상태에서 이루어진 것으로서 **적법한 공무집행이라고 볼 수 없다**(대판 2007도1249).

4. 현행범인은 누구든지 영장없이 체포할 수 있으므로 사인의 현행범인 체포는 법령에 의한 행위로서 위법성이 조각된다고 할 것인데, **현행범인 체포의 요건으로서는** 행위의 가벌성, 범죄의 현행성 · 시간적 접착성, 범인 · 범죄의 명백성 외에 체포의 필요성 즉, **도망 또는 증거인멸의 염려가 있을 것을 요한다**(대판 1999.1.26. 선고 98도3029).

5. 피고인이 경찰관의 **불심검문을 받아 운전면허증을 교부한 후 경찰관에게 큰 소리로 욕설을** 하였는데, 경찰관이 모욕죄의 현행범으로 체포하겠다고 고지한 후 피고인의 오른쪽 어깨를 붙잡자 반항하면서 경찰관에게 상해를 가한 사안에서, 피고인은 경찰관의 불심검문에 응하여 이미 운전면허증을 교부한 상태이고, 경찰관뿐 아니라 인근 주민도 욕설을 직접 들었으므로, 피고인이 도망하거나 증거를 인멸할 염려가 있다고 보기는 어렵고, 피고인의 모욕 범행은 불심검문에 항의하는 과정에서 저지른 일시적, **우발적인 행위로서 사안 자체가 경미할 뿐 아니라, 피해자인 경찰관이 범행현장에서 즉시 범인을 체포할 급박한 사정이 있다고 보기도 어려우므로, 경찰관이 피고인을 체포한 행위는 적법한 공무집행이라고 볼 수 없고**, 피고인이 체포를 면하려고 반항하는 과정에서 상해를 가한 것은 **불법체포로 인한 신체에 대한 현재의 부당한 침해에서 벗어나기 위한 행위로서 정당방위**에 해당한다(대판 2011.5.26. 선고 2011도3682).

6. 현행범인은 누구든지 영장 없이 체포할 수 있는데(형사소송법 제212조), **현행범인으로 체포하기 위하여는 행위의 가벌성, 범죄의 현행성 · 시간적 접착성, 범인 · 범죄의 명백성** 이외에 체포의 필요성 즉, **도망 또는 증거인멸의 염려가 있어야** 하고, 이러한 요건을 갖추지 못한 현행범인 체포는 법적 근거에 의하지 아니한 영장 없는 체포로서 위법한 체포에 해당한다. 여기서 **현행범인 체포의 요건을 갖추었는지는 체포 당시 상황을 기초로 판단하여야** 하고, 이에 관한 **검사나 사법경찰관 등 수사주체의 판단에**는 상당한 재량 여지가 있으나, 체포 당시 상황으로 보아도 요건 충족 여부에 관한 **검사나 사법경찰관 등의 판단이 경험칙에 비추어 현저히 합리성을 잃은 경우에는 그 체포는 위법하다고** 보아야 한다(대판 2011.5.26. 선고 2011도3682).

7. **사법경찰리가 현행범인으로 체포하는 경우**에는 반드시 범죄사실의 요지, 구속의 이유와 변호인을 선임할 수 있음을 말하고 변명할 기회를 주어야 할 것임은 명백하며, 이러한 법리는 비단 **현행범인을 체포하는 경우뿐만 아니라 긴급체포의 경우에도 마찬가지로 적용**되는 것이고, 이와 같은 고지는 체포를 위한 실력행사에 들어가기 이전에 미리 하여야 하는 것이 원칙이나, 달아나는 피의자를 쫓아가 붙들거나 폭력으로 대항하는 피의자를 실력으로 제압하는 경우에는 붙들거나 제압하는 과정에서 하거나, 그것이 여의치 않은 경우에는 **일단 붙들거나 제압한 후에 지체 없이 행하여야 한다**(대판 2007.11.29. 선고 2007도7961).

8. **검사 등이 아닌 이에 의하여 현행범인이 체포된 후** 지체 없이 검사 등에게 인도된 경우 위 **48시간의 기산점은 체포시가 아니라 검사 등이 현행범인을 인도받은 때**라고 할 것이다.

21. 영장실질심사

영장실질심사	구속영장이 청구된 피의자를 심문하도록 구속 전 피의자심문을 필수적으로 거치도록 하였다.	
필요적 피의자신문	체포된 경우	체포, 긴급체포, 현행범으로 체포된 피의자에 대하여 구속영장을 청구받은 지방법원 판사는 지체없이 피의자를 심문하여야 한다. 이 경우 특별한 사정이 없는 한 구속영장이 청구된 날의 다음 날까지 심문하여야 한다.
	체포되지 않은 경우	㉠ 체포, 긴급체포, 현행범체포 이외의 피의자에 대해 구속영장을 청구받은 판사는 피의자가 죄를 범하였다고 의심할 만한 이유가 있는 경우에 구인을 위한 구속영장을 발부하여 피의자를 구인한 후 심문하여야 한다. 다만, 피의자가 도망하는 등의 사유로 심문할 수 없는 경우에는 그러하지 아니하다. ㉡ 법원은 인치받은 피고인을 유치할 필요가 있는 때에는 교도소 · 구치소 또는 경찰서 유치장에 유치할 수 있다. 이 경우 유치기간은 인치한 때부터 24시간을 초과할 수 없다.
피의자의 출석	① 체포된 피의자의 경우에는 즉시, 그 외의 피의자에 대하여 구속영장을 청구받은 경우에는 피의자를 인치한 후 즉시 심문기일과 장소를 검사 · 피의자 및 변호인에게 통지하여야 하고, 검사는 피의자가 체포되어 있는 때에는 그 기일에 피의자를 출석시켜야 한다(제210조의2 제3항). ② 검사와 변호인은 심문기일에 출석하여 의견을 진술할 수 있다.	
국선변호인의 선정	심문할 피의자에게 변호인이 없는 때에는 지방법원판사는 직권으로 변호인을 선정하여야 한다. 이 경우 변호인의 선정은 피의자에 대한 구속영장청구가 기각되어 효력이 소멸한 경우를 제외하고는 제1심까지 효력이 있다(제201조의2 제8항).	

규칙 제96조의14【심문의 비공개】 피의자에 대한 **심문절차는 공개하지 아니한다.** 다만, 판사는 상당하다고 인정하는 경우에는 피의자의 친족, 피해자 등 이해관계인의 방청을 허가할 수 있다.

제96조의20【변호인의 접견 등】 ① 변호인은 구속영장이 청구된 피의자에 대한 심문 시작 전에 피의자와 접견할 수 있다.
② 지방법원 판사는 심문할 피의자의 수, 사건의 성격 등을 고려하여 변호인과 피의자의 접견 시간을 정할 수 있다.
③ 지방법원 판사는 검사 또는 사법경찰관에게 제1항의 접견에 필요한 조치를 요구할 수 있다.

제96조의16【심문기일의 절차】 ① 판사는 피의자에게 구속영장청구서에 기재된 범죄사실의 요지를 고지하고, 피의자에게 일체의 진술을 하지 아니하거나 개개의 질문에 대하여 진술을 거부할 수 있으며, 이익 되는 사실을 진술할 수 있음을 알려주어야 한다.
② 판사는 구속 여부를 판단하기 위하여 필요한 사항에 관하여 신속하고 간결하게 심문하여야 한다. 증거인멸 또는 도망의 염려를 판단하기 위하여 필요한 때에는 피의자의 경력, 가족관계나 교우관계 등 개인적인 사항에 관하여 심문할 수 있다.
③ 검사와 변호인은 판사의 심문이 끝난 후에 의견을 진술할 수 있다. 다만, 필요한 경우에는 심문 도중에도 판사의 허가를 얻어 의견을 진술할 수 있다.
④ 피의자는 판사의 심문 도중에도 변호인에게 조력을 구할 수 있다.
⑤ 판사는 구속 여부의 판단을 위하여 필요하다고 인정하는 때에는 심문장소에 출석한 피해자 그 밖의 제3자를 심문할 수 있다.
⑥ 구속영장이 청구된 피의자의 법정대리인, 배우자, 직계친족, 형제자매나 가족, 동거인 또는 고용주는 판사의 허가를 얻어 사건에 관한 의견을 진술할 수 있다.
⑦ 판사는 심문을 위하여 필요하다고 인정하는 경우에는 호송경찰관 기타의 자를 퇴실하게 하고 심문을 진행할 수 있다.

22. 구속

구분	세부	세목	내용
구속			구속이란 피고인 또는 피의자의 신체의 자유를 제한하는 대인적 강제처분이다. 구속에는 구인과 구금이 포함된다.
요건	범죄혐의		범죄혐의는 객관적 혐의를 의미하며, 수사기관의 주관적 혐의만으로는 구속할 수 없다. 위법성조각사유, 책임조각사유가 존재하는 경우, 소송조건이 불비된 것이 명백한 경우 범죄혐의를 인정할 수 없다.
	구속사유	주거부정	피의자 · 피고인이 일정한 주거가 없는 때란 도망의 염려를 판단하기 위한 기준으로 독자적 의미는 없다.
		증거인멸의 위험	피의자 · 피고인에게 증거를 인멸할 염려가 있는 때란 인적 · 물적 증거방법에 부정한 영향을 미쳐 사실인정이 침해되는 것을 방지하는 기능을 가진 구속사유를 말한다.
		도망 · 도망할 염려	피의자 · 피고인이 도망하거나 도망할 염려가 있는 때란 형사절차에의 출석을 확보하기 위한 구속 사유이다.
	고려사항		법원이 구속사유를 심사함에 있어서 ⓐ 범죄의 중대성 ⓑ 재범의 위험성 ⓒ 피해자 및 중요참고인 등에 대한 위해 우려 등도 고려하여야 한다.
	비례성의 원칙		기대되는 형벌과 사건의 의미를 종합하여 판단한다. 다액 50만 원 이하의 벌금 · 구류 · 과료에 해당하는 죄를 범한 때 주거부정의 경우에 한하여 구속이 가능하다.
영장의 발부			① 구속영장의 발부 여부는 법관의 재량에 속하며 구속영장을 발부하지 아니할 때에는 청구서에 그 취지 및 이유를 기재하고 서명 · 날인하여 청구한 검사에게 교부하여야 한다.
			② 검사의 청구에 의하여 발부하는 영장에는 그 영장을 청구한 검사의 성명과 그 검사의 청구에 의하여 발부한다는 취지를 기재하여야 한다.
			③ 구속영장의 청구를 기각한 재판에 대해서는 불복(항고나 재항고)이 허용되지 아니한다.
	영장발부방식		① 구속영장에는 피의자나 피고인의 성명 · 주소 · 죄명, 공소사실의 요지, 인치, 구금할 장소, 발부연월일, 그 유효기간과 그 기간을 경과하면 집행에 착수하지 못하며 영장을 반환하여야 할 취지를 기재하고 재판장 또는 수명법관이 서명 · 날인하여야 한다(제75조 제1항).
			② 피의자 · 피고인의 성명이 분명하지 아니한 때에는 인상, 체격 기타 피고인을 특정할 수 있는 사항으로 피고인을 표시할 수 있으며, 피고인의 주거가 분명하지 아니한 때에는 그 주거의 기재를 생략할 수 있다.
			③ 구속영장의 유효기간은 7일로 한다. 다만, 법원 또는 법관이 상당하다고 인정하는 때에는 7일을 넘는 기간을 정할 수 있다(규칙 제178조).
			④ 구속영장은 수통을 작성하여 사법경찰관리 수인에게 교부할 수 있고 이때에는 그 사유를 구속영장에 기재하여야 한다(제82조).
집행 후 절차	고 지		피고인을 구속한 때에는 즉시 공소사실의 요지와 변호인을 선임할 수 있음을 알려야 한다(제88조).
	통 지		피의자나 피고인을 구속하는 경우 지체 없이 서면으로 변호인 또는 변호인선임권자 가운데 피고인 또는 피의자가 지정한 자에게 구속일시 · 장소, 범죄사실의 요지, 구속이유, 변호인을 선임할 수 있는 취지 등을 통지하여야 한다.

판례 · 지문 구속

1. 헌법상 영장제도의 취지에 비추어 볼 때, 헌법 제12조 제3항은 헌법 제12조 제1항과 함께 이른바 적법절차의 원칙을 규정한 것으로서 범죄수사를 위하여 구속 등의 강제처분을 함에 있어서는 법관이 발부한 영장이 필요하다는 것과 수사기관 중 검사만 법관에게 영장을 신청할 수 있다는 데에 그 의의가 있고, 형사재판을 주재하는 **법원이 피고인에 대하여 구속영장을 발부하는 경우에도 검사의 신청이 있어야 한다는 것이 그 규정의 취지라고 볼 수는 없다**(대결 1996.8.12. 96모46).

2. **검사의 체포영장 또는 구속영장 청구에 대한 지방법원판사의 재판**은 형사소송법 제402조의 규정에 의하여 **항고**의 대상이 되는 법원의 결정에 해당하지 아니하고, 제416조 제1항의 규정에 의하여 **준항고**의 대상이 되는 재판장 또는 수명법관의 구금 등에 관한 재판에도 **해당하지 아니한다**(대판 2006모646).

3. 사법경찰관리 집무규칙은 법무부령으로서 사법경찰관리에게 범죄수사에 관한 집무상의 준칙을 명시한 것뿐이므로 **합법적으로 발부된 구속영장이 사법경찰관리에 의하여 집행된 경우**, 위 집무규칙 제23조 제3항 소정의 **검사의 날인 또는 집행지휘서가 없다하여 곧 불법집행이 되는 것은 아니다**(대판 1985.7.15. 자84모22).

4. **형사소송법 제72조**는 "피고인에 대하여 범죄사실의 요지, 구속의 이유와 변호인을 선임할 수 있음을 말하고 변명할 기회를 준 후가 아니면 구속할 수 없다."고 규정하고 있는바, 이는 **피고인을 구속함에 있어 법관에 의한 사전 청문절차를 규정한** 것으로서, 구속영장을 집행함에 있어 집행기관이 취하여야 하는 절차가 아니라 구속영장 발부함에 있어 수소법원 등 법관이 취하여야 하는 절차라 할 것이므로, 법원이 피고인에 대하여 구속영장을 발부함에 있어 **사전에 위 규정에 따른 절차를 거치지 아니한 채 구속영장을 발부하였다면 그 발부결정은 위법하다고 할 것이나**, 위 규정은 피고인의 절차적 권리를 보장하기 위한 규정이므로 이미 **변호인을 선정하여 공판절차에서 변명과 증거의 제출을 다하고 그의 변호 아래 판결을 선고받은 경우 등과 같이 위 규정에서 정한 절차적 권리가 실질적으로 보장되었다고 볼 수 있는 경우에는**, 이에 해당하는 절차의 전부 또는 일부를 거치지 아니한 채 구속영장을 발부하였다 하더라도 이러한 점만으로 그 **발부결정이 위법하다고 볼 것은 아니다**(대판 2000.11.10. 자 2000모134 결정).

23. 구속기간

<table>
<tr><td rowspan="3">수사기관의 구속기간</td><td>사법경찰관</td><td colspan="2">사법경찰관이 피의자를 구속한 때에는 10일 이내에 피의자를 검사에게 인치하지 아니하면 석방하여야 한다(제202조).</td></tr>
<tr><td>검 사</td><td colspan="2">검사의 구속기간도 10일간이나, 사법경찰관과 달리 검사는 지방법원판사의 허가를 얻어 10일을 초과하지 아니하는 한도에서 1차에 한하여 구속기간을 연장할 수 있다(제205조).</td></tr>
<tr><td>기 타</td><td colspan="2">국가보안법사건에 대하여 사법경찰관에게 1회, 검사에게 2회에 한하여 구속기간의 연장을 허가할 수 있다(국가보안법 제19조).</td></tr>
<tr><td rowspan="3">법원의 구속기간</td><td colspan="3">① 피고인에 대한 구속기간은 2개월이나 구속을 계속할 필요가 있는 경우에는 심급마다 2개월 단위로 2차에 한하여 결정으로 갱신할 수 있다.</td></tr>
<tr><td colspan="3">② 상소심은 피고인 또는 변호인이 신청한 증거의 조사, 상소이유를 보충하는 서면의 제출 등으로 추가 심리가 필요한 부득이한 경우에는 3차에 한하여 갱신할 수 있다(제92조 제1항 · 제2항).</td></tr>
<tr><td colspan="3">③ 공판절차가 정지된 기간 및 공소제기 전의 체포 · 구인 · 구금 기간은 법원 구속기간에 산입하지 아니한다.</td></tr>
<tr><td rowspan="2">구속기간의 계산</td><td colspan="3">① 기간의 계산에 관하여는 시로써 계산하는 것은 즉시부터 기산하고 일, 월 또는 연으로써 계산하는 것은 초일을 산입하지 아니한다. 단, 시효와 구속기간의 초일은 시간을 계산함이 없이 1일로 산정한다.
② 연 또는 월로써 정한 기간은 역서에 따라 계산한다.
③ 기간의 말일이 공휴일 또는 토요일에 해당하는 날은 기간에 산입하지 아니한다. 단, 시효와 구속의 기간에 관하여서는 예외로 한다.</td></tr>
<tr><td colspan="3">① 구속기간연장허가결정이 있은 경우에 그 연장기간은 법 제203조의 규정에 의한 구속기간만료 다음 날로부터 기산한다(제98조).</td></tr>
<tr><td rowspan="2">구속기간에 포함되지 않는 경우</td><td colspan="2">피의자</td><td>피고인</td></tr>
<tr><td colspan="2">㉠ 피의자의 도주기간
㉡ 영장실질심사기간
㉢ 체포 · 구속적부심사의 기간
㉣ 구속집행정지기간
㉤ 피의자의 감정유치기간</td><td>㉠ 보석기간
㉡ 기피신청에 의한 소송절차정지
㉢ 공소제기 전의 체포 · 구인 · 구금 기간
㉣ 공소장변경시의 공판절차정지
㉤ 피고인의 감정유치기간
㉥ 피고인의 의사무능력 또는 질병에 의한 공판절차정지</td></tr>
<tr><td rowspan="2">재구속의 제한</td><td>수사기관</td><td colspan="2">① 검사 또는 사법경찰관에 의해 구속되었다가 석방된 자는 다른 중요한 증거를 발견한 경우를 제외하고는 동일한 범죄사실에 관하여 재차 구속하지 못한다.
② 서로 다른 범죄사실이라 할지라도 1개의 목적을 위하여 동시 또는 수단 · 결과의 관계에서 행하여진 범죄는 동일한 범죄사실로 간주한다(제208조).</td></tr>
<tr><td>법 원</td><td colspan="2">재구속의 제한은 검사 또는 사법경찰관이 피의자를 구속하는 경우에 적용될 뿐이며 법원이 피고인을 구속하는 경우에는 적용되지 않는다.</td></tr>
</table>

참고 · 지문

국가보안법 위반으로 공소보류처분을 받은 피의자에게 공소보류처분이 취소된 경우에는 동일한 범죄사실에 관하여 재차 구속할 수 있다.

24. 접견교통권

접견교통권	접견교통권이라 함은 피고인 또는 피의자, 특히 구속된 피고인 · 피의자 등이 변호인이나 가족, 친지 등의 타인과 접견하고 서류 또는 물건을 수수하며 의사의 진료를 받는 권리를 말한다.	
변호인의 접견교통권	주 체	구속영장에 의하여 구속된 자, 체포영장 · 긴급체포 · 현행범체포에 의하여 체포된 자, 감정유치에 의하여 구속된 자, 임의동행의 형식으로 연행된 피내사자도 포함된다.
	상대방	변호인, 변호인이 되려는 자(선임의뢰 받았으나 아직 선임 신고 되지 않은 자)로 국선 · 사선변호인, 특별변호인 모두 포함한다.
	제한금지	㉠ 변호인과의 접견교통권을 제한하는 예외규정은 현행법상 없으며 법원의 결정, 수사기관의 처분에 의한 제한도 허용되지 않는다. 다만 법령에 의한 제한은 가능하다. ㉡ 일반적으로 금지하는 일반지정 및 일정한 일시와 장소에 한하여 허용하는 구체적 지정에 의한 제한도 허용되지 않으나 구속 장소의 질서유지를 위한 최소한의 제한은 가능하다.
	접견의 비밀보장	㉠ 변호인과 신체 구속된 피고인 · 피의자의 접견교통은 절대적으로 보장되어야 한다. 따라서 접견내용의 비밀이 보장되어야 하며 접견시 입회나 감시는 허용되지 않는다. ㉡ 미결수용자와 변호인과의 접견시 교도관의 참여를 배제하고 청취 또는 녹취를 금지하면서 다만 보이는 거리에서 수용자를 감시할 수는 있다.
	서류 또는 물건의 수수	변호인 또는 변호인이 되려는 자는 구속된 피고인 · 피의자를 위하여 서류 또는 물건을 수수할 수 있다. 변호인이 수수한 서류의 검열과 물건의 압수는 허용되지 않는다.
	의사의 진료	변호인 또는 변호인이 되려는 자는 의사로 하여금 구속된 피고인 · 피의자를 진료하게 할 수 있으며, 원칙적으로 **제한이 인정되지 않는다.**
비변호인의 접견교통권	법률에 의한 제한	비변호인과의 접견교통권은 행형법과 행형법시행령에 의하여 수용자의 접견과 서신수발은 교도관의 참여와 검열을 요하며(동법 제18조 제3항), 경찰서유치장에 구속되어 있는 피의자의 접견교통권도 행형법에 의하여 제한받는다(동법 제68조).
	법원 또는 수사기관의 결정	① 법원은 도망하거나 또는 죄증을 인멸할 염려가 있다고 인정할 만한 상당한 이유가 있는 때에는 직권 또는 검사의 청구에 의하여 결정으로 구속된 피고인과 제34조에 규정한 외의 타인과의 접견을 금하거나 수수할 서류 기타 물건의 검열, 수수의 금지 또는 압수를 할 수 있다(제91조). ② 접견의 금지, 서류 · 물건의 검열 · 압수, 수수의 금지, 개별적 접견금지도 가능하며, 조건부, 기한부 금지도 가능하다. 단 의류 · 양식 · 의료품의 수수금지 · 압수는 인도적 견지에서 허용되지 않는다.
침해에 대한 구제	법 원	법원의 접견교통제한 결정에 대하여 불복이 있는 때에는 보통항고를 할 수 있다(제402조).
	검사 또는 사법경찰관	검사 또는 사법경찰관의 접견교통권의 제한은 구금에 대한 처분이므로 준항고에 의하여 취소 또는 변경을 청구할 수 있다(제417조).
	행형당국	교도소 또는 구치소에 의한 접견교통권의 침해에 대하여는 행정소송, 헌법소원 및 국가배상의 방법에 의하여 구제 받을 수 있다.
증거능력의 부정	구속된 피의자의 변호인과의 접견교통권을 침해하여 얻은 자백은 그 자백의 임의성이 인정되는 경우에도 위법수집증거의 배제법칙에 의하여 증거능력을 부정하여야 한다.	

참고 · 지문

교도관이 미결수용자와 변호인 간에 주고받는 서류를 확인하고, 소송관계서류처리부에 그 제목을 기재하여 등재한 행위는 미결수용자의 변호인 접견교통권이나 개인정보자기결정권을 침해하지 아니한다.

판례 · 지문 **접견교통권**

1. **변호인의 접견교통권은** 피고인 또는 피의자나 피내사자의 인권보장과 방어준비를 위하여 필수불가결한 권리이므로 **법령에 의한 제한이 없는 한 수사기관의 처분은 물론 법원의 결정으로도 이를 제한할 수 없다**(대결 1996.6.3. 자 96모18).

2. 형사소송법 제34조는 "변호인 또는 변호인이 되려는 자는 신체구속을 당한 피고인 또는 피의자와 접견하고 서류 또는 물건을 수수할 수 있으며 의사로 하여금 진료하게 할 수 있다."고 규정하고 있는바, 이 규정은 형이 확정되어 집행 중에 있는 수형자에 대한 재심개시의 여부를 결정하는 **재심청구절차에는 그대로 적용될 수 없다**(대판 1998.4.28. 선고 96다48831).

3. **변호인의 구속된 피고인 또는 피의자와의 접견교통권은** 피고인 또는 피의자 자신이 가지는 변호인과의 접견교통권과는 성질을 달리하는 것으로서 **헌법상 보장된 권리라고는 할 수 없고, 형사소송법 제34조에 의하여 비로소 보장되는 권리**이지만, 신체구속을 당한 피고인 또는 피의자의 인권보장과 방어준비를 위하여 필수불가결한 권리이므로, **수사기관의 처분 등에 의하여 이를 제한할 수 없고, 다만 법령에 의하여서만 제한이 가능하다**(대판 2000모112).

4. **헌법 제12조 제4항**의 "누구든지 체포 또는 구속을 당한 때에는 즉시 **변호인의 조력을 받을 권리**를 가진다. 다만, 형사피고인이 스스로 변호인을 구할 수 없을 때에는 법률이 정하는 바에 의하여 국가가 변호인을 붙인다."는 규정은, 일반적으로 형사사건에 있어 **변호인의 조력을 받을 권리는 피의자나 피고인을 불문하고 보장되나, 그 중 특히 국선변호인의 조력을 받을 권리는 피고인에게만 인정되는 것으로 해석**함이 상당하다(2008.9.25. 2007헌마1126).

5. 변호인과의 자유로운 접견은 신체구속을 당한 사람에게 보장된 변호인의 조력을 받을 권리의 가장 중요한 내용이어서 **국가안전보장 · 질서유지 · 공공복리 등 어떠한 명분으로도 제한될 수 있는 성질의 것이 아니다**(헌재 1992. 1.28. 91헌마111).

6. **헌법상 변호인의 조력을 받을 권리의 내용** 헌법상 보장되는 '변호인의 조력을 받을 권리'는 변호인의 '충분한 조력'을 받을 권리를 의미하므로, 일정한 경우 피고인에게 국선변호인의 조력을 받을 권리를 보장하여야 할 국가의 의무에는 형사소송절차에서 단순히 국선변호인을 선정하여 주는 데 그치지 않고 한 걸음 더 나아가 **피고인이 국선변호인의 실질적인 조력을 받을 수 있도록 필요한 업무 감독과 절차적 조치를 취할 책무까지 포함된다고** 할 것이다(대판 2012.2.16., 2009모1044).

7. 국가정보원 사법경찰관이 경찰서 유치장에 구금되어 있던 피의자에 대하여 **의사의 진료를 받게 할 것을 신청한 변호인**에게 **국가정보원이 추천하는 의사의 참여를 요구한 것**은 행형법시행령 제176조의 규정에 근거한 것으로서 적법하고, 이를 가리켜 변호인의 수진권을 침해하는 **위법한 처분이라고 할 수는 없다**(대판 2002.5. 6. 자2000모112).

8. 구속영장에는 청구인을 구금할 수 있는 장소로 특정 경찰서 유치장으로 기재되어 있었는데, 그 신병이 조사차 국가안전기획부 직원에게 인도된 후 위 경찰서 유치장에 인도된 바 없이 계속하여 국가안전기획부 청사에 사실상 구금되어 있다면, 청구인에 대한 이러한 사실상의 **구금 장소의 임의적 변경은 청구인의 방어권이나 접견교통권의 행사에 중대한 장애를 초래하는 것이므로 위법하다**(대결 1996.5.15. 자 95모94).

9. 금치기간 중의 접견허가 여부가 교도소장의 재량행위에 속한다고 하더라도 피징벌자가 금치처분 자체를 다툴 목적으로 소제기 등을 대리할 권한이 있는 변호사와의 접견을 희망한다면 이는 행형법시행령 제145조 제2항에 규정된 예외적인 접견허가사유인 처우상 특히 필요하다고 인정하는 때에 해당하고, 그 외 제반 사정에 비추어 **교도소장이 금치기간 중에 있는 피징벌자와 변호사와의 접견을 불허한 조치는** 피징벌자의 **접견권과 재판청구권을 침해하여 위법**하다(대판 2004.12.9. 선고 2003다50184).

10. 신체구속을 당한 피고인 또는 피의자가 범하였다고 의심받는 **범죄행위에 자신의 변호인이 관련되었다는 사정만으로 그 변호인과의 접견교통을 금지할 수 없다**(대판 2007.1.31. 자2006모656).

11. 검사 또는 사법경찰관의 구금에 관한 처분에 대하여 불복이 있는 경우 형사소송법 제417조에 따라 법원에 그 처분의 취소 또는 변경을 청구하는 것은 별론으로 하고 **수사기관에서의 구금의 장소, 변호인의 접견 등 구금에 관한 처분이 위법한 것이라는 사실만으로는 그와 같은 위법이 판결에 영향을 미친 것이 아닌 한 독립한 상소이유가 될 수 없다**(대판 1990.6.8. 90도646).

12. 교도관이 미결수용자와 변호인 간에 주고받는 서류를 확인하고 소송관계서류 처리부에 그 제목을 기재하여 등재한 행위는 형집행법 제43조 제3항과 제8항에 근거를 두고 이루어진 것으로, 변호인접견이 종료 된 뒤 이루어지고 교도관은 변호인과 미결수용자가 지켜보는 가운데 서류를 확인하여 그 제목 등을 소송관계처리부에 기재하여 등재할 뿐 내용에 대한 검열이 이루어지는 것이 아니므로 변호인의 조력을 받을 권리나 개인정보자기결정권을 침해하지 않는다(헌재 2016.4.28. 2015 헌마 243).

25. 체포 · 구속적부심사

체포 · 구속 적부심사	체포 또는 구속적부심사제도는 수사기관에 의해 체포 또는 구속된 피의자에 대하여 법원이 구속의 적법성 여부와 구속계속의 필요성을 심사하여 그 구속이 부적법 · 부당한 경우에 피의자를 석방시키는 제도를 말한다.	
심사의 청구	대상	체포 또는 구속영장에 의해 구속된 피의자뿐만 아니라, 영장에 의한 체포 이외에 긴급체포 · 현행범인 체포에 대해서도 적부심사를 허용하였다.
	청구권자	피의자 또는 그 변호인, 법정대리인, 배우자, 직계친족, 형제자매나 가족, 동거인 또는 고용주이다.
	청구사유	㉠ 체포 또는 구속이 구속당시부터 불법적인 경우(피의자가 적법한 체포 · 구속영장에 의하지 않고 체포 · 구속된 경우 발부된 영장이 적법한 요건을 갖추지 않은 경우, 체포 · 구속기간이 경과하였음에도 계속 체포 · 구금하는 경우) ㉡ 구속계속의 필요성은 심사시를 기준으로 하여 판단한다.
	관할법원	관할법원이란 구속된 피의자를 수사 중인 검사의 소속검찰청에 대응한 법원을 의미하며 구속영장을 발부한 법원임을 요하지 않는다.
법원의 심사	심사법원	지방법원 합의부 또는 단독판사가 한다. 체포영장 또는 구속영장을 발부한 법관은 심문 · 조사 · 결정에 관여하지 못하나, 체포영장 또는 구속영장을 발부한 법관 외에는 심문 · 조사 · 결정을 할 판사가 없는 경우에는 그러하지 아니하다(제214조의2 제12항).
	심사기한	체포 · 구속 적부심사 기한은 청구서가 접수된 때로부터 48시간 이내로 청구를 받은 법원은 체포 또는 구속된 피의자를 심문하고 수사관계서류와 증거물을 조사하여야 한다.
	국선변호 인선임	체포 · 구속 적부심사의 청구를 한 피의자에게 변호인이 없는 경우 형사소송법 제33조 규정에 의거 국선변호인을 선임하여야 하며, 국선변호인은 반드시 출석하여야 한다.
	구속기간 불 산입	법원이 수사관계서류와 증거물을 접수한 때부터 결정 후 검찰청에 반환된 때까지의 기간은 그 구속기간에 산입하지 아니한다.
법원의 결정	체포 또는 구속의 적부심사청구에 대한 결정은 체포 또는 구속된 피의자에 대한 심문이 종료한 때로부터 24시간 이내에 하여야 한다(규칙 제106조).	
	간이기각 결정	ⓐ 청구권자 아닌 자가 청구하거나 동일한 체포영장 또는 구속영장의 발부에 대하여 재청구한 때 ⓑ 공범 또는 공동피의자의 순차청구가 수사방해의 목적임이 명백한 때에는 심문 없이 결정으로 청구를 기각할 수 있다(동조 제2항).
	기각결정	ⓐ 법원이 체포 또는 구속된 피의자를 심문하고 수사관계서류와 증거물을 조사하여 그 청구가 이유없다고 인정한 때에는 결정으로 기각하여야 한다(제214조의2 3항). ⓑ 기각결정에 대하여는 검사뿐만 아니라 청구권자 쌍방 모두 항고하지 못한다.
	석방결정	법원이 적부심사의 청구를 이유있다고 인정한 때에는 결정으로 체포 또는 구속된 피의자의 석방을 명하여야 한다(제214조의2 제4항). 석방결정에 대해서도 항고할 수 없다(제8항).
재체포 · 구속의 제한	석방결정에 의하여 석방된 피의자는 도망하거나 죄증을 인멸하는 경우를 제외하고는 동일한 범죄사실에 관하여 재차 체포 · 구속을 할 수 없다(제214조의3 제1항).	

판례 · 지문 **체포 · 구속적부심사**

구속된 피의자를 심문하고 그에 대한 피의자의 진술 등을 기재한 **구속적부심문조서는** 형사소송법 제311조가 규정한 문서에는 해당하지 않는다 할 것이나, 특히 신용할 만한 정황에 의하여 작성된 문서라고 할 것이므로 **특별한 사정이 없는 한, 피고인이 증거로 함에 부동의 하더라도 형사소송법 제315조 제3호에 의하여 당연히 그 증거능력이 인정된다**(대판 2004.1.16. 선고 2003도5693).

26. 보증금 조건부 석방

보증금납입 조건부 석방	보증금납입조건부 석방결정은 구속된 피의자에 대해 구속적부심사의 청구가 있을 때에 법원의 재량으로 보증금의 납입을 조건으로 구속의 집행을 정지하는 결정을 말한다. ○ 체포된 피의자에게는 보석청구권이 인정되지 않는다.	
심사의 청구	**보석청구**	보증금납입조건부 석방결정에서 피의자의 보석청구는 인정되지 않고, 피의자가 구속적부심사를 청구한 경우 법원의 재량에 의해 보증금의 납입을 조건으로 피의자의 석방을 할 수 있을 뿐이다.
	보석결정의 조건	① 석방결정을 하는 경우에 주거의 제한, 법원 또는 검사가 지정하는 일시 · 장소에 출석할 의무 기타 적당한 조건을 부과할 수 있다. ② 범죄의 성질 및 죄상, 증거의 증명력, 피고인의 전과 · 성격 · 환경 및 자산, 피해자에 대한 배상 등 범행 후의 정황에 관련된 사항을 고려하여 결정하여야 하나, 피고인의 자력 또는 자산 정도로는 이행할 수 없는 조건을 정할 수 없다.
	예외사유	① 죄증을 인멸할 염려가 있다고 믿을만한 충분한 이유가 있는 때 ② 피해자, 당해 사건의 재판에 필요한 사실을 알고 있다고 인정되는 자 또는 그 친족의 생명 · 신체나 재산에 해를 가하거나 가할 염려가 있다고 믿을만한 충분한 이유가 있는 때는 피의자의 석방을 명할 수 없다.
재체포 · 구속의 제한	1. 도망한 때 2. 도망하거나 죄증을 인멸할 염려가 있다고 믿을만한 충분한 이유가 있는 때 3. 출석요구를 받고 정당한 이유없이 출석하지 아니한 때 4. 주거의 제한 기타 법원이 정한 조건을 위반한 때에 해당하는 사유가 있는 경우를 제외하고는 석방된 피의자에 대하여 동일한 범죄사실에 관하여 재차 체포 또는 구속하지 못한다.	
불복방법	보석결정과 성질 및 내용이 유사한 기소 전 보증금납입조건부 석방결정에 대하여도 항고할 수 있도록 하는 것이 균형에 맞는 측면도 있다 할 것이므로, 같은 법 제214조의2 제4항의 석방결정에 대하여는 피의자나 검사가 그 취소의 실익이 있는 한 같은 법 제402조에 의하여 **항고할 수 있다**(대결 1997.8.27, 97모21).	

참고 · 지문

1. 피의자는 구속적부심사를 청구하지 않고 피의자보석만을 신청할 수는 없으며, 구속된 피의자에게 심사청구 후 공소제기 된 자도 포함한다.
2. 피고인보석의 경우는 검사의 의견을 물어야 하나, 피의자보석의 경우는 검사의 의견을 물을 필요가 없다.

판례 · 지문 **보증금납입조건부 석방**

1. 형사소송법은 **기소 전 보증금납입을 조건으로 한 석방의 대상자가 구속된 피의자라고 명시**되어 있고, 같은 법 제214조의3 제2항의 취지를 체포된 피의자에 대하여도 보증금납입을 조건으로 한 석방이 허용되어야 한다는 근거로 보기는 어렵다 할 것이어서 현행법상 **체포된 피의자에 대하여는 보증금납입을 전제로 한 석방이 허용되지 않는다**(대결 1997.8.27, 97모21).

2. 형사소송법 제402조의 규정에 의하면, **기소 후 보석결정에 대하여 항고가 인정되는 점에 비추어** 그 보석결정과 성질 및 내용이 유사한 기소 전 **보증금 납입 조건부 석방결정에 대하여도 항고할 수 있도록 하는 것이 균형에 맞는 측면도 있다** 할 것이므로, 같은 법 제214조의2 제4항의 석방결정에 대하여는 **피의자나 검사가 그 취소의 실익이 있는 한 같은 법 제402조에 의하여 항고할** 수 있다(대판 1997.8.27. 자97모21).

27. 보석

보 석	보석이란 보증금의 납부나 일정한 조건을 부과하여 **구속의 집행을 정지**하고 구속된 피고인을 석방하는 제도이다.	
보석의 종류	**필요적 보석**	제95조 【필요적 보석】 보석의 청구가 있는 때에는 다음 이외의 경우에는 보석을 허가하여야 한다. 1. 피고인이 **사형, 무기 또는 장기 10년이 넘는 징역이나 금고**에 해당하는 죄를 범한 때 2. 피고인이 누범에 해당하거나 상습범인 죄를 범한 때 3. 피고인이 **죄증을 인멸하거나 인멸할 염려**가 있다고 믿을만한 충분한 이유가 있는 때 4. 피고인이 **도망하거나 도망할 염려**가 있다고 믿을만한 충분한 이유가 있는 때 5. 피고인의 **주거가 분명하지 아니한 때** 6. 피고인이 피해자, 당해 사건의 재판에 필요한 사실을 알고 있다고 인정되는 자 또는 그 친족의 **생명 · 신체나 재산에 해**를 가하거나 가할 염려가 있다고 믿을만한 충분한 이유가 있는 때
	임의적 보석	법원은 제95조의 규정에 불구하고 상당한 이유가 있는 때에는 **직권 또는 제94조에 규정한 자의 청구**에 의하여 결정으로 보석을 허가할 수 있다.
보석의 절차	**보석의 청구권자**	① 피고인, 피고인의 변호인 · 법정대리인 · 배우자 · 직계친족 · 형제자매 · **가족 · 동거인 또는 고용주**는 법원에 구속된 피고인의 보석을 청구할 수 있다. ② 청구의 방식: 보석의 청구는 **서면**으로 **공소제기 후 재판의 확정 전까지 심급을 불문**하고 할 수 있으며, 피고인이 구속집행정지 중에도 가능하다.
	검사의 의견	① 재판장은 보석에 관한 결정을 하기 전에 **검사의 의견**을 물어야 한다. ② **구속의 취소**에 관한 결정을 함에 있어서도 **검사의 청구에 의하거나 급속을 요하는 경우** 외에는 제1항과 같다. ③ 검사는 제1항 및 제2항에 따른 의견요청에 대하여 **지체 없이 의견을 표명**하여야 한다.
보석의 조건	**보석조건**	보석 보증금 이외에 본인 서약서, 제3자의 출석보증서, 피해배상금의 공탁, 담보제공 등 다양한 석방조건을 도입하고 이를 병렬적으로 규정함으로써 금전적 부담이 없는 조건도 독립적인 석방조건이 될 수 있게 하였다.
	결정시 고려사항	법원은 보석의 조건을 정함에 있어서 다음 각 호의 사항을 고려하여야 하나, 피고인의 자력 또는 자산 정도로는 이행할 수 없는 조건을 정할 수 없다(제99조). 1) 범죄의 성질 및 죄상(罪狀) 2) **증거의 증명력** 3) 피고인의 **전과 · 성격 · 환경 및 자산** 4) **피해자에 대한 배상 등 범행 후의 정황에 관련된 사항**
보석조건의 위반	**피고인에게 과태료 · 감치**	고인이 보석조건을 준수하도록 심리적 강제효과를 높이기 위하여 정당한 이유없이 보석조건을 위반한 경우에는 피고인에게 **1,000만원 이하의 과태료나 20일 이하의 감치**에 처할 수 있게 하였다(제102조 제3항).
	출석보증인에게 과태료	보증금을 납입할 능력이 없는 피고인에게 제3자의 출석보증서로 석방된 피고인이 정당한 사유없이 불출석하는 경우에는 법원은 **출석보증인에게 500만 원 이하의 과태료**를 부과할 수 있게 하였다
	즉시항고	피고인과 출석보증인의 과태료처분에 대하여는 집행정지의 효력이 있는 **즉시항고**를 할 수 있다.
불복	보석취소결정이나 검사의 보석취소청구에 대한 기각결정에 대해 **피고인이나 검사 모두 항고**할 수 있다.	

참고 · 지문

1. 보석의 청구를 받은 법원은 지체없이 심문기일을 정하여 구속된 피고인을 심문하여야 한다.
2. 법원은 특별한 사정이 없는 한 보석청구를 받은 날부터 7일 이내에 그에 관한 결정을 하여야 한다(규칙 제55조).

판례 · 지문 보 석

1. **피고인이 집행유예의 기간 중에 있어 집행유예의 결격자라고 하여 보석을 허가할 수 없는 것은 아니고** 형사소송법 제95조는 그 제1호 내지 5호 이외의 경우에는 필요적으로 보석을 허가하여야 한다는 것이지 여기에 해당하는 경우에는 보석을 허가하지 아니할 것을 규정한 것이 아니므로 집행유예기간 중에 있는 피고인의 보석을 허가한 것이 누범과 상습범에 대하여는 보석을 허가하지 아니할 수 있다는 형사소송법 제95조 제2호의 취지에 위배되어 위법이라고 할 수 없다(대결 1990.4.18, 90모22).

2. **검사의 의견청취의 절차**는 보석에 관한 결정의 본질적 부분이 되는 것은 아니므로, 설사 **법원이 검사의 의견을 듣지 아니한 채 보석에 관한 결정을 하였다고 하더라도** 그 결정이 적정한 이상, 절차상의 하자만을 들어 그 **결정을 취소할 수는 없다**(대판 1997.11.27. 자 97모88).

3. 형사소송규칙 제54조의2는 보석청구를 받은 법원이 지체 없이 심문기일을 정하여 구속 피고인을 심문하도록 규정한 것이지 **항고심에서도 필요적으로 피고인을 심문하도록 규정한 것이 아니다**(대판 1991.8.13. 자91모53).

4. **보석허가결정의 취소는** 그 취소결정을 고지하거나 결정법원에 대응하는 **검찰청 검사에게 결정서를 교부 또는 송달함으로써 즉시 집행할** 수 있는 것이고 그 결정등본이 **피고인에게 송달(또는 고지)되어야 집행할 수 있는 것은 아니다**(대판 1983.4.21. 자83모19).

5. **보석보증금을 몰수**하려면 반드시 **보석취소와 동시에 하여야만 가능한 것이 아니라 보석취소 후에 별도로 보증금몰수결정을 할 수도 있다.** 그리고 형사소송법 제104조가 구속 또는 보석을 취소하거나 구속영장의 효력이 소멸된 때에는 몰수하지 아니한 보증금을 청구한 날로부터 7일 이내에 환부하도록 규정되어 있다고 하여도, 이 규정의 해석상 보석취소 후에 보증금몰수를 하는 것이 불가능하게 되는 것도 아니다(대판 2001.5.29. 자 2000모22 전원합의체 결정).

6. **보증금몰수사건**은 그 성질상 당해 형사본안 사건의 기록이 존재하는 법원 또는 그 **기록을 보관하는 검찰청에 대응하는 법원의 토지관할에** 속하고, 그 법원이 지방법원인 경우는 지방법원 단독판사에게 속하는 것이지 소송절차 계속 중에 **보석허가결정 또는 그 취소결정 등을 본안 관할법원인 제1심 합의부 또는 항소심인 합의부에서 한 바 있었다고 하여 그러한 법원이 사물관할을 갖게 되는 것은 아니다**(대결 2002.5.17. 자2001모53).

7. **보증금몰수결정**은 반드시 보석취소결정과 동시에 하여야만 하는 것이 아니라 보석취소결정 후에 별도로 할 수도 있다고 해석되는 점에 비추어 보면, 위 법 제103조에서 규정하는 **"보석된 자" 란 보석허가결정에 의하여 석방된 사람 모두를 가리키는** 것이지, **판결확정 전에 그 보석이 취소되었으나 도망 등으로 재구금이 되지 않은 상태에 있는 사람이라고 하여 여기에서 제외할 이유가 없다**(대결 2002.5.17. 자2001모53).

28. 보석의 실효

보석의 실효	보석의 실효는 보석의 취소와 구속영장의 실효에 의해 발생한다.	
	무죄나 면소판결이 선고된 경우와 자유형이나 사형이 확정된 경우도 구속영장이 실효되므로 보석도 효력을 잃는다.	
보증금의 몰수	**임의적 몰수**	법원은 보석을 취소하는 때에는 직권 또는 검사의 청구에 따라 결정으로 보증금 또는 담보의 전부 또는 일부를 몰취할 수 있다(제103조 제1항).
	필요적 몰수	법원은 보증금의 납입 또는 담보제공을 조건으로 석방된 피고인이 동일한 범죄사실에 관하여 형의 선고를 받고 그 판결이 확정된 후 집행하기 위한 소환을 받고 정당한 사유없이 출석하지 아니하거나 도망한 때에는 **직권 또는 검사의 청구**에 따라 결정으로 보증금 또는 담보의 전부 또는 일부를 몰취하여야 한다.
보증금의 환부	구속 또는 보석을 취소하거나 구속영장의 효력이 소멸된 때에는 몰취하지 아니한 보증금 또는 담보를 청구한 날로부터 7일 이내에 환부하여야 한다.	

29. 구속의 집행정지

구속의 집행정지	구속의 집행정지란 법원은 상당한 이유가 있는 때에는 결정으로 구속된 피고인을 친족 · 보호단체 기타 적당한 자에게 부탁하거나 피고인의 주거를 제한하여 구속의 집행을 정지할 수 있고, 구속된 피의자의 경우 검사 또는 사법경찰관이 구속의 집행을 정지할 수 있으나 사법경찰관은 검사의 지위를 받아야 한다.	
절 차	**검사의 의견**	법원이 결정을 함에는 검사의 의견을 물어야 한다. 단, 급속을 요하는 경우에는 그러하지 아니하다.
	항 고	법원의 결정에 대하여는 검사는 헌재의 위헌결정으로 즉시 항고할 수 없다.
	국회의원 석방요구	구속된 국회의원에 대한 석방요구가 있으면 당연히 구속영장의 집행이 정지된다. 석방요구의 통고를 받은 검찰총장은 즉시 석방을 지휘하고 그 사유를 수소법원에 통지하여야 한다.
구속의 취소	㉠ 법원은 구속의 사유가 없거나 소멸된 때에는 **직권 또는 검사, 피고인, 변호인과 제30조 제2항에 규정한 자의 청구에 의하여** 결정으로 구속을 취소하여야 한다(제93조). ㉡ 구속된 피의자에 대해서는 검사 또는 사법경찰관이 결정으로 취소한다(제209조).	
	재판장은 구속의 취소에 관한 결정을 하기 전에 검사의 청구에 의하거나 급속을 요하는 경우 외에는 검사의 의견을 물어야 한다.	
구속의 당연 실효	**구속기간의 만료**	피의자 · 피고인에 대한 구속기간이 만료되면 구속영장의 효력은 당연히 상실한다. 판례는 구속기간이 만료되더라도 구속영장의 효력이 당연히 상실되는 것은 아니라는 입장을 취하고 있다.
	적부심사 석방결정	체포 · 구속적부심사절차에서 석방결정을 한 경우에는 구속영장의 효력이 상실한다.
	구속영장의 실효	무죄, 면소, 형의 면제, 형의 선고유예, 형의 집행유예, 공소기각 또는 벌금이나 과료를 과하는 판결이 선고된 때에는 구속영장은 효력을 잃는다.
	사형, 자유형의 확정	사형 또는 자유형의 판결이 확정되면 자유형은 형의 집행이 시작되고, 사형은 집행시까지 미결구금되므로 구속영장의 효력이 상실한다.

참고 · 지문

관할위반 판결의 선고는 구속영장의 실효사유에 해당하지 않는다.

판례 · 지문 구속집행정지 · 구속의 취소

1. **구속집행정지결정에 대한 검사의 즉시항고를 인정하는 법률조항은 사실상 법원의 구속집행정지결정을 무의미하게 할 수 있는 권한을 검사에게 부여한 것이라는 점**에서 헌법 제12조 제3항의 영장주의, 헌법 제12조 제1항의 적법절차원칙에도 위배된다(2012.6.27. 2011헌가36).

2. 형사소송법 제331조에 의하면 **무죄 등 판결 선고와 동시에 바로 구속영장의 효력이 상실**되는 것이므로, 무죄 등 판결을 받은 피고인은 법정에서 즉시 석방되어야 하는 것이다. 바꾸어 말하면 교도관이 석방절차를 밟는다는 이유로 법정에 있는 석방대상 **피고인을 그의 의사에 반하여 교도소로 다시 연행하는 것은 어떠한 이유를 내세운다고 할지라도 헌법상의 정당성을 갖는다고 볼 수 없는 것이다**(헌재 1997.12.24. 95헌마247).

3. 체포, 구금 당시에 **헌법 및 형사소송법에 규정된 사항(체포, 구금의 이유 및 변호인의 조력을 받을 권리) 등을 고지받지 못하였고, 그 후의 구금기간 중 면회거부 등의 처분을 받았다** 하더라도 이와 같은 사유는 형사소송법 제93조 소정의 **구속취소사유에는 해당하지 아니한다**(대결 1991.12.30. 자91모76).

4. 피고인에 대한 형이 그대로 확정된다고 하더라도 **잔여형기가 8일 이내**이고 또한 피고인의 주거가 일정할 뿐 아니라 **증거인멸이나 도망의 염려도 없어 보인다면 피고인을 구속할 사유는 소멸하였다 보아야 할 것이니 구속취소 신청은 이유 있다**(대결 1983.8.18. 자83모42).

5. 형사소송법 제93조에 의한 구속의 취소는 구속영장에 의하여 구속된 피고인에 대하여 **구속의 사유가 없거나 소멸된 때에** 법원이 직권 또는 피고인 등의 청구에 의하여 결정으로 구속을 취소하는 것으로서, 그 결정에 의하여 구속영장이 실효되므로, **구속영장의 효력이 존속하고 있음을 전제로 하는 것이고, 다른 사유로 이미 구속영장이 실효된 경우에는 피고인이 계속 구금되어 있더라도 위 규정에 의한 구속의 취소 결정을 할 수 없다**(대결 1999.9.7).

구 분	체포 · 구속적부심	피의자보석	피고인보석	구속의 집행정지	구속의 취소
주체	법원	법원	법원	법원, 검사, 사법경찰관	법원, 검사, 사법경찰관
대상	피의자	피의자	피고인	피의자, 피고인	피의자, 피고인
사유	불법 · 부당	구속적부심 청구 시 법원의 재량	필요적 보석 원칙	상당한 이유가 있을 때	구속의 사유가 없거나, 소멸될 때
영장의 효력	소멸	유지	유지	유지	소멸
보증금제도	없다	있다	있다	없다	없다
청구권자	피의자, 변호인, 법정대리인, 배우자, 직계친족, 형제자매, **가족, 동거인, 고용주**		피고인, 변호인, 법정대리인, 배우자, 직계친족, 형제자매, **가족, 동거인, 고용주**		검사, 피고인, 변호인, 법정대리인, 배우자, 직계친족, 형제자매, 피의자
불복방법	항고불가	보통항고	보통항고	보통항고	즉시항고

30. 압수 · 수색

<table>
<tr><td>압수
수색</td><td colspan="3">압수는 증거방법으로 의미가 있는 물건이나 몰수가 예상되는 물건의 점유를 취득하는 강제처분으로 압류, 영치가 있고, 수색이란 압수할 물건 또는 체포할 사람의 발견을 목적으로 주거, 물건, 사람의 신체 또는 기타 장소에 대하여 행하는 강제처분을 말한다.</td></tr>
<tr><td rowspan="7">대상</td><td>증거물 · 몰수물</td><td colspan="2">① 법원 또는 수사기관은 필요한 때에는 피고사건과 관계가 있다고 인정할 수 있는 것에 한정하여 증거물 또는 몰수할 것으로 사료하는 물건을 압수할 수 있다.
② 법원은 압수의 목적물이 컴퓨터용 디스크, 그밖에 이와 비슷한 정보저장매체인 경우에는 기억된 정보의 범위를 정하여 출력하거나 복제하여 제출받아야 한다. 범위를 정하여 출력 또는 복제하는 방법이 불가능하거나 압수의 목적을 달성하기에 현저히 곤란하다고 인정되는 때에는 정보저장매체 등을 압수할 수 있다.
③ 법원은 정보를 제공받은 경우 「개인정보보호법」 제2조 제3호에 따른 정보주체에게 해당 사실을 지체없이 알려야 한다.</td></tr>
<tr><td rowspan="5">압수</td><td>정보저장매체</td><td>법원은 압수의 목적물이 컴퓨터용 디스크, 그 밖에 이와 비슷한 정보저장매체)인 경우에는 기억된 정보의 범위를 정하여 출력하거나 복제하여 제출받아야 한다.</td></tr>
<tr><td>우체물</td><td>법원은 필요한 때에는 피고사건과 관계가 있다고 인정할 수 있는 것에 한정하여 우체물 또는 「통신비밀보호법」 제2조 제3호에 따른 전기통신에 관한 것으로서 체신관서, 그 밖의 관련 기관 등이 소지 또는 보관하는 물건의 제출을 명하거나 압수를 할 수 있다. 처분을 할 때에는 발신인이나 수신인에게 그 취지를 통지하여야 한다. 단, 심리에 방해될 염려가 있는 경우에는 예외로 한다(제107조).</td></tr>
<tr><td>군사상 비밀</td><td>군사상 비밀을 요하는 장소는 그 책임자의 승낙없이는 압수 또는 수색할 수 없으나, 책임자는 국가의 중대한 이익을 해하는 경우를 제외하고는 승낙을 거부하지 못한다.</td></tr>
<tr><td>공무상 비밀</td><td>공무원 또는 공무원이었던 자가 소지 또는 보관하는 물건에 관하여는 본인 또는 그 해당 공무소가 직무상의 비밀에 관한 것임을 신고한 때에는 그 소속공무소 또는 당해 감독관공서의 승낙없이는 압수하지 못하나, 책임자는 국가의 중대한 이익을 해하는 경우를 제외하고는 승낙을 거부하지 못한다.</td></tr>
<tr><td>업무상 비밀</td><td>변호사, 변리사, 공증인, 공인회계사, 세무사, 대서업자, 의사, 한의사, 치과의사, 약사, 약종상, 조산사, 간호사, 종교의 직에 있는 자 또는 이러한 직에 있던 자가 그 업무상 위탁을 받아 소지 또는 보관하는 물건으로 타인의 비밀에 관한 것은 압수를 거부할 수 있다. 단, 그 타인의 승낙이 있거나 중대한 공익상 필요가 있는 때에는 예외로 한다(제112조).하는 경우를 제외하고는 승낙을 거부하지 못한다(제111조).</td></tr>
<tr><td>수색</td><td colspan="2">수색의 대상은 사람의 신체, 물건 또는 주거 기타 장소이며, 법원은 필요한 때에는 피고사건과 관계가 있다고 인정할 수 있는 것에 한정하여 피고인의 신체, 물건 또는 주거, 그 밖의 장소를 수색할 수 있다. 그러나 피고인이나 피의자 아닌 자에 관하여는 압수할 물건이 있음을 인정할 수 있는 경우에 한하여 수색할 수 있다(제109조 제2항, 제219조).</td></tr>
</table>

31. 압수절차

절차	영장	① 법원의 압수 · 수색 : 법원이 공판정 외에서 압수 · 수색을 할 때에는 영장을 발부하여야 한다. 그러나 **공판정에서 압수 · 수색을 하는 경우**에는 영장을 요하지 않는다(제113조). ②수사기관의 압수 · 수색: 검사는 범죄수사에 필요한 때에는 피의자가 죄를 범하였다고 의심할 만한 정황이 있고 해당 사건과 관계가 있다고 인정할 수 있는 것에 한정하여 지방법원판사에게 청구하여 발부받은 영장에 의하여 압수, 수색 또는 검증을 할 수 있다. ③ 압수 · 수색과 영장주의 : **별건압수나 별건수색은 허용되지 않으며**, 동일한 영장으로 수회 같은 장소에서 압수 · 수색 · 검증을 할 수는 없다. 또한 영장에 기재된 사실과 별개의 사실에 대하여 영장을 유용하거나 압수 · 수색의 대상을 예비적으로 기재하는 것은 허용되지 않는다.
	영장의 집행	① 압수 · 수색영장은 처분을 받는 자에게 반드시 집행 전에 제시하여야 하며, **긴급집행은 압수 · 수색의 경우에는 인정되지 않는다.** ② 압수 · 수색영장의 집행 중에는 타인의 출입을 금지할 수 있고, 이에 위배한 자에게는 퇴거하게 하거나 집행 종료시까지 간수자를 붙일 수 있다(제119조, 제219조). ③ 압수 · 수색영장의 집행에 있어서는 건정을 열거나 개봉 기타 필요한 처분을 할 수 있고, 이는 압수물에 대하여도 할 수 있다. 또한 타인의 비밀을 보지하여야 하며 처분 받은 자의 명예를 해하지 아니하도록 주의하여야 한다(제116조, 제219조).
	당사자의 참여	① 당사자 참여 : 검사, 피고인 또는 변호인은 압수 · 수색영장의 집행에 참여할 수 있다. 압수 · 수색영장을 집행함에는 미리 집행의 일시와 장소를 참여권자에게 통지하여야 한다. 단, 참여하지 아니한다는 의사를 명시한 때 또는 급속을 요하는 때에는 예외로 한다(제122조, 제219조). ② 책임자에게 통지 : 공무소, 군사용의 항공기 또는 선차 내에서 압수 · 수색영장을 집행함에는 그 책임자에게 참여할 것을 통지하여야 한다. ③ 주거주, 간수자 참여 : 타인의 주거, 간수자 있는 가옥, 건조물, 항공기 또는 선차 내에서 압수 · 수색영장을 집행함에는 주거주, 간수자 또는 이에 준하는 자를 참여하게 하여야 한다(제123조 2항, 제219조). 이상의 자를 참여하게 하지 못할 때에는 인거인 또는 지방공공단체의 직원을 참여하게 하여야 한다(제123조 제3항, 제219조). ④ 성년여자의 참여 : 여자의 신체에 대하여 수색할 때에는 성년의 여자를 참여하게 하여야 한다.
	야간집행의 제한	① 원 칙 : 일출 전, 일몰 후에는 압수 · 수색영장에 야간집행을 할 수 있는 기재가 없으면 그 영장을 집행하기 위하여 타인의 주거, 간수자 있는 가옥, 건조물, 항공기 또는 선차 내에 들어가지 못한다. ② 예 외 : 도박 기타 풍속을 해하는 행위에 상용된다고 인정하는 장소나 여관, 음식점 기타 야간에 공중이 출입할 수 있는 장소에 대하여는 이러한 제한을 받지 않으나 단, 공개된 시간 내에 한한다.
집행 후 절차	조서의 작성	증거물 또는 몰수할 것으로 사료하는 물건을 압수한 때에는 조서를 작성하여야 하며, 압수조서에는 품종, 외형상의 특징과 수량을 기재하여야 한다(제49조 제1항 제3항).
	목록의 교부	① 수색한 경우에 증거물 또는 몰수할 물건이 없는 때에는 그 취지의 증명서를 교부하여야 한다. ② 압수한 경우에는 목록을 작성하여 소유자, 소지자, 보관자 기타 이에 준할 자에게 교부하여야 한다.

참고 · 지문

1. 제출명령은 일정한 물건의 제출을 명하는 법원의 처분으로 수사기관의 강제처분에는 제출명령은 포함되지 않는다.
2. 증거물은 절차확보를 목적으로 하고, 몰수물은 필요적 몰수뿐만 아니라 임의적 몰수도 대상이 되며 형 집행을 목적으로 한다.
3. 압수 · 수색할 물건이 전기통신에 관한 것인 경우에는 작성기간을 기재하여야 한다(제114조).
4. 임의제출물을 압수하는 경우에도 조서와 압수목록은 작성하여야 한다.

판례 · 지문 **압수 · 수색**

1. 압수 · 수색영장이나 통신사실 확인자료제공 요청 허가서의 혐의사실과 관계있는 범죄란 영장사실과 객관적 관련성이 있고 영장 대상자와 피의자 사이에 인적 관련성이 있는 범죄를 의미한다. 객관적 관련성은 영장사실 자체 또는 그와 **기본적 사실관계가 동일한 범행과 직접 관련되어 있는 경우**는 물론 범행 동기와 경위, 범행 수단과 방법, 범행 시간과 장소 등을 증명하기 위한 간접증거나 정황증거 등으로 사용될 수 있는 경우에도 인정될 수 있지만, **구체적 · 개별적 연관관계가 있는 경우에 한하고 단순히 동종 또는 유사 범행이라는 사유만으로는 인정되지 않는다**(대판 2017.12.5. 2017도13458; 2017.1.25. 2016도13489).

2. 유흥주점 탈세사건 이 판례는 수사기관이 컴퓨터나 USB 등 저장매체 자체를 압수하여 수사기관 사무실로 가지고 온 것이 아니라, 압수 대상자의 USB에서 범죄혐의와 관련된 파일들만 **수사기관의 USB에 복제하여 이를 수사기관 사무실로 가져온 경우**이므로 압수 · 수색이 종료된 것으로 수사기관에서 그 USB안에 들어있는 파일을 탐색, 복제 등을 하는 때 피의자 등에게 참여권을 보장해 줄 필요가 없다(대판 2018.2.8. 2017 도 13263).

3. 수사기관이 범죄 증거를 수집할 목적으로 **피의자의 동의 없이 피의자의 소변을 채취**하는 것은 법원으로부터 **감정허가장**을 받아 형사소송법 제221조의4 제1항, 제 173조 제1항에서 정한 '감정에 필요한 처분으로 할 수 있지만 (**피의자를 병원 등에 유치할 필요가 있는 경우**에는 형사소송법 제221조의3에 따라 **법원으로부터 감정유치장**을 받아야 한다), 형사소송법 제 219조, 제106조 제1항, 제109조에 따른 **압수 · 수색의 방법으로도 할 수 있고**, 이러한 압수 · 수색의 경우에도 수사기관은 원칙적으로 형사소송법 제215조에 따라 판사로부터 압수 · 수색영장을 적법하게 발부받아 집행해야 한다(대판 2018.7.12. 2018도6219).

4. **수사기관이 압수 · 수색영장을 제시하고 집행에 착수하여 압수 · 수색을 실시하고 그 집행을 종료하였**다면 이미 그 영장은 목적을 달성하여 효력이 상실되는 것이고, 동일한 장소 또는 목적물에 대하여 다시 압수 · 수색할 필요가 있는 경우라면 그 필요성을 소명하여 법원으로부터 새로운 압수 · 수색영장을 발부 받아야 하는 것이지, **앞서 발부 받은 압수 · 수색영장의 유효기간이 남아있다고 하여 이를 제시하고 다시 압수 · 수색을 할 수는 없다**(대결 1999.12.1. 자 99모161).

5. 헌법과 형사소송법이 구현하고자 하는 적법절차와 영장주의의 정신에 비추어 볼 때, 법관이 압수 · 수색영장을 발부하면서 **압수할 물건을 특정하기 위하여 기재한 문언은 엄격하게 해석하여야 하고, 함부로 피압수자 등에게 불리한 내용으로 확장 또는 유추 해석하여서는 안 된다.** 따라서 압수 · 수색영장에서 압수할 물건을 **압수장소에 보관중인 물건이라고 기재하고 있는 것을 압수장소에 현존하는 물건으로 해석할 수는 없다**(대판 2008도763).

6. 압수 · 수색영장은 처분을 받는 자에게 반드시 제시하여야 하는바, **현장에서 압수 · 수색을 당하는 사람이 여러 명일 경우에는 그 사람들 모두에게 개별적으로 영장을 제시해야 하는 것이 원칙이다.** 수사기관이 압수 · 수색에 착수하면서 그 장소의 **관리책임자에게 영장을 제시하였다고 하더라도, 물건을 소지하고 있는 다른 사람으로부터 이를 압수하고자 하는 때에는 그 사람에게 따로 영장을 제시하여야 한다**(대판 2008도763).

7. 피의자 또는 변호인은 압수 · 수색영장의 집행에 참여할 수 있고, 압수 · 수색영장 을 집행함에는 원칙적으로 미리 집행의 일시와 장소를 피의자 등에게 통지하여야 하나 **'급속을 요하는 때'** 에는 위와 같은 **통지를 생략할 수 있다.** 여기서 '급속을 요하는 때' 라고 함은 압수 · 수색영장 집행 사실을 미리 알려주면 증거물을 은닉할 염려 등이 있어 **압수 · 수색의 실효를 거두기 어려울 경우라고 해석함**이 옳고, 그와 같이 합리적인 해석이 가능하므로 형사소송법 제122조 단서가 명확성의 원칙 등에 반하여 위헌이라고 볼 수 없다(대판 2012.10.11. 2012도7455).

8. 형사소송법 제216조 제3항의 요건 중 어느 하나라도 갖추지 못한 경우에 그러한 압수 · 수색 또는 검증은 위법하며, 이에 대하여 **사후에 법원으로부터 영장을 발부받았다고 하여 그 위법성이 치유되지 아니한다**(대판 2017.11.29. 2014도16080).

9. 수사기관이 재항고인의 휴대전화 등을 압수할 당시 재항고인에게 압수·수색영장을 제시하였는데 재항고인이 **영장의 구체적인 확인을 요구하였으나 수사기관이 영장의 범죄사실 기재 부분을 보여주지 않았고**, 그 후 재항고인의 변호인이 재항고인에 대한 조사에 참여하면서 영장을 확인한 사안에서, 수사기관이 위 압수처분 당시 재항고인으로부터 영장 내용의 구체적인 확인을 요구받았음에도 압수·수색영장의 내용을 보여주지 않았던 것으로 보이므로 형사소송법 제219조, 제118조에 따른 **적법한 압수·수색영장의 제시라고 인정하기 어렵다**(대판 2020. 4. 16. 자 2019모3526).

10 영장 발부의 사유로 된 **범죄 혐의사실과 무관한 별개의 증거를 압수**하였을 경우 이는 **원칙적으로 유죄 인정의 증거로 사용할 수 없다.** 그러나 압수·수색의 목적이 된 범죄나 이와 관련된 범죄의 경우에는 그 압수·수색의 결과를 유죄의 증거로 사용할 수 있다. 이러한 객관적 관련성은 압수·수색영장에 기재된 혐의사실의 내용과 수사의 대상, 수사 경위 등을 **종합하여 구체적·개별적 연관관계가 있는 경우에만 인정**된다고 보아야 하고, 혐의사실과 단순히 **동종 또는 유사 범행이라는 사유만으로 객관적 관련성이 있다고 할 것은 아니다**(대판 2020. 2. 13. 선고 2019도14341, 2019전도130).

32. 전자정보 압수 · 수색

압수 · 수색 영장의 집행	원칙	전자정보에 대한에 있어서는 원칙적으로 영장 발부의 사유로 된 혐의사실과 관련된 부분만을 문서 출력물로 수집하거나 수사기관이 휴대한 저장매체에 해당 파일을 복사하는 방식으로 이루어져야 한다.
	예외	집행현장의 사정상 위와 같은 방식에 의한 집행이 불가능하거나 현저히 곤란한 부득이한 사정이 있더라도 그와 같은 경우에 그 저장매체 자체를 직접 또는 하드카피나 이미징 등 형태로 수사기관 사무실 등 **외부로 반출하여 해당 파일을 압수 · 수색할 수 있도록 영장에 기재되어 있고** 실제 그와 같은 사정이 발생한 때에 한하여 **예외적으로 허용**될 수 있을 뿐이다.
출력 · 복사	원칙	저장매체 자체를 수사기관 사무실 등으로 옮긴 후 영장에 기재된 범죄 혐의 관련 전자정보를 탐색하여 해당 전자정보를 문서로 출력하거나 파일을 복사하는 과정 역시 전체적으로 압수 · 수색영장 집행에 포함된다고 보아야 한다.
	관련성	수사기관 사무실 등으로 옮긴 저장매체에서 범죄혐의와의 관련성에 관한 구분 없이 저장된 전자정보 중 임의로 문서출력 또는 파일복사를 하는 행위는 특별한 사정이 없는 한 영장주의 등 원칙에 반하는 위법한 집행이 된다.
참여권	원칙	압수의 목적물이 컴퓨터용 디스크 그 밖에 이와 비슷한 정보저장매체인 경우에는 영장 발부의 사유로 된 범죄 혐의사실과 관련 있는 정보의 범위를 정하여 출력하거나 복제하여 이를 제출받아야 하고, 피의자나 변호인에게 참여의 기회를 보장하여야 한다.
	예외	수사기관이 정보저장매체에 기억된 정보 중에서 키워드 또는 확장자 검색 등을 통해 범죄 혐의사실과 관련 있는 정보를 선별한 다음 정보저장매체와 동일하게 비트열 방식으로 복제하여 생성한 파일(이하 '이미지 파일' 이라 한다)을 제출받아 압수하였다면 이로써 압수의 목적물에 대한 압수 · 수색 절차는 종료된 것이므로, 수사기관이 수사기관 사무실에서 위와 같이 압수된 이미지 파일을 탐색 · 복제 · 출력하는 과정에서도 피의자 등에게 참여의 기회를 보장하여야 하는 것은 아니다.
목록의 교부	원칙	압수물 목록은 피압수자 등이 압수처분에 대한 준항고를 하는 등 권리행사절차를 밟는 가장 기초적인 자료가 되므로, 수사기관은 이러한 권리행사에 지장이 없도록 압수 직후 현장에서 압수물 목록을 바로 작성하여 교부해야 하는 것이 원칙이다.
	방식	이러한 압수물 목록 교부 취지에 비추어 볼 때, 압수된 정보의 상세목록에는 정보의 파일 명세가 특정되어 있어야 하고, 수사기관은 이를 출력한 서면을 교부하거나 전자파일 형태로 복사해 주거나 이메일을 전송하는 등의 방식으로도 할 수 있다.
증거능력 인정조건	전자문서 파일	전자문서를 수록한 파일 등의 경우에는, 성질상 작성자의 서명 혹은 날인이 없을 뿐만 아니라 작성자 · 관리자의 의도나 특정한 기술에 의하여 내용이 편집 · 조작될 위험성이 있음을 고려하여, **원본임이 증명**되거나 혹은 원본으로부터 복사한 사본일 경우에는 복사 과정에서 편집되는 등 인위적 개작 없이 **원본의 내용 그대로 복사된 사본임이 증명**되어야만 하고, 그러한 증명이 없는 경우에는 쉽게 증거능력을 인정할 수 없다.
	사본이나 출력물	전자문서 파일의 사본이나 출력물이 복사 · 출력 과정에서 편집되는 등 인위적 개작 없이 원본 내용을 그대로 복사 · 출력한 것이라는 사실은 전자문서 파일의 사본이나 출력물의 생성과 전달 및 보관 등의 **절차에 관여한 사람의 증언이나 진술**, 원본이나 사본 파일 생성 직후의 해시(Hash)값 비교, 전자문서 파일에 대한 검증 · 감정 결과 등 제반 사정을 종합하여 판단할 수 있다. 이러한 원본 동일성은 증거능력의 요건에 해당하므로 검사가 그 존재에 대하여 구체적으로 주장 · 증명해야 한다.

판례 · 지문 **전자정보 압수 · 수색**

1. 수사기관이 피의자 등을 참여시킨 상태에서 정보저장매체에 기억된 정보 중에서 키워드 또는 확장자 검색 등을 통해 범죄 혐의사실과 관련 있는 정보를 선별한 다음 정보저장매체와 동일하게 비트열 방식으로 복제하여 생성한 이미지 파일을 제출받아 적법하게 압수하였다면, 이로써 압수의 목적물에 대한 압수·수색 절차는 종료된 것이므로, 수사기관이 수사기관 사무실에서 이와 같이 **압수된 이미지 파일을 탐색·복제·출력하는 과정에서는 피의자등에게 참여의 기회를 보장하여야 하는 것은 아니다**(대판 2018.2.8., 2017도13263).

2. 사실과 무관한 증거를 압수하였을 경우는 증거능력이 없으며, 영장에 기재되지는 않았지만 압수할 필요가 있다고 판단되는 전자정보를 우연히 발견한 경우 더 이상의 **추가 탐색을 중단하고 영장을 발부**받아야 하고, 그렇지 않은 경우 증거능력이 없다(2018도2624).

3. **압수된 정보의 상세목록**에는 정보의 **파일 명세가 특정**되어 있어야 하고, 수사기관은 이를 출력한 서면을 교부하거나 전자파일 형태로 **복사해 주거나 이메일을 전송하는 등의 방식**으로도 할 수 있다(대판 2018.2. 8. 2017도13263).

4. 전자정보에 대한 압수 · 수색이 종료되기 전에 혐의사실과 관련된 전자정보를 적법하게 탐색하는 과정에서 별도의 범죄혐의와 관련된 **전자정보를 우연히 발견한 경우**라면, 수사기관은 더 이상의 **추가 탐색을 중단하고 법원에서 별도의 범죄혐의에 대한 압수 · 수색영장을 발부받은 경우에 한**하여 그러한 정보에 대하여도 적법하게 압수 · 수색을 할 수 있다(2015.7.16. 2011모1839).

5. **법관의 서명날인란에 서명만 있고 날인이 없으므로** 형사소송법이 정한 요건을 갖추지 못하여 적법하게 발부되었다고 볼 수 없어 영장이 법관의 진정한 의사에 따라 발부되었다는 등의 이유만으로 **영장이 유효라고 판단 한 것은 잘못이**다. 그러나 위와 같은 결함은 피고인의 기본적 인권보장 등 법익침해 방지와 관련성이 적으므로 절차 조항 위반의 내용과 정도가 중대하지 않고 절차 조항이 보호하고자 하는 **권리나 법익을 본질적으로 침해하였다고 볼 수 없다**(대판 2019.7.11. 2018도20504).

6. 피의자의 **이메일 계정**에 대한 접근권한에 갈음하여 발부받은 압수수색영장에 따라 원격지 저장매체에 적법하게 접속하여 내려 받거나 현출한 전자정보를 대상으로 하여 영장사실과 관련된 부분에 대하여 압수수색하는 것은 대물적 강제처분 행위로서 허용되며, 영장의 집행에 필요한 처분에 해당한다. 이러한 법리는 **원격지 저장매체가 국외에 있는 경우에도 같다**(대판 2017.11.29. 2017도9747).

7. **전자정보에 대한 압수 · 수색영장의 집행**에 있어서는 원칙적으로 **영장 발부의 사유로 된 혐의사실과 관련된 부분만**을 문서 출력물로 수집하거나 수사기관이 휴대한 저장매체에 해당 파일을 복사하는 방식으로 이루어져야 하고, 집행현장의 사정상 위와 같은 방식에 의한 집행이 불가능하거나 현저히 곤란한 부득이한 사정이 있더라도 그와 같은 경우에 그 저장매체 자체를 직접 또는 하드카피나 이미징 등 형태로 수사기관 사무실 등 외부로 반출하여 해당 파일을 압수 · 수색할 수 있도록 영장에 기재되어 있고 실제 그와 같은 사정이 발생한 때에 한하여 예외적으로 허용될 수 있을 뿐이다. 나아가 이처럼 저장매체 자체를 수사기관 사무실 등으로 옮긴 후 영장에 기재된 범죄 혐의 관련 전자정보를 탐색하여 해당 전자정보를 문서로 출력하거나 파일을 복사하는 과정 역시 전체적으로 압수 · 수색영장 집행에 포함된다고 보아야 한다. 따라서 그러한 경우 **문서출력 또는 파일복사의 대상 역시 혐의사실과 관련된 부분으로 한정되어야** 함은 적법절차 및 영장주의의 원칙상 당연하다. 그러므로 수사기관 사무실 등으로 옮긴 저장매체에서 범죄혐의와의 관련성에 관한 구분 없이 저장된 전자정보 중 임의로 문서출력 또는 파일복사를 하는 행위는 특별한 사정이 없는 한 영장주의 등 원칙에 반하는 위법한 집행이 된다(대판 2011.5.26. 자 2009모1190).

33. 압수물의 보관

압 수 물 의 보관	자청보관	압수물은 압수한 법원 또는 수사기관이 직접 보관하는 것이 원칙이다. 압수물에 대하여는 그 상실 또는 파손 등의 방지를 위하여 상당한 조치를 하여야 한다. 자청보관의 경우에는 검사의 지휘를 받을 필요가 없다.
	위탁보관	㉠ 운반 또는 보관에 불편한 압수물에 관하여는 간수자를 두거나 소유자 또는 적당한 자의 승낙을 얻어 보관하게 할 수 있다. ㉡ 사법경찰관이 위탁보관을 함에는 검사의 지휘를 받아야 한다(제219조).
	폐기처분	㉠ 위험발생의 염려가 있는 압수물은 폐기할 수 있다. ㉡ 법령상 생산 · 제조 · 소지 · 소유 또는 유통이 금지된 압수물로서 부패의 염려가 있거나 보관하기 어려운 압수물은 소유자 등 권한 있는 자의 동의를 받아 폐기할 수 있다. ㉢ 사법경찰관이 폐기처분을 함에는 검사의 지휘를 받아야 한다(제219조).
	대가보관	㉠ 몰수하여야 할 압수물로서 멸실 · 파손 · 부패 또는 현저한 가치감소의 염려가 있거나 보관하기 어려운 압수물은 매각하여 대가를 보관할 수 있다(제132조 제1항). ㉡ 환부하여야 할 압수물 중 환부를 받을 자가 누구인지 알 수 없거나 그 소재가 불명한 경우로서 그 압수물의 멸실 · 파손 · 부패 또는 현저한 가치 감소의 염려가 있거나 보관하기 어려운 압수물은 매각하여 대가를 보관할 수 있다(제132조 제2항). ㉢ 환가처분을 함에는 **미리 검사 · 피해자 · 피고인 또는 변호인에게 통지**하여야 한다. ㉣ 사법경찰관이 제130조 및 제132조부터 제134조까지의 규정에 따른 처분을 함에는 검사의 지휘를 받아야 한다(제219조).

참고 · 지문

1. 몰수에는 필요적 몰수뿐만 아니라 임의적 몰수도 포함되나, 몰수대상물이 아닌 이상 멸실 · 파손 · 부패의 염려가 있어도 대가보관은 허용되지 않는다.

판례 · 지문 압수물의 보관

1. 사법경찰리가 작성한 "피고인이 임의로 제출하는 별지 기재의 물건(공소장에 기재된 물건)을 압수하였다"는 내용의 압수조서는, **피고인이 공판정에서 증거로 함에 동의하지 아니하였고 원진술자의 공판기일에서의 증언에 의하여 그 성립의 진정함이 인정된 바도 없다면 증거로 쓸 수 없다**(대판 1995.1.24. 선고 94도1476).

2. 공무원인 수사기관이 작성하여 피압수자 등에게 교부해야 하는 압수물 목록에는 작성연월일을 기재하고, 그 내용은 사실에 부합하여야 한다. **압수물 목록은** 피압수자 등이 압수물에 대한 환부 · 가환부신청을 하거나 압수처분에 대한 준항고를 하는 등 권리행사절차를 밟는 가장 기초적인 자료가 되므로, 이러한 권리행사에 지장이 없도록 **압수 직후 현장에서 바로 작성하여 교부해야 하는 것이 원칙**이다(대판 2008도763).

34. 가환부, 환부

압수물의 가환부	가환부의 대상	가환부의 대상은 증거에 공할 목적으로 한 압수물에 한한다. 그러므로 몰수의 대상이 되는 압수물은 가환부할 수 없다.
	가환부의 절차	① 가환부는 소유자 · 소지자 · 보관자 또는 제출인의 청구에 의한 경우와 법원 또는 수사기관의 직권에 의한 경우가 있다. 그러나 사법경찰관이 압수물을 가환부할 때에는 검사의 지휘를 받아야 한다(제219조). ② 법원 또는 수사기관이 가환부의 결정을 함에는 미리 이해관계인에게 통지하여야 한다(제135조, 제219조).
	가환부의 효력	① 가환부는 압수 자체의 효력을 잃게 하는 것은 아니다. 그러므로 가환부 받은 자는 압수물의 보관의무 및 법원 또는 수사기관 요구시 제출의무가 있다. ② 가환부한 장물에 대하여 종국재판에서 별단의 선고가 없는 때에는 환부의 선고가 있는 것으로 간주한다(제333조 제3항).
환부	압수물의 환부란 압수물을 종국적으로 소유자 또는 제출인에게 반환하는 법원 또는 수사기관의 처분을 말한다.	
	환부의 절차	① 환부는 법원 또는 수사기관의 결정에 의한다. 사법경찰관이 압수물을 환부할 때에는 검사의 지휘를 받아야 한다(제219조). ② 가환부와는 달리 소유자 등의 청구를 요하지는 않지만, 소유자 등이 환부청구를 할 수는 있다. 피압수자가 소유권을 포기한 경우에도 법원 또는 수사기관은 환부결정을 하여야 한다. ③ 압수물에 대하여 환부결정을 함에는 검사 · 피해자 · 피고인 또는 변호인에게 미리 통지하여야 한다(제135조). ④ 압수를 계속할 필요가 없다고 인정되는 압수물은 피고사건 종결 전이라도 결정으로 환부하여야 한다(제133조 제1항 전단, 제219조).
	환부의 효과	환부에 의해서 압수는 효력을 상실한다. 그러나 환부는 압수를 해제하는 효력이 있을 뿐이고 환부를 받는 자에게 소유권 기타 실체법상의 권리를 부여하거나 그러한 권리를 확인하는 효력이 있는 것은 아니다. 따라서 이해관계인은 민사소송절차에 의하여 그 권리를 주장할 수 있다.

참고 · 지문

1. 수사기관의 압수물의 환부에 관한 처분의 취소를 구하는 준항고는 일종의 항고소송이므로, 통상의 항고소송에서와 마찬가지로 그 이익이 있어야 하고, 소송 계속 중 준항고로써 달성하고자 하는 목적이 이미 이루어졌거나 시일의 경과 또는 그 밖의 사정으로 인하여 그 이익이 상실된 경우에는 준항고는 그 이익이 없어 부적법하게 된다
2. 검사는 사본을 확보한 경우 등 압수를 계속할 필요가 없다고 인정되는 압수물 및 증거에 사용할 압수물에 대하여 공소제기 전이라도 소유자, 소지자, 보관자 또는 제출인의 청구가 있는 때에는 환부 또는 가환부하여야 한다(제218조의2 제1항).

판례 · 지문 **압수물의 환부**

1. 형사소송법 제133조 제1항 후단이, 제2항의 증거에만 공할 목적으로 압수할 물건과는 따로, 증거에 공할 압수물에 대하여 법원의 재량에 의하여 가환부할 수 있도록 규정한 것을 보면, **증거에 공할 압수물에는 증거물로서의 성격과 몰수할 것으로 사료되는 물건으로서의 성격을 가진 압수물이 포함**되어 있다고 해석함이 상당하다(대판 1998.4.16.자 97모25 결정).

2. 몰수할 것이라고 사료되어 압수한 물건 중 법률의 특별한 규정에 의하여 **필요적으로 몰수할 것에 해당하거나 누구의 소유도 허용되지 아니하여 몰수할 것에 해당하는 물건**에 대한 압수는 몰수재판의 집행을 보전하기 위하여 한 것이라는 의미도 포함된 것이므로 그와 같은 압수 물건은 **가환부의 대상이 되지 않지만**, 그 밖의 **임의적 몰수에 해당하는 물건에 대하여는 이를 몰수할 것인지는 법원의 재량**에 맡겨진 것이므로 특별한 사정이 없다면 수소법원이 피고본안사건에 관한 종국판결에 앞서 이를 가환부할 수 있다(대판 1998.4.16. 자97모25 결정).

3. **피고인에게 의견을 진술할 기회를 주지 아니한 채 한 가환부결정**은 형사소송법 제135조에 위배하여 위법하고 이 위법은 **재판의 결과에 영향을 미쳤다 할 것이다**(대판 1980.2.5. 자80모3).

4. **위조된 약속어음**은 범죄행위로 인하여 생긴 위조문서로서 아무도 이를 소유하는 것이 허용되지 않는 물건이므로 **몰수가 될 뿐 환부나 가환부할 수 없고** 다만 검사는 몰수의 선고가 있은 뒤에 형사소송법 제485조에 의하여 **위조의 표시를 하여 환부할 수 있다**(대판 1984.7.24. 자 84모43 결정).

5. 피압수자 등 **압수물을 환부받을 자가 수사기관에 대하여 형사소송법상의 환부청구권을 포기한다는 의사표시를 한 경우**에 있어서도, 그 효력이 없어 그에 의하여 수사기관의 필요적 환부의무가 면제된다고 볼 수는 없으므로, 그 환부의무에 대응하는 **압수물의 환부를 청구할 수 있는 절차법상의 권리가 소멸하는 것은 아니다.** 한편 외국산 물품을 관세장물의 혐의가 있다고 보아 압수하였다 하더라도 그것이 언제, 누구에 의하여 관세포탈된 물건인지 알 수 없어 **기소중지처분을 한 경우에는 그 압수물은 관세장물이라고 단정할 수 없어 이를 국고에 귀속시킬 수 없을 뿐만 아니라 압수를 더 이상 계속할 필요도 없다**(94모 51).

6. 수사단계에서 **소유권을 포기한 압수물에 대하여 형사재판에서 몰수형이 선고되지 않은 경우**, 피압수자는 국가에 대하여 **민사소송으로 그 반환을 청구할 수 있다**(대법원 2000.12.22. 선고 2000다27725).

7. **압수물의 환부는 환부를 받는 자에게 환부된 물건에 대한 소유권 기타 실체법상의 권리를 부여하거나 그러한 권리를 확정하는 것이 아니라 단지 압수를 해제하여 압수 이전의 상태로 환원시키는 것뿐**으로서, 이는 실체법상의 권리와 관계없이 압수 당시의 소지인에 대하여 행하는 것이므로, **실체법인 민법(사법)상 권리의 유무나 변동이 압수물의 환부를 받을 자의 절차법인 형사소송법(공법)상 지위에 어떠한 영향을 미친다고는 할 수 없다**(대판 1996.8.16. 자 94모51 전원합의체 결정).

8. 검사는 범죄수사에 필요한 때에는 증거물 또는 몰수할 것으로 사료하는 물건을 법원으로부터 영장을 발부받아서 압수할 수 있는 것이고, 합리적인 의심의 여지가 없을 정도로 범죄사실이 인정되는 경우에만 압수할 수 있는 것은 아니라 할 것이며, 한편 **법인으로부터 압수한 물품에 대하여 몰수의 선고가 없어 그 압수가 해제된 것으로 간주된다고 하더라도 공범자에 대한 범죄수사를 위하여 여전히 그 물품의 압수가 필요하다거나 공범자에 대한 재판에서 그 물품이 몰수될 가능성이 있다면** 검사는 그 압수해제된 물품을 **다시 압수할 수도 있다**(대결 1997.1.9., 96모34).

9. 형사소송법 제134조 소정의 **환부할 이유가 명백한** 때라 함은 사법상 피해자가 그 압수된 물건의 인도를 청구할 수 있는 권리가 있음이 명백한 경우를 의미하고 위 **인도청구권에 관하여 사실상, 법률상 다소라도 의문이 있는 경우에는 환부할 명백한 이유가 있는 경우라고는 할 수 없다**(대판 1984.7.16. 자84모38 결정).

35. 영장주의 예외

수사기관의 압수 · 수색	유류물 · 임의제출물의 압수	검사 또는 사법경찰관은 피의자, 기타인의 유류한 물건이나 소유자, 소지자 또는 보관자가 임의로 제출한 물건을 영장없이 압수할 수 있다(제218조).
	체포 · 구속목적의 피의자 수색	㉠ 검사 또는 사법경찰관은 피의자를 체포하거나(긴급체포하는 경우도 포함), 현행범인을 체포하는 경우에 체포 · 구속을 위하여 필요한 때에는 영장없이 타인의 거주 · 건조물 등에 들어가 피의자를 수색할 수 있으나 다만 타인의 거주 · 건조물 등에 들어가 **피의자를 수색**은 미리 수색영장을 발부받기 어려운 긴급한 사정이 있어야 한다(제216조 제1항 제1호). ㉡ 수색은 피의자 또는 현행범인의 체포를 위한 불가결한 전제이기 때문에 이 경우에는 사후에도 수색영장을 발부받을 필요가 없다.
	체포 · 구속현장에서 압수 · 수색 · 검증	㉠ 검사 또는 사법경찰관이 피의자를 체포하거나(긴급체포하는 경우도 포함), 현행범인을 체포 또는 구속하는 경우에 필요한 때에는 영장없이 체포현장에서 압수 · 수색 · 검증을 할 수 있다(제216조 제1항 제2호). ㉡ 압수를 계속할 필요가 있을 경우 구속영장과는 별도로 지체 없이 압수 · 수색영장을 청구하도록 하였다. 압수 · 수색영장의 청구기간을 구속영장 청구의 최장 기한과 동일하게 하되 체포시로부터 48시간을 넘을 수 없게 하였다(제217조 제2항). ㉢ 검사 또는 사법경찰관은 청구한 압수수색영장을 발부받지 못한 때에는 압수한 물건을 즉시 반환하여야 한다(제217조 제3항).
	구속영장집행과 수색	검사, 사법경찰관리 또는 제81조 제2항의 규정에 의한 법원사무관등이 구속영장을 집행할 경우에 필요한 때에는 미리 수색영장을 발부받기 어려운 긴급한 사정이 있는 경우에 한정하여 타인의 주거, 간수자있는 가옥, 건조물, 항공기, 선차내에 들어가 **피고인을 수색**할 수 있다.
	범죄 장소에서의 압수 · 수색	㉠ 범행 중 또는 범행 직후의 범죄 장소에서 긴급을 요하여 법원판사의 영장을 받을 수 없는 때에는 영장 없이 압수 · 수색 또는 검증을 할 수 있다. ㉡ 이 경우에는 사후에 지체 없이 영장을 받아야 한다(제216조 제3항). 피의자의 체포, 구속을 전제로 하지 아니한다는 점에서 체포현장에서의 압수 · 수색 · 검증과 다르다. 사후에 지체 없이 압수 · 수색영장을 발부받아야 하며 발부받지 못한 때에는 압수한 물건은 즉시 환부하여야 한다.
	긴급체포시의 압수 · 수색	㉠ 검사 또는 사법경찰관은 긴급체포의 규정에 의하여 체포된 자가 소유, 소지, 보관하는 물건에 대하여는 긴급시의 사후 24시간 내에 한하여 영장없이 압수 · 수색 · 검증을 할 수 있다. ㉡ 압수를 계속할 필요가 있을 경우 구속영장과는 별도로 지체 없이 압수수색영장을 청구하도록 하였다. 압수 · 수색영장의 청구기간을 구속영장 청구의 최장 기한과 동일하게 하되 체포시로부터 48시간을 넘을 수 없게 하였다(제217조 제2항). ㉢ 검사 또는 사법경찰관은 청구한 압수수색영장을 발부받지 못한 때에는 압수한 물건을 즉시 반환하여야 한다(제217조 제3항).
	변사체 검증	㉠ 변사체에 대한 검증이 긴급을 요하는 경우에는 영장없이 검증을 할 수 있다(제222조) ㉡ 이 경우에는 사후에 지체없이 영장을 받아야 한다(제216조 제3항).

법원의 압수·수색	임의제출물 등의 압수	소유자, 소지자 또는 보관자가 임의로 제출한 물건 또는 유류한 물건은 영장없이 압수할 수 있다(제108조).
	제출명령	법원이 제출명령(제106조 제2항)을 하는 경우에도 압수영장을 발부할 필요가 없다.
	공판정	공판정에서 법원이 압수·수색을 하는 경우에는 영장을 요하지 않는다.
	구속영장의 집행을 위한 수색	피고인에 대한 구속영장을 집행할 경우에 필요한 때에는 영장없이 타인의 주거, 간수자 있는 가옥, 건조물, 선차 등에 들어가 피고인의 발견을 위한 수색을 할 수 있다(제137조).

판례·지문 **영장주의 예외**

1. 형사소송법 제218조는 "사법경찰관은 소유자, 소지자 또는 보관자가 임의로 제출한 물건을 영장없이 압수할 수 있다"고 규정하고 있는바, 위 규정을 위반하여 **소유자, 소지자 또는 보관자가 아닌 자로부터 제출받은 물건을 영장 없이 압수한 경우** 그 압수물 및 압수물을 찍은 사진은 이를 **유죄 인정의 증거로 사용할 수 없는 것**이고, 피고인이나 변호인이 이를 **증거로 함에 동의하였다고 하더라도** 달리 볼 것은 아니다(대판 2010.1.28. 선고 2009도10092).

2. 주취운전이라는 범죄행위로 당해 **음주 운전자를 구속·체포하지 아니한 경우에도** 필요하다면 **그 차량열쇠는 범행 중 또는 범행 직후의 범죄 장소에서의 압수로서** 형사소송법 제216조 제3항에 의하여 **영장 없이 이를 압수할 수 있다**(대판 1998.5.8. 97다54482).

3. 정보통신망법상 음란물 유포의 범죄혐의를 이유로 압수·수색영장을 발부받은 사법경찰리가 피고인의 주거지를 수색하는 과정에서 대마를 발견하자, 피고인을 마약법위반죄의 현행범으로 체포하면서 대마를 압수하였으나, 그 다음날 피고인을 석방하였음에도 사후 압수·수색영장을 발부받지 않은 경우, 압수물과 압수조서는 형사소송법상 영장주의를 위반하여 수집한 증거로서 증거능력이 부정된다(대판 2009.5.14. 2008도 10914).

4. 경찰관이 이른바 **전화사기죄 범행의 혐의자를 긴급체포**하면서 그가 보관하고 있던 **다른 사람의 주민등록증, 운전면허증 등을 압수한 사안에서**, 이는 그 압수 당시 위 범죄사실의 수사에 필요한 범위 내의 것으로서 전화사기범행과 관련된다고 의심할 만한 상당한 이유가 있었다고 보이므로, 적법하게 압수되었다고 할 것이다(대판 2008.7.10. 선고 2008도2245).

5. 체포영장을 발부받아 피의자를 체포하는 경우 필요한 때에는 영장 없이 타인의 주거 등 내에서 피의자 수사를 할 수 있다고 한 형소법 216조 제1항 제1호 중 제200조의2 부분은 **영장을 발부받기 어려운 긴급한 사정이 있는지 여부를 구별하지 아니하여 영장주의에 위반된다**(2018.4.26. 2015헌바370).

36. 수사기관의 검증

수사기관의 검증	검증은 사람, 장소, 물건의 성질·형상을 신체 오관의 작용으로 인식하는 강제처분을 말한다.	
	법원의 검증은 증거조사나 증거보전의 방법으로 행하여지므로 영장이 필요치 않으나, 수사기관의 검증은 증거의 수집·보전을 위한 강제처분이므로 원칙적으로 영장이 요구된다.	
검증의 대상	수사기관의 검증의 대상은 제한이 없다. 장소, 물건, 서류, 사람의 신체의 내부는 물론 사체도 검증의 대상이 된다.	
절 차	영장의 발부	① 검사는 범죄수사에 필요한 때에는 지방법원판사에게 청구하여 발부받은 영장에 의하여 검증할 수 있다. ② 사법경찰관이 범죄수사에 필요한 때에는 검사에게 신청하여 검사의 청구로 지방법원판사가 발부한 영장에 의하여 검증할 수 있다.
	통지	검증을 함에는 신체의 검사, 사체의 해부, 분묘의 발굴, 물건의 파괴 기타 필요한 처분을 할 수 있다(제140조). 사체의 해부 또는 분묘의 발굴을 하는 때에는 예를 잊지 아니하도록 주의하고 미리 유족에게 통지하여야 한다.
	여자	여자의 신체를 검사하는 경우에는 의사나 성년의 여자를 참여하게 하여야 한다(동조 제3항).
	참여권	검사, 피고인 또는 변호인은 압수·수색영장의 집행에 참여할 수 있다. 검증영장을 집행함에는 미리 집행의 일시와 장소를 전조에 규정한 자에게 통지하여야 한다. 단, 검사, 피고인 또는 변호인이 참여하지 아니한다는 의사를 명시한 때 또는 급속을 요하는 때에는 예외로 한다.
야간검증의 제한	① 일출 전, 일몰 후에는 압수·수색영장에 야간집행을 할 수 있는 기재가 없으면 그 영장을 집행하기 위하여 타인의 주거, 간수자 있는 가옥, 건조물, 항공기 또는 선거 내에 들어가지 못한다.	
	② 일몰 전에 검증에 착수한 때에는 일몰 후라도 검증을 계속할 수 있으며, 도박 기타 풍속을 해하는 행위에 상용된다고 인정하는 장소나 여관·음식점 기타 야간에 공중이 출입할 수 있는 장소는 야간검증의 제한을 받지 않는다(동조 제3항).	
검증조서의 작성	① 검증을 한 때에는 조서를 작성하여야 하며 검증조서에는 검증목적물의 현상을 명확하게 하기 위하여 도화나 사진을 첨부할 수 있다.	
	② 검증조서에는 조사 또는 처분의 연월일시와 장소를 기재하고 그 조사 또는 처분을 행한 자와 참여한 사법경찰관리가 기명날인 또는 서명하여야 한다.	

참고 · 지문

위법한 강제연행 상태에서 호흡측정 방법에 의한 음주측정을 한 다음 강제연행 상태로부터 시간적·장소적으로 단절되었다고 볼 수도 없고 피의자의 심적 상태 또한 강제연행 상태로부터 완전히 벗어났다고 볼 수 없는 상황에서 피의자가 호흡측정 결과에 대한 탄핵을 하기 위하여 스스로 혈액채취 방법에 의한 측정을 할 것을 요구하여 혈액채취가 이루어졌다고 하더라도 불법체포와 증거수집 사이의 인과관계가 단절된 것으로 볼 수 없어 혈액채취에 의한 측정 결과 역시 유죄 인정의 증거로 쓸 수 없다고 보아야 하고, 이는 변호인이 이를 증거로 함에 동의하였다고 하여도 달리 볼 것은 아니다.

판례 · 지문 검증

1. **사법경찰관 사무취급이 작성한 실황조서**가 사고발생 직후 사고 장소에서 긴급을 요하여 판사의 영장없이 시행된 것으로서 형사소송법 제216조 제3항에 의한 **검증에 따라 작성된 것이라면 사후영장**을 받지 않는 한 유죄의 증거로 삼을 수 없다(대판 1989.3.14. 선고 88도1399).

2. 경찰관이 **간호사로부터 진료목적으로 이미 채혈되어 있던 피고인의 혈액** 중 일부를 주취운전 여부에 대한 **감정을 목적으로 임의로 제출받아 이를 압수한 경우**, 당시 간호사가 위 혈액의 소지자 겸 보관자인 병원 또는 담당 의사를 대리하여 혈액을 경찰관에게 임의로 제출할 수 있는 권한이 없었다고 볼 특별한 사정이 없는 이상, **그 압수절차가 피고인 또는 피고인의 가족의 동의 및 영장 없이 행하여졌다고 하더라도 이에 적법절차를 위반한 위법이 있다고 할 수 없다**(대판 1999.9.3, 98도968).

3. **수사기관이 법원으로부터 영장 또는 감정처분허가장을 발부받지 아니한 채 피의자의 동의 없이 피의자의 신체로부터 혈액을 채취하고 사후에도 지체 없이 영장을 발부받지 아니한 채 혈액 중 알코올농도에 관한 감정을 의뢰하였다면, 이러한 과정을 거쳐 얻은 감정의뢰회보 등은** 형사소송법상 영장주의 원칙을 위반하여 수집하거나 그에 기초하여 획득한 증거로서, 원칙적으로 절차위반행위가 적법절차의 실질적인 내용을 침해하여 **피고인이나 변호인의 동의가 있더라도 유죄의 증거로 사용할 수 없다**(대판 2012.11.15. 선고 2011도15258).

4. **수사기관이 범죄 증거를 수집할 목적으로 피의자의 동의 없이 피의자의 혈액을 취득 · 보관하는 행위는** 법원으로부터 **감정처분허가장**을 받아 감정에 필요한 처분으로도 할 수 있지만, **압수의 방법**으로도 할 수 있고, 압수의 방법에 의하는 경우 혈액의 취득을 위하여 피의자의 신체로부터 **혈액을 채취하는 행위는 혈액의 압수**를 위한 것으로서 형사소송법 제219조, 제120조 제1항에 정한 압수영장의 집행에 있어 필요한 처분에 해당한다(대판 2012.11.15. 선고 2011도15258).

5. 모발감정결과에 기초한 투약가능기간의 추정은 수십 일에서 수개월에 걸쳐 있는 경우가 많으므로 모발감정결과만을 토대로 마약류 투약기간을 추정하는 것은 신중해야 한다(대판2017도44).

6. **강제채뇨**와 관련하여 압수수색의 방법으로 소변을 채취하는 경우 적합한 장소로 피의자를 데려가기 위해서 필요 최소한의 유형력을 행사하는 것은 영장의 집행에 필요한 처분으로서 허용된다(대판2018도6219).

37. 감정유치

감정유치	수사기관이 전문지식이나 경험의 부족을 보충하기 위해 제3자에게 감정을 위촉 할 수 있는데, 이와 같이 수사기관에 의해 감정을 위촉 받은 자를 감정수탁자라 하며, 이는 선서의 의무가 부여되는 법원의 감정인과 구별된다.	
대상	**대 상**	수사상의 감정유치는 피의자의 정신 또는 신체를 감정하기 위하여 병원 또는 기타장소에 피의자를 유치하는 강제처분으로, 구속 여부는 불문하나 피의자 아닌 제3자에 대해서는 감정유치를 청구할 수 없다.
	요 건	① 감정의 필요성 및 유치의 필요성이 필요하다. 유치하지 않아도 감정의 목적을 달성할 수 있는 경우에는 감정유치는 허용하지 않는다. ② 구속사유는 필요하지 않으나, 감정유치는 실질이 유치이므로 범죄의 혐의는 필요하다.
절차	**청구**	감정유치의 청구권자는 검사에 한한다(제221조의3).
	발부	판사가 발부하며 판사는 감정유치의 필요성이 있다고 인정한 때에 유치처분을 하여야 한다.
	집행	감정유치장의 집행에 관하여는 구속영장의 집행에 관한 규정이 준용되며(제221조의3 제2항, 제172조 제7항), 감정유치에 필요한 유치기간에는 제한이 없다.
효력	① 감정유치는 실질적으로 인신구속이므로 감정유치된 피의자는 접견교통권이 인정되며, 그 유치기간은 미결구금일수의 산입에 있어서는 구속으로 간주한다.	
	② 감정유치는 감정을 목적으로 하는 처분이므로 유치된 피의자에 관해서는 보석에 관한 규정은 준용되지 아니한다.	
	③ 구속 중인 피의자에 대하여 감정유치장이 집행되었을 때에는 그 유치기간은 **구속의 집행이 정지된 것으로 간주한다.**	
	④ 감정유치처분이 취소되거나 유치기간이 만료된 때에는 구속의 집행정지가 취소된 것으로 간주한다.	

38. 증거보전

	증거보전	증인신문
의의	증거보전이란 수소법원이 공판정에서증거조사가 있을 때까지 기다려서는 증거의 사용이 불가능하거나 현저히 곤란하게 될 염려가 있는 경우에 판사가 미리 증거조사를 하여 그 결과를 보전하여 두는 제도를 말한다.	증인신문의 청구란 범죄의 수사에 없어서는 아니 될 사실을 안다고 명백히 인정되는 참고인이 출석 또는 진술을 거부한 경우에 검사의 청구로 제1회 공판기일 전에 한하여 판사에 의해서 행해지는 증인신문을 말한다.
청구권자	검사, 피의자, 피고인, 변호인	검사
청구기간	1회 공판기일 전	1회 공판기일 전
요건	증거물의 멸실 · 훼손 · 가치변화	참고인의 출석 · 진술 거부
내용	증인신문, 감정, 검증, 압수 · 수색	증인신문
당사자의 참여권	인정	인정
관련서류	법원에서 보관	지체없이 검사에게 송부
열람 · 등사권	인정	불인정
불복	3일 이내 항고가능	불인정

참고 · 지문

증거보전청구에 대한 기각결정은 3일 이내 항고가 가능하나, 증인신문에 대한 기각결정은 불복방법이 없다.

판례 · 지문 증거보전 · 증인신문

1. **증거보전이란** 장차 공판에 있어서 사용하여야 할 증거가 멸실되거나 또는 그 사용하기 곤란한 사정이 있을 경우에 당사자의 청구에 의하여 공판 전에 미리 그 증거를 수집 보전하여 두는 제도로서 **제1심 제1회 공판기일 전에 한하여 허용되는 것**이므로, **재심청구사건에서는 증거보전청구는 허용되지 아니한다**(대판 1984.3.29.자 84모15 결정).

2. 형사소송법 제184조에 의한 증거보전은 피고인 또는 피의자가 **형사입건도 되기 전에는 청구할 수 없고, 또 피의자신문에 해당하는 사항을 증거보전의 방법으로 청구할 수 없다**(대판 1979.6.12. 선고 79도792).

3. 공동피고인과 피고인이 뇌물을 주고받은 사이로 **필요적 공범관계에 있다고 하더라도** 검사는 수사단계에서 피고인에 대한 증거를 미리 보전하기 위하여 필요한 경우에는 판사에게 **공동피고인을 증인으로 신문할 것을 청구할 수 있다**(대판 1988.11.8. 86도1646).

4. 형사소송법 제184조에 의한 **증거보전절차에서 증인신문을 하면서**, 위 증인신문의 일시와 장소를 피의자 및 변호인에게 미리 **통지하지 아니하여 증인신문에 참여할 수 있는 기회를 주지 아니하였고, 또 변호인이 제1심 공판기일에 위 증인신문조서의 증거조사에 관하여 이의신청을 하였다면, 위 증인신문조서는 증거능력이 없다** 할 것이고, **그 증인이 후에 법정에서 그 조서의 진정성립을 인정한다 하여 다시 그 증거능력을 취득한다고 볼 수도 없다**(대판 1992.2.28. 91도2337).

5. 공소제기 전에 검사의 증거보전 청구에 의하여 증인신문을 한 법관은 형사소송법 제17조 제7호에 이른바 **전심재판 또는 기초되는 조사 · 심리에 관여한 법관이라고 할 수 없다**(대판 1971.7.6. 71도974).

6. 형사소송법 제221조의2 제2항에 의한 검사의 증인신문청구는 수사단계에서의 피의자 이외의 자의 진술이 범죄의 증명에 없어서는 안 될 것으로 인정되는 경우에 공소유지를 위하여 이를 보전하려는데 그 목적이 있으므로, 이 증인신문청구를 하려면 증인의 진술로서 증명할 대상인 피의사실이 존재하여야 하고, 피의사실은 수사기관이 어떤 자에 대하여 내심으로 혐의를 품고 있는 정도의 상태만으로는 존재한다고 할 수 없다(대판 1989.6.20. 89도648).

39. 수사의 종결

<table>
<tr><td>수사
종결</td><td colspan="4">범죄사실이 명백하게 되었거나 또는 수사를 계속할 필요가 없는 경우에 수사는 종결하게 된다. 그러나 공소제기 이후에도 공소유지 여부를 결정하기 위하여 검사는 수사를 할 수 있고, 불기소처분에는 확정력이 배제되기 때문에 불기소처분을 한 때에도 수사를 재개할 수 있다</td></tr>
<tr><td>주체</td><td colspan="4">검사. ○ 20만원 이하의 벌금 또는 구류나 과료에 처할 사건은 예외적으로 경찰서장</td></tr>
<tr><td rowspan="11">종류</td><td>공소
제기</td><td colspan="3">수사결과 범죄의 객관적 혐의가 충분하고 소송조건을 구비하여 유죄판결을 받을 수 있다고 인정할 때에는 검사는 공소를 제기한다(제246조).</td></tr>
<tr><td rowspan="6">불기소
처분</td><td rowspan="3">협의의
불기소처분</td><td>혐의 없음</td><td>피의사실이 범죄를 구성하지 아니하거나 유죄판결을 받기에는 증거가 불충분한 경우를 포함한다. 피의자의 자백에 대하여 보강증거가 없는 경우 또는 피의사실을 특정할 수 없는 경우에도 이에 해당한다.</td></tr>
<tr><td>범죄불성립
(죄가안 됨)</td><td>㉠ 피의사실이 범죄구성요건에 해당하나 법률상 범죄의 성립을 조각하는 사유가 있어 범죄를 구성하지 아니하는 경우
㉡ 위법성조각사유나 책임조각사유가 있는 경우가 여기에 해당한다.</td></tr>
<tr><td>공소권
없음</td><td>피의사건에 대하여 소송조건이 결여되었거나 형이 면제되는 경우를 말한다. 친고죄에서 고소가 없거나 취소된 경우, 확정판결이 있는 경우, 통고처분이 이행된 경우, 사면이나 공소시효가 완성된 경우, 피의자가 사망하거나 피의자인 법인이 존속하지 아니하게 된 경우가 이에 해당한다.</td></tr>
<tr><td>기소유예</td><td colspan="2">피의사건에 대하여 소송조건이 구비되고 범죄의 객관적 혐의가 충분한 경우에도 검사는 범행 후의 정황 등을 참작하여 공소를 제기하지 아니할 수 있다</td></tr>
<tr><td>기소중지</td><td colspan="2">검사가 피의자의 소재불명 또는 국외도피 등의 사유로 수사를 종결할 수 없는 경우에는 그 사유가 해소될 때까지 기소중지의 결정을 할 수 있다.</td></tr>
<tr><td>참고인
중지</td><td colspan="2">검사가 참고인 · 고소인 · 고발인 또는 같은 사건 피의자의 소재불명으로 수사를 종결할 수 없는 경우에는 그 사유가 해소될 때까지 참고인 중지의 결정을 할 수 있다.</td></tr>
<tr><td rowspan="4">타관
송치</td><td>타관송치</td><td colspan="2">검사는 사건이 그 소속검찰청에 대응한 법원의 관할에 속하지 아니한 때에는 사건을 서류와 증거물과 함께 관할법원에 대응한 검찰청검사에게 송치하여야 한다.</td></tr>
<tr><td>군검찰관
송치</td><td colspan="2">검사는 사건이 군사법원의 재판권에 속하는 때에는 사건을 서류와 증거물과 함께 재판권을 가진 관할군사법원 검찰부검찰관에게 송치하여야 한다</td></tr>
<tr><td>소년부
송치</td><td colspan="2">검사는 소년에 대한 피의사건을 수사한 결과 보호처분에 해당하는 사유가 있다고 인정한 때에는 사건을 관할소년부에 송치하여야 한다</td></tr>
<tr><td>기 타</td><td colspan="2">검사는 가정폭력범죄사건으로 처리하는 경우나, 성매매사건에 대하여 보호처분에 처함이 상당하다고 인정하는 때에는 관할 가정법원 또는 지방법원에 송치하여야 한다.</td></tr>
</table>

40. 결과 통지

<table>
<tr><td rowspan="2">고소 · 고발인에 통지</td><td colspan="3">검사는 고소 또는 고발 있는 사건에 관하여 공소를 제기하거나 제기하지 아니하는 처분, 공소의 취소 또는 타관송치를 한 때에는 그 처분한 날로부터 7일 이내에 서면으로 고소인 또는 고발인에게 그 취지를 통지하여야 한다(제258조 제1항).</td></tr>
<tr><td>불기소 이유고지</td><td colspan="2">검사는 고소 · 고발이 있는 사건에 관하여 공소를 제기하지 아니하는 처분을 한 경우에 고소인 · 고발인의 청구가 있는 때에는 7일 이내에 고소인 또는 고발인에게 그 이유를 서면으로 설명하여야 한다(제259조).</td></tr>
<tr><td rowspan="2">피의자 · 피해자에 통지</td><td>피의자</td><td colspan="2">검사는 불기소 · 타관송치의 처분을 한 때에는 피의자에게 즉시 그 취지를 통지하여야 한다(제258조 제2항).</td></tr>
<tr><td>피해자</td><td colspan="2">검사는 범죄로 인한 피해자 또는 그 법정대리인(피해자가 사망한 경우에는 그 배우자 · 직계친족 · 형제자매를 포함한다)의 신청이 있는 때에는 당해 사건의 공소제기 여부, 공판의 일시 · 장소, 재판결과, 피의자 · 피고인의 구속 · 석방 등 구금에 관한 사실 등을 신속하게 통지하여야 한다.</td></tr>
<tr><td rowspan="6">불기소처분에 대한 불복</td><td>검찰항고</td><td colspan="2">① 항 고 : 검사의 불기소처분에 불복이 있는 고소인 · 고발인은 그 검사가 속하는 지방검찰청 또는 지청을 거쳐 서면으로 통지를 받은 날로부터 30일 내에 관할고등검찰청의 장에게 항고할 수 있다.
② 재항고 : 항고한 고발인에 대하여 항고를 기각하는 처분에 대해 불복하거나, 항고를 한 날로부터 항고에 대한 처분이 행하여지지 않고 3개월이 경과한 때에는 그 검사가 속하는 고등검찰청을 거쳐 서면으로 통지를 받은 날로부터 30일 내에 검찰총장에게 재항고할 수 있다.</td></tr>
<tr><td>재정신청</td><td colspan="2">고소권자로서 고소를 한 자, 「형법」 제123조부터 제126조까지의 죄에 대하여는 고발을 한 자는 「검찰청법」 제10조에 따른 항고를 거쳐 그 항고기각 통지를 받은 날로부터 10일 이내에 고등법원에 재정신청을 할 수 있다.</td></tr>
<tr><td rowspan="4">헌법소원</td><td>고소인</td><td>고소인은 원칙적으로 헌법소원은 인정되지 않는다.</td></tr>
<tr><td>고발인</td><td>고발인은 자기관련성이 없으므로 청구권이 인정되지 않는다.</td></tr>
<tr><td>피의자</td><td>피의자는 검사의 기소유예 처분에 대하여 헌법소원을 제기할 수 있다.</td></tr>
<tr><td>고소하지 않은 피해자</td><td>고소하지 않은 피해자는 헌법 제27조 제5항에 근거 재판절차진술권의 침해를 이유로 헌법소원을 제기할 수 있다.</td></tr>
</table>

참고 · 지문

기소유예처분에 대해 검사가 다시 재수사하여 공소를 제기할 수 있으며, 법원이 이에 대하여 유죄판결을 선고하여도 일사부재리의 원칙에 반하지 않는다.

판례 · 지문 수사종결

1. **범죄피해자가 아닌 고발인에게는** 개인적 주관적인 권리나 재판절차에서의 진술권 따위의 기본권이 허용될 수 없으므로 검사가 자의적으로 불기소처분을 하였다고 하여 달리 특별한 사정이 없으면 헌법소원심판청구의 요건인 **자기관련성이 없다**(헌재 1989.12.22. 89헌마145).

2. 검사의 불기소처분에 대한 헌법소원에 있어서 그 대상이 된 범죄에 대한 **공소시효가 완성되었을 때에는 권리보호의 이익이 없어 헌법소원을 제기할 수 없으며, 또 헌법소원 제기 후에 그 공소시효가 완성된 경우에도 역시 그 헌법소원은 권리보호의 이익이 없어 부적법하다**(헌재 1997.7.16. 97헌마40).

구 분	검찰항고	재정신청	헌법소원
대상범죄	제한 없음	1. 고소인 : 제한 없음 2. 고발인 : (형법 제123조–제126조의 죄)	제한 없음
청구권자	고소인 · 고발인	1. 고소권자 2. 고발인 : (형법 제123조–제126조의 죄)	1. 고소하지 않은 피해자 2. 피의자
공소시효	정지 안 됨	정지됨	정지 안 됨

41. 공소제기 후 수사

공소제기 후 강제수사	**피고인의 구속**	공소제기 후의 피고인 구속은 수소법원의 권한에 속하며, 공소제기 후에 수사기관이 피고인을 구속할 수 없다.
	압수 · 수색 · 검증	① 원 칙: 공소제기로 사건이 법원에 계속되고 압수수색도 법원의 권한에 속하므로 수사기관의 압수 · 수색 · 검증은 허용되지 않는다.
		② 예 외: 검사 또는 사법경찰관이 피고인에 대한 구속영장을 집행하는 때에 그 집행의 현장에서는 영장없이 압수 · 수색 · 검증을 할 수 있으며, 임의제출물의 압수는 공소제기 후에도 허용된다.
공소제기 후 임의수사	공소제기 후에도 공소를 유지하거나 그 여부를 결정하기 위한 수사가 가능한 이상 공소제기 후에도 임의수사는 원칙적으로 허용된다.	
	피고인 신문	공소제기 후에도 제1회 공판기일 전후를 불문하고 수사기관이 피고인을 신문할 수 있다고 하는 견해로서 피고인신문이 임의수사라는 것을 전제로 하고, 따라서 그 결과인 진술조서의 증거능력도 인정한다(판례).
	참고인 조사	원칙적으로 허용되지만, 피고인에게 유리한 증언을 한 증인을 수사기관이 법정 외에서 다시 참고인으로 조사하여 법정에서의 진술을 번복하게 하는 것은 허용되지 않는다.

42. 재정신청

<table>
<tr><td>재정신청</td><td colspan="3">재정신청이란 고소권자로서 고소를 한 자 또는 「형법」 제123조부터 제126조까지의 죄에 대하여는 고발을 한 자가 검사로부터 공소를 제기하지 아니한 때에는 그 검사 소속의 지방검찰청 소재지를 관할하는 고등법원에 재정신청하여 고등법원의 결정으로 공소제기를 강제하는 제도를 말한다.</td></tr>
<tr><td rowspan="2">절차</td><td>신청의 대상</td><td colspan="2">㉠ 고소사건 : 고소인이 대상범죄에 제한없이 재정신청을 할 수 있다.
㉡ 고발사건 : 고발인이 재정신청을 할 수 있는 범죄는 공무원의 직권남용죄(형법 제123조~제126조)에 대한 검사의 불기소처분이다.</td></tr>
<tr><td>재정신청권자</td><td colspan="2">재정신청은 대리인에 의하여 할 수 있으며 공동신청권자 중 1인의 신청은 그 전원을 위하여 효력을 발생한다.</td></tr>
<tr><td rowspan="2">검찰항고 전치주의</td><td>원 칙</td><td colspan="2">재정신청을 하려면 「검찰청법」 제10조에 따른 항고를 거쳐야 한다.</td></tr>
<tr><td>예 외</td><td colspan="2">㉠ 재정신청인이 불기소처분에 대하여 항고를 제기하였고 그 이후 재기수사가 이루어진 다음 다시 불기소처분이 있는 때
㉡ 항고신청 후 항고에 대한 처분이 행하여지지 아니하고 3개월이 경과한 경우
㉢ 공소시효 완성일 30일 전까지 공소가 제기되지 아니하는 경우가 이에 해당한다.</td></tr>
<tr><td rowspan="3">재정신청의 방법</td><td rowspan="2">신청의 기간</td><td>항고기각통지</td><td>항고기각 결정을 통지받은 날 또는 항고전치주의의 예외 사유가 발생한 날부터 10일 이내에 지방검찰청검사장 또는 지청장에게 재정신청서를 제출하여야 한다.</td></tr>
<tr><td>공소시효 완성</td><td>공소시효 완성일 30일 전까지 공소가 제기되지 아니하는 경우에는 공소시효 만료일 전날까지 재정신청서를 제출할 수 있다.</td></tr>
<tr><td>취 소</td><td colspan="2">㉠ 재정신청의 취소는 고등법원의 재정결정이 있을 때까지 관할고등법원에 서면으로 하여야 하며 재정신청을 취소한 자는 다시 재정신청을 할 수 없다.
㉡ 재정신청의 취소는 다른 공동신청권자에게 효력을 미치지 아니한다.</td></tr>
<tr><td rowspan="2">지방검찰청검사장의 처리</td><td>검찰항고 거친 경우</td><td colspan="2">재정신청인은 재정신청 기간 내에 지방검찰청검사장 또는 지청장에게 제출하도록 하고, 지방검찰청검사장이나 지청장은 7일 이내에 사건기록 및 증거물과 함께 관할 고등검찰청을 거쳐 관할고등법원에 송부하게 한다.</td></tr>
<tr><td>검찰항고거치지 않은 경우</td><td colspan="2">① 지방검찰청검사장이나 지청장은 신청이 이유있다고 인정하는 경우에는 즉시 공소를 제기하고 그 취지를 고등법원과 재정신청인에게 통지한다.
② 신청이 이유 없다고 인정되는 때에는 30일 이내에 관할 고등법원에 송부한다.</td></tr>
</table>

참고 · 지문

공동신청권자 중 1인의 재정신청은 전원을 위하여 효력을 발생하지만(제264조 제1항), 그 취소는 다른 공동신청권자에게 효력을 미치지 아니한다(제264조 제3항).

고등법원의 심리	통 지	법원은 재정신청서를 송부받은 때에는 송부받은 날부터 10일 이내에 피의자와 재정신청인에게 그 사유를 통지하여야 한다.
	관할법원	불기소처분을 한 검사소속의 지방검찰청 소재지를 관할하는 고등법원이다.
	심리기간	법원은 재정신청서를 송부받은 날부터 3개월 이내에 항고의 절차에 준하여 결정한다. 이 경우 필요한 때에는 증거를 조사할 수 있다.
	심리방식	재정신청사건의 심리는 특별한 사정이 없는 한 비공개로 한다(제3항).
	기록의 열람 · 등사	① 재정신청사건의 심리 중에는 관련 서류 및 증거물을 열람 또는 등사할 수 없다. ② 법원이 증거를 조사하는 경우 그 과정에서 작성된 서류의 전부나 일부에 대한 열람 · 등사를 직권으로 허가할 수 있도록 하였다.
재정결정	재정기각결정	㉠ 법원은 재정신청서를 송부 받은 날부터 3개월 이내에 신청이 법률상의 방식에 위배되거나 이유없는 때에는 신청을 기각한다. ㉡ 기각 결정이 확정된 사건에 대하여는 다른 중요한 증거를 발견한 경우를 제외하고는 소추할 수 없다.
	공소제기 결정	㉠ 법원은 신청이 이유있어 공소제기 결정을 한 때에는 즉시 그 정본을 재정신청인 · 피의자와 관할 지방검찰청검사장 또는 지청장에게 송부하여야 한다. ㉡ 재정결정서를 송부 받은 관할 지방검찰청 검사장 또는 지청장은 지체 없이 담당 검사를 지정하고 지정받은 검사는 공소를 제기하여야 한다.
	불복	재정신청 기각결정에 대하여는 형사소송법 제415조에 따른 즉시항고를 할 수 있고, 공소제기결정에 대하여는 불복할 수 없다(제262조 제4항).
재정결정의 효력	검사의 공소유지 및 공소취소	① 법원이 공소제기 결정을 하면 일반 사건과 마찬가지로 검사가 공소제기 및 공소유지를 하도록 하였다. ② 검사는 통상적인 공판관여 검사와 같은 권한과 의무를 행사하되, 법원의 공소제기 결정 취지에 반하는 행위에 해당하는 공소취소는 하지 못한다.
	공소시효	① 재정신청이 있으면 재정결정이 있을 때까지 공소시효의 진행이 정지된다. ② 재정결정이 있는 때에는 공소시효에 관하여 공소제기결정이 있는 날에 공소가 제기된 것으로 본다.
재정신청인의 비용부담	기각결정 · 신청이 취소된 경우	법원은 재정신청 기각결정을 하거나 재정신청이 취소된 경우 재정신청인에게 결정으로 재정신청인에게 신청절차에 의하여 생긴 비용의 전부 또는 일부를 부담하게 할 수 있다.
	직권 · 피의자의 신청에 의한 비용부담	법원은 직권 또는 피의자의 신청에 따라 재정신청인에게 피의자가 재정신청절차에서 부담하였거나 부담할 변호인 선임료 등 비용의 전부 또는 일부의 지급을 명할 수 있다. 비용부담 결정에 대하여는 즉시항고를 할 수 있다.

판례 · 지문 재정신청

1. 재정신청 제기기간이 경과된 후에 재정신청보충서를 제출하면서 **원래의 재정신청에 재정신청 대상으로 포함되어 있지 않은 고발사실을 재정신청의 대상으로 추가한 경우**, 그 재정신청보충서에서 추가한 부분에 관한 재정신청은 **법률상 방식에 어긋난 것으로서 부적법**하다(대판 1997.4.22. 자97모30).

2. 재정신청 대상 사건이 아님에도 공소제기결정을 하였더라도 **본안절차가 개시된 후에는 이를 다툴 수 없다**(대판 2017도13465).

3. 공소를 제기하지 아니하는 검사의 처분의 당부에 관한 재정신청이 있는 경우에 법원은 검사의 무혐의 불기소처분이 위법하다 하더라도 기록에 나타난 여러 가지 사정을 고려하여 **기소유예의 불기소처분을 할 만한 사건이라고 인정되는 경우**에는 **재정신청을 기각할 수 있다**(대판 1997.4.22. 자97모30).

4. 재정신청서에 대하여는 형사소송법에 제344조 제1항과 같은 특례규정이 없으므로 재정신청서는 같은 법 제260조 제2항이 정하는 기간 안에 불기소 처분을 한 검사가 소속한 지방검찰청의 검사장 또는 지청장에게 도달하여야 하고, 설령 **구금중인 고소인이 재정신청서를 그 기간 안에 교도소장 또는 그 직무를 대리하는 사람에게 제출하였다 하더라도** 재정신청서가 위의 기간 안에 **불기소 처분을 한 검사가 소속한 지방검찰청의 검사장 또는 지청장에게 도달하지 아니한 이상 이를 적법한 재정신청서의 제출이라고 할 수 없다**(대판 1998.12.14. 자98모127).

5. 재판부가 당사자의 증거신청을 채택하지 아니하였다거나 같은 법 제262조에 정한 **기간 내에 재정신청사건의 결정을 하지 아니하였다**는 사유만으로는 재판의 공평을 기대하기 어려운 객관적인 사정이 있다 할 수 없다(대판 1990.11.2. 자90모44).

6. **법원이 재정신청서에 재정신청을 이유 있게 하는 사유가 기재되어 있지 않음에도 이를 간과**한 채 형사소송법 제262조 제2항 제2호 소정의 **공소제기결정을 한 관계로 그에 따른 공소가 제기되어 본안사건의 절차가 개시된 후**에는, 다른 특별한 사정이 없는 한 이제 **그 본안사건에서 위와 같은 잘못을 다툴 수 없다**(대판 2010.11.11. 선고 2009도224).

7. 형사소송법 제262조 제4항 후문에서 재정신청 기각결정이 확정된 사건에 대하여 다른 중요한 증거를 발견한 경우를 제외하고는 소추할 수 없도록 규정하고 있는 것은, 재정신청사건에 대한 법원의 결정에는 일사부재리의 효력이 인정되지 않는 만큼 피의사실을 **유죄로 인정할 명백한 증거가 발견된 경우에도 재정신청 기각결정이 확정되었다는 이유만으로 검사의 공소제기를 전적으로 금지하는 것은 사법정의에 반하는 결과**가 된다는 점을 고려한 것이다(대판 2015.9.10. 선고 2012도14755).

8. 형사소송법 제262조 제4항 후문에서 말하는 '제2항 제1호의 결정이 확정된 사건'은 재정신청사건을 담당하는 법원에서 공소제기의 **가능성과 필요성 등에 관한 심리와 판단이 현실적으로 이루어져 재정신청 기각결정의 대상이 된 사건만을 의미**한다(대판 2015.9.10. 선고 2012도14755).

제3편 수사와 증거

43. 수사자문위원

전문수사 자문위원	수사절차 참여	검사는 공소제기 여부와 관련된 사실관계를 분명하게 하기 위하여 필요한 경우에는 직권이나 피의자 또는 변호인의 신청에 의하여 전문수사자문위원을 지정하여 수사절차에 참여하게 하고 자문을 들을 수 있다.
	설명 · 의견을 진술	전문수사자문위원은 전문적인 지식에 의한 설명 또는 의견을 기재한 서면을 제출하거나 전문적인 지식에 의하여 설명이나 의견을 진술할 수 있다.
	피의자 · 변호인의 의견진술	피의자 또는 변호인의 의견진술 : 검사는 전문수사자문위원이 제출한 서면이나 전문수사자문위원의 설명 또는 의견의 진술에 관하여 피의자 또는 변호인에게 구술 또는 서면에 의한 의견진술의 기회를 주어야 한다.
자문위원 지정	검사의 지정	전문수사자문위원을 수사절차에 참여시키는 경우 검사는 각 사건마다 1인 이상의 전문수사자문위원을 지정한다.
	지정의 취소	검사는 상당하다고 인정하는 때에는 전문수사자문위원의 지정을 취소할 수 있다.
	이의제기	피의자 또는 변호인은 검사의 전문수사자문위원 지정에 대하여 관할 고등검찰청검사장에게 이의를 제기할 수 있다.
기타	㉠ 전문수사자문위원에게는 수당을 지급하고, 필요한 경우에는 그 밖의 여비, 일당 및 숙박료를 지급할 수 있다. ㉡ 전문수사자문위원의 지정 및 지정취소, 이의제기 절차 및 방법, 수당지급 그밖에 필요한 사항은 법무부령으로 정한다.	

01. 증거

증거의 의의	구체적 사실관계를 규명 · 확정하여 사건의 진상을 명확히 밝히기 위해 사실관계 확정에 사용되는 자료를 증거라 하며, 증거에 의하여 사실관계를 확인하는 과정을 증명이라 한다.
증거방법	사실인정에 이용될 수 있는 사람 또는 물건으로 증거조사의 대상이 될 수 있는 유형물이 증거방법이다(증인, 증거물, 증거서류, 피고인).
증거자료	증거방법을 조사하여 알게 된 내용, 즉 사실인정의 자료를 말한다(증인의 증언, 물건의 존재 및 형상, 서증의 내용, 감정인의 감정결과, 피고인의 진술).
직접증거	요증사실을 직접적으로 증명하는 증거를 말한다(피고인의 자백, 현장을 목격한 증인의 증언).
간접증거	요증사실을 간접적으로 추인할 수 있는 근거가 되는 사실을 말하며, 이를 정황증거라고도 한다(범죄현장에서 채취된 피고인의 지문, 상해사건의 진단서).
구별의 실익	① 직접증거와 간접증거에 있어서 **증명력의 차이는 인정되지 않는다.** ② 과학수사에 의하여 증거수집의 기술발달 등으로 간접증거가 중요해졌다. ③ 간접증거 만에 의한 유죄의 인정이나, 직접증거를 배제하고 간접증거를 유죄의 증거로 채택하였다고 하여 언제나 자유심증주의에 반하는 것은 아니다. ④ 같은 증거라 할지라도 요증사실에 따라 직접증거가 되기도 하고 간접증거가 되기도 한다.
인적 증거	사람의 진술내용이 증거로 되는 경우를 말하며 증거조사의 방법은 신문이다(증인의 증언, 피고인의 진술, 감정인의 감정).
물적 증거	물건의 존재 또는 상태가 증거로 되는 경우로 증거조사의 방법은 검증(제시)이다(범행에 사용한 흉기, 위조문서, 절도의 장물).
증거서류	당해 사건에 있어서 그 소송절차에 관하여 법원 또는 법관의 면전에서 법령에 의하여 작성된 소송서류로서 증거로 되는 것을 증거서류라 하며 증거서류의 증거조사방식은 요지의 고지 또는 낭독이다(공판조서, 검증조서, 증인신문조서).
증거물인 서면	서면의 내용이 아닌 서면의 존재가 증거로 되는 경우로서 부동산사기의 경우 그 매매계약서를 말하며 증거물인 서면의 증거조사방식은 제시와 요지의 고지 또는 낭독이다(위조문서, 협박문서).
본 증	거증책임을 지는 당사자가 제출하는 증거를 본증이라 한다. 원칙적으로 거증책임은 검사가 지나, 피고인이 거증책임을 지는 경우는 피고인이 제출한 증거가 본증이 된다(상해죄의 동시범 특례).
반 증	반대당사자가 본증에 의하여 증명하려는 사실의 존재를 부정하기 위하여 제출하는 증거가 반증이다.
진술증거	사람의 진술이 증거로 되는 경우를 진술증거라 한다(진술, 진술을 기재한 서면).
비진술증거	비진술증거는 진술증거 이외의 서증과 물적 증거를 말하며 비진술증거는 전문법칙이 적용되지 않는다(물적 증거, 진술을 기재한 서면 이외의 서면).
실질증거	실질증거는 주요사실의 존부를 직접 · 간접으로 증명하기 위하여 사용되는 증거를 말한다(본증, 반증).
보조증거	보조증거는 실질증거의 증명력을 다투기 위하여 사용되는 증거로서 탄핵증거와 보강증거가 있다.

02. 증거재판주의

증거재판주의	공소사실 등 주요사실을 인정함에 있어서는 반드시 증거능력이 있고 적법한 증거조사를 거친 증거에 의하여야 한다는 원칙을 말한다.
증명(사실인정)	증명이란 요증사실에 대해 법관이 합리적 의심의 여지가 없을 정도로 고도의 개연성을 인정할 수 있는 심증 즉, 확신을 가지게 하는 것을 말한다.
㉠ 엄격한 증명	법률상 증거능력이 있고 적법한 증거조사를 거친 증거에 의한 증명을 말한다.
㉡ 자유로운 증명	증거능력이 없는 증거 또는 적절한 증거조사를 거치지 아니한 증거에 의한 증명을 말한다.

☞ 엄격한 증명과 자유로운 증명은 증거능력의 유무와 증거조사의 방법에 차이가 있을 뿐이고, 증명을 요하는 것은 엄격한 증명과 자유로운 증명에 따라 달라지는 것이 아니다.

증명과 소명의 구별	확신에 이르지 않아도 일응 심증형성 내지 추측으로 충분한 경우를 소명이라 한다. ① 소명을 위해서는 엄격한 형식, 방법, 절차가 요구되지 않는다. ② 소명의 책임은 당해 사항을 청구한 당사자가 부담한다. ③ 신속한 결정이 요청되는 경우에 법규에 소명대상으로 규정되어 있다.	
	소명사유	1. 기피사유의 소명(제19조 제2항) 2. 보조인의 신고시 신분관계의 소명(규칙 제11조) 3. 법정대리인의 변호인 선임시 신분관계의 소명(규칙 제12조) 4. 상소권회복원인사유의 소명(제346조 제2항) 5. 증언거부사유의 소명(제150조) 6. 증거보전청구사유의 소명(제184조의3) 7. 증인신문청구사유의 소명(제221의2)

증거능력	증거가 엄격한 증명의 자료로 사용될 수 있는 법률상의 자격을 의미하며, 이는 법률의 규정에 의하여 형식적으로 결정되어 있다.
증거법칙	㉠ 자백배제법칙 ㉡ 위법수집증거의 배제법칙 ㉢ 전문법칙
기본원칙	증거재판주의(제307조)
증명력	증거가 사실의 인정에 미치는 실질적 가치를 의미하며 이는 법관의 자유 심증으로 결정되어진다.
증거법칙	㉠ 자유심증주의 ㉡ 자백의 보강법칙 ㉢ 공판조서의 증명력
기본원칙	자유심증주의(제308조)

03. 증명

엄격한 증명	공소범죄 사실	① 구성요건해당사실 : 객관적 구성요건요소(행위주체, 객체, 결과발생, 인과관계), 주관적 구성요건요소(고의, 과실, 목적, 공모)를 불문하고 엄격한 증명의 대상이 된다. ② 위법성 · 책임에 관한 사실 : 구성요건에 의해 위법성과 책임이 사실상 추정되나 당사자가 위법성조각사유 · 책임조각사유의 존재를 주장하면 위법성조각사유 · 책임조각사유의 부존재 대해서는 엄격한 증명의 대상이 된다. ③ 처벌조건 : 처벌조건은 범죄될 사실 자체는 아니나 형벌권발생에 직접 관련되는 사실이므로 엄격한 증명의 대상이 된다(친족상도례의 경우 친족관계부존재, 파산범의 경우 파산 선고의 확정).
	형벌권의 범위	① 법률상 형의 가중 · 감면 사실 : 법률상 형의 가중 · 감면의 이유되는 사실은 엄격한 증명의 대상이 된다(누범전과, 상습성, 심신미약, 중지미수, 자수 · 자복). ② 몰수 · 추징 : 몰수 · 추징의 사유는 부가형으로 통설은 엄격한 증명의 대상이 된다고 하나, **판례는 자유로운 증명의 대상**이 된다고 한다.
	간접사실 경험법칙	① 간접사실 : 주요사실의 존부를 간접적으로 추인하는 사실은 엄격한 증명의 대상이 된다(검사의 알리바이 부존재의 증명). ② 특별한 경험법칙: 사실을 판단하는 전제가 되는 지식을 말하며, 일반인 누구나 알고 있는 일반적 경험법칙은 공지의 사실로 증명을 요하지 않는다(불요증 사실). 그러나 특정인만 알고 있거나 내용이 명백하지 않은 특별한 경험법칙은 엄격한 증명의 대상이 된다. ③ 법 규 : 법규의 존부와 그 내용은 법원의 직권조사사항으로 엄격한 증명의 대상이 아니나 외국법 · 관습법 · 자치법규와 같이 **법규내용이 명백하지 않은 경우**에는 엄격한 증명의 대상이 된다.
자유로운 증명	정상관계 사실	양형의 기초가 되는 정상관계 사실은 복잡하고 비유형적이므로 엄격한 증명의 대상으로 하기에 적합하지 않아 법원의 재량에 속하므로, 피고인의 경력(전과) · 성격 · 환경 · 범죄 후의 정황 등의 사실은 자유로운 증명으로 족하다(형의 선고유예 · 집행유예 또는 작량감경 및 양형의 조건이 되는 사실).
	소송법적 사실	① 순수한 소송법적 사실 : 친고죄의 고소의 유무, 피고인의 구속기간, 공소제기, 피고인신문이 적법하게 행하여졌는지 등의 순수한 소송법적 사실은 자유로운 증명으로 족하다. ② 자백의 임의성의 기초가 되는 사실은 구체적인 사건에 따라 당해 조서의 형식과 내용, 피고인의 학력 · 경력 · 직업 · 사회적 지위 · 지능정도 등 제반사정을 참작하여 자유로운 심증으로 그 진술이 임의로 한 것인지 여부를 판단하면 족하다.
	보조사실	① 증거의 증명력을 탄핵하는 사실은 자유로운 증명의 대상이 된다. ② 주요사실을 인정하는 증거의 증명력을 보강하는 보강증거는 엄격한 증명의 대상이 된다.

참고 · 지문

1. 판례는 형의 감면사유인 피고인의 범행 당시의 정신상태가 심신상실인지 또는 심신미약인지 여부는 법원이 판단할 문제이지 범죄 될 사실은 아니므로 엄격한 증명이 필요 없다고 한다.
2. 엄격한 증명과 자유로운 증명은 증거능력의 유무와 증거조사의 방법에 차이가 있을 뿐이고, 증명을 요하는 것은 엄격한 증명과 자유로운 증명에 따라 달라지는 것이 아니다.

<table>
<tr><td rowspan="5">불
요
증
사
실</td><td colspan="2">증명의 대상인 사실의 성질에 비추어 증명이 필요없는 사실로서, 엄격한 증명 · 자유로운 증명도 필요하지 않는다.</td></tr>
<tr><td>공지의 사실</td><td>일반적으로 알려져 있는 사실, 보통의 지식 · 경험이 있는 사람이면 의심치 않는 사실, 역사상 명백한 사실, 자연계의 현저한 사실로 반드시 모든 사람에게 알려져 있는 사실일 것을 요하지 않고, 일정한 범위의 사람에게 알려져 있으면 충분하다(상대적 개념).</td></tr>
<tr><td>법원에 현저한 사실</td><td>법원이 그 직무상 명백히 알고 있는 사실을 말한다(당해 재판부에서 이전에 판단하였던 사건의 결과). 법원에 공지된 사실이 당해 재판부로서는 명백할지라도 법원에 대한 국민의 신뢰확보, 공정한 재판이 보장되기 위해 증명이 필요하다.</td></tr>
<tr><td>추정된 사실</td><td>① 법률상 추정된 사실 : 전제사실이 증명되면 다른 사실을 인정하도록 법률에 규정되어 있는 것을 말한다. 실체적 진실주의 · 자유심증주의 · 무죄추정의 원칙에 어긋나기 때문에 허용되지 않는다.
② 사실상 추정된 사실 : 경험칙에 의하여 전제사실로부터 다른 사실을 논리적으로 추론하는 것이 논리적으로 합리적인 사실을 말하며 구성요건에 해당하면 위법성과 책임이 사실상 추정되어 증명을 요구하지 아니한다. 그러나 당사자가 다투면 추정은 깨지고 증명이 요구된다.
③ 거증금지사실 : 증명에 인하여 얻을 소송법적 이익보다 큰 초소송법적 이익 때문에 증명이 금지된 사실을 거증금지사실이라 하며 증명을 요하지 않는다(공무원의 직무상 비밀에 속하는 사실).</td></tr>
</table>

판례 · 지문 자유로운 증명

1. **외국법규의 존재**는 엄격한 증명을 요하는지 여부에 대해 형법 제6조 단행에 규정한바 "행위지의 법률에 의하여 범죄를 구성" 하는가 여부에 관하여는 이른바 **엄격한 증명을 필요**로 한다(대판 73도289).

2. **행위지의 법률에 의하여 범죄를 구성하는가 여부**에 관하여는 이른바 **엄격한 증명을 필요**로 한다(대판 73도289).
피고인의 자필로 작성된 진술서의 경우에는 서류의 작성자가 동시에 진술자이므로 진정하게 성립된 것으로 인정되고 그 진술이 특히 신빙할 수 있는 상태 하에서 행하여진 때에는 증거능력이 있고, 이러한 **특신상태는 증거능력의 요건**에 해당하므로 검사가 그 존재에 대하여 구체적으로 주장 · 입증하여야 하는 것이지만, 이는 소송상의 사실에 관한 것으로 **자유로운 증명으로 족하다**(대판 2001.9.4. 선고 2000도1743).

3. **탄핵증거는 범죄사실을 인정하는 증거가 아니므로 엄격한 증거조사를 거쳐야 할 필요가 없음**은 형사소송법 제318조의2의 규정에 따라 명백하다고 할 것이나, 법정에서 이에 대한 탄핵증거로서의 증거조사는 필요하다(대판 1998.2.27. 선고 97도1770).

4. **상해진단서**는 피해자의 진술과 함께 피고인의 범죄사실을 증명하는 유력한 증거가 될 수 있다. 그러나 상해 사실의 존재 및 인과관계 역시 합리적인 의심이 없는 정도의 증명에 이르러야 인정할 수 있으므로, 상해진단서의 객관성과 신빙성을 의심할 만한 사정이 있는 때에는 그 증명력을 판단하는 데 매우 신중하여야 한다. 특히 **상해진단서가 주로 통증이 있다는 피해자의 주관적인 호소 등에 의존하여 의학적인 가능성만으로 발급된 때**에는 그 진단 일자 및 진단서 작성일자가 상해 발생 시점과 시간상으로 근접하고 상해진단서 발급 경위에 특별히 신빙성을 의심할 만한 사정은 없는지, 상해진단서에 기재된 상해 부위 및 정도가 피해자가 주장하는 상해의 원인 내지 경위와 일치하는지, 피해자가 호소하는 불편이 기왕에 존재하던 신체 이상과 무관한 새로운 원인으로 생겼다고 단정할 수 있는지, 의사가 그 상해진단서를 발급한 근거 등을 두루 살피는 외에도 **피해자가 상해 사건 이후 진료를 받은 시점, 진료를 받게 된 동기와 경위, 그 이후의 진료 경과 등을 면밀히 살펴 논리와 경험법칙에 따라 그 증명력을 판단하여**야 한다(대법원 2017.4.7. 선고 2017도1286).

판례 · 지문 엄격한 증명

1. **증거능력이란** 증거가 **엄격한 증명의 자료로 사용될 수 있는 자격**을 의미할 뿐이고, 당해 **증거가 가지는 실질적 가치인 증명력과는 엄격히 구별되는 개념**으로서 비록 증거능력이 인정되는 증거라고 하더라도 그것이 과연 믿을 **만한 것인가의 문제 즉 증명력의 유무는 오로지 법관의 자유심증에 맡겨진 것**이어서 피고인은 자유로운 방법으로 그 증명력을 탄핵할 수 있으므로 **어떤 증거의 증거능력의 유무와 그에 의한 요증사실의 증명 내지는 범죄사실의 인정과는 필연적인 연관성이 있는 것도 아니다**(헌재 1995.6.29. 93헌바45).

2. **무고죄**는 타인으로 하여금 형사처분이나 징계처분을 받게 할 목적으로 신고한 사실이 객관적 진실에 반하는 허위사실인 경우에 성립되는 범죄이므로 신고한 사실이 객관적 사실에 반하는 허위사실이라는 요건은 **적극적인 증명이 있어야 하며, 신고사실의 진실성을 인정할 수 없다는 소극적 증명만으로 곧 그 신고사실이 객관적 진실에 반하는 허위사실이라고 단정하여 무고죄의 성립을 인정할 수는 없다**(대판 2004.1.27. 선고 2003도5114).

3. **범의**는 범죄사실을 구성하는 것으로서 이를 인정하기 위해서는 **엄격한 증명이 요구**되지만, 이러한 **주관적 요소로 되는 사실은 사물의 성질상 범의와 상당한 관련성이 있는 간접 사실을 증명하는 방법에 의하여 이를 입증할 수밖에 없고**, 무엇이 상당한 관련성이 있는 간접 사실에 해당할 것인가는 정상적인 경험칙에 바탕을 두고 치밀한 관찰력이나 분석력에 의하여 사실의 연결상태를 합리적으로 판단하는 방법에 의하여야 한다(대판 2002.3.12. 선고 2001도2064).

4. **공모공동정범**에 있어서 **공모나 모의**는 범죄사실을 구성하는 것으로서 이를 인정하기 위하여는 **엄격한 증명이 요구된다**(대판 2003.1.24. 2002도6103).

5. 범행 직후에 행위자의 혈액이나 호흡으로 혈중 알코올농도를 측정할 수 있는 경우가 아니라면 **위드마크 공식을 사용**하여 그 계산결과로 특정 시점의 혈중 알코올농도를 추정할 수도 있으나, **범죄구성요건사실의 존부를 알아내기 위해 과학 공식 등의 경험칙을 이용하는 경우에는** 그 법칙 적용의 전제가 되는 개별적이고 구체적인 사실에 대하여는 엄격한 증명을 요한다 할 것이고, 위드마크 공식의 경우 그 적용을 위한 자료로는 음주량, 음주시각, 체중, 평소의 음주정도 등이 필요하므로 그런 전제사실을 인정하기 위해서는 **엄격한 증명이 필요**하다(대판 2000.6.27. 99도128).

6. 민간인이 군에 입대하여 **군인신분을 취득**하였는가의 여부를 판단함에는 **엄격한 증명을 요한다**(대판 1970.10.30. 선고 70도1936).

7. **명예훼손죄의 구성요건인 전파가능성**을 이유로 명예훼손죄의 공연성을 인정하는 경우에는 적어도 **범죄구성요건의 주관적 요소로서 미필적 고의가 필요**하므로 전파가능성에 대한 인식이 있음은 물론 나아가 그 위험을 용인하는 내심의 의사가 있어야 하고, 그 행위자가 전파가능성을 용인하고 있었는지의 여부는 외부에 나타난 행위의 형태와 행위의 상황 등 구체적인 사정을 기초로 하여 **일반인이라면 그 전파가능성을 어떻게 평가할 것인가를 고려하면서 행위자의 입장에서 그 심리상태를 추인**하여야 한다(대판 2004.4.9. 선고 2004도340).

8. **심신장애의 유무 및 정도**를 판단함에 있어서 반드시 **전문가의 감정에 의존하여야 하는 것이 아니고**, 범행의 경위 · 수단 · 범행 전후의 피고인의 행동 등 기록에 나타난 관계 자료와 피고인의 법정태도 등을 종합하여 **법원이 독자적으로 판단할 수 있다**(대판 1998.3.13. 98도159).

9. **국헌문란의 목적**은 범죄 성립을 위하여 고의 외에 요구되는 초과 주관적 위법요소로서 엄격한 증명 사항에 속하나, 그 인식은 확정적 인식임을 요하지 아니하며, 다만 **미필적 인식이 있으면 족하다**(2014도10978).

10. **추징의 대상이 되는지 여부는 엄격한 증명을 필요로 하는 것은 아니나**, 그 대상이 되는 범죄수익을 특정할 수 없는 경우에는 추징할 수 없고, 또한 범죄수익은닉의 규제 및 처벌 등에 관한 법률 제10조 소정의 추징은 임의적인 것이므로 그 추징의 요건에 해당되는 재산이라도 **이를 추징할 것인지의 여부는 법원의 재량**에 맡겨져 있다(대판

2007도2451).

11. 행위지의 법률에 의하여 범죄를 구성하지 아니하거나 소추 또는 형의 집행을 면제할 경우에는 우리 형법을 적용하여 처벌할 수 없고, 이 경우 **행위지의 법률에 의하여 범죄를 구성하는지 여부**에 대해서는 **엄격한 증명**에 의하여 검사가 증명하여야 한다(대판 2011.8.25. 2011도6507).

12. 재심의 청구를 받은 법원은 **재심청구 이유의 유무**를 판단함에 필요한 경우에는 사실을 조사할 수 있으며 공판절차에 적용되는 엄격한 증거조사 방식에 따라야만 하는 것은 아니다(2015모2229).

판례 · 지문 **증명력**

1. 살인죄와 같이 법정형이 무거운 범죄의 경우에도 직접증거 없이 간접증거만으로도 유죄를 인정할 수 있으나, 그 경우에도 주요사실의 전제가 되는 간접사실의 인정은 합리적 의심을 허용하지 않을 정도의 증명이 있어야 하고, 그 **하나하나의 간접사실이 상호 모순, 저촉이 없어야 함은 물론 논리와 경험칙, 과학법칙에 의하여 뒷받침되어야 한다**(대판 2017.5.30. 선고 2017도1549).

2. 형사재판에서 이와 관련된 **다른 형사사건 등의 확정판결에서 인정된 사실은 특별한 사정이 없는 한 유력한 증거자료가 되는 것이나**, 당해 형사재판에서 제출된 **다른 증거내용에 비추어 관련 형사사건의 확정판결에서의 사실판단을 그대로 채용하기 어렵다고 인정될 경우에는 이를 배척할 수 있다**(대판 2007도5206).

3. **증거의 증명력은** 법관의 자유판단에 맡겨져 있으나 그 판단은 논리와 경험칙에 합치하여야 하고, 형사재판에 있어서 유죄로 인정하기 위한 심증형성의 정도는 합리적인 의심을 할 여지가 없을 정도여야 하나, 여기에서 말하는 **합리적 의심이라 함은 논리와 경험칙에 기하여 요증사실과 양립할 수 없는 사실의 개연성에 대한 합리성 있는 의문을 의미하는** 것으로서, 피고인에게 유리한 정황을 사실인정과 관련하여 파악한 이성적 추론에 그 근거를 두어야 하는 것이므로 단순히 관념적인 의심이나 추상적인 가능성에 기초한 의심은 합리적 의심에 포함된다고 할 수 없다(대판 2004.6.25. 선고 2004도2221).

4. **강간죄에서 공소사실을 인정할 증거로** 사실상 피해자의 진술이 유일한 경우에 피고인의 진술이 경험칙상 합리성이 없고 그 자체로 모순되어 믿을 수 없다고 하여 그것이 공소사실을 인정하는 직접증거가 되는 것은 아니지만, 이러한 사정은 법관의 자유판단에 따라 피해자 진술의 신빙성을 뒷받침하거나 직접증거인 피해자 진술과 결합하여 공소사실을 뒷받침하는 간접정황이 될 수 있다(대판 2018.10.25. 선고 2018도7709).

5. **공동피고인 중의 1인이** 다른 공동피고인들과 공동하여 범행을 하였다고 자백한 경우, 반드시 그 자백을 전부 믿어 공동피고인들 전부에 대하여 유죄를 인정하거나 그 전부를 배척하여야 하는 것은 아니고, 자유심증주의의 원칙상 법원으로서는 **자백한 피고인 자신의 범행에 관한 부분만을 취신하고, 다른 공동피고인들이 범행에 관여하였다는 부분을 배척할 수 있다**(대판 1995.12.8. 선고 95도2043).

6. **형사재판에 있어 심증**이 반드시 직접증거에 의하여 형성되어야만 하는 것은 아니고 경험칙과 논리법칙에 위반되지 아니하는 한 간접증거에 의하여 형성되어도 되는 것이며, **간접증거가 개별적으로는 범죄사실에 대한 완전한 증명력을 가지지 못하더라도** 전체 증거를 상호 관련하여 종합적으로 고찰할 경우 그 **단독으로는 가지지 못하는 종합적 증명력이 있는 것으로 판단되면 그에 의하여도 범죄사실을 인정할 수 있다**(대판 2001.11.27. 선고 2001도4392).

7. 형사재판에서 관련된 **민사사건의 판결에서 인정된 사실은 유력한 인정자료가 된다고 할지라도 반드시 그 판결의 확정사실에 구속을 받는 것은 아니어서** 형사법원은 증거에 의하여 **형사판결에서 확정된 사실과 다른 사실을 인정할 수 있다**(대판 1983.6.28. 81도3011).

8. **과학적 증거방법이 사실인정에 있어서 상당한 정도로 구속력을 갖기 위해서는** 감정인이 전문적인 지식 · 기술 · 경험을 가지고 공인된 표준 검사기법으로 분석을 거쳐 법원에 제출하였다는 것만으로는 부족하고, 시료의 채취 · 보

관 · 분석 등 **모든 과정에서 시료의 동일성이 인정되고 인위적인 조작 · 훼손 · 첨가가 없었음이 담보되어야** 하며 각 단계에서 시료에 대한 정확한 인수 · 인계 절차를 **확인할 수 있는 기록이 유지**되어야 한다(대판 2010.3.25. 선고 2009도14772).

9. **유전자검사나 혈액형검사 등 과학적 증거방법은** 그 전제로 하는 사실이 모두 진실임이 입증되고 그 추론의 방법이 과학적으로 정당하여 오류의 가능성이 전무하거나 무시할 정도로 극소한 것으로 인정되는 경우에는 **법관이 사실인정을 함에 있어 상당한 정도로 구속력을 가지므로**, 비록 사실의 인정이 사실심의 전권이라 하더라도 아무런 합리적 근거 없이 **함부로 이를 배척하는 것은 자유심증주의의 한계를 벗어나는 것으로서 허용될 수 없다**(대판 2007.5.10. 선고).

10. 호흡측정기에 의한 측정의 경우 그 측정기의 상태, 측정방법, 상대방의 협조정도 등에 의하여 그 측정결과의 정확성과 신뢰성에 문제가 있을 수 있다는 사정을 고려하면, 혈액의 채취 또는 검사과정에서 인위적인 조작이나 관계자의 잘못이 개입되는 등 혈액채취에 의한 검사결과를 믿지 못할 특별한 사정이 없는 한, **혈액검사에 의한 음주측정치가 호흡측정기에 의한 음주측정치보다 측정 당시의 혈중알콜농도에 더 근접한 음주측정치라고 보는 것이 경험칙에 부합한다**(대판 2004.2.13. 선고 2003도6905).

11. 형사재판에 있어서 이와 관련된 **다른 형사사건의 확정판결**에서 인정된 사실은 특별한 사정이 없는 한 유력한 증거자료가 되는 것이나, 당해 형사재판에서 제출된 다른 증거 내용에 비추어 관련 형사사건의 확정판결에서의 사실판단을 그대로 채택하기 어렵다고 인정될 경우에는 **이를 배척할 수 있다**(대판 2014.3.27. 2014도1200).

04. 거증책임

<table>
<tr><td>실질적 거증책임</td><td colspan="2">요증사실의 존재 여부에 관하여 증명이 불충분한 경우, 즉 법원이 확신을 갖지 못한 경우에 불이익을 받을 당사자의 법적 지위 내지 위험부담을 의미한다. 이를 실질적 거증책임 또는 객관적 거증책임이라고도 하며 소송의 진행과 무관하게 고정되어 있다.</td></tr>
<tr><td rowspan="3">거증책임의 분배</td><td colspan="2">거증책임의 분배라 함은 거증책임을 검사와 피고인 중 누가 부담하는가의 문제이다.</td></tr>
<tr><td>원 칙</td><td>거증책임은 원칙적으로 검사가 부담한다.
① 공소범죄사실의 존재 : 검사가 거증책임을 부담한다. 검사는 구성요건 해당사실과 피고인이 위법성조각사유나 책임조각사유를 주장하는 때에는 검사가 그 부존재에 대하여 거증책임을 진다.
② 처벌조건인 사실 : 처벌조건은 형벌권발생의 요건이므로 검사가 거증책임을 진다.
③ 형의 가중감면의 사유가 되는 사실 : 형의 가중사유인 사실의 존재, 형의 감면사실의 부존재에 관해서 검사가 거증책임을 진다.
④ 소송법적 사실 : 친고죄의 고소, 공소시효 완성 등 소송조건인 사실의 존재에 관하여 검사가 거증책임을 부담한다.</td></tr>
<tr><td>예외</td><td>예외적으로 피고인이 거증책임을 부담하는 경우가 있다. 이를 거증책임의 전환이라고 한다.
① 상해죄의 동시범(형법 제263조) : 상해죄의 동시범인 경우에는 피고인이 인과관계의 부존재를 증명하지 않으면 피고인은 상해죄의 기수범으로 처벌한다(통설).
② 명예훼손죄의 공익성 · 진실성(형법 제310조) : 명예훼손행위가 진실한 사실로서 오로지 공공의 이익에 관한 때에는 처벌하지 아니한다고 규정하고 있다. 형법 제310조를 거증책임의 전환으로 보는 견해(판례)와 특수한 위법성조각사유로 보는 견해가 있다.</td></tr>
<tr><td rowspan="2">형식적 거증책임 (입증의 부담)</td><td>의 의</td><td>형사절차의 진행에 따라 어느 사실이 증명되지 아니함으로써 불이익한 판단을 받을 가능성이 있는 당사자가 불이익을 면하기 위하여 그 사실을 증명할 증거를 제출해야 하는 부담을 말하며, 형식적 거증책임 또는 입증부담이라 한다(검사가 구성요건 해당성을 입증하면 위법성 · 책임은 사실상 추정, 위법성조각사유 · 책임조각사유의 존재에 대하여 피고인에게 입증의 부담 존재).</td></tr>
<tr><td>입증의 정도</td><td>검사는 법관이 유죄의 확신을 갖게 할 정도로 입증해야 하나, 피고인은 법관의 확신을 줄 정도를 요하지 않고, 법관의 심증을 방해할 정도의 의심을 갖게 할 정도이면 충분하다.</td></tr>
</table>

참고 · 지문

알리바이에 대한 거증책임을 독일의 경우에는 피고인에게, 미국의 경우에는 검사에게 인정한다.

판례 · 지문 거증책임

1. **공소가 제기된 범죄의 구성요건을** 이루는 사실은 그것이 **주관적 요건이든 객관적 요건이든 그 입증책임이 검사에게 있으므로** 형법 제309조 제2항의 출판물에 의한 명예훼손죄로 기소된 사건에서, 사람의 사회적 평가를 떨어뜨리는 사실이 적시되었다는 점, 그 적시된 사실이 객관적으로 진실에 부합하지 아니하여 허위일 뿐만 아니라 그 적시된 사실이 허위라는 것을 피고인이 인식하고서 이를 적시하였다는 점은 모두 검사가 입증하여야 하고, 이 경우 적시된 사실이 허위의 사실인지 여부를 판단함에 있어서는 적시된 사실의 내용 전체의 취지를 살펴보아 중요한 부분이 객관적 사실과 합치되는 경우에는 그 세부에 있어서 진실과 약간 차이가 나거나 다소 과장된 표현이 있다고 하더라도 이를 허위의 사실이라고 볼 수는 없다(대판 2006.4.14. 선고 2004도207).

2. 공소가 제기된 **범죄의 구성요건을 이루는 사실에 대한 증명책임은 검사**에게 있으므로, 공직선거법 제232조 제1항 제2호의 죄에서 행위자에게 후보자를 사퇴한 데 대한 대가를 지급하거나 받을 목적이 있었다는 점은 검사가 증명하여야 하고, 이때 행위자에게 위와 같은 목적이 있었는지는 재산상의 이익 등 제공자와 사퇴한 후보자와 관계, 후보자 사퇴가 재산상의 이익 등 제공자에게 미친 영향, 행위자가 재산상의 이익 등을 제공하거나 수수한 동기, 경위 및 과정, 수단과 방법, 재산상의 이익 등, 내용과 가치 등 당해 **제공 · 수수행위에 관한 여러 사정을 종합하여 사회통념에 비추어 합리적으로 판단**하여야 한다(대판 2012.9.27. 선고 2012도4637).

3. 임의성 없는 자백의 증거능력을 부정함으로써 자백을 얻기 위하여 피의자의 기본적 인권을 침해하는 위법 · 부당한 압박이 가하여지는 것을 사전에 막기 위한 것이므로, **그 임의성에 다툼이 있을 때**에는 피고인이 그 임의성을 의심할 만한 합리적인 이유가 되는 구체적인 사실을 입증할 것이 아니고, **검사가 그 임의성에 대한 의문점을 해소하는 입증을 하여야 한다**(대판 2000.1.21. 선고 99도4940).

4. 공연히 사실을 적시하여 사람의 명예를 훼손한 행위가 위법성이 조각되어 처벌대상이 되지 않기 위하여는 그것이 진실한 사실로서 **오로지 공공의 이익에 관한 때에 해당된다는 점을 행위자가 증명**하여야 하는 것이나, 그 증명은 엄격한 증거에 의하여야 하는 것은 아니므로, 이때에는 전문증거에 대한 증거능력의 제한을 규정한 형사소송법 제310조의2는 적용될 여지가 없다(대판 1996.10.25. 선고 95도1473).

05. 위법수집증거배제

<table>
<tr><td>위법수집증거 배제법칙</td><td colspan="2">위법한 수사에 의하여 수집된 증거와 그것을 원인으로 하여 취득된 부수적 증거의 증거능력을 부정하는 원칙이다. 위법하게 취득된 증거는 법원의 위법한 절차에 의한 경우에도 포함될 수 있다.</td></tr>
<tr><td>연 혁</td><td colspan="2">미국 연방대법원의 판례에 의하여 위법수집증거의 배제법칙을 확립하여 위법하게 압수된 증거의 증거능력을 부정하였다[Boyd 판결(1886), Weeks 판결(1914), Mapp 판결(1961)]</td></tr>
<tr><td rowspan="2">채부와 근거</td><td colspan="2">위법수집증거의 증거능력에 관한 제308조의2 규정을 신설하여 증거수집의 절차가 적법하지 않은 경우에는 그 증거의 증거능력을 부정한다. 경미한 절차의 위법의 경우에는 적용되지 않고, 증거수집 절차에 중대한 위법이 있는 경우에 한해 증거능력을 배제한다.</td></tr>
<tr><td>판례</td><td>① 영장주의를 위반하여 압수한 증거물의 증거능력을 부정하고 있다.
② 진술거부권을 고지하지 않고 작성한 피의자신문조서의 증거능력을 부정한다.
③ 변호인의 접견교통권을 침해하여 획득한 피의자진술조서의 증거능력을 부정한다.
☞ 증인의 소환절차의 하자, 위증의 벌을 경고하지 않고 선서한 증인의 증언, 증언거부권을 고지하지 않은 경우는 절차의 위법이 중대하지 않으므로 증거능력이 배제되지 않는다.</td></tr>
<tr><td rowspan="3">독수의 과실이론</td><td>의의</td><td>위법하게 수집된 1차 증거(독수)에 의하여 발견된 제2차 증거(과실)의 증거능력을 부정하는 이론을 말한다.</td></tr>
<tr><td>취지</td><td>제2차 증거의 증거능력을 인정할 경우의 위법수집증거배제법칙의 근본취지의 몰각 가능성을 배제하기 위해서이다.</td></tr>
<tr><td>예외</td><td>다음의 경우는 독수의 과실이론이 적용되지 않고 증거능력이 인정된다.
① 오염순화에 의한 예외(희석이론) : 피고인의 자유의사에 의한 행위에 의하여 제1차적 증거의 오염성이 희석되어 파생적 증거에 영향을 미치지 않게 되는 경우 그 파생증거의 증거능력을 인정하자는 이론이다.
② 불가피한 발견의 예외 : 파생적 증거가 다른 경로를 통하여 불가피하게 발견될 상황에 있었던 경우에는 그 파생적 증거의 증거능력을 인정하자는 이론이다.
③ 독립된 오염원의 예외 : 파생적 증거를 획득한 것이 제1차적 증거의 수집원인이었던 위법수사를 이용한 것이 아닌 경우에는 그 파생적 증거의 증거능력을 인정하자는 이론이다.</td></tr>
<tr><td>증거동의</td><td colspan="2">위법 수집된 증거는 당사자의 동의와 상관없이 증거능력이 부정된다.</td></tr>
<tr><td>탄핵증거</td><td colspan="2">위법수집증거를 탄핵증거로 사용하는 것도 허용되지 않는다. 허용할 경우 사실상 증거배제의 효과를 피하는 것을 허용하는 결과가 되기 때문이다.</td></tr>
</table>

참고 · 지문

1. 절차의 위법이 중대하지 않은 경우 : 증인의 소환절차의 하자, 위증의 벌을 경고하지 않고 선서한 증인의 증언, 증언거부권을 고지하지 않은 경우는 절차의 위법이 중대하지 않으므로 증거능력이 배제되지 않는다.
2. 헌법과 형사소송법이 정한 절차에 따르지 아니하고 수집된 증거는 기본적 인권 보장을 위해 마련된 적법한 절차에 따르지 않은 것으로 원칙적으로 유죄 인정의 증거로 삼을 수 없다. 다만 수사기관의 절차위반행위가 적법절차의 실질적인 내용을 침해하는 경우에 해당하지 아니하고, 오히려 그 증거의 증거능력을 배제하는 것이 헌법과 형사소송법이 형사소송에 관한 절차조항을 마련하여 적법절차의 원칙과 실체적 진실 규명의 조화를 도모하고 이를 통하여 형사 사법의 정의를 실현하려 한 취지에 반하는 결과를 초래하는 것으로 평가되는 예외적인 경우라면, 법원은 그 증거를 유죄 인정의 증거로 사용할 수 있다(대판 2015.1.22, 2014도10978).

판례 · 지문 **위법수집증거**

1. 법원이 2차적 증거의 증거능력 인정 여부를 최종적으로 판단할 때에는 먼저 절차에 따르지 않은 1차적 증거 수집과 관련된 모든 사정들, 즉 절차 조항의 취지와 그 위반의 내용과 정도, 구체적인 위반 경위와 회피가능성, 절차 조항이 보호하고자 하는 권리 또는 법익의 성질 · 침해 정도 · 피고인과의 관련성, 절차 위반행위와 증거수집 사이의 인과관계 등 관련성의 정도, 수사기관의 인식과 의도 등을 살펴야 한다. 그리고 **1차적 증거를 기초로 하여 다시 2차적 증거를 수집하는 과정에서 추가로 발생한 모든 사정들까지 구체적인 사안에 따라 주로 인과관계 희석 또는 단절 여부를 중심으로 전체적 · 종합적으로 고려하여야** 한다(대판 2018.5.11. 선고 2018도4075).

2. 피고인 측에서 **검사의 압수수색이 적법절차를 위반**하였다고 다투고 있음에도 불구하고 주장된 위법사유가 적법절차의 실질적인 내용을 침해하였는지 여부 등에 관하여 충분히 심리하지 아니한 채, **압수절차가 위법하더라도 압수물의 증거능력은 인정된다는 이유만으로 압수물의 증거능력을 인정한 것은 위법하다**(대판 2007.11.15. 선고 2007도3061).

3. 피의자의 진술거부권은 헌법이 보장하는 형사상 자기에 불리한 진술을 강요당하지 않는 자기부죄거부의 권리에 터 잡은 것이므로 수사기관이 피의자를 신문함에 있어서 피의자에게 미리 **진술거부권을 고지하지 않은 때에는** 그 피의자의 진술은 위법하게 수집된 증거로서 진술의 **임의성이 인정되는 경우라도 증거능력이 부인**되어야 한다(대판 1992.6.23. 선고 92도682).

4. 원심이 증인신문절차의 공개금지사유로 삼은 사정이 **국가의 안녕질서를 방해할 우려가 있는 때에 해당하지 아니하고,** 달리 헌법 제109조, 법원조직법 제57조 제1항이 정한 공개금지사유를 찾아볼 수도 없어, 원심의 **공개금지결정은 피고인의 공개재판을 받을 권리를 침해한 것으로서 그 절차에 의하여 이루어진 증인의 증언은 증거능력이 없다**(대판 2005.10.28. 선고 2005도5854).

5. **음란물 유포의 범죄혐의**를 이유로 압수수색영장을 발부받은 사법경찰관이 피고인의 주거지를 수색하는 과정에서 대마를 발견하자, 피고인을 마약류관리에 관한 법률 위반죄의 **현행범으로 체포하면서 대마를 압수하였으나 그 다음 날 피고인을 석방하고도 사후 압수수색영장을 발부받지 않은 사안**에서, 위 압수물과 압수조서는 형사소송법상 **영장주의를 위반하여 수집한 증거로서 증거능력이 부정**된다(대판 2009.5.14. 선고 2008도10914).

6. **위법한 강제연행 상태에서 호흡측정** 방법에 의한 음주측정을 한 다음 강제연행 상태로부터 시간적 · 장소적으로 단절되었다고 볼 수도 없고 피의자의 의사결정의 자유가 확실하게 보장되었다고 볼 만한 다른 사정이 개입되지 않은 이상 불법체포와 증거수집 사이의 인과관계가 단절된 것으로 볼 수는 없다. 따라서 그러한 **혈액채취에 의한 측정 결과 역시 유죄 인정의 증거로 쓸 수 없다**고 보아야 한다. 그리고 이는 수사기관이 위법한 체포 상태를 이용하여 증거를 수집하는 등의 행위를 효과적으로 억지하기 위한 것이므로, **피고인이나 변호인이 이를 증거로 함에 동의하였다고 하여도 달리 볼 것은 아니다**(2013.3.14. 선고 2010도2094 판결).

판례 · 지문 **증거능력 인정**

1. 수사기관이 범죄를 수사함에 있어 현재 범행이 행하여지고 있거나 행하여진 직후이고, 증거보전의 필요성 및 긴급성이 있으며, **일반적으로 허용되는 상당한 방법에 의하여 비디오 촬영**을 한 경우라면 촬영이 영장없이 이루어졌다 하여 이를 **위법하다고 단정할 수 없다**(대판 1999.9.3. 99도2317).

2. **무인장비에 의한 제한속도 위반차량 단속**은 이러한 수사 활동의 일환으로서 도로에서의 위험을 방지하고 교통의 안전과 원활한 소통을 확보하기 위하여 도로교통법령에 따라 정해진 제한속도를 위반하여 차량을 주행하는 범죄가 현재 행하여지고 있고, 그 범죄의 성질 · 태양으로 보아 긴급하게 증거보전을 할 필요가 있는 상태에서 일반적으로 허용되는 한도를 넘지 않는 상당한 방법에 의한 것이라고 판단되므로, 이를 통하여 운전 차량의 차량번호 등을 촬영한 사진을 두고 **위법하게 수집된 증거로서 증거능력이 없다고 말할 수 없다**(대판 1999.12.7. 98도3329).

3. 피고인이 범행 후 피해자에게 전화를 걸어오자 **피해자가 증거를 수집하려고 그 전화내용을 녹음한 경우, 그 녹음테이프가 피고인 모르게 녹음된 것이라 하여 이를 위법하게 수집된 증거라고 할 수 없다**(대판 1997.3.28. 선고 97도240).

4. **제3자가 공갈목적을 숨기고 피고인의 동의하에 나체사진을 찍은 경우,** 그 사진은 범죄현장의 사진으로서 피고인에 대한 형사소추를 위하여 반드시 필요한 증거로 보이므로, 공익의 실현을 위하여는 그 사진을 범죄의 증거로 제출하는 것이 허용되어야 하고, 이로 말미암아 피고인의 사생활의 비밀을 침해하는 결과를 초래한다 하더라도 이는 피고인이 수인하여야 할 기본권의 제한에 해당하며, 피고인에 대한 **간통죄에 있어 위법수집증거로서 증거능력이 배제되지 않는다**(대판 1997.9.30. 선고 97도1230).

5. 마약 투약 혐의를 받고 있던 피고인이 임의동행을 거부하겠다는 의사를 표시하였는데도 경찰관들이 피고인을 영장 없이 **강제로 연행한 상태에서 마약 투약 여부의 확인을 위한 1차 채뇨**절차가 이루어졌는데, 그 후 피고인의 소변 등 채취에 관한 **압수영장에 기하여 2차 채뇨**절차가 이루어지고 그 결과를 분석한 소변 감정서 등이 증거로 제출된 사안에서, 위와 같은 2차적 증거 수집이 위법한 체포·구금절차에 의하여 형성된 상태를 직접 이용하여 행하여진 것으로는 쉽사리 평가할 수 없으므로, 이와 같은 사정은 **체포과정에서의 절차적 위법과 2차적 증거 수집 사이의 인과관계를 희석하게 할 만한 정황에 속**하고, 메스암페타민 투약 범행의 중대성도 아울러 참작될 필요가 있는 점 등 제반 사정을 고려할 때 **2차적 증거인 소변감정서 등은 증거능력이 인정된다**(대판 2013.3.14. 선고 2012도13611 판결).

6. **진술거부권을 고지하지 않은 것이 단지 수사기관의 실수일 뿐** 피의자의 자백을 이끌어내기 위한 의도적이고 기술적인 증거확보의 방법으로 이용되지 않았고, 그 이후 이루어진 신문에서는 진술거부권을 고지하여 잘못이 시정되는 등 수사 절차가 적법하게 진행되었다는 사정, 최초 자백 이후 구금되었던 피고인이 석방되었다거나 변호인으로부터 충분한 조력을 받은 가운데 상당한 시간이 경과하였음에도 **다시 자발적으로 계속하여 동일한 내용의 자백을 하였다는 사정, 최초 자백 외에도 다른 독립된 제3자의 행위나 자료 등도 물적 증거나 증인의 증언 등 2차적 증거 수집의 기초가 되었다는 사정**, 증인이 그의 독립적인 판단에 의해 형사소송법이 정한 절차에 따라 소환을 받고 임의로 출석하여 증언하였다는 사정 등은 **통상 2차적 증거의 증거능력을 인정할만한 정황에 속한다**(대판 2009.3.12. 선고 2008도11437).

7. **범행 현장에서 지문채취 대상물에 대한 지문채취가 먼저 이루어진 이상,** 수사기관이 그 이후에 지문채취 대상물을 적법한 절차에 의하지 아니한 채 압수하였다고 하더라도 **채취된 지문은 위법하게 압수한 지문채취 대상물로부터 획득한 2차적 증거에 해당하지 아니함이 분명하여, 이를 가리켜 위법수집증거라고 할 수 없다**(대판 2008도7471).

8. 형사소송법 제219조가 준용하는 제118조는 '압수·수색영장은 처분을 받는 자에게 반드시 제시하여야 한다' 고 규정 하고 있으나, 이는 영장제시가 현실적으로 가능한 상황을 전제로 한 규정으로 보아야 하고, 피처분자가 현장에 없거나 현장에서 그를 발견할 수 없는 경우 등 **영장제시가 현실적으로 불가능한 경우에는 영장을 제시하지 아니한 채 압수·수색을 하더라도 위법하다고 볼 수 없다**(대판 2015.1.22. 2014도10978).

9. 사문서위조·위조사문서행사 및 소송사기로 이어지는 일련의 범행에 대하여 피고인을 형사소추하기 위해서는 이 사건 업무일지가 반드시 필요한 증거로 보이므로, 설령 그것이 제3자에 의하여 절취된 것으로서 위 소송사기 등의 피해자 측이 이를 수사기관에 증거자료로 제출하기 위하여 대가를 지급하였다 하더라도, **공익의 실현을 위하여**는 이 사건 업무일지를 범죄의 증거로 제출하는 것이 허용되어야 하고, 이로 말미암아 피고인의 **사생활 영역을 침해하는 결과가 초래된다 하더라도 이는 피고인이 수인하여야 할 기본권의 제한**에 해당된다(대판 2008.6.26. 2008도1584).

10. 피의자가 2009.11.2. 22:00경 긴급체포되어 조사를 받고 구속영장이 청구되지 아니하여 2009.11.4. 20:10경 석방되었음에도 검사가 30일 이내에 법원에 석방통지를 하지 않았더라도, 긴급체포 당시의 상황과 경위, 긴급체포 후 조사 과정 등에 특별한 위법이 있다고 볼 수 없는 이상, 단지 **사후에 석방통지가 이루어지지 않았다는 사정**만으로 그 긴급체포에 의한 유치 중에 작성된 **피의자신문조서들의 작성이 소급하여 위법하게 된다고 볼 수는 없다**(대판 2014.8.26. 2011도6035).

06. 자백배제법칙

자백배제 법칙	자백배제의 법칙이라 함은 임의성이 의심되는 자백의 증거능력을 부정하는 증거법칙을 자백배제법칙이라고 한다. 형사소송법은 제309조에 규정하여 자백배제법칙의 실정법적 근거를 두고 있다.	
자백	자백이라 함은 피의자 또는 피고인이 자기의 범죄사실의 전부 또는 일부를 인정하는 진술을 말한다.	
	주체	진술을 하는 자의 법률상의 지위는 문제되지 아니한다. 피고인 · 피의자의 지위에서 한 자백에 한하지 않고 증인 · 참고인 등의 지위에서 한 자백도 포함된다.
	범죄사실의 인정	범죄사실의 전부 또는 본질적 부분을 긍정함을 요하지 아니하며 범죄사실의 일부를 긍정하는 진술, 즉 일부자백도 자백이다.
	내용	자기의 형사책임을 긍정하는 진술임을 요하지 아니한다. 구성요건적 사실을 인정하면서 위법성조각사유 또는 책임조각사유를 주장하는 것도 자백이다.
	형식과 상대방	구두에 의한 진술뿐만 아니라 서면에 한 진술도 포함된다. 또한 범인이 일기장 등에 자기의 범죄사실을 기재하는 경우 등 상대방이 없는 경우도 자백에 해당한다.
	자백의 성질	자백은 유죄의 증거이다. 공소사실을 직접으로 인정할 수 있는 증거이므로 **직접증거**이며 진술이 증거로 되는 경우이므로 **진술증거**에 해당한다.
적용범위	고문 · 폭행 · 협박	사람의 정신 · 신체에 대한 위해 · 고통을 가하거나 신체에 대한 유형력의 행사 또는 사람에 대해 해악을 고지하여 공포심을 일으키는 행위로 당연히 증거능력이 부정되며, 피고인이 고문을 직접 당하지는 않았다고 할지라도 다른 피고인이 고문을 당하는 것을 보고 자백한 경우도 증거능력이 부정된다.
	신체구속 장기화	처음부터 불법한 체포 · 구속도 당연히 포함되며, 부당한 장기구속으로 인한 경우라면 자백의 임의성과 무관하게 증거능력이 부정된다. 장기간구속으로 인한 자백인가는 구속의 필요성 과 비례성을 기준으로 판단해야 한다.
	① 기망에 의한 자백의 경우 : 기망은 사실에 관련된 것, 법률사항 모두 포함하나, 단순한 착오를 이용하는 것으로는 부족하고, 적극적인 사술이 있어야 한다. ② 약속에 의한 자백 : 일정한 이익의 제공을 약속하여 자백을 받은 경우이다. 이익의 내용은 형벌과 관련된 내용에 한정되지 않으나, 구체적이고 특정한 것이어야 한다(기소유예처분의 약속, 경한 형의 구형 약속). ③ 잠을 재우지 않고 신문하여 얻은 자백(철야신문)의 증거능력은 부정된다. 그러나 야간에 신문하였다는 이유만으로 위법하다고 할 수는 없다. ④ 마취분석은 인간의 의사지배능력을 배제하고 인격권과 진술거부권을 침해하는 수사방법이므로 이에 의한 자백은 상대방의 동의 여부를 불문하고 증거능력을 부정한다.	

관련문제	인과관계	고문, 폭행, 협박 등과 자백 사이에 인과관계의 존재를 요하는가에 관해서는 판례는 적극설의 태도를 취하고 있다.
	임의성의 입증	자백을 증거로 제출한 당사자는 검사이므로 자백의 임의성의 존재에 관해서는 검사가 거증책임을 부담한다. 다만, 자백의 임의성은 소송법적 사실에 불과하므로 자유로운 증명으로 족하다.

	증거능력 부정	임의성에 의심이 있는 자백인 경우 증거능력의 제한은 절대적이므로 피고인이 유죄의 증거로 함에 동의하더라도 증거능력이 인정되지 아니하면 탄핵증거로도 허용되지 아니한다.
	상소이유	임의성이 없는 자백 또는 임의성에 의심있는 자백은 증거능력이 부정되므로 이러한 자백에 의하여 공소범죄사실을 유죄로 인정하는 경우에는 증거재판주의(제307조)의 위반으로서 항소이유(제361조의5 제1호) 또는 상고이유(제383조 제1호)에 해당한다.

판례 · 지문 **임의성 인정**

1. 피의자신문조서가 사건의 송치를 받은 당일에 작성된 것이었다 하여 그와 같은 조서의 작성시기만으로 그 조서에 기재된 피고인의 자백진술이 임의성이 없거나 특히 신빙할 수 없는 상태에서 된 것이라 의심하여 **증거능력을 부정할 수 없다**(대판 1984.5.29. 선고 84도378).

2. 일정한 증거가 발견되면 피의자가 자백하겠다고 한 약속이 검사의 강요나 위계에 의하여 이루어졌다던가 또는 불기소나 경한 죄의 소추 등 이익과 교환조건으로 된 것으로 인정되지 않는다면 위와 같은 자백의 약속 하에 된 자백이라 하여 곧 **임의성 없는 자백이라고 단정할 수는 없다**(대판 83도712).

3. 검사의 접견금지 결정으로 피고인들의 접견이 제한된 상황 하에서 피의자 신문조서가 작성되었다는 사실만으로 바로 그 조서가 임의성이 없는 것이라고는 볼 수 없다(대판 1984.7.10. 선고 84도846).

4. 직접증거가 아닌 간접증거나 정황증거도 자백의 보강증거가 될 수 있고, 자백과 보강증거가 서로 어울려서 전체로서 범죄사실을 인정할 수 있으면 유죄의 증거로 충분하다(대판 2018.3.15. 2017도20247).

5. 절차에 따르지 아니한 증거수집과 2차적 증거수집 사이 인과관계의 희석 또는 단절 여부를 중심으로 2차적 증거수집과 관련된 모든 사정을 전체적 종합적으로 고려하여 예외적인 경우에는 유죄 인정의 증거로 사용할 수 있다(2007도3061).

판례 · 지문 **자백배제법칙**

1. 피고인이 제출한 항소이유서에 피고인은 돈이 급해 지어서는 안 될 죄를 지었습니다. 진심으로 뉘우치고 있습니다. 라고 기재되어 있고 피고인은 항소심 제2회 공판기일에 위 항소이유서를 진술하였으나, 곧 이어서 있은 검사와 재판장 및 변호인의 각 심문에 대하여 피고인은 범죄사실을 부인하였고, 수사단계에서도 일관되게 그와 같이 범죄사실을 부인하여 온 점에 비추어 볼 때, 위와 같이 추상적인 **항소이유서의 기재만을 가지고 범죄사실을 자백한 것으로 볼 수 없다**(대판 1999.11.12. 선고 99도3341).

2. 임의성 없는 진술의 증거능력을 부정하는 취지는, **허위진술을 유발 또는 강요할 위험성**이 있는 상태 하에서 행하여진 진술은 그 자체가 실체적 진실에 부합하지 아니하여 오판을 일으킬 소지가 있을 뿐만 아니라, 그 진위 여부를 떠나서 진술자의 기본적 인권을 침해하는 위법 · 부당한 압박이 가하여지는 것을 사전에 막기 위한 것이다(대판 2002.10.8. 2001도3931).

3. 피고인이 검사 이전의 **수사기관에서 고문 등 가혹행위로 인하여** 임의성 없는 자백을 하고 그 후 검사의 조사단계에서도 임의성 없는 심리상태가 계속되어 동일한 내용의 자백을 하였다면 검사의 조사단계에서 고문 등 자백의 강요행위가 없었다고 하여도 검사 앞에서의 자백도 **임의성 없는 자백**이라고 볼 수밖에 없다(대판 1992.11.24. 92도2409).

4. 피고인의 자백이 심문에 참여한 검찰주사가 피의사실을 자백하면 피의사실부분은 가볍게 처리하고 보호감호의 청구를 하지 않겠다는 각서를 작성하여 주면서 자백을 유도한 것에 기인한 것이라면 위 자백은 **기망에 의하여** 임의로 진술한 것이 아니라고 의심할 만한 이유가 있는 때에 해당하여 형사소송법 제309조 및 제312조 제1항의 규정에 따라 **증거로 할 수 없다**(대판 1985.12.10. 선고 85도2182,85감도313).

5. 피고인이 처음 검찰조사 시에 범행을 부인하다가 뒤에 자백을 하는 과정에서 금 200만원을 뇌물로 받은 것으로 하면 특정범죄가중 처벌 등에 관한법률 위반으로 중형을 받게 되니 금 200만원 중 금 30만원을 술값을 갚은 것으로 조서를 허위 작성한 것이라면 이는 단순 수뢰죄의 가벼운 형으로 처벌되도록 하겠다고 약속하고 **자백을 유도한 것으로 위와 같은 상황 하에서 한 자백은 그 임의성에 의심**이 가고 따라서 진실성이 없다는 취지에서 이를 배척하였다 하여 자유심증주의의 한계를 벗어난 위법이 있다고는 할 수 없다(대판 1984.5.9. 선고 83도2782).

6. 별건으로 수감 중인 자를 약 1년 3개월의 기간 동안 무려 270회나 검찰청으로 소환하여 밤늦은 시각 또는 그 다음날 새벽까지 조사를 하였거나, 국외로 출국하여야 하는 상황에 놓여있는 자를 심리적으로 압박하여 조사를 하였을 가능성이 충분하다면 그들에 대한 진술조서는 임의성을 의심할 만한 사정이 있는데, 검사가 그 임의성의 의문점을 해소하는 증명을 하지 못하였으므로 그 진술조서는 **증거능력이 없다**(대판 2006.1.26. 선고 2004도517).

7. 알선수재 사건의 공여자 등이 별건으로 구속된 상태에서 10여일 내지 수십 여 일 동안 거의 매일 검사실로 소환되어 밤늦게까지 조사를 받았다면 이들은 과도한 육체적 피로, 수면부족, 심리적 압박감 속에서 진술을 한 것으로 보여 지므로 이들에 대한 진술조서는 그 임의성을 의심할 만한 사정이 있고, 검사가 그 임의성의 의문점을 해소하는 입증을 하지 못하면 **위 진술조서는 증거능력이 없다**(대판 2002.10.8. 선고 2001도3931).

07. 전문법칙

전문증거		사실인정의 기초가 되는 경험적 사실을 경험자 자신이 직접 법원에 진술하지 않고 **다른 형태(서면이나 타인의 진술)에 의하여 간접적으로 보고**하는 경우에 그 간접적인 보고를 말한다.
분 류	**전문진술**	원진술자의 진술을 청취한 제3자가 법원에 대하여 원진술의 내용을 보고하는 경우
	전문서류	㉠ 진술서 : 원진술자가 자신이 체험한 사실을 서면에 기재하여 둔 결과 그 서면이 법원에 제출되는 경우
		㉡ 진술녹취서 : 원진술자가 체험한 사실을 진술하고 이를 제3자가 녹취한 결과 그 서면이 법원에 제출되는 경우
전문법칙		전문법칙이란 전문증거는 증거가 아니며, 따라서 증거능력이 인정될 수 없다는 원칙을 말한다. 증거능력이 부정되는 전문증거에 대해서는 요증사실의 입증자료로 사용될 수 없을 뿐만 아니라 증거조사 자체도 금지된다.
연 혁		17세기 말 영국에서 증인에 대한 반대신문권 보장을 위하여 형성되었다.
근거		전문증거의 증거능력을 부정하는 이유는 반대신문권을 보장과 법관의 면전에서 직접 조사한 증거에 한하여 재판의 기초로 삼을 수 있다는 직접심리주의의 취지 및 반대신문에 의하여 음미할 수 없을 뿐 아니라 선서가 없고 와전될 가능성이 있기 때문에 신용성이 희박하여 증거능력이 부정된다.
적용범위	**진술증거**	비 진술증거에 대해서는 전문법칙이 적용되지 아니한다. 비 진술증거에 대해서는 반대신문이 불가능하며 전문증거의 신용성이 문제될 여지가 없기 때문이다.
	요증사실	원진술의 내용이 된 사실의 존부가 요증사실인 경우에만 전문증거가 되고, 따라서 전문법칙이 적용된다.
	적용되지 않는 경우	㉠ 비 진술증거 · 정황증거 : 증거물과 같은 비 진술증거나 원진술자의 진술이 언어적 행동 또는 정황증거로 사용되는 경우에는 전문법칙이 적용되지 않는다.
		㉡ 탄핵증거로 사용된 진술 : 증인의 신용성을 탄핵하기 위해 공판정 외에서 행한 모순된 진술을 증거로 제출하는 경우에는 원진술의 진실성을 증명하기 위한 경우가 아니므로 전문법칙이 적용되지 않는다(제318조의2).
		㉢ 증거동의: 당사자가 증거로 하는 데 동의한 경우에는 전문법칙이 적용되지 않는다(제318조). ☞ 즉결심판, 약식절차, 간이공판절차에서는 전문법칙이 배제된다.
전문법칙의 예외		전문법칙의 예외라 함은 전문증거가 예외적으로 증거능력이 인정되는 것을 말한다.
	신용성의 정황적 보장 (특신성)	① 원진술이 법원의 면전에서 행해지지 아니하였더라도 그 원진술의 진실성이 제반정황에 의하여 담보되는 것을 말한다. ② 신용성의 정황적 보장은 전문증거의 진술내용의 진실성을 의미하는 것이 아니라 그 진술의 진실성을 보장할 만한 외부적 정황이 있음을 의미한다. ③ 신용성의 정황적 보장에 의하여 전문증거의 증거능력이 인정되는 경우 1. 사건 직후의 충동적 발언과 같은 자연적 · 반사적 진술 2. 임종시 진술 3. 자신의 이익에 반하는 진술 4. 공문서 및 업무상통상과정에서 작성한 문서
	필요성	① 필요성이란 원진술과 동일한 내용의 진술을 구하는 것이 불가능하거나 곤란하기 때문에 전문증거라도 사용하여 실체진실을 규명할 필요가 있는 것을 말한다.

		② 원진술자의 사망 · 질병 · 행방불명 · 국외체재 등의 사정으로 원진술자를 공판정에서 신문하는 것이 불가능하거나 곤란한 경우가 이에 해당한다.

08. 법관면전조서

법원 또는 법관의 면전조서		법원 또는 법관의 면전에서의 진술을 기재한 조서이므로 그 성립이 진정하고 신용성의 정황적 보장이 뛰어나기 때문에 무조건 증거능력을 인정한다(공판조서, 증인신문조서, 피고인신문조서).
제311조		공판준비 또는 공판기일에 피고인이나 피고인 아닌 자의 진술을 기재한 조서와 법원 또는 법관의 검증의 결과를 기재한 조서는 증거로 할 수 있다. 제184조 및 제221조의2의 규정에 의하여 작성한 조서도 또한 같다.
피고인의 진술		① 공판준비절차에서 피고인을 신문한 조서(제273조 제1항), 공판기일 전의 법원의 검증조서 중 피고인의 진술을 기재한 부분이 있고, 공판기일에 피고인의 진술을 기재한 조서에는 공판절차갱신 전의 공판조서, 파기환송 · 이송 전의 공판조서 등이 있다.
		② 제311조의 적용을 받는 피고인의 진술을 기재한 공판조서는 당해 사건에 제한된다고 한다.
피고인 아닌 자의 진술		① 피고인 아닌 자란 증인 · 감정인 · 통역인 · 번역인과 공동피고인도 포함된다. 공판기일의 피고인 아닌 자의 진술을 기재한 조서는 공판조서를 의미하며, 공판기일에서의 **증인의 증언**은 원본증거이므로 본조에 해당하지 않는다.
		② 다른 사건의 공판준비조서 · 공판조서의 경우는 제315조 제3호(기타 신용할 만한 정황)의 문서로서 증거능력이 인정된다.
공동피고인의 진술	**공범인 공동피고인**	피고인 아닌 자란 피고인을 제외한 제3자인 증인 · 감정인뿐만 아니라 공범자와 공동피고인도 포함된다. 따라서 공동피고인의 진술을 기재한 조서는 피고인의 동의가 없더라도 증거능력이 인정된다.
	공범 아닌 공동피고인	공범 아닌 공동피고인은 피고인에 대한 관계에서는 증인의 지위에 있으므로 선서없이 한 공동피고인의 피고인으로서의 진술은 피고인에 대한 공소사실을 인정하는 증거로 쓸 수 없다.
검증조서		① 공판준비 또는 공판기일에 법원 또는 법관의 검증의 결과를 기재한 조서(제311조)와 증거보전절차에서 판사가 검증을 행한 조서(제184조)는 법관 또는 법원이 직접 행하여서 신용성이 있고 검증에 당사자의 참여권이 인정되어 당연히 증거능력이 인정된다.
		② 다른 사건의 검증조서는 당사자에게 참여권이 보장되지 않으므로 포함되지 않는다고 해석한다.
증거보전 증인신문절차		피고인이 증거보전절차에서 작성한 조서와 증인신문절차에서 작성한 조서도 제311조에 의해 증거능력을 인정할 수 있다.

판례 · 지문 **전문증거**

1. 정보통신망을 통하여 공포심이나 불안감을 유발하는 글을 반복적으로 상대방에게 도달하게 하는 행위를 하였다는 공소사실에 대하여 **휴대전화기에 저장된 문자정보**가 그 증거가 되는 경우, **그 문자정보는 범행의 직접적인 수단이고 경험자의 진술에 갈음하는 대체물에 해당하지 않으므로,** 형사소송법 제310조의2에서 정한 **전문법칙이 적용되지 않는다**(대판 2008.11.13. 선고 2006도2556).

2. **문자메시지의 내용을 촬영한 사진**은 피해자의 **진술서에 준**하는 것으로 취급함이 상당하다(대판 2010.11.25. 2010도 8735).

09. 검사작성 피의자신문조서

피의자 신문조서	피의자신문조서란 수사기관(검사, 사법경찰관)이 피의자를 신문하여 그 진술을 기재한 조서를 말한다.	
검사작성 피의자신문조서	작성의 주체	제312조 제1항에 의하여 증거능력이 인정되기 위해서는 피의자신문조서가 검사에 의해 작성된 것이어야 한다. 검사가 참석하지 않은 상태에서 피의자신문을 한 경우나 검찰주사 조사 직후 검사가 개괄적인 질문을 한 사실이 있는 경우 검사의 서명날인이 되어 있더라도 검사작성 피의자신문조서에 해당하지 않는다.
	성립의 진정	㉠ 형식적 성립의 진정은 서명날인이 원진술자의 것임에 틀림없다는 것을 의미한다.
		㉡ 실질적 성립의 진정은 조서의 기재내용과 진술자의 진술내용이 일치하는 것을 의미한다. 그러나 형식적 성립의 진정이 인정된다고 하더라도 실질적 성립의 진정은 추정되지 않는다.
진정성립 인정(제312조 제1항)	적법한 절차와 방식	적법한 절차와 방식이라 함은 피의자신문조서의 작성방법(제244조), 수사기관의 피의자에 대한 진술거부권의 고지(제244조의3), 수사과정의 기록(제244조의4) 등 이 법규가 정한 절차와 방식에 따라 조서가 작성되어야 한다는 것을 의미한다.
	실질적 진정성립	피고인이 진술한 내용과 동일하게 기재되어 있음이 공판준비 또는 공판기일에서 피고인의 진술에 의하여 인정되었다는 것을 의미한다.
	특신상황	신용성의 정황적 보장과 같은 의미로서, 그 진술내용이나 조서 또는 서류의 작성에 허위개입의 여지가 거의 없고, 그 진술내용의 신빙성이나 임의성을 담보할 구체적이고 외부적인 정황이 있는 경우를 가리킨다.
진정성립 부인(제312조 제2항)	적법한 절차와 방식 및 특신상황	
	객관적인 방법	피의자가 진정성립을 부인하더라도 영상녹화물 기타 객관적인 방법으로 조서의 진정성립을 증명하는 체제로 전환한 것으로 조서의 증거능력을 완화하였다고 볼 수 있다.

참고 · 지문

1. 검사작성 피의자신문조서는 검사가 작성하고 피고인이 된 피의자신문조서에만 적용된다.
2. 제312조 1항과 2항의 피고인이 된 피의자란 공동피고인과 피고인 아닌 피의자신문조서는 제외된다.
3. 검사 작성의 피의자신문조서에 대한 실질적 진정성립을 증명할 수 있는 수단으로서 '영상녹화물이나 그 밖의 객관적인 방법'이라 함은 규정된 방식과 절차에 따라 제작된 영상 녹화물 또는 그러한 영상녹화물에 준할 정도로 피고인의 진술을 과학적 · 기계적 · 객관적으로 재현해 낼 수 있는 방법만을 의미하고, 그 외에 조사관 또는 조사과정에 참여한 통역인 등의 증언은 이에 해당한다고 볼 수 없다.

판례 · 지문 검사작성 피의자신문조서

1. 당해 피고인과 **공범관계가 있는 다른 피의자**에 대하여 **검사 이외의 수사기관이 작성한 피의자신문조서**는 그 피의자의 법정진술에 의하여 그 성립의 진정이 인정되는 등 형사소송법 제312조 제4항의 요건을 갖춘 경우라고 하더라도 당해 피고인이 공판기일에서 그 조서의 **내용을 부인**한 이상 이를 유죄 인정의 증거로 사용할 수 없다(대판 2014.4.10. 2014도1779).

2. 검사가 피고인이 된 피의자의 진술을 기재한 조서는 그 작성절차와 방식의 적법성과 별도로 그 내용이 검사 앞에

서 진술한 것과 동일하게 기재되어 있다는 점, 즉 **실질적 진정성립**이 인정되어야 증거로 사용할 수 있다. 피고인이 **실질적 진정성립에 대하여 이의하지 않았다거나 조서작성절차와 방식의 적법성을 인정하였다는 것만으로 실질적 진정성립까지 인정한 것으로 보아서는 아니 된다.** 또한 특별한 사정이 없는 한 이른바 '입증취지 부인' 이라고 진술한 것만으로 이를 조서의 진정성립을 인정하는 전제에서 그 증명력만을 다투는 것이라고 가볍게 단정해서도 안 된다(대판 2013.3.14. 선고 2011도8325).

3. 검사가 피의자나 피의자 아닌 자의 진술을 기재한 **조서 중 일부에 관하여만** 원진술자가 공판준비 또는 공판기일에서 **실질적 진정성립을 인정하는 경우**에는 법원은 당해 조서 중 어느 부분이 원진술자가 진술한 대로 기재되어 있고 어느 부분이 달리 기재되어 있는지 여부를 구체적으로 심리한 다음 **진술한 대로 기재되어 있다고 하는 부분에 한하여 증거능력을 인정하여야** 하고, 그 밖에 실질적 진정성립이 부정되는 부분에 대해서는 증거능력을 부정하여야 한다(대판 2005.6.10).

4. 피고인이 당해 공판절차의 당사자로서 **법관에게 검사가 제출한 자신의 진술이 기재된 조서의 진정성립을 부인함으로써 그 조서의 증거능력을 부정하는 취지의 진술을 한 이상,** 비록 그 공판 진행 중 피고인신문 또는 공동피고인에 대한 증언 과정에서 그 조서의 진정성립을 인정하는 취지의 진술을 하였다고 하더라도, 이로써 그 조서의 증거능력에 관한 **종전의 진술을 번복하는 것임이 분명하게 확인되는 예외적인 경우가 아니라면,** 원진술자인 피고인의 진술에 의하여 **그 조서의 진정성립이 인정되었다고 할 수는 없다**(대판 2008도2826).

5. 검사 작성의 피의자신문조서에 대한 실질적 진정성립을 증명할 수 있는 수단으로서 형사소송법 제312조 제2항에 규정된 **'영상녹화물이나 그 밖의 객관적인 방법'** 이란 형사소송법 및 형사소송규칙에 규정된 방식과 절차에 따라 제작된 영상녹화물 또는 그러한 영상녹화물에 준할 정도로 **피고인의 진술을 과학적 · 기계적 · 객관적으로 재현해 낼 수 있는 방법만을 의미**하고, 그 외에 **조사관 또는 조사 과정에 참여한 통역인 등의 증언은 이에 해당한다고 볼 수 없다**(대판 2016.2.18. 선고 2015도16586).

6. **검사 작성의 공동피고인에 대한 피의자신문조서는** 그 **공동피고인이 법정에서 진정성립을 인정하고 그 임의성이 인정되는 경우에는 다른 공동피고인이 이를 증거로 함에 부동의하였다고 하더라도** 그 다른 공동피고인의 범죄사실에 대한 **유죄의 증거로 삼을 수 있다**(대판 1998.12.22. 선고 98도2890).

7. **수사기관이 진술자의 성명을 가명으로 기재하여 조서를 작성**하였다고 해서 **그 이유만으로 그 조서가 '적법한 절차와 방식' 에 따라 작성되지 않았다고 할 것은 아니다.** 그러한 조서라도 공판기일 등에 원진술자가 출석하여 자신의 진술을 기재한 조서임을 확인함과 아울러 그 조서의 실질적 진정성립을 인정하고 나아가 그에 대한 반대신문이 이루어지는 등 형사소송법 제312조 제4항에서 규정한 조서의 증거능력 인정에 관한 다른 요건이 모두 갖추어진 이상 그 증거능력을 부정할 것은 아니라고 할 것이다(2011도7757).

8. 수사기관은 수사 등 직무를 수행할 때에 헌법과 법률에 따라 국민의 인권을 존중하고 공정하게 하여야 하며 실체적 진실을 발견하기 위하여 노력하여야 할 법규상 또는 조리상의 의무가 있고, 특히 피의자가 소년 등 사회적 약자인 경우에는 수사과정에서 방어권 행사에 불이익이 발생하지 않도록 더욱 세심하게 배려할 직무상 의무가 있다. 따라서 경찰관은 피의자의 진술을 조서화하는 과정에서 조서의 객관성을 유지하여야 하고, **고의 또는 과실로 위 직무상 의무를 위반하여 피의자신문조서를 작성**함으로써 피의자의 방어권이 실질적으로 침해되었다고 인정된다면, 국가는 그로 인하여 **피의자가 입은 손해를 배상**하여야 한다(대판 2020. 4. 29. 선고 2015다224797).

10. 사경작성 피의자신문조서

사법경찰관 작성	사법경찰관이 작성한 피의자신문조서는 공판준비, 공판기일에 그 피의자였던 피고인이나 변호인이 그 내용을 인정할 때에 한하여 증거로 할 수 있다(제312조 제3항).	
사경작성 피의자 신문조서	작성의 주체	사법경찰관뿐만 아니라 사법경찰리가 사무경찰관 사무취급의 자격에서 작성한 피의자신문조서도 제312조 제3항의 적용을 받는다. 검사 이외 수사기관에는 특별한 사정이 없는 한 외국의 권한 있는 수사기관도 포함된다.
증거인정의 요건	적법한 절차와 방식	적법한 절차와 방식이라 함은 피의자신문조서의 작성방법(제244조), 수사기관의 피의자에 대한 진술거부권의 고지(제244조의3), 수사과정의 기록(제244조의4) 등 법규가 정한 절차와 방식에 따라 조서가 작성되어야 한다는 것을 의미한다.
	내용의 인정	공판준비 또는 공판기일에 그 피의자였던 피고인 또는 변호인이 그 내용을 인정할 때에 한하여 증거로 할 수 있다. ☞ 내용의 인정이란 조서의 진정성립 뿐만 아니라 조서의 기재내용이 객관적 진실에 부합한다는 조서내용의 진실성을 의미한다.
적용범위	㉠ 검사 이외의 수사기관이 작성한 피의자신문조서는 피의자였던 피고인뿐만 아니라 공동피의자였던 다른 피고인에 대해서도 적용된다.	
	㉡ 공동피고인 등이 사법경찰관 앞에서 한 진술을 기재한 조서는 공동피의자였던 다른 피고인과 별개사건에서 피의자였던 피고인에 대한 피의자신문조서에도 적용된다.	
관련문제	증거의 동의	피의자신문조서는 전문증거로 증거동의의 대상이 되며 피고인이 증거로 함에 동의하면 증거조사를 할 필요가 없다.
	탄핵증거	피고인이 성립의 진정이나 내용을 부인하는 피의자신문조서도 탄핵증거로는 사용할 수 있다.
	314조 (증거능력에 대한 예외)	㉠ 당해 피고인의 피의자신문조서는 원칙적으로 당해 피고인이 법정에 출정하여 있으므로 적용될 여지가 없다. ㉡ 공범의 피의자신문조서는 검사작성 피의자신문조서는 적용되나 사법경찰관 작성 피의자신문조서는 적용되지 않는다.

참고 · 지문

내용의 인정이란 조서의 진정성립 뿐만 아니라 조서의 기재내용이 객관적 진실에 부합한다는 조서내용의 진실성을 의미한다.

판례 · 지문 **사경작성 피의자신문조서**

1. **검사 이외의 수사기관이 작성한 피의자신문조서**는 그 피의자였던 피고인이나 변호인이 그 내용을 인정할 때에 한하여 증거로 할 수 있다고 규정하고 있는바, 여기서 말하는 **검사 이외의 수사기관에는 달리 특별한 사정이 없는 한 외국의 권한 있는 수사기관도 포함된다**(대판 2002.10.22. 선고 2000도5461).

2. **검사 이외의 수사기관이 작성한 당해 피고인과 공범관계에 있는 다른 피고인이나 피의자에 대한 피의자신문조서를** 당해 피고인에 대한 유죄의 증거로 채택할 경우에도 적용되는바, 당해 **피고인과 공범관계가 있는 다른 피의자에 대한 검사 이외의 수사기관 작성의 피의자신문조서는** 그 피의자의 법정진술에 의하여 그 성립의 진정이 인정되더라도 당해 피고인이 공판기일에서 그 **조서의 내용을 부인하면 증거능력이 부정**되므로 그 당연한 결과로 그 피의자신문조서에 대하여는 **사망 등 사유로 인하여 법정에서 진술할 수 없는 때에 예외적으로 증거능력을 인정하는 규정인 형사소송법 제314조가 적용되지 아니한다**(대판 2004.7.15. 선고 2003도7185).

3. **미국 범죄수사대(CID), 연방수사국(FBI)의 수사관들이 작성한 수사보고서** 및 피고인이 위 수사관들에 의한 조사를 받는 과정에서 작성하여 제출한 진술서는 피고인이 그 **내용을 부인하는 이상 증거로 쓸 수 없다**고 한 원심의 조치는 정당하다(대판 2006.1.13. 선고 2003도6548).

4. **검사 이외의 수사기관 작성의 피의자신문조서는** 공판준비 또는 공판기일에 그 피의자였던 피고인이나 변호인이 그 내용을 인정할 때에 한하여 증거로 할 수 있다고 규정하고 있는바, 위 규정에서 **그 내용을 인정할** 때라 함은 피의자신문조서의 기재 내용이 진술 내용대로 기재되어 있다는 의미가 아니고 그와 같이 **진술한 내용이 실제 사실과 부합한다는 것을 의미한다**(대판 2010.6.24. 선고 2010도5040).

5. **피고인과 공범관계에 있는 공동피고인**에 대하여 검사 이외의 수사기관이 작성한 피의자신문조서는 그 **공동피고인의 법정진술에 의하여 성립의 진정이 인정되더라도 당해 피고인이 공판기일에서 그 조서의 내용을 부인하면 증거능력이 부정된다**(대판 2010.1.28. 선고 2009도10139).

6. **피고인이 내용을 부인하여 증거능력이 없는 사법경찰리 작성의 피의자신문조서**에 대하여 비록 당초 증거제출 당시 탄핵증거라는 입증취지를 명시하지 아니하였지만 피고인의 법정 진술에 대한 탄핵증거로서의 증거조사절차가 대부분 이루어졌다고 볼 수 있는 점 등의 사정에 비추어 위 피의자신문조서를 피고인의 법정 진술에 대한 **탄핵증거로 사용할 수 있다**(대판 2005.8.19. 선고 2005도2617).

7. **검사작성의 피의자신문조서**는 제1심에서 동인에 대한 **증인 소환장이 소재불명으로 송달불능**이 되고 소재탐지촉탁에 의하여도 거주지를 확인할 방도가 없어 **그 진술을 들을 수 없는 사정이 있고 그 조서의 내용에 의하면 특히 신빙할 수 있는 상태 하에서 작성된 것으로 보여 지므로** 원심이 형사소송법 **제314조에 의하여 증거능력을 인정한 조치는 정당하다**(대판 1984.1.24. 선고 83도2945).

8. **검사 이외의 수사기관 작성의 피의자신문조서**는 그 피의자의 법정진술에 의하여 그 성립의 진정이 인정되더라도 당해 피고인이 공판기일에서 그 조서의 **내용을 부인하면 증거능력이 부정**되므로 그 당연한 결과로 그 피의자신문조서에 대하여는 사망 등 사유로 인하여 법정에서 진술할 수 없는 때에 예외적으로 증거능력을 인정하는 규정인 **형사소송법 제314조가 적용되지 아니한다**(대판 2008.9.25. 선고 2008도5189).

11. 진술조서

<table>
<tr><td>진술조서</td><td colspan="2">검사, 사법경찰관이 피고인이 아닌 자(참고인)의 진술을 기재한 조서를 기재한 조서를 말한다.</td></tr>
<tr><td rowspan="3">증거능력의 요건</td><td colspan="2">① 적법한 절차와 방식에 따라 작성될 것　　② 특신상황</td></tr>
<tr><td>③ 실질적 성립의 진정이 인정</td><td>검사 또는 사법경찰관이 작성한 진술조서는 참고인이 증인으로 법정에 나와 자기가 알고 있는 바를 증언한 후 조서가 과거 수사기관에서 진술한 대로 작성되어 있음이 원진술자의 진술이나 영상녹화물 기타 객관적인 방법에 의하여 증명된 때에 한하여 증거로 사용할 수 있도록 하였다.</td></tr>
<tr><td>④반대신문권의 기회가 보장</td><td>피고인 또는 변호인이 공판준비 또는 공판기일에 그 기재 내용에 관하여 원진술자를 신문할 수 있었던 때에는 증거로 할 수 있다.
○ 반대신문 할 기회를 주면 족하고 반드시 반대신문 하여야 하는 것은 아니다.
☞공동피고인에 대한 검사 작성의 피의자신문조서도 제4항에 따라 참고인진술조서로 취급함으로써 다른 공동피고인의 반대신문권 보장을 강화하였다.</td></tr>
</table>

참고 · 지문

1. 반대신문 할 기회를 주면 족하고 반드시 반대신문 하여야 하는 것은 아니다.
2. 공동피고인에 대한 검사 작성의 피의자신문조서도 제4항에 따라 참고인진술조서로 취급함으로써 다른 공동피고인의 반대신문권 보장을 강화하였다.
3. 원진술자가 진정성립을 인정하면, 그 내용을 부인하거나 조서내용과 다른 진술을 하여도 증거능력이 인정된다.

판례 · 지문 **진술조서**

1. **원진술자가 공판기일에서 검사작성의 진술조서와 피의자신문조서에 대하여** 그 조서들 중 자신의 진술과 달리 기재되었다는 부분을 특정하여 **실질적 진정성립을 부인한 바가 없고**, 오히려 위 각 서류들의 작성시 검사가 읽어 보라고 준 위 조서들을 모두 읽지는 못하고 각 10분 정도 쭉 읽어보니 **자신의 진술과 크게 다름이 없어 서명 · 무인을 하였다는 취지로 진술하였다면 위 각 조서들은 증거능력이 있다**(대판 2005.1.14, 2004도6646).

2. **외국에 거주하는 참고인과의 전화 대화내용을 문답형식으로 기재한 검찰주사보 작성의 수사보고서**는 제311조, 제312조, 제315조, 제316조의 적용대상이 되지 아니함이 분명하므로, 결국 제313조의 진술을 기재한 서류에 해당하여야만 제314조의 적용 여부가 문제될 것인바, 제313조가 적용되기 위하여는 그 진술을 기재한 서류에 **그 진술자의 서명 또는 날인이 있어야** 한다(대판 1999.2.26. 선고 98도2742).

3. 사법경찰리 작성의 피해자에 대한 **진술조서가 피해자의 화상으로 인한 서명불능을 이유로 입회하고 있던 피해자의 동생에게 대신 읽어 주고 그 동생으로 하여금 서명날인하게 하는 방법으로 작성된 경우**, 이는 형사소송법 제313조 제1항 소정의 **형식적 요건을 결여한 서류로서 증거로 사용할 수 없다**(대판 1997.4.11. 선고 96도2865).

4. **검사가 피의자 아닌 자의 진술을 기재한 조서**에 대하여 그 **원진술자가 공판기일에서 그 성립의 진정을 인정하면 그 조서는 증거능력이 있는** 것이고, 원진술자가 공판기일에서 그 **조서의 내용과 다른 진술을 하거나 변호인 또는 피고인의 반대신문에 대하여 아무런 답변을 하지 아니하였다 하여 곧 증거능력 자체를 부정할 사유가 되지는 아니한다**(대판 2001.9.14. 선고 2001도1550).

12. 진술서

진술서	진술서란 피고인 · 피의자 또는 참고인이 작성의 주체로 스스로 자기의 의사 · 사상 · 관념 및 사실관계 등을 기재한 서면으로 진술서 · 자술서 · 시말서 등 명칭은 문제가 되지 않으며, 컴퓨터 디스켓에 들어 있는 것도 진술서에 해당한다.	
수사과정 작성	검사의 수사과정 피의자진술서	㉠ 피고인 된 피의자가 작성한 것 : ① 적법한 절차와 방식 ② 실질적 진정성립 ③ 특신상태
		㉡ 피고인 아닌 자가 작성한 것 : ① 적법한 절차와 방식 ② 실질적 진정성립 ③ 반대신문권의 보장 ④ 특신상태
	사법경찰관 수사과정피의자 진술서	① 적정절차와 방식에 따라 작성 ② 내용의 인정
	검사, 사법경찰관 수사과정 참고인 진술서	① 적정절차와 방식에 따라 작성 ② 성립의 진정 ③ 반대신문권의 보장 ④ 특신상태
수사과정 이외 작성	피고인 또는 피고인 아닌 자가 작성한 진술서	그 작성자 또는 진술자의 자필이거나 그 서명 또는 날인이 있는 것은 공판준비나 공판기일에서의 **그 작성자 또는 진술자의 진술**에 의하여 ① 그 성립의 진정함이 증명된 때에는 증거로 할 수 있다.
	피고인의 진술을 기재한 서류	① 피고인의 진술을 기재한 서류는 공판준비 또는 공판기일에서의 그 작성자의 진술에 의하여 그 성립의 진정함이 증명되고 ② 그 진술이 특히 신빙할 수 있는 상태 하에서 행하여 진 때에 한하여 피고인의 공판준비 또는 공판기일에서의 진술에 불구하고 증거로 할 수 있다.

참고 · 지문

진술서는 작성자가 곧 진술자이므로 형식적 성립의 진정이 인정되면 실질적 성립의 진정은 문제되지 않는다.

판례 · 지문 **진술서**

1. **컴퓨터 디스켓에 들어 있는** 문건이 증거로 사용되는 경우 실질에 있어서는 **피고인 또는 피고인 아닌 자의 진술을 기재한 서류**와 크게 다를 바 없고, 압수 후의 보관 및 출력과정에 조작의 가능성이 있으며, 기본적으로 반대신문의 기회가 보장되지 않는 점 등에 비추어 그 기재내용의 진실성에 관하여는 전문법칙이 적용된다고 할 것이고, 그 작성자 또는 **진술자의 진술에 의하여 그 성립의 진정**함이 증명된 때에 한하여 이를 증거로 사용할 수 있다(대판 1999.9.3. 선고 99도2317).

2. 참고인으로서 그의 지하철 수사대사무실에서의 진술서에는 제312조 제5항과 제312조 제4항에 따른 요건이 충족되어야만 그 증거능력이 인정될 수 있다. 즉, 적법한 절차와 방식에 따라 작성될 것, 실질적 진정성립이 증명될 것, 피고인 또는 변호인에게 반대신문의 기회가 보장될 것, 특신상태가 증명될 것 등의 요건이 충족되어야만 그 증거능력이 인정될 수 있다.

13. 검증조서

수사기관의 검증조서	검증조서란 수사기관이 검증을 행하고 검증의 결과를 기재한 서면으로, 검증조서에 목적물의 현상을 명확히 하기 위해 사진이나 도화를 첨부할 수 있으며 검증의 주체가 법원 또는 법관이냐 수사기관이냐에 따라 증거능력에 차이가 있다.	
증거능력	① 검사 또는 사법경찰관이 검증의 결과를 기재한 조서는 적법한 절차와 방식에 따라 작성된 것으로서 공판준비 또는 공판기일에서의 **작성자의 진술에 따라** 그 성립의 진정함이 증명된 때에는 증거로 할 수 있다.	
	② 작성자란 검사 또는 사법경찰관을 말하고, 검증에 참여자는 포함하지 않는다.	
관련문제	**검증조서에 기재된 진술의 증거능력**	작성주체와 진술자에 따라 검사작성의 경우로 제312조 제1항 사경작성의 검증조서는 실질에 있어 피의자신문조서와 같으므로 제312조 제3항이 적용되어야 한다.
	실황조사서	실황조사란 수사기관이 수사상 필요에 의해 교통사고, 화재사고 등 범죄 장소에서 실황을 조사하고 그 경위와 결과를 기재한 조서로 실질은 검증과 동일한 처분이므로 검증조서와 같이 취급해야 된다.

판례 · 지문 검증조서

1. **수사보고서에 검증의 결과에 해당하는 기재가 있는 경우, 그** 기재 부분은 **단지 수사의 경위 및 결과를 내부적으로 보고하기 위하여 작성된 서류에 불과하므로** 그 안에 검증의 결과에 해당하는 기재가 있다고 하여 이를 형사소송법 제312조 제1항의 **검사 또는 사법경찰관이 검증의 결과를 기재한 조서라고 할 수 없을 뿐만 아니라** 이를 같은 법 제313조 제1항의 피고인 또는 피고인이 아닌 자가 작성한 진술서나 그 진술을 기재한 서류라고 할 수도 없고, 같은 법 제311조, 제315조, 제316조의 적용대상이 되지 아니함이 분명하므로 **그 기재 부분은 증거로 할 수 없다**(대판 2000도2933).

2. 사법경찰관 사무취급이 행한 **검증이 사건발생 후 범행장소에서 긴급을 요하여 판사의 영장없이 시행된 것이라면** 이는 형사소송법 제216조 제3항에 의한 검증이라 할 것임에도 불구하고 **기록상 사후영장을 받은 흔적이 없다면 이러한 검증조서는 유죄의 증거로 할 수 없다**(대판 1984.3.13. 선고 83도3006).

3. **사법경찰관이 작성한 검증조서**에 피의자이던 피고인이 검사 이외의 수사기관 앞에서 자백한 범행내용을 현장에 따라 진술 · 재연한 내용이 기재되고 **그 재연 과정을 촬영한 사진이 첨부**되어 있다면, 그러한 기재나 **사진은 피고인이 공판정에서 그 진술내용 및 범행재연의 상황을 모두 부인하는 이상 증거능력이 없다**(대판 2000도5461).

13-1. 개정 수사기관 작성 전문증거 정리[개정 2020.2.4.] [시행일 : 2022년 1월 1일]

제312조 (검사 또는 사법경찰관의 조서 등) 피의자신문조서	제312조 (검사 또는 사법경찰관의 조서 등) ① 검사가 작성한 피의자신문조서는 적법한 절차와 방식에 따라 작성된 것으로서 공판준비, 공판기일에 그 피의자였던 피고인 또는 변호인이 그 내용을 인정할 때에 한정하여 증거로 할 수 있다.
☞ 피의자신문조서는 작성의 주체와 관계없이 ⓐ**적법한 절차와 방식**에 따라 작성 ⓑ 피고인 또는 변호인이 **그 내용을 인정**할 때 증거능력이 있다.	
피고인이 아닌 자의 진술을 기재한 조서 (진술조서)	④ 검사 또는 사법경찰관이 피고인이 아닌 자의 진술을 기재한 조서는 적법한 절차와 방식에 따라 작성된 것으로서 그 조서가 검사 또는 사법경찰관 앞에서 진술한 내용과 동일하게 기재되어 있음이 원진술자의 공판준비 또는 공판기일에서의 진술이나 영상녹화물 또는 그 밖의 객관적인 방법에 의하여 증명되고, 피고인 또는 변호인이 공판준비 또는 공판기일에 그 기재 내용에 관하여 원진술자를 신문할 수 있었던 때에는 증거로 할 수 있다. 다만, 그 조서에 기재된 진술이 특히 신빙할 수 있는 상태하에서 행하여졌음이 증명된 때에 한한다.
☞ 참고인이나 피해자, 공동피고인에 대한 피의자신문조서는 ⓐ**적법한 절차와 방식**에 따라 작성 ⓑ 내용과 동일하게 기재되어 있고(**실질적 성립진정**) ⓒ 원진술자를 신문할 수 있고(**반대신문보장**) ⓓ **특히 신빙할 수 있는 상태**일 때 증거능력이 있다.	
피고인 또는 피고인이 아닌 자가 수사과정에서 작성한 (진술서)	⑤ 제1항부터 제4항까지의 규정은 피고인 또는 피고인이 아닌 자가 수사과정에서 작성한 진술서에 관하여 준용한다.
☞ 진술서는 작성의 주체가 법원이나 수사기관이 아닌 피의자, 참고인, 피고인이라는 점에서 진술조서와 구별되고 ○ 피고인이 된 피의자는 ⓐ**적법한 절차와 방식**에 따라 작성 ⓑ 피고인 또는 변호인이 그 **내용을 인정**이 필요하고 ○ 그 외 피고인 아닌 피의자나 참고인은 ⓐ**적법한 절차와 방식**에 따라 작성 ⓑ 내용과 동일하게 기재되어 있고(**실질적 성립진정**) ⓒ 원진술자를 신문할 수 있고(**반대신문보장**) ⓓ **특히 신빙할 수 있는 상태**일 때 증거능력이 있다.	
검증조서	⑥ 검사 또는 사법경찰관이 검증의 결과를 기재한 조서는 적법한 절차와 방식에 따라 작성된 것으로서 공판준비 또는 공판기일에서의 작성자의 진술에 따라 그 성립의 진정함이 증명된 때에는 증거로 할 수 있다.
☞ 검증조서는 작성자가 검사 또는 사법경찰관으로 ⓐ **적법한 절차와 방식**에 따라 작성되고, ⓑ 작성자의 진술에 따라 그 **성립의 진정**함이 증명된 때에는 증거로 할 수 있다.	
제313조 수사과정 이외 (진술서 등)	① 전2조의 규정 이외에 피고인 또는 피고인이 아닌 자가 작성한 진술서나 그 진술을 기재한 서류로서 그 작성자 또는 진술자의 자필이거나 그 서명 또는 날인이 있는 것(피고인 또는 피고인 아닌 자가 작성하였거나 진술한 내용이 포함된 문자·사진·영상 등의 정보로서 컴퓨터용 디스크, 그 밖에 이와 비슷한 정보저장매체에 저장된 것을 포함한다. 이하 이 조에서 같다)은 공판준비나 공판기일에서의 그 작성자 또는 진술자의 진술에 의하여 그 성립의 진정함이 증명된 때에는 증거로 할 수 있다. ☞ ⓐ **그 작성자 또는 진술자의 자필이거나 그 서명 또는 날인**이 있는 것 ⓑ 그 작성자 또는 진술자의 진술에 의하여 그 **성립의 진정**함이 증명된 때에는 증거로 할 수 있다.

	단, 피고인의 진술을 기재한 서류는 공판준비 또는 공판기일에서의 그 작성자의 진술에 의하여 그 성립의 진정함이 증명되고 그 진술이 특히 신빙할 수 있는 상태 하에서 행하여 진 때에 한하여 피고인의 공판준비 또는 공판기일에서의 진술에 불구하고 증거로 할 수 있다[개정 2016.5.29].
	☞ 피고인의 진술기재서류 ⓐ **작성자의 진술에 의하여 그 성립의 진정**함이 증명 ⓑ 그 진술이 **특히 신빙할 수 있는 상태** 하에서 행하여진 때 증거로 할 수 있다.
	② 제1항 본문에도 불구하고 진술서의 작성자가 공판준비나 공판기일에서 그 성립의 진정을 부인하는 경우에는 과학적 분석결과에 기초한 디지털포렌식 자료, 감정 등 객관적 방법으로 성립의 진정함이 증명되는 때에는 증거로 할 수 있다. 다만, 피고인 아닌 자가 작성한 진술서는 피고인 또는 변호인이 공판준비 또는 공판기일에 그 기재 내용에 관하여 작성자를 신문할 수 있었을 것을 요한다[개정 2016.5.29.].
	ㅇ 작성자가 성립을 부정한 경우☞ ⓐ **객관적 방법으로 성립의 진정**함이 증명 ⓑ 피고인 아닌 자 작성진술서 ☞기재 내용에 관하여 작성자를 신문할 수 있었을 것(**반대신문보장**)
감정서	③ 감정의 경과와 결과를 기재한 서류는 제313조 수사과정 이외(진술서 등) 와 같다.

참고 · 정리(2020.1.1.시행)

(피의자신문조서)	ⓐ **적법한 절차와 방식**에 따라 작성 ⓑ 피고인 또는 변호인이 그 **내용을 인정**할 때
(진술조서)	ⓐ **적법한 절차와 방식**에 따라 작성 ⓑ 내용과 동일하게 기재되어 있고(**실질적 성립진정**) ⓒ 원진술자를 신문할 수 있고(**반대신문보장**) ⓓ **특히 신빙할 수 있는 상태**일 때
(검증조서)	ⓐ **적법한 절차와 방식**에 따라 작성되고 ⓑ 작성자의 진술에 따라 그 **성립의 진정**함이 증명된 때
수사과정작성한 (진술서)	1. 피고인이 된 피의자는 ⓐ **적법한 절차와 방식**에 따라 작성 ⓑ 피고인 또는 변호인이 그 **내용을 인정**이 필요 ☞ 피의자신문조서와 같다. 2. 그 외 피고인 아닌 피의자나 참고인은 ⓐ **적법한 절차와 방식**에 따라 작성 ⓑ 내용과 동일하게 기재되어 있고(**실질적 성립진정**) ⓒ 원진술자를 신문할 수 있고(**반대신문보장**) ⓓ **특히 신빙할 수 있는 상태**
수사과정 이외 (진술서)	ⓐ 그 작성자 또는 진술자의 자필이거나 그 서명 또는 날인이 있는 것으로 그 작성자 또는 진술자의 진술에 의하여 그 성립의 진정함이 증명된 때
	피고인의 진술기재서류 ⓐ 작성자의 진술에 의하여 그 성립의 진정함이 증명 ⓑ 그 진술이 특히 신빙할 수 있는 상태 하에서 행하여진 때 증거로 할 수 있다.
	ㅇ 작성자가 성립을 부정한 경우☞ ⓐ **객관적 방법으로 성립의 진정**함이 증명 ⓑ 피고인 아닌 자 작성진술서 ☞기재 내용에 관하여 작성자를 신문할 수 있었을 것(**반대신문보장**)
(감정서)	수사과정 이외(진술서)와 같다.

14. 증거능력의 예외

증거능력 예외(제314조)	수사기관이 작성한 피의자신문조서나 진술서가 제312조, 제313조의 요건을 충족하지 못한 경우라도 전문법칙의 예외이론에 따라 필요성과 특신성을 구비하면 증거능력이 인정될 수 있도록 하고 있으며, 외국수사기관이 작성한 문서도 적용된다.	
적용범위	① 공동피의자에 대한피의자신문조서 : 검사 작성 피의자신문조서는 제314조가 적용되나, 사법경찰관이 작성한 공범관계 있는 피의자신문조서는 제312조가 적용되며 제314조가 적용되지 않는다.	
	② 진술서 등 : 진술조서, 진술서, 검증조서, 감정서 등은 제314조가 적용된다.	
요 건	**필요성**	㉠ 원진술자가 사망, 질병, 외국거주, 소재불명, 그 밖에 이에 준하는 사유로 인하여 진술할 수 없을 것을 요한다. 여기서 질병은 신체적, 정신적 질환을 포함한 것이며, 외국거주는 원진술자가 외국에 있다는 사정만으로 부족하고, 가능하고 상당한 수단을 다하였어도 법정에 출석할 수 없게 된 때를 말한다.
		㉡ 소재불명에 해당하려면 소환장 송달이 불가능하거나 소재를 확인할 수 없는 경우 또는 법원의 소환에 불응하고 구인장을 발부하였으나, 구인장이 집행되지 않는 경우를 말한다.
		㉢ 그밖에 이에 준하는 사유에 기억상실, 법정에 출석한 원진술자가 증언을 거부한 경우도 해당한다고 본다.
	특신성	신용성의 정황적 보장을 의미하며 진술의 내용의 신빙성이나 임의성이 구체적이고 허위개입의 여지가 없는 외부적 정황이 있는 경우를 말한다.

판례 · 지문 **증거능력에 대한 예외(제314조)가 인정되지 않은 경우**

1. 검사 및 사법경찰관작성의 **증인에 대한 진술조서의 진술내용이 상치되어 어느 진술이 진실인지 알 수 없을 뿐 아니라** 동인이 제1심법정에서 증인으로 채택되어 **소환장을 두 번이나 받고도 소환에 불응하고 주소지를 떠나 행방을 감춘 경우라면** 동인의 위 진술이 **특히 신빙할 수 있는 상태에서 행하여진 것으로 볼 수 없다**(대판 1986.2.5. 선고 85도2788).

2. 법정에 출석한 증인이 형사소송법 제148조, 제149조 등에서 정한 바에 따라 **정당하게 증언거부권을 행사하여 증언을 거부한 경우는** 형사소송법 제314조의 그 밖에 이에 준하는 사유로 인하여 **진술할 수 없는 때에 해당하지 아니한다**(대판 2012.5.17. 선고 2009도6788 전원합의체).

3. 공판기일에 증인으로 소환받고도 **출산을 앞두고 있다는 이유로 출석하지 아니한 것은** 특별한 사정이 없는 한 사망, 질병, 외국거주 기타 사유로 인하여 **진술을 할 수 없는 때에 해당한다고 할 수 없어** 형사소송법 제314조에 의한 증거능력이 있다고 할 수 없다(대판 1999.4.23. 선고 99도915).

4. **공판기일에 진술을 요할 자가 사망, 질병 기타 사유로 인하여 진술할 수 없는** 때라고 함은 소환장이 주소불명 등으로 송달불능이 되어 소재탐지촉탁까지 하여 소재수사를 하였는데도 그 소재를 확인할 수 없는 경우는 이에 해당하나, **단지 소환장이 주소불명 등으로 송달불능** 되었다거나 소재탐지촉탁을 하였으나 그 회보가 오지 않은 상태인 것만으로는 이에 해당한다고 보기에 **부족하다**(대판 1996.5.14. 선고 96도575).

5. 만 5세 무렵에 당한 성추행으로 인하여 **외상 후 스트레스 증후군을 앓고 있다는** 등의 이유로 공판정에 출석하지 아니한 **약 10세 남짓의 성추행 피해자에 대한 진술조서**가 형사소송법 **제314조에 정한 필요성의 요건과 신용성 정황적 보장의 요건을 모두 갖추지 못하여 증거능력이 없다**(대판 2006.5.25. 선고 2004도3619).

판례 · 지문 증거능력에 대한 예외(제314조)

1. 수사 과정에서 수사기관이 그 진술을 청취하면서 그 **진술자의 외국거주 여부와 장래 출국 가능성을 확인**하고 만일 그 진술자의 거주지가 외국이거나 그가 가까운 장래에 출국하여 장기간 외국에 체류하는 등의 사정으로 향후 공판정에 출석하여 진술을 할 수 없는 경우가 발생할 개연성이 있어 **그를 공판정에 출석시켜 진술하게 할 모든 수단을 강구하는 등 가능하고 상당한 수단을 다하더라도 그 진술을 요할 자를 법정에 출석하게 할 수 없는 사정이 있어야 예외적으로 그 요건이 충족**된다(대판 2008.2.28. 선고 2007도10004).

2. 진술을 요할 자에 대한 **소재탐지촉탁결과 그 소재를 알지 못하게 된 경우** 및 진술을 요할 자가 **법원의 소환에 불응하고 그에 대한 구인장이 집행되지 않은 경우**가 형사소송법 제314조 소정의 공판정에 출정하여 **진술할 수 없는 때에 해당한다**(대판 2000.6.9. 선고 2000도1765).

3. 수사기관에서 진술한 피해자인 **유아가 공판정에서 진술**을 하였더라도 증인신문 당시 일정한 사항에 관하여 **기억이 나지 않는다는 취지로 진술하여 그 진술의 일부가 재현 불가능하게 된 경우**, 형사소송법 제314조, 제316조 제2항에서 말하는 **원진술자가 진술을 할 수 없는 때에 해당한다**(대판 2006.4.14. 선고 2005도9561).

4. 수사 과정에서 수사기관이 그 진술을 청취하면서 그 **진술자의 외국거주 여부와 장래 출국 가능성을 확인**하고 만일 그 진술자의 거주지가 외국이거나 그가 가까운 장래에 출국하여 장기간 외국에 체류하는 등의 사정으로 향후 공판정에 출석하여 진술을 할 수 없는 경우가 발생할 개연성이 있어 **그를 공판정에 출석시켜 진술하게 할 모든 수단을 강구하는 등 가능하고 상당한 수단을 다하더라도 그 진술을 요할 자를 법정에 출석하게 할 수 없는 사정이 있어야 예외적으로 그 요건이 충족**된다(대판 2008.2.28. 선고 2007도10004).

5. 진술을 요할 자에 대한 **소재탐지촉탁결과 그 소재를 알지 못하게 된 경우** 및 진술을 요할 자가 **법원의 소환에 불응하고 그에 대한 구인장이 집행되지 않은 경우**가 형사소송법 제314조 소정의 공판정에 출정하여 **진술할 수 없는 때에 해당한다**(대판 2000.6.9. 선고 2000도1765).

6. 피해자는 제1심에서 증인으로 **소환당할 당시부터 노인성 치매로 인한 기억력 장애, 분별력 상실** 등으로 인하여 진술할 수 없는 상태 하에 있었고 그 각 진술내용의 신용성이나 임의성을 담보할 만한 구체적인 정황이 있는 경우에 해당되어 특히 신빙할 수 있는 상태 하에서 행하여진 것이라고 보여 지므로, 각 형사소송법 **제314조에 의하여 증거능력이 있는 증거**라 할 것이다(대판 1992.3.13. 선고 91도2281).

7. 수사기관에서 진술한 피해자인 **유아가 공판정에서 진술**을 하였더라도 증인신문 당시 일정한 사항에 관하여 **기억이 나지 않는다는 취지로 진술하여 그 진술의 일부가 재현 불가능하게 된 경우**, 형사소송법 제314조, 제316조 제2항에서 말하는 **원진술자가 진술을 할 수 없는 때에 해당한다**(대판 2006.4.14. 선고 2005도9561).

8. 형소법 314조의 **'외국거주'**는 진정성립의 진술을 할 사람이 단순히 외국에 있다는 것만으로는 부족하고 가능하고 상당한 수단을 다하더라도 법정에 출석하게 할 수 없는 사정이 있어야 인정되며, 그 외국의 주소나 연락처 등이 파악되고 해당 국가와 국제형사사법공조조약이 체결된 상태라면 **우선 사법공조절차에 의하여 증인을 소환할 수 있는지 여부를 검토하고 소환을 할 수 없는 경우라도** 외국의 법원에 **사법공조로 증인신문을 실시하도록 요청하는 등의 절차를 거쳐야** 한다(대판 2016.2.18. 2015도17115).

9. **양벌규정의 종업원과 사업주는 형사증거법상 공범** 내지 이에 준하는 관계에 있다고 보아, 망인인 종업원에 대한 경찰 피의자신문조서는 형사소송법 제312조 제3항 소정의 '검사 이외의 수사기관이 작성한 피의자신문조서'에 해당하므로, 같은 법 제314조에 기초하여 위 경찰 피의자신문조서의 증거능력을 인정할 수 없다. 따라서 해당 피고인과 공범관계가 있는 다른 피의자에 대하여 검사 이외의 수사기관이 작성한 피의자신문조서는 그 피의자의 법정진술에 의하여 성립의 진정이 인정되는 등 형사소송법 제312조 제4항의 요건을 갖춘 경우라도 해당 피고인이 **공판기일에서 그 조서의 내용을 부인**한 이상 이를 유죄 인정의 증거로 사용할 수 없고, 그 당연한 결과로 위 피의자신문조서

에 대하여는 사망 등 사유로 인하여 법정에서 진술할 수 없는 때에 예외적으로 증거능력을 인정하는 규정인 **형사소송법 제314조가 적용되지 아니한다**(대판 2020. 6. 11. 선고 2016도9367).

15. 증거능력있는 서류

제315조 당연히 증거능력 있는 서류		
	공무원작성문서	포함되지 않는 것
공무원 등이 직무상 증명할 수 있는 사항에 관하여 작성한 문서	① 등기부 등본 ② 인감증명 ③ 신원증명서 ④ 전과조회회보 ⑤ 세관공무원의 시가감정서 ⑥ 군의관 작성진단서 ⑦ 보건복지부장관의 시가보고서 ⑧ 가족관계증명서 ⑨ 수사연구소장의 감정의뢰보고서	① 검사의 공소장 등 수사기관 작성문서 ② 미군 수사기관의 수사결과 · 정보회답서 ③ 육군수사연구소 실험분석관작성감정서
업무상 필요로 작성한 통상문서	①상업 장부 ② 항해일지 기타 업무상 필요로 작성한 통상문서(③금전출납부 ④전표 ⑤통계표 ⑥전산자료 ⑦의사의 진료부 ⑧성매매업소에서 입력한 메모리카드) 등. 당연히 증거능력이 인정되나 **의사의 진단서나 피고인작성 상업 장부는 해당되지 않는다.**	
기타 특히 신용할 만한 정황에 의하여 작성된 문서	제315조 제1호 · 제2호의 문서에 준할 정도로 고도의 신용성이 문서 자체에 의하여 보장되는 서면으로 당연히 증거능력이 인정된다(①달력 ②스포츠기록 ③정기간행물 ④보고서 ⑤공공기록 ⑥군법회의 판결문사본 ⑦구속적부심문조서).	

참고 · 지문

1. 주민들의 진정서 사본은 기타 특히 신용할 만한 정황에 의하여 작성된 문서가 아니다.
2. 보험사기 사건에서 건강보험심사평가원이 수사기관의 의뢰에 따라 그 보내온 자료를 토대로 입원진료의 적정성에 대한 의견을 제시하는 내용의 '건강보험심사평가원의 입원진료 적정성 여부 등 검토의뢰에 대한 회신'은 형사소송법 제315조 제3호의 '기타 특히 신용할 만한정황에 의하여 작성된 문서'에 해당하지 않는다(대판 2017.12.5., 2017도12671).

판례 · 지문 **당연히 증거능력 있는 서류**

1. **구속적부심문조서**는 형사소송법 제311조가 규정한 문서에는 해당하지 않는다 할 것이나, 특히 신용할 만한 정황에 의하여 작성된 문서라고 할 것이므로 특별한 사정이 없는 한, 피고인이 증거로 함에 부동의 하더라도 형사소송법 제315조 제3호에 의하여 **당연히 그 증거능력이 인정된다**(대판 2004.1.16. 선고 2003도5693).

2. **다른 피고인에 대한 형사사건의 공판조서는** 형사소송법 제315조 제3호에 정한 서류로서 **당연히 증거능력이 있는 바, 공판조서 중 일부인 증인신문조서** 역시 형사소송법 제315조 제3호에 정한 서류로서 **당연히 증거능력이** 있다고 보아야 할 것이다(대판 2005.4.28. 선고 2004도4428).

3. **사법경찰관 작성의 새세대 16호에 대한 수사보고서**는 피고인이 검찰에서 소지 탐독사실을 인정하고 있는 새세대 16호라는 유인물의 내용을 분석하고, 이를 기계적으로 복사하여 그 말미에 그대로 첨부한 문서로서 그 신용성이 담보되어 있어 **형사소송법 제315조 제3호 소정의 "기타 특히 신용할 만한 정황에 의하여 작성된 문서"에 해당되는 문서로서 당연히 증거능력이 인정된다**(대판 1992.8.14. 선고 92도1211).

4. **사법경찰관 작성의 수사보고서**는 피고인이 검찰에서 소지 탐독사실을 인정하고 있는 새세대 16호라는 유인물의 내용을 분석하고, 이를 기계적으로 복사하여 그 말미에 그대로 첨부한 문서로서 그 신용성이 담보되어 있어 형사소송법 제315조 제3호 소정의 "기타 특히 신용할 만한 정황에 의하여 작성된 문서"에 해당되는 문서로서 **당연히 증거능력이 인정된다**(대판 1992.8.14. 선고 92도1211).

5. **군법회의판결사본**(교도소장이 교도소에 보관 중인 판결등본을 사본한 것)은 특히 신용할 만한 정황에 의하여 작성된 문서라고 볼 여지가 있으므로 피고인이 증거로 함에 부동의 하거나 그 진정성립의 증명이 없다는 이유로 **그 증거능력을 부인할 수 없다**(대판 1981.11.24. 선고 81도2591).

6. **국립과학수사연구소장 작성의 감정의뢰 회보서**와 사법경찰관 사무취급 작성의 실황조사서를 유죄의 증거로 거시하고 있는바 기록에 의하면 피고인이 위 각 서류를 증거로 함에 동의하지 않았음은 소론과 같으나 위 회보서는 공무원인 위 연구소장이 직무상 증명할 수 있는 사항에 관하여 작성한 문서라고 할 것이므로 **당연히 증거능력 있는 서류라고 할 것이다**(대판 1982.9.14. 선고 82도1504).

7. 외국공무원이 직무상 증명할 수 있는 사항에 관하여 작성한 문서는 이를 증거로 할 수 있으므로(형사소송법 제315조 제1호), 원심이 이 사건 **일본하관세관서 통괄심리관작성의 범칙물건 감정서 등본과 분석의뢰서 및 분석회답서 등본 등을 증거로 하였음은 적법하다**(대판 1984.2.28., 83도3145).

8. **사법경찰관 작성의 수사보고서**는 피고인이 검찰에서 소지 탐독사실을 인정하고 있는 새세대 16호라는 유인물의 내용을 분석하고, 이를 기계적으로 복사하여 그 말미에 그대로 첨부한 문서로서 그 신용성이 담보되어 있어 형사소송법 제315조 제3호 소정의 "기타 특히 신용할 만한 정황에 의하여 작성된 문서" 에 해당되는 문서로서 **당연히 증거능력이 인정된다**(대판 1992.8.14. 선고 92도1211).

9. **군법회의판결사본**(교도소장이 교도소에 보관 중인 판결등본을 사본한 것)은 특히 신용할 만한 정황에 의하여 작성된 문서라고 볼 여지가 있으므로 피고인이 증거로 함에 부동의 하거나 그 진정성립의 증명이 없다는 이유로 **그 증거능력을 부인할 수 없다**(대판 1981.11.24. 선고 81도2591).

10. **국립과학수사연구소장 작성의 감정의뢰 회보서**와 사법경찰관 사무취급 작성의 실황조사서를 유죄의 증거로 거시하고 있는바 기록에 의하면 피고인이 위 각 서류를 증거로 함에 동의하지 않았음은 소론과 같으나 위 회보서는 공무원인 위 연구소장이 직무상 증명할 수 있는 사항에 관하여 작성한 문서라고 할 것이므로 **당연히 증거능력 있는 서류라고 할 것이다**(대판 1982.9.14. 선고 82도1504).

11. 성매매업소에서 영업에 참고하기 위하여 **성매매 상대방에 관한 정보를 입력하여 작성한 메모리카드**의 내용이 영업상 필요로 작성한 통상문서로서 **당연히 증거능력이 있는 문서**에 해당한다(대판 2007.7.26. 선고 2007도3219 판결).

12. 대한민국 **주중국대사관 영사가 작성한 사실확인서 중 공인 부분을 제외한 나머지 부분**이 공적인 증명보다는 상급자 등에 대한 보고를 목적으로 작성된 것인 경우, 형사소송법 제315조 제1호 또는 제3호의 문서에 해당하지 아니하여 **증거능력이 없다**(대판 2007.12.13. 선고 2007도7257).

13. 대한민국 **주중국대사관 영사가 작성한 사실확인서 중 공인 부분을 제외한 나머지 부분**이 공적인 증명보다는 상급자 등에 대한 보고를 목적으로 작성된 것인 경우, 형사소송법 제315조 제1호 또는 제3호의 문서에 해당하지 아니하여 **증거능력이 없다**(대판 2007.12.13. 선고 2007도7257).

14. **입원진료 적정성 여부 검토의뢰**에 대한 회신은 범죄사실 인정 여부와 관련 있는 의견을 제시하는 내용을 담고 있는 문서이므로 형소법 315조 3호의 '기타 특히 신용할 만한 정황에 의하여 작성된 문서' 에 **해당하지 않는다**(대판 2017도12671).

16. 전문진술

전문진술	전문진술이란 타인이 진술한 내용을 들은 자가 법원에 나와 진술하는 것으로 전문진술은 원칙적으로 증거능력이 없으나 예외적으로 제316조에 의해 이를 증거로 할 수 있다.	
피고인의 진술 내용 제3자의 진술	**피고인 진술**	피고인이 아닌 자의 공판준비 또는 공판기일에서의 진술이 피고인의 진술을 그 내용으로 하는 것인 때에는 그 진술이 특히 신빙할 수 있는 상태 하에서 행하여졌음이 증명된 때에 한하여 이를 증거로 할 수 있다.
	제3자	조사하였거나 조사에 참여하였던 경찰관이 피고인의 수사과정에서의 진술에 관하여 증언할 경우 그 진술이 특히 신빙할 수 있는 상태 하에서 행하여졌음이 증명되면 증거능력을 부여하도록 하였다.
피고인 아닌 자의 진술을 내용 제3자의 진술	**필요성**	피고인 아닌 자의 공판준비 또는 공판기일에서의 진술이 피고인 아닌 타인의 진술을 그 내용으로 하는 것인 때에는 원진술자가 사망, 질병, 외국거주, 소재불명, 그 밖에 이에 준하는 사유로 인하여 진술할 수 없어야 한다.
	특신성	피고인의 원진술이 특히 신빙할 수 있는 상태 하에서 행하여졌음이 증명된 때에 한하여 이를 증거로 할 수 있다. 즉, 필요성과 신용성의 정황적 보장을 요건으로 한다. ☞ 공범자와 공동피고인은 피고인 아닌 자에는 포함된다.
재 전문	① 재 전문이란 타인의 전문 진술을 들었다는 진술과 같이 이중의 전문이 되는 경우 판례는 재 전문 진술이나 재 전문 진술을 기재한 서류의 증거능력을 부정한다.	
	② 재 전문 진술이나 재 전문 진술을 기재한 조서에 대하여 피고인이 증거로 하는 데 동의하면 이를 **증거로 할 수 있으며, 탄핵증거로 사용할 수 있다.**	

참고 · 지문

공범자와 공동피고인은 피고인 아닌 자에는 포함된다.

판례 · 지문 **전문진술**

1. **피고인 아닌 자에는 공소제기 전에 피고인 아닌 타인을 조사하였거나 그 조사에 참여하였던 자(이하 조사자라고 한다)도 포함된다.** 따라서 **조사자의 증언에 증거능력이 인정되기 위해서는** 원진술자가 사망, 질병, 외국거주, 소재불명, 그 밖에 이에 준하는 사유로 인하여 진술할 수 없어야 하는 것이라서, **원진술자가 법정에 출석하여 수사기관에서 한 진술을 부인하는 취지로 증언한 이상 원진술자의 진술을 내용으로 하는 조사자의 증언은 증거능력이 없다**(대판 2008.9.25. 선고 2008도6985).

2. 형사소송법은 전문진술에 대하여 제316조에서 실질상 단순한 전문의 형태를 취하는 경우에 한하여 예외적으로 그 증거능력을 인정하는 규정을 두고 있을 뿐, **재전문진술이나 재전문진술을 기재한 조서**에 대하여는 달리 그 증거능력을 인정하는 규정을 두고 있지 아니하고 있으므로, **피고인이 증거로 하는 데 동의하지 아니하는 한 형사소송법 제310조의2의 규정에 의하여 이를 증거로 할 수 없다**(대판 2004.3.11. 선고 2003도171).

3. 전문진술자가 원진술자로부터 진술을 들을 당시 원진술자가 증언능력에 준하는 능력을 갖춘 상태에 있어야한다(2005 도9561).

17. 사진 및 녹음테이프

사진의 증거능력	사진은 기계적 방법으로 대상을 특정하므로 신용성이 매우 높으나 현상과 인화과정에서 인위적 조작가능성이 있어 증거능력이 제한된다.	
사본인 사진	문서의 사본이나 범행에 사용된 흉기 사진 등 자료의 대체물로 사진이 제출된 경우로 원본증거가 공판정에 제출하기 곤란하고 사진의 사건관련성이 증명된 경우에 한해 증거능력이 인정된다.	
진술의 일부 사진	사진은 진술증거의 일부를 이르는 보조수단에 불과하므로 사진의 증거능력도 진술증거인 검증조서 · 감정서와 일체적으로 판단한다.	
현장사진	현장사진은 전문법칙에 의거 촬영자의 진술에 따라 진정하게 성립되었다는 것이 증명 된 때 증거로 할 수 있다.	
증거조사의 방법	증거물의 사본인 현장사진은 제시, 서증의 사본인 사진은 제시와 낭독, 진술의 일부인 사진은 소송관계인에게 보여주어야 한다.	
진술녹음	1. 작성주체와 진술자에 따라 제311조 내지 제313조를 준용하여 결정한다. 2. 진술자나 녹음자의 진술에 의해 진술자의 음성임이 인정되고 녹음의 정확성이 증명되면 원진술자의 서명날인이 없어도 증거능력이 인정된다고 본다.	
비밀녹음	**수사기관**	수사기관에 의해 불법감청에 의하여 지득 또는 채록된 내용은 통신비밀보호법에 의해 증거능력이 부정된다.
	제3자의 비밀녹음	제3자가 공개되지 않은 타인이 비밀 녹음한 경우 그 녹음은 일방의 동의가 있는 경우에도 증거능력이 부정된다.
	대화당사자	대화당사자가 상대방 몰래 녹음한 결과를 증거로 사용할 수 있는가에 대해 판례는 대화당사자에 의한 비밀녹음의 증거능력을 인정하고 있다.

판례 · 지문 사진 · 비디오

1. **사진을 촬영한 제3자가 그 사진을 이용하여 피고인을 공갈할 의도였다고 하더라도** 사진의 촬영이 임의성이 배제된 상태에서 이루어진 것이라고 할 수는 없으며, 그 사진은 범죄현장의 사진으로서 피고인에 대한 형사소추를 위하여 반드시 필요한 증거로 보이므로, 공익의 실현을 위하여는 그 사진을 범죄의 증거로 제출하는 것이 허용되어야 하고, 이로 말미암아 피고인의 사생활의 비밀을 침해하는 결과를 초래한다 하더라도 이는 피고인이 수인하여야 할 기본권의 제한에 해당된다(대판 1997.9.30, 97도1230).

2. **무인장비에 의한 제한속도 위반차량 단속**은 이러한 수사 활동의 일환으로서 도로에서의 위험을 방지하고 교통의 안전과 원활한 소통을 확보하기 위하여 도로교통법령에 따라 정해진 제한속도를 위반하여 차량을 주행하는 범죄가 현재 행하여지고 있고, 그 범죄의 성질 · 태양으로 보아 **긴급하게 증거보전을 할 필요가 있는 상태에서 일반적으로 허용되는 한도를 넘지 않는 상당한 방법**에 의한 것이라고 판단되므로, 이를 통하여 운전 **차량의 차량번호 등을 촬영한 사진을 두고 위법하게 수집된 증거로서 증거능력이 없다고 말할 수 없다**(대판 1999.12.7. 선고 98도3329).

3. 구 정보통신망 이용촉진 및 정보보호 등에 관한 법률 제65조 제1항 제3호 위반죄와 관련하여 문자메시지로 전송된 **문자정보를 휴대전화기 화면에 띄워 촬영한 사진**에 대하여, 피고인이 **성립 및 내용의 진정을 부인한다는 이유로 증거능력을 부정한 것은 위법하다**(대법원 2008.11.13. 선고 2006도2556).

4. 피해자가 피고인으로 부터 당한 **공갈 등 피해 내용을 담아 남동생에게 보낸 문자메시지를 촬영한 사진**은 형사소

송법 제313조에 규정된 '피해자의 진술서' 에 준하는 것인데, 제반 사정에 비추어 그 **진정성립이 인정되어 증거로 할 수 있다**(2010도8735).

5. 피고인이 녹음테이프를 증거로 할 수 있음에 동의하지 않은 이상 **녹음테이프에 녹음된 피고인의 진술 내용을 증거로 사용하기 위해서는** 공판준비 또는 공판기일에서 작성자인 상대방의 진술에 의하여 녹음테이프에 **녹음된 피고인의 진술 내용이 피고인이 진술한 대로 녹음된 것임이 증명**되고 나아가 그 **진술이 특히 신빙할 수 있는 상태 하에서 행하여진 것**임이 인정되어야 하며, 또한 대화 내용을 녹음한 원본이거나 원본으로부터 복사한 사본일 경우에는 복사과정에서 편집되는 등의 인위적 개작 없이 **원본의 내용 그대로 복사된 사본임이 증명**되어야 한다(대판 2012.9.13. 선고 2012도7461).

6. **전화통화 당사자의 일방이 상대방 몰래 통화내용을** 녹음하더라도, **통신비밀보호법위반이 되지 아니한다. 제3자의 경우는 설령 전화통화 당사자 일방의 동의를 받고 그 통화내용을 녹음하였다 하더라도** 그 상대방의 동의가 없었던 이상, 사생활 및 통신의 불가침을 국민의 기본권의 하나로 선언하고 있는 헌법규정과 통신비밀보호법의 취지에 비추어 이는 동법 **제3조 제1항 위반이 된다**고 해석하여야 할 것이다(대판 2002.10.8. 선고 2002도123).

7. 통신비밀보호법 제3조 제1항이 공개되지 아니한 타인간의 대화를 녹음 또는 청취하지 못한다라고 정한 것은, **대화에 원래부터 참여하지 않는 제3자가 그 대화를 하는 타인들 간의 발언을 녹음해서는 아니 된다는 취지이다. 3인간의 대화에 있어서 그 중 한 사람이 그 대화를 녹음하는 경우에 다른 두 사람의 발언은 그 녹음자에 대한 관계에서 타인간의 대화라고 할 수 없으므로, 이와 같은 녹음행위가 통신비밀보호법 제3조 제1항에 위배된다고 볼 수는 없다**(대판 2006.10.12. 2006도4981).

8. **음식점 내부에 감시용 카메라와 도청마이크 등을 설치**하여 타인간의 대화를 녹음하려 시도하거나 청취한 사안에서, 위 음식점 내에서 이루어진 타인간의 대화는 통신비밀보호법 제3조 제1항의 **공개되지 아니한 타인간의 대화에 해당한다**(대판 2007.12.27. 선고 2007도9053).

9. 수사기관이 갑으로부터 피고인의 마약류관리에 관한 법률 위반(향정) 범행에 대한 진술을 듣고 추가적인 증거를 확보할 목적으로, 구속 수감되어 있던 갑에게 그의 **압수된 휴대전화를 제공**하여 피고인과 통화하고 위 범행에 관한 **통화 내용을 녹음하게 한 행위**는 불법감청에 해당하므로, 그 녹음 자체는 물론 이를 근거로 작성된 녹취록 첨부수사보고는 **피고인의 증거동의에 상관없이 그 증거능력이 없다**(대법원 2010.10.14. 선고 2010도9016).

10. 디지털 녹음기에 녹음된 내용을 전자적 방법으로 테이프에 **전사한 사본인 녹음테이프**를 대상으로 법원이 검증절차를 진행하여, 녹음된 내용이 녹취록의 기재와 일치하고 그 음성이 진술자의 음성임을 확인하였더라도, 그것만으로 녹음테이프의 **증거능력을 인정할 수 없다**(2008 도 9414).

11. 타인의 진술을 내용으로 하는 진술이 전문증거인지 여부는 요증사실과의 관계에서 정해지는데, 원진술의 내용인 사실이 요증사실인 경우에는 전문증거이나, **원진술의 존재 자체가 요증사실인 경우에는 본래증거**이지 전문증거가 아니다(대판 2018.5.15. 2017도19499).

12. 정보통신망을 통하여 공포심이나 불안감을 유발하는 글을 반복적으로 상대방에게 도달하게 하는 행위를 하였다는 공소사실에 대하여 **휴대전화기에 저장된 문자정보가 그 증거가 되는 경우**와 같이, 그 문자정보가 **범행의 직접적인 수단이 될 뿐** 경험자의 진술에 갈음하는 대체물에 해당하지 않는 경우에는 형사소송법 제310조의2에서 정한 전문법칙이 적용될 여지가 없다(대판2008.11.13. 2006도2556).

18. 당사자의 동의

<table>
<tr><td>당사자의 동의</td><td colspan="2">검사와 피고인이 증거로 할 수 있음을 동의한 서류 또는 물건은 진정한 것으로 인정한 때에는 증거로 할 수 있다(제318조 제1항). 여기서 동의란 전문법칙에 의하여 증거능력이 없는 증거에 대해서 증거능력을 부여하기 위한 당사자의 소송행위를 말한다.</td></tr>
<tr><td>성 질</td><td colspan="2">전문법칙의 원칙에 대한 예외로서 반대신문권을 포기하겠다는 피고인의 의사표시에 의하여 서류 또는 물건의 증거능력을 부여하려는 규정</td></tr>
<tr><td rowspan="2">동의의 주체</td><td>당사자</td><td>동의의 주체는 당사자인 검사와 피고인이다. 일방당사자가 신청한 증거에 대해서는 타방당사자의 동의가 있으면 족하지만, 법원에서 직권으로 수집한 증거에 대해서는 양당사자의 동의가 있어야 한다.</td></tr>
<tr><td>변호인의 동의</td><td>변호인도 동의할 수 있으나 변호인은 피고인의 묵시의 동의 또는 추인이 있어야 한다.</td></tr>
<tr><td>동의의 상대방</td><td colspan="2">동의의 상대방은 법원이어야 한다.</td></tr>
<tr><td>대 상</td><td colspan="2">서류 또는 물건으로 증거능력이 없는 전문증거에 한한다.</td></tr>
<tr><td rowspan="2">동의의 시기 · 방식</td><td>시기</td><td>① 동의는 원칙적으로 증거조사 전에 하여야 한다. 그러나 증거조사 후에 동의가 있는 때에도 그 하자가 치유되어 증거능력이 소급적으로 인정된다.
② 동의는 반드시 공판기일에서 할 것을 요하지 않고 공판기일 이외에 공판준비절차에서 하더라도 상관없다.</td></tr>
<tr><td>방식</td><td>① 적극적으로 명시되어야 하고, 각 증거에 개별적 동의를 원칙으로 하고 포괄적 동의는 허용하지 않는다(다수설).
② 판례는 동의임을 명시할 것을 요하지 않고 피고인의 태도에 비추어 반대신문권을 포기하였다고 해석할 수 있을 정도이면 족하다고 보고 묵시적 · 포괄적 동의도 인정하고 있다.</td></tr>
<tr><td rowspan="3">동의의 의제</td><td>피고인의 불출석</td><td>피고인의 출정없이 증거조사를 할 수 있는 경우에 피고인이 출정하지 아니한 때에는 피고인의 대리인 또는 변호인이 출정한 때를 제외하고는 피고인이 증거로 함에 동의한 것으로 간주한다(제318조 제2항).</td></tr>
<tr><td>퇴정명령</td><td>피고인이 재판장의 허가 없이 퇴정하거나, 재판정의 에 의해 출석하지 않은 경우 동의가 의제 될 것인가 문제되나 판례는 동의가 있는 것으로 간주한다.</td></tr>
<tr><td>간이공판 절차</td><td>간이공판절차의 결정이 있는 사건의 증거에 관하여 검사 · 피고인 · 변호인의 이의가 없으면 전문증거에 대하여 동의가 있는 것으로 간주된다(제318조의3).</td></tr>
</table>

동의의 효과	증거능력	당사자가 동의한 서류 또는 물건은 전문증거도 법원이 진정성을 인정하면 증거능력이 인정된다.
	증명력	① 동의의 본질은 반대신문권의 포기에 있으므로 동의한 당사자가 원진술자를 증인으로 신청하는 것은 허용되지 않으나 ② 동의한 후에 증거의 증명력을 반대신문 이외의 방법으로 **증명력을 다투는 것은 허용**된다고 본다.
	물적 범위	동의의 효력은 동의의 대상으로 특정된 서류 또는 물건의 전체에 미친다. 서류 또는 물건의 내용이 가분인 경우 일부에 대한 동의도 가능하다.
	인적 범위	동의한 피고인에게만 미치고 다른 피고인에게는 미치지 않는다.
	시간적 범위	동의의 효력은 공판절차의 **갱신에 있거나 심급을 달리한다고 하여 소멸되지 않는다.**
동의의 철회	증거조사 완료 후에는 동의의 철회가 허용될 수 없고, 증거조사완료 전까지 동의의 철회가 가능하다.	

참고 · 지문

1. 증거동의의 주체는 소송주체인 검사와 피고인이고, 변호인은 피고인을 대리하여 증거동의에 관한 의견을 낼 수 있을 뿐이므로 피고인의 명시한 의사에 반하여 증거로 함에 동의할 수는 없다.
2. 피고인이 출석한 공판기일에서 증거로 함에 부동의 한다는 의견이 진술된 경우에는 그 후 피고인이 출석하지 아니한 공판기일에 변호인만이 출석하여 종전 의견을 번복하여 증거로 함에 동의하였다 하더라도 이는 특별한 사정이 없는 한 효력이 없다.

판례 · 지문 **당사자의 동의**

1. **변호인은 피고인의 명시한 의사에 반하지 아니하는 한 피고인을 대리하여 증거로 함에 동의할** 수 있으므로 피고인이 증거로 함에 동의하지 아니한다고 명시적인 의사표시를 한 경우 이외에는 변호인은 서류나 물건에 대하여 증거로 함에 동의할 수 있고 이 경우 **변호인의 동의에 대하여 피고인이 즉시 이의하지 아니하는 경우에는 변호인의 동의로 증거능력이 인정된다**(대판 1988.11.8., 88도1628).

2. **유죄의 자료가 되는 것으로 제출된 증거의 반대증거 서류에 대하여는** 그것이 유죄사실을 인정하는 증거가 되는 것이 아닌 이상 반드시 그 진정성립이 증명되지 아니하거나 이를 증거로 함에 있어서의 **상대방의 동의가 없다고 하더라도 증거판단의 자료**로 할 수 있다(대판 1981.12.22. 선고 80도1547).

3. **문서의 사본**이라도 피고인이 증거로 함에 동의하였고 진정으로 작성되었음이 인정되는 경우에는 **증거능력이 있다**(대판 1996.1.26. 선고 95도2526).

4. 피고인이나 변호인이 무죄에 관한 자료로 제출한 서증 가운데 도리어 유죄임을 뒷받침하는 내용이 있다 하여도, 법원은 상대방의 원용(동의)이 없는 한 그 서류의 진정성립 여부 등을 조사하고 아울러 그 서류에 대한 피고인이나 변호인의 의견과 변명의 기회를 준 다음이 아니면 그 서증을 유죄인정의 증거로 쓸 수 없다. 그러나 당해 서류를 제출한 당사자는 그것을 증거로 함에 동의하고 있음이 명백한 것이므로 상대방인 검사의 원용이 있으면 그 서증을 유죄의 증거로 사용할 수 있다(대판 2017.9.21. 2015도12400).

5. 피고인이 신청한 증인의 증언이 피고인 아닌 타인의 진술을 그 내용으로 하는 전문진술이라고 하더라도 피고인이 그 증언에 대하여 **별 의견이 없다고 진술**하였다면 **그 증언을 증거로 함에 동의한 것으로 볼 수 있으므로 이는 증거능력이 있다**(대판 1983.9.27. 83도516).

6. 개개의 증거에 대하여 개별적인 증거조사방식을 거치지 아니하고 **검사가 제시한 모든 증거에 대하여 피고인이 증거로 함에 동의한다는 방식**으로 이루어진 것이라 하여도 **증거동의로서의 효력이 있다**(대판 82도2873).

7. 필요적 변호사건이라 하여도 **피고인이 재판거부의 의사를 표시하고 재판장의 허가없이 퇴정**하고 **변호인마저 이에 동조하여 퇴정**해 버린 것은 모두 피고인 측의 **방어권의 남용 내지 변호권의 포기**로 볼 수밖에 없는 것이므로 수소법원으로서는 형사소송법 제330조에 의하여 피고인이나 변호인의 재정없이도 심리판결 할 수 있다(대판 1991.6.28., 91도865).

8. 피고인들이 제1심 법정에서 경찰의 검증조서 가운데 범행부분만 부동의하고 **현장상황 부분에 대해서는 모두 증거로 함에 동의**하였다면, 위 **검증조서 중 범행상황 부분만을 증거로 채용**한 제1심판결에 잘못이 없다(대판 1990.7.24. 90도1303).

9. 피고인들이 **제1심 법정에서 경찰작성 조서들에 대하여서 증거로 함에 동의하였다면** 그 후 **항소심에서** 범행인정 여부를 다투고 있다 하여도 이미 **동의한 효과에 아무런 영향을 가져오지 아니한다**(대판 89도2366).

10. **제1심 공판조서 및 그 조서의 일부를 이루는 증거목록에 피고인 또는 변호인이 증거로 함에 동의한다**는 의사표시를 한 것으로 기재되어 있고, **증거조사가 완료되기 전까지 그 의사표시를 철회 또는 취소하였다고 볼 흔적을 찾아 볼 수 없는** 사법경찰관 사무취급 작성의 참고인 진술조서는 진정한 것으로 인정되는 한 **제2심에서 피고인이 증거로 함에 부동의하거나 범행을 부인하였어도 이미 적법하게 부여된 증거능력이 상실되는 것은 아니다**(대판 1994.7.29. 93도955)

11. 증거동의의 의사표시는 **증거조사가 완료되기 전까지 취소 또는 철회**할 수 있으나, 일단 **증거조사가 완료된 뒤에는 취소 또는 철회가 인정되지 아니하므로** 제1심에서 한 증거동의를 제2심에서 취소할 수 없고, 일단 증거조사가 종료된 후에 증거동의의 의사표시를 취소 또는 철회하더라도 취소 또는 철회 이전에 이미 취득한 증거능력이 상실되지 않는다(대판 1999.8.20. 99도2029).

12. 피고인이 사법경찰관작성의 피해자진술조서를 증거로 동의함에 있어서 그 **동의가 법률적으로 어떠한 효과가 있는지를 모르고 한 것이었다고 주장하더라도** 변호인이 그 동의시 공판정에 재정하고 있으면서 피고인이 하는 동의에 대하여 아무런 이의나 취소를 한 사실이 없다면 그 동의에 무슨 하자가 있다고 할 수 없다(대판 1983.6.28. 선고 83도1019).

13. 공판준비 또는 공판기일에서 이미 증언을 마친 증인을 검사가 소환한 후 피고인에게 유리한 그 증언 내용을 추궁하여 이를 일방적으로 번복시키는 방식으로 작성한 진술조서는 피고인이 증거로 할 수 있음에 동의하지 아니하는 한 그 증거능력이 없다(대판 2008.9.2.5. 2008도6985).

19. 보강증거

보강증거		자백의 보강법칙이란 피고인이 임의로 한 증거능력과 신용성 있는 자백에 의하여 법관이 유죄의 심증을 얻었다 할지라도 보강증거가 없으면 유죄로 인정할 수 없다는 원칙으로 자유심증주의에 대한 예외가 된다.
적용범위		① 즉결심판에 관한 절차법의 적용을 받는 **즉결심판과 소년법**의 적용을 받는 소년보호사건에는 **보강법칙이 적용되지 않으므로** 자백만으로 사실을 인정한다. ② 간이공판절차에 있어서는 물론 약식명령절차에 있어서는 자백의 보강법칙이 적용된다.
보강이 필요한 자백	**피고인의 자백**	① 보강증거에 의하여 증명력의 보강을 요하는 것은 피고인의 자백이다. 그러나 참고인 또는 증인의 증언에는 보강증거가 필요 없다. ② 피고인의 자백이란 반드시 피고인이 피고인의 지위에서 한 자백에 한하지 않는다. 참고인 또는 증인으로서 한 자백도 그 이후에 피고인이 되었을 때는 피고인의 자백이 된다. ③ 피고인이 공판정에서 자백했더라도 보강증거가 없으면 유죄의 판결을 할 수 없다.
	공범자의 자백	공범자의 자백을 피고인의 자백이라고 할 수 없으므로 공범자의 자백에 대하여는 **보강증거를 요하지 않는다는** 것이 판례이다.
보강증거의 자격	**증거능력**	보강증거도 증거능력 있는 증거일 것을 요하므로 **전문증거는 보강증거로 될 수 없다.**
	독립한 증거	① 자백을 보강하는 증거는 자백과는 독립된 증거가치를 가져야하나, 독립된 증거인 이상 인증, 물증, 증거서류를 불문하며 간접증거(정황증거)라도 무방하다. ② 피고인의 자백과는 독립된 증거이어야 하므로 **피고인의 다른 자백이 보강증거가 될 수는 없다.** ③ 피고인의 자백이 서면화, 소송서류화 된 경우 또는 피고인의 범행재현도 소송서류화 된 경우 보강증거가 아니다.
보강증거의 범위	**진실성담보설**	자백에 대한 보강증거는 자백의 진실성을 담보하는 정도면 족하다.
	구성요건	객관적 구성요건에는 보강증거가 있어야 하나, 고의 · 목적과 같은 범죄의 주관적 요소는 보강증거가 필요 없이 자백만으로 인정할 수 있다.
	구성요건 이외	처벌조건인 사실 또는 전과에 관한 사실은 피고인의 자백에 의하여 인정하면 족하며, 보강증거를 요하지 않는다.
	죄 수	① 경합범 : 경합범은 수죄이므로 각각의 범죄에 대하여 보강증거가 필요하다.
		② 상상적 경합 : 실체법상 수죄이므로 각 범죄에 대해 보강증거가 필요하다.
		③ 포괄1죄 : 개개의 행위가 독립된 의미가 없는 영업범은 보강증거가 필요 없지만, 상습범이나 연속범은 개별적으로 보강증거가 필요하다.
	보강증거의 증명력	보강증거 그 자체만으로도 범죄사실을 인정할 수 있음을 요하지 않고, 자백과 보강증거를 종합해서 범죄사실을 인정할 수 있으면 족하다.
위반의 효과		자백을 유일한 증거로 하여 유죄판결을 한 경우는 상소나 비상상고의 이유가 되나 재심사유는 되지 않는다.

판례 · 지문 **보강증거**

1. 형사소송법 제310조의 피고인의 자백에는 공범인 공동피고인의 진술은 포함되지 않으며, 이러한 공동피고인의 진술에 대하여는 피고인의 반대신문권이 보장되어 있어 독립한 증거능력이 있다는 것이 당원의 일관된 견해이므로 원심이 **피고인의 범죄사실을 인정함에 있어서 공범인 다른 피고인들의 진술을 증거로 삼았다고 하여 이를 위법이라고 탓할 수 없다**(대판 92도917).

2. **필로폰 매수 대금을 송금한 사실에 대한 증거**가 필로폰 매수죄와 실체적 경합범 관계에 있는 **필로폰 투약행위에 대한 보강증거가 될 수 없다**(대판 2008.2.14. 선고 2007도10937).

3. **메스암페타민을 갑에게 매도하였다는 을의 진술**이 메스암페타민 **투약사실에 관한** 피고인 갑의 자백에 대한 **보강증거로서 충분하다**(대판 2008.11.27. 선고 2008도7883).

4. 2000.10.19. 채취한 소변에 대한 검사결과 메스암페타민 성분이 검출된 경우, 위 **소변검사결과는** 2000.10.17. 메스암페타민을 투약하였다는 자백에 대한 보강증거가 될 수 있음은 물론 같은 달 13. 메스암페타민을 투약하였다는 **자백에 대한 보강증거도 될 수 있다**(대판 2002.1.8. 선고 2001도1897).

5. **뇌물공여**의 상대방인 공무원이 **뇌물을 수수한 사실을 부인하면서도** 그 일시경에 뇌물공여자를 만났던 사실 및 공무에 관한 **청탁을 받기도 한 사실자체는 시인**하였다면, **이는 뇌물을 공여하였다는 뇌물공여자의 자백에 대한 보강증거가 될 수 있다**(대판 1995.6.30. 선고 94도993).

6. 뇌물수수자가 무자격자인 **뇌물공여자로 하여금 건축공사를 하도급 받도록 알선**하고 그 하도급계약을 승인받을 수 있도록 하였으며 **공사와 관련된 각종의 편의를 제공한 사실을 인정할 수 있는 증거들**이 뇌물공여자의 자백에 대한 **보강증거가 될 수 있다**(대판 1998.12.22. 선고 98도2890).

7. **자동차등록증에 차량의 소유자가 피고인으로 등록 · 기재된 것이 피고인이 그 차량을 운전하였다는 사실의 자백 부분에 대한 보강증거**가 될 수 있고 결과적으로 피고인의 무면허운전이라는 전체 범죄사실의 보강증거로 충분하다(대판 2000.9.26. 선고 2000도2365).

8. 피고인이 자신이 거주하던 **다세대주택의 여러 세대에서 7건의 절도행위를** 한 것으로 기소되었는데 그 중 4건은 범행장소인 구체적 호수가 특정되지 않은 사안에서, 위 4건에 관한 피고인의 범행 관련 진술이 매우 사실적 · 구체적 · 합리적이고 진술의 신빙성을 의심할 만한 사유도 없어 자백의 진실성이 인정되므로, 피고인의 집에서 해당 **피해품을 압수한 압수조서와 압수물 사진은 위 자백에 대한 보강증거**가 된다(대판 2008.5.29. 선고 2008도2343).

9 자신이 운영하는 **게임장에서 미등급 게임기를** 판매 · 유통시켰다는 공소사실에 대하여 경찰 및 제1심 법정에서 자백한 후 이를 다시 번복한 사안에서, **미등급 게임기가 설치된 게임장 내부 사진 및 피고인 명의의 게임제공업자등록증** 등의 증거가 자백의 진실성을 담보하기에 충분한 **보강증거가 된다**(대판 2008.9.25. 선고 2008도6045).

10. **상업 장부나 항해일지, 진료일지 또는 이와 유사한 금전출납부 등과 같이 범죄사실의 인정 여부와는 관계없이** 자기에게 맡겨진 사무를 처리한 사무내역을 그때그때 **계속적 · 기계적으로 기재한** 문서 **등의 경우는** 사무처리 내역을 증명하기 위하여 존재하는 문서로서 그 존재 자체 및 기재가 그러한 내용의 사무가 처리되었음의 여부를 판단할 수 있는 **별개의 독립된 증거자료이고**, 설사 그 문서가 우연히 피고인이 작성하였고 그 문서의 내용 중 피고인의 범죄사실의 존재를 추론해 낼 수 있는, 즉 공소사실에 일부 부합되는 사실의 기재가 있다고 하더라도, 이를 일컬어 **피고인이 범죄사실을 자백하는 문서라고 볼 수는 없다**(대판 전원합의체 1996.10.17., 94도2865).

11. **공동피고인의 자백**은 이에 대한 피고인의 반대신문권이 보장되어 있어 증인으로 신문한 경우와 다를 바 없으므로 **독립한 증거능력이 있고**, 이는 **피고인들 간에 이해관계가 상반된다고 하여도 마찬가지**라 할 것이다(대판 2006도1944).

12. **자백에 대한 보강증거는** 범죄사실의 전부 또는 중요부분을 인정할 수 있는 정도가 되지 아니하더라도 피고인의 자백이 가공적인 것이 아닌 진실한 것임을 인정할 수 있는 정도만 되면 족한 것으로서, 자백과 서로 어울려서 전체로서 범죄사실을 인정할 수 있으면 유죄의 증거로 충분하고, 나아가 사람의 기억에는 한계가 있는 만큼 **자백과 보강증거 사이에 어느 정도의 차이가 있어도 중요부분이 일치하고 그로써 진실성이 담보되면 보강증거로서의 자격이 있다**(대판 2008도2343).

20. 탄핵증거

<table>
<tr><td>탄핵증거</td><td colspan="2">전문법칙에 의하여 증거능력이 없는 전문증거가 진술증거의 증명력을 다투기 위한 증거로 사용되는 경우에 그 증거를 탄핵증거라고 한다. 즉, 진술의 증명력을 다투는 증거가 탄핵증거이다.</td></tr>
<tr><td rowspan="3">성 질</td><td>전문증거</td><td>탄핵증거는 범죄사실을 인정하는 증거가 아니므로 소송법상의 엄격한 증거능력을 요하지 아니하며, 전문법칙에 의하여 증거능력이 없는 전문증거라 하더라도 증거로 사용될 수 있는 특색이 있다.</td></tr>
<tr><td>증명력</td><td>탄핵증거에 의해 탄핵되는 증거의 증명력은 법관의 자유심증에 의하므로 탄핵증거는 자유심증주의의 예외가 아니라 이를 보강하는 의미를 갖는다.</td></tr>
<tr><td>반증과 구별</td><td>진술의 증명력을 다투는 방법에는 탄핵증거 외에 반대신문과 반증이 있다. 그러나 반증은 증거능력이 있는 증거라는 점에서 탄핵증거와 다르다.</td></tr>
<tr><td rowspan="3">탄핵의 대상 · 범위</td><td>진술의 증명력</td><td>① 탄핵의 대상은 공판준비 또는 공판기일에서의 피고인 또는 피고인 아닌 자의 진술의 증명력이다(제318조의2).
② 피고인 아닌 자에는 수사절차에서 피의자를 조사하였거나 그 조사에 참여하였던 자의 법정 증언도 증거능력이 없는 서류나 진술로써 탄핵할 수 있는 대상에 포함된다.
③ 자기 측 증인의 증언도 탄핵의 대상에 포함된다.</td></tr>
<tr><td>피고인의 진술</td><td>제318조의2가 명문으로 피고인의 진술을 탄핵의 대상으로 허용하고 있는 이상 이를 부정할 수는 없다.</td></tr>
<tr><td>탄핵의 범위</td><td>탄핵의 범위는 증명력을 감쇄하는 경우 외에 공평의 원칙상 감쇄된 증명력을 회복하기 위한 경우도 포함하나, 처음부터 증명력을 지지 · 보강하는 경우는 포함하지 아니한다.</td></tr>
<tr><td rowspan="4">탄핵증거의 자격</td><td>탄핵증거의 제한</td><td>임의성 없는 자백과 위법수집증거는 탄핵증거로도 사용할 수 없다고 보아야 한다.</td></tr>
<tr><td>성립의 진정</td><td>탄핵증거에 관하여는 성립의 진정이 인정될 것이 요구되지 않는다고 판시하고 있다.</td></tr>
<tr><td rowspan="2">영상녹화물</td><td>① 피고인 또는 피고인이 아닌 자의 진술을 내용으로 하는 영상녹화물은 원칙적으로 탄핵증거로 사용할 수 없다.</td></tr>
<tr><td>② 피고인이 기억불명을 이유로 제대로 진술하지 못하거나 수사기관에서의 진술과 달리 진술하는 경우, 또한 증인이 증언할 때 기억이 명백하지 아니한 사항이 있어 기억을 환기시켜야 할 필요가 있다고 인정되는 때에 한하여 피고인 또는 피고인이 아닌 자에게 재생하여 시청하게 할 수 있다.</td></tr>
<tr><td>조사방법</td><td colspan="2">① 탄핵증거의 조사방법에 관하여는 견해의 대립이 있으나 증거능력이 없는 전문증거가 탄핵증거로 사용된다는 점을 고려하면 공판정에서의 조사는 필요로 한다.
② 그러나 엄격한 증거조사의 절차와 방식을 요하는 것은 아니다.</td></tr>
</table>

참고 · 지문

탄핵증거는 진술의 증명력을 감쇄하기 위하여 인정되는 것이고 범죄사실 또는 그 간접사실의 인정의 증거로서는 허용되지 않는다(대판 2012.10.25. 2011도5459).

판례 · 지문 **탄핵증거**

1. **사법경찰리 작성의 피고인**에 대한 **피의자신문조서와 피고인이 작성한 자술서**들은 모두 검사가 유죄의 자료로 제출한 증거들로서 피고인이 각 그 **내용을 부인하는 이상 증거능력이 없으나** 그러한 증거라 하더라도 그것이 임의로 작성된 것이 아니라고 의심할 만한 사정이 없는 한 피고인의 **법정에서의 진술을 탄핵하기 위한 반대증거로 사용할 수 있다**(대판 1998.2.27. 선고 97도1770).

2. 유죄의 자료가 되는 것으로 제출된 증거의 반대증거인 서류 및 진술에 대하여는 그것이 유죄사실을 인정하는 증거가 아니므로 그 **진정성립이 증명되지 아니하거나 전문증거로서 상대방이 증거로 함에 동의를 한 바 없었다고 하여도 증명력을 다투기 위한 자료로 삼을 수는 있다**(대판 1981.12.8. 81도370).

3. **탄핵증거는** 범죄사실을 인정하는 증거가 아니므로 **엄격한 증거조사를 거쳐야 할 필요가 없음**은 형사소송법 제318조의2의 규정에 따라 명백하나 **법정에서 이에 대한 탄핵증거로서의 증거조사는 필요한 것**이고, 한편 증거신청의 방식에 관하여 규정한 형사소송규칙 제132조 제1항의 취지에 비추어 보면 탄핵증거의 제출에 있어서도 상대방에게 이에 대한 공격방어의 수단을 강구할 기회를 사전에 부여하여야 한다는 점에서 그 증거와 증명하고자 하는 사실과의 관계 및 입증취지 등을 미리 구체적으로 명시하여야 할 것이므로, 증명력을 다투고자 하는 증거의 어느 부분에 의하여 **진술의 어느 부분을 다투려고 한다는 것을 사전에 상대방에게 알려야 한다**(대판 2005도2617).

21. 공판조서의 증명력

배타적증명력		공판기일의 소송절차가 불필요한 소송절차를 반복하게 되므로 사전에 상소심절차의 지연을 방지하기 위해 공판조서에 기재된 공판기일의 소송절차에 배타적증명력을 인정한 것이다.
자유심증주의 예외		법관의 심증과 관계없이 공판조서에 기재된 공판기일의 소송절차는 기재된 대로 인정하여야 하므로 자유심증주의에 대한 예외가 된다.
공판기일의 소송절차	**공판기일**	공판조서에 의하여 증명할 수 있는 것은 공판기일의 절차에 한한다. 따라서 공판준비절차나 공판기일 외의 증인신문, 검증은 공판조서의 배타적 증명력이 인정되지 않는다.
	당해사건	당해사건의 공판조서에 한하므로 다른 사건의 공판조서는 배타적 증명력이 인정되지 않는다.
	소송절차	공판절차라 할지라도 소송절차에 대해서만 배타적 증명력이 인정된다. 피고인이나 증인이 진술한 것은 소송절차에 해당하나, 진술내용과 같은 실체면에 관한 사항에 대해서는 공판조서에 기재되어 있다고 할지라도 다른 증거에 의하여 다툴 수 있다.
기재된 절차	기재된 사항	배타적 증명력은 공판조서에 기재된 절차에서만 인정된다. 그러나 공판조서가 위조·변조·허위 작성되었음이 다른 형사절차에 의해 증명되는 경우는 증명력이 부인된다.
	기재되지 않은 사항	① 공판조서에 기재 안 된 소송절차는 다른 자료로 증명이 가능한 것이며, 이는 소송법적 사실이므로 자유로운 증명으로 족하다. ② 판례는 통상 행하는 소송절차인 경우는 기재되지 않았다고 해도 적법하게 절차가 행하여졌다고 사실상 추정된다고 판시하였다.
	기재가 불분명한 경우	공판조서에 기재된 사항이라도 기재가 불명확하거나 모순이 있는 경우에는 공판조서의 배타적 증명력이 인정되지 않는다.
배타적 증명력 있는 공판조서	유효한 조서의 존재	공판조서의 배타적 증명력은 유효한 공판조서가 존재할 것을 전제로 한다. 공판조서가 작성되지 않았기 때문에 존재하지 않은 경우에는 공판조서의 배타적 증명력이 문제되지 않는다.
	공판조서의 멸실·무효	공판조서가 멸실·무효인 경우에는 상소심에서 원심판결의 소송절차가 위법함을 다툴 때 항소심은 원심공판절차의 법령위반 여부를, 다른 자료에 의해 사실인정이 가능하다.

참고·지문

배타적증명력이라 함은 다른 증거를 참작하거나 반증을 허용하지 않고 공판조서에 기재된 대로 인정한다는 것을 의미한다.

PART 04

공판

01. 공소권

<table>
<tr><td rowspan="2">공소권</td><td colspan="2">① 검사가 특정한 형사사건에 관하여 유효하게 공소를 제기하고 이를 유지하고 유죄 · 무죄의 실체재판을 청구하는 권리이다.</td></tr>
<tr><td colspan="2">② 공소권은 실체법상의 형벌권과 구별되는 개념이므로, 형벌권이 부존재하여 무죄판결을 하는 경우에도 공소권은 존재할 수 있다.</td></tr>
<tr><td rowspan="4">공 소 권 남용</td><td colspan="2">공소권남용이론이란 검사의 공소권행사가 형식적으로는 적법하지만 실질적으로는 부당한 경우를 의미한다.</td></tr>
<tr><td>혐의 없는 사건의 공소제기</td><td>범죄의 객관적 혐의가 없음에도 불구하고 검사가 공소를 제기한 경우</td></tr>
<tr><td>재량을 일탈</td><td>사건의 성질 · 내용을 비추어 기소유예처분을 함이 상당함에도 불구하고 공소를 제기한 경우</td></tr>
<tr><td>차별적 공소제기</td><td>죄질과 내용이 유사한 공동피의자 중 일부만을 기소하고 나머지에 대해서는 기소유예처분을 한 경우</td></tr>
</table>

판례 · 지문 공소권 남용

1. **검사가 자의적으로 공소권을 행사**하여 피고인에게 실질적인 불이익을 줌으로써 소추재량권을 현저히 일탈하였다고 보여지는 경우에 이를 공소권의 남용으로 보아 **공소제기의 효력을 부인**할 수 있는 것이고, 여기서 **자의적인 공소권의 행사라 함은 단순히 직무상의 과실에 의한 것만으로는 부족하고 적어도 미필적이나마 어떤 의도가 있어야 한다**(대판 2004.4.27. 2004도482).

2. 피고인이 절취한 차량을 무면허로 운전하다가 적발되어 절도 범행의 기소중지자로 검거되었음에도 무면허 운전의 범행만이 기소되어 유죄의 확정판결을 받고 그 형의 집행 중 가석방되면서 다시 그 **절도 범행의 기소중지자로 긴급 체포되어 절도 범행과 이미 처벌받은 무면허 운전의 일부 범행까지 포함하여 기소된 경우**, 그 후행 기소가 적법한 것으로 보아 유죄를 인정한 원심판결에는 **공소권 남용**에 관한 법리 오해 또는 심리미진의 위법이 있다(대판 2001.9.7. 2001도3026).

3. 동일한 구성요건에 해당한 행위를 한 **공동피의자 중 일부만 기소한 경우**에 다른 피의자에게 불기소처분을 하였어도 평등권을 침해하거나 **공소권남용이 아니다**(대판 1990.6.8. 90도646).

4. 공소제기된 피고인의 범죄사실 중 일부에 대하여 **검사의 1차 무혐의 결정**이 있었고, 이에 대하여 그 고소인이 항고 등 아무런 이의를 제기하지 않고 있다가 그로부터 **약 3년이 지난 뒤에야 뒤늦게 다시 피고인을 동일한 혐의로 고소함에 따라, 검사가 새로이 수사를 재기**하게 된 것이라 하더라도, 검사가 그 수사결과에 터 잡아 재량권을 행사하여 공소를 제기한 것은 적법하다고 아니할 수 없으며, 이를 가리켜 공소권을 남용한 경우로서 **그 공소제기의 절차가 무효인 때에 해당한다고 볼 수는 없다**(대판 1995.3.10. 94도2598).

5. 검사가 관련사건을 수사할 당시 이 사건 범죄사실이 확인된 경우 이를 입건하여 **관련사건과 함께 기소하는 것이 상당하기는 하나 이를 간과하였다고 하여** 검사가 자의적으로 공소권을 행사하여 소추재량권을 현저히 일탈한 위법이 있다고 보여지지 아니할 뿐 아니라, **검사가 위 항소심판결 선고 이후에 이 사건 공소를 제기한 것이 검사의 태만 내지 위법한 부작위에 의한 것으로 인정되지 아니한다**(대판 1996.2.13. 94도2658).

6. 하나의 행위가 **부작위범인 직무유기죄와 작위범인 허위공문서작성 · 행사죄의 구성요건을 동시에 충족하는 경우**, 공소제기권자는 재량에 의하여 작위범인 허위공문서작성 · 행사죄로 공소를 제기하지 않고 **부작위범인 직무유기죄로만 공소를 제기할 수 있다**(대판 2008.2.14. 선고 2005도4202).

02. 공소취소

<table>
<tr><td>국가소추주의</td><td colspan="3">공소제기의 주체를 기준으로 하여 공소제기의 권한을 국가기관에게 전담하게 하는 주의이다.</td></tr>
<tr><td rowspan="3">기소독점주의</td><td colspan="3">국가기관 중에서 검사만이 공소를 제기하고 수행할 권한을 갖는 것을 검사의 기소독점주의라고 한다.</td></tr>
<tr><td>규제</td><td colspan="2">㉠ 검찰항고 ㉡ 헌법소원 ㉢ 친고죄의 고소 ㉣ 불기소처분의 통지와 이유고지</td></tr>
<tr><td>예외</td><td colspan="2">㉠ 즉결심판의 청구 ㉡ 법정경찰권에 의한 제재</td></tr>
<tr><td rowspan="4">기소편의주의</td><td colspan="3">수사결과 공소를 제기함에 충분한 혐의가 인정되고 소송조건을 갖춘 경우에도 검사의 재량으로 불기소처분을 허용하는 주의를 기소편의주의라고 한다.</td></tr>
<tr><td>내용</td><td colspan="2">㉠ 기소유예제도의 채택 ㉡ 공소취소의 허용(기소변경주의)</td></tr>
<tr><td rowspan="2">규제</td><td>불기소</td><td>㉠ 재정신청제도 ㉡ 검찰항고 ㉢ 불기소처분의 취지와 이유고지제도
㉣ 헌법소원</td></tr>
<tr><td>공소제기</td><td>공소제기에 대한 명문의 규정은 없고, 학설에 의해 공소권남용이론으로 설명되고 있다.</td></tr>
</table>

<table>
<tr><th>구별</th><th colspan="2">공소취소</th><th>공소사실의 철회</th></tr>
<tr><td>개 념</td><td colspan="2">동일성이 인정되지 않는 수개의 공소사실의 전부 또는 일부</td><td>동일성이 인정되는 하나의 범죄사실의 일부에 대한 판단요구를 철회</td></tr>
<tr><td>방 식</td><td colspan="2">서면 또는 구술</td><td>원칙 : 서면</td></tr>
<tr><td>시 기</td><td colspan="2">1심 판결 선고 전</td><td>항소심에서도 가능</td></tr>
<tr><td>법원의 허가</td><td colspan="2">불 요</td><td>필 요</td></tr>
<tr><td>소송의 계속</td><td colspan="2">종 결</td><td>유 지</td></tr>
<tr><td>법원의 조치</td><td colspan="2">공소기각결정</td><td>나머지 부분에 대해서만 심판</td></tr>
<tr><td rowspan="2">공소취소의 효과</td><td>공소기각의 결정</td><td colspan="2">① 공소가 취소된 때에는 법원은 결정으로 공소를 기각하여야 한다.
② 공소취소로 인한 법원의 공소기각 결정에 대하여 즉시항고는 할 수 있으나, 공소취소는 불기소처분이 아니므로 검찰항고나 재정신청은 허용되지 않는다.</td></tr>
<tr><td>재 기 소의 제한</td><td colspan="2">① 공소취소에 의한 공소기각의 결정이 확정된 때에는 공소취소 후 그 범죄사실에 대한 다른 중요한 증거가 발견된 때에 한하여 다시 공소를 제기할 수 있다.
② 공소취소 후 유죄입증에 충분한 증거가 발견되지 아니하였음에도 불구하고 동일한 범죄사실로 재차 공소가 제기된 경우에는 판결로써 그 공소를 기각하여야 한다.</td></tr>
</table>

판례 · 지문 **공소취소**

1. **공소사실의 동일성이 인정되지 아니하고 실체적 경합관계에 있는 수개의 공소사실의 전부 또는 일부를 철회하는 공소취소의 경우** 그에 따라 **공소기각의 결정이 확정된** 때에는 그 범죄사실에 대하여는 형사소송법 제329조의 규정에 의하여 **다른 중요한 증거가 발견되지 않는 한 재기소가 허용되지 아니하지만**, 이와 달리 **포괄일죄로 기소된 공소사실 중 일부에 대하여 형사소송법 제298조 소정의 공소장변경의 방식으로 이루어지는 공소사실의 일부 철회의 경우에는 그러한 제한이 적용되지 아니한다**(대판 2004도3203).

2. 공소장변경의 방식에 의한 **공소사실의 철회는 공소사실의 동일성이 인정되는** 범위 내의 일부 공소사실에 한하여 가능한 것이므로, 공소장에 기재된 **수개의 공소사실이 서로 동일성이 없고 실체적 경합관계에 있는 경우**에 그 일부를 **소추대상에서 철회하려면 공소장변경의 방식에 의할 것이 아니라 공소의 일부취소절차**에 의하여야 한다(대판 1992.4.24, 91도1438).

3. **실체적 경합관계에 있는 수개의 공소사실 중** 어느 한 공소사실을 전부 철회하거나 그 공소사실의 소추대상에서 **피고인을 완전히 제외하는 검사의 공소장변경신청이 있는 경우** 이것이 **그 부분의 소송을 취소하는 취지가 명백하다면 공소취소신청이라는 형식을 갖추지 아니하였더라도 이를 공소취소로 보아 공소기각을 하여야 한다**(대판 1988.3.22, 88도67).

4. 형사소송법 제329조는 공소취소에 의한 공소기각의 결정이 확정된 때에는 공소취소 후 그 범죄사실에 대한 다른 중요한 증거를 발견한 경우에 한하여 다시 공소를 제기할 수 있다고 규정하고 있는바, 이는 단순일죄인 범죄사실에 대하여 공소가 제기되었다가 **공소취소에 의한 공소기각결정이 확정된 후 다시 종전 범죄사실 그대로 재기소하는 경우뿐만** 아니라 범죄의 태양, 수단, 피해의 정도, 범죄로 얻은 이익 등 **범죄사실의 내용을 추가 변경하여 재기소하는 경우에도 마찬가지로 적용된다.** 따라서 **단순일죄인 범죄사실에 대하여** 공소취소로 인한 공소기각결정이 확정된 후에 종전의 범죄사실을 변경하여 **재기소하기 위하여는 변경된 범죄사실에 대한 다른 중요한 증거가 발견되어야 한다**(대법원 2009.08.20. 선고 2008도9634).

03. 공소장제출

<table>
<tr><td rowspan="4">공소장제출</td><td>서면주의</td><td colspan="2">공소를 제기함에는 공소장을 관할법원에 제출하여야 한다(제254조 제1항). 공소제기는 반드시 공소장에 의함을 요하며 급속을 요하는 경우라도 구두나 전보에 의한 공소제기는 허용되지 아니한다.</td></tr>
<tr><td rowspan="3">첨부서류</td><td>공소장부본</td><td>공소장에 피고인 수에 상응한 부본을 첨부하도록 하며 법원은 제1회 공판기일 전 5일까지 공소장의 부본을 피고인 또는 변호인에게 송달하여야 한다.</td></tr>
<tr><td>선임신고서</td><td>공소장에는 공소제기 전에 변호인이 선임되거나 보조인의 신고가 있는 경우 그 변호인선임서 또는 보조인신고서를, 특별대리인의 선임이 있는 경우 그 특별대리인 선임결정등본을 첨부하여야 한다.</td></tr>
<tr><td>첨부서류</td><td>공소제기당시 피고인이 구속되어 있거나, 체포 또는 구속된 후 석방된 경우 체포영장, 긴급체포서 구속영장 기타 구속에 관한 서류를 각 첨부하여야 한다.</td></tr>
</table>

참고 · 지문

검사가 공소사실의 일부가 되는 범죄일람표를 컴퓨터 프로그램을 통하여 열어보거나 출력할 수 있는 전자적 형태의 문서로 작성한 후, 종이문서로 출력하여 제출하지 아니하고 전자적 형태의 문서가 저장된 저장매체 자체를 서면인 공소장에 첨부하여 제출한 경우
① 서면인 공소장에 기재된 부분에 한하여 공소가 제기된 것으로 볼 수 있을 뿐이고
② 저장매체에 저장된 전자적 형태의 문서 부분까지 공소가 제기된 것이라고 할 수는 없다.
③ 이러한 형태의 공소제기를 허용하는 별도의 규정이 없을 뿐만 아니라, 저장매체나 전자적 형태의 문서를 공소장의 일부로서의 '서면'으로 볼 수도 없기 때문이다.
④ 이는 전자적 형태의 문서의 양이 방대하여 그와 같은 방식의 공소제기를 허용해야 할 현실적인 필요가 있다거나 피고인과 변호인이 이의를 제기하지 않고 변론에 응하였다고 하여 달리 볼 것도 아니다(대판 2016.12.15. 선고 2015도3682).

판례 · 지문 공소장

1. 공소사실의 일부인 범죄일람표를 **전자문서로 작성하여 그 저장매체를 서면인 공소장에 첨부하여 제출한 경우**에는 **서면인 공소장에 기재된 부분에 한하여 공소가 제기된** 것이고 이는 공소장변경의 경우에도 같다(대판 2016.12.15. 2015도3682).

2. **공소장이 통상적인 경우와는 달리 기명 및 서명날인이 아닌 기명날인만 된 채 제1심법원에 제출되었더라도** 공소제기 검사가 제1심의 제1회 공판기일에 공판검사로 출석하여 **기소 요지를 진술하고 기명날인이 된 공소장에 서명을 추가함으로써 그 공소제기의 의사를 명확히 하였다면 위 공소의 제기는 위 검사의 의사에 의하여 적법하게 이루어진 것으로 인정된다**(대판 2007.10.25. 선고 2007도4961).

3. **공소의 제기에 의해서 법원의 심판이 개시되므로 심판을 구하는 대상을 명확하게 하고 피고인의 방어권을 보장하기 위한 것이다.** 따라서 위와 같은 엄격한 형식과 절차에 따른 공소장의 제출은 공소제기라는 소송행위가 성립하기 위한 본질적 요소라고 할 것이므로, 공소의 제기에 현저한 방식 위반이 있는 경우에는 공소제기의 절차가 법률의 규정에 위반하여 무효인 경우에 해당하고, **위와 같은 절차위배의 공소제기에 대하여 피고인과 변호인이 이의를 제기하지 아니하고 변론에 응하였다고 하여 그 하자가 치유되지는 않는다.**

04. 필요적 기재사항

<table>
<tr><td rowspan="9">필요적 기재사항</td><td rowspan="2">피고인의 특정</td><td>특정의 정도</td><td>㉠ 피고인을 특정할 수 있는 사항 : 피고인의 성명 이외에 주민등록번호 · 직업 · 주거 및 본적을 기재하여야 하며, 피고인이 법인인 때에는 사무소 및 대표자의 성명과 주소를 기재해야 한다(규칙 제117조 제1항 제1호).
㉡ 피고인 특정의 정도 : 타인과 구별할 수 있는 정도면 족하며, 성명 이외에 주거 · 본적 · 직업 · 생년월일 · 인상 · 체격 등을 통하여 피고인을 특정할 수 있으면 반드시 피고인의 본명을 기재하지 않아도 된다. 이러한 사항이 명백하지 아니한 때에는 그 취지를 기재하고(동조 제2항), 인상 · 체격의 묘사나 사진의 첨부에 의하여도 특정할 수 있으며, 피고인의 구속여부도 기재하여야 한다.</td></tr>
<tr><td>불특정의 효과</td><td>피고인을 특정하지 않은 공소제기는 무효이고, 이에 대하여 법원은 공소기각의 판결을 하여야 한다(제327조 제2호).</td></tr>
<tr><td>죄명</td><td colspan="2">㉠ 공소장에는 죄명을 구체적으로 표시해야 하며, 공소사실이 복수인 경우에는 명시된 공소사실의 죄명을 모두 표시해야 한다.
㉡ 죄명의 표시가 틀린 경우에도 이로 인하여 피고인의 방어에 실질적 불이익이 없는 경우는 공소제기의 효력에 영향이 없다.</td></tr>
<tr><td>적용법조</td><td colspan="2">㉠ 공소장에는 적용 법조를 기재하여야 한다. 적용법조는 공소사실의 법률적 평가를 명확히 하여 피고인의 방어권 보장의 기초가 되므로 형법 각칙의 본조뿐만 아니라 형법 총칙상의 관계조문도 빠짐없이 기재하여야 한다.
㉡ 공소장에 공소사실과 죄명이 기재되어 있으면 적용법조의 기재가 누락된 경우에도 공소제기의 효력에는 영향이 없다.</td></tr>
<tr><td rowspan="3">공소사실</td><td colspan="2">검사가 공소장에 기재하여 공소를 제기한 범죄사실이고 법원의 심판 대상이 되는 사실을 말한다.</td></tr>
<tr><td>특정방법</td><td>㉠ 공소사실은 피고인의 방어권 행사를 보호하기 위하여 범죄의 시일, 장소와 방법을 명시하여 사실을 특정할 수 있도록 기재하여야 한다(제254조 제4항).
㉡ 범죄의 시일, 장소와 방법은 예시적 열거에 불과하므로 그 이외의 사항도 공소사실의 특정에 필요한 경우에는 이를 명시하여야 한다. 따라서 재산범의 경우에는 피해품의 종류 · 수량 · 시가, 결과범인 경우에는 결과, 목적범인 경우에는 목적, 신분범인 경우에는 신분관계를 명시하여야 한다.
㉢ 특정의 정도는 다른 공소사실과 구별할 수 있을 정도, 즉 공소사실의 동일성을 인식할 수 있는 정도면 족하다.</td></tr>
<tr><td>특정의 정도</td><td>㉠ 교사 · 방조범 : 교사 · 방조범의 경우에는 공범종속성의 원칙에 의하여 공범의 범죄사실뿐만 아니라 정범의 범죄사실도 공소장에 특정하여야 한다.
㉡ 경합범 : 경합범의 공소사실은 개개의 범죄사실이 모두 특정되도록 기재되어야 한다.
㉢ 포괄일죄 : 포괄일죄에 있어서는 그 일죄의 일부를 구성하는 개개의 행위에 대하여 구체적으로 특정되지 아니하더라도 그 전체 범행의 시기와 종기, 범행방법, 범행횟수 또는 피해액의 합계 및 피해자나 상대방을 명시하면 이로써 그 범죄 사실은 특정된다.</td></tr>
<tr><td>불특정의 효과</td><td colspan="2">공소사실의 기재가 일부 특정되지 아니한 경우에는 바로 공소기각판결을 할 것이 아니라 검사에게 공소장을 보정할 수 있는 기회를 부여하고 검사가 이를 보정하지 아니하는 경우에 공소기각의 판결을 하여야 한다.</td></tr>
</table>

판례 · 지문 공소사실의 특정이 부정되는 경우

1. **컴퓨터 등 장애 업무방해죄**는 피해자의 업무를 보호객체로 삼고 있는데, 불특정 다수인이 업무처리를 위하여 사용하는 컴퓨터 등 정보처리장치 등을 대상으로 위 조항에서 정한 범죄가 저질러진 경우에는 최소한 **컴퓨터 등 정보처리장치 등을 이용한 업무 주체가 구체적으로 누구인지,** 나아가 그 업무가 위 조항의 보호객체인 업무에 해당하는지를 심리 · 판단할 수 있을 정도로 특정되어야만 하고, 이에 이르지 못한 경우에는 공소사실로서 적법하게 특정되었다고 보기 어렵다(대판 2011.5.13. 선고 2008도10116 판결).

2. 2000.11.2.경부터 2001.7.2.경까지 사이에 **인천 이하 불상지**에서 향정신성의약품인 메스암페타민 **불상량을 불상의 방법으로 수 회 투약**하였다." 는 공소사실의 경우, 투약량은 물론 투약방법을 불상으로 기재하면서, 그 투약의 일시와 장소마저 위와 같이 기재한 것만으로는 구체적 사실의 기재라고 볼 수 없으므로, 이 부분 공소는 **그 공소사실이 특정되었다고 할 수 없다**(대판 2002.9.27. 선고 2002도3194).

3. 폭행으로 인한 폭력행위 등 처벌에 관한 법률 제2조 제2항 위반죄는 **피해자별로 1개의 죄가 성립**되는 것으로 **각 피해자별로 사실을 특정할 수 있도록 공소사실을 기재**하여야 할 것인바, 공소사실 중 "피고인들이 공동하여, 성명불상 범종추측 승려 100여 명의 전신을 손으로 때리고 떠밀며 발로 차서 위 성명불상피해자들에게 폭행을 각 가한 것이다." 라는 부분은 **피해자의 숫자조차 특정되어 있지 않아** 도대체 몇 개의 폭행으로 인한 폭력행위 등 처벌에 관한 법률위반죄로 공소제기 한 것인지조차 알 수가 없으므로, 공소장에 구체적인 범죄사실의 기재가 없어 그 공소제기의 절차가 법률의 규정에 위반하여 무효인 경우에 해당한다(대판 1995.3.24. 95도22).

4. 피고인은 1996.7. 내지 10 일자 **"불상경 장소 불상에서 불상의 방법으로 메스암페타민 불상량을 투약**하였다." 라는 공소사실만으로는 형사소송법 제254조 제4항의 요건에 맞는 구체적인 사실의 기재라고 **볼 수 없다**(대판 1999.6.11. 선고 98도3293).

5. 수개의 업무상횡령 행위라 하더라도 피해법익이 단일하고, 범죄의 태양이 동일하며, 단일 범의의 발현에 기인하는 일련의 행위로 인정되는 경우는 포괄하여 1개의 범죄라고 할 것이지만, **피해자가 수인인 경우는 피해법익이 단일하다고 할 수 없으므로 포괄일죄의 성립을 인정하기 어렵고,** 특정경제범죄 가중처벌 등에 관한 법률 제3조 제1항에서 정한 이득액은 단순일죄의 이득액이나 포괄일죄의 이득액 합산액을 의미하는 것이지 경합범으로 처벌될 수죄의 이득액을 합한 금액을 말한다고 볼 수는 없으므로, **횡령행위를 포괄하여 특정경제범죄 가중처벌 등에 관한 법률 위반(횡령)죄로 의율하려면 원칙적으로 피해자 및 피해자별 피해액에 관한 공소사실의 특정이 필요하다**(대판 2011.2.24. 선고 2010도13801 판결).

6. 조세범처벌법 제11조의2 제4항 소정의 무거래 **세금계산서 교부죄**는 각 **세금계산서마다 하나의 죄가 성립**하므로, 세금계산서마다 그 공급가액이 공소장에 기재되어야 개개의 범죄사실이 구체적으로 특정되었다고 볼 수 있고, **세금계산서의 총 매수와 그 공급가액의 합계액이 기재되어 있다고 하여 공소사실이 특정되었다고 볼 수는 없다**(대판 2006.10.26. 선고 2006도5147).

7. **사기죄에 있어서 수인의 피해자**에 대하여 각별로 기망행위를 하여 각각 재물을 편취한 경우에 그 범의가 단일하고 범행방법이 동일하다고 하더라도 포괄일죄가 되는 것이 아니라 **피해자별로 1개씩의 죄가 성립하는 것**으로 보아야 할 것이고, 이러한 경우 그 공소사실은 **각 피해자와 피해자별 피해액을 특정할 수 있도록 기재**하여야 할 것인바, 일정한 기간 사이에 **성명불상의 고객들에게 1일 평균 매상액 상당을 판매하여 그 대금 상당액을 편취**하였다는 내용은 **피해자나 피해액이 특정되었다고 할 수 없다**(대판 1996.2.13. 선고 95도2121).

8. 피고인은 "갑" 집에 침입하여 라디오, 일억을 훔친 것을 비롯하여 「**그 후 4회에 걸쳐 상습적으로 타인의 재물을 절취**하였다」 라는 공소사실기재의 공소장은 **구체적인 기재가 없으므로 무효**이다(대판 1971.10.12. 선고 71도1615).

판례 · 지문 **공소사실의 특정**

1. 공소장에는 죄명 · 공소사실과 함께 적용 법조를 기재하여야 하지만 **적용법조의 기재는 공소의 범위를 확정하는 데 보조기능을 가짐에 불과하므로 적용법조의 기재에 오기가 있거나 그것이 누락된 경우**라 할지라도 이로 인하여 **피고인의 방어에 실질적 불이익이 없는 한 공소제기의 효력에는 영향이 없다**(대판 2001.2. 23. 선고 2000도).

2. 공소사실이란 범죄의 특별구성요건을 충족하는 구체적 사실이며 공소장에는 공소사실의 기재에 있어서 공소의 원인된 사실을 다른 사실과 구별할 수 있을 정도로 특정하도록 형사소송법이 요구하고 있으므로, 방조범의 공소사실을 기재함에 있어서는 그 전제가 되는 정범의 범죄구성을 충족하는 구체적 사실을 기재하여야 한다(대판 2001.12.28. 선고 2001도5158).

3. **포괄일죄**에 있어서는 그 죄의 일부를 구성하는 **개개의 행위에 대하여 구체적으로 특정하지 아니하더라도 그 전체 범행의 시기와 종기, 범행방법, 범행횟수 또는 피해액의 합계 및 피해자나 상대방을 명시하면 이로써 그 범죄사실은 특정된다**고 할 것이고, 범죄의 일시는 이중기소나 시효에 저촉되지 않을 정도로, 장소는 토지관할을 가늠할 수 있을 정도로, 그리고 방법에 있어서는 범죄구성요건을 밝히는 정도로 기재하면 족하다(대판 1998.5.29. 선고 97도1126).

4. 공소사실의 기재는 범죄의 시일, 장소와 방법을 명시하여 사실을 특정할 수 있도록 하여야 하며, 이와 같이 **공소사실의 특정을 요구하는 법의 취지**는 피고인의 방어권 행사를 쉽게 해주기 위한 데에 있으므로, 공소사실은 이러한 요소를 종합하여 **구성요건 해당사실을 다른 사실과 식별할 수 있는 정도로 기재하면 족하고, 공소장에 범죄의 일시, 장소 등이 구체적으로 적시되지 않았더라도** 위의 정도에 반하지 아니하고 공소범죄의 성격에 비추어 **그 개괄적 표시가 부득이하며 그에 대한 피고인의 방어권 행사에 지장이 없다면 그 공소내용이 특정되지 않았다고 볼 수 없다**(대판 2006.6.2. 선고 2006도48).

5. 범죄의 일시를 1998. 9. 초순 어느 날로, 장소를 **서울시내 불상지**로, 방법은 **불상의 방법**으로 메스암페타민을 투약하였다고 기재한 공소사실은 이중기소나 시효, 토지관할의 구분이 가능할 정도로 **특정되었다고 본다**(대판 1999.9.3. 선고 99도2666).

6. 당첨이 된 손님들에게 위조상품권을 직접 교부한 것이 아니라, 미리 오락기에 일련번호가 모두 같은 위조된 상품권을 여러 장 투입해 두고 그 후 오락기 이용자가 게임에서 당첨이 되면 오락기에서 자동으로 그 당첨액수에 상응하는 상품권이 배출되는 방식의 위조유가증권을 행사한 죄에 있어서, **각각의 상품권 사용시에 몇 매가 함께 사용되었는지, 행사 상대방이 누구인지 등의 특정은 불가능**하다고 보아야 하므로, 이에 관한 공소사실은 **상품권 사용일자의 범위와 장소, 경품용으로 지급하였다는 용도 정도를 특정하는 것으로 족하다**(대판 2007.4.12. 선고 2007도796).

7. 박사학위위조 부분은 피고인이 위조하였다는 문서의 내용 및 그 명의자가 특정되었을 뿐 아니라 위조 일시, 방법이 개괄적으로 기재되어 있으며, 각 위조박사학위행사 부분은 위조문서의 내용, 행사 일시, 장소, 행사 방법 등이 특정되어 기재되어 있고, 기록상 위조되었다는 예일대학교 박사학위와 동일하다고 하는 **박사학위 사본이 현출**되어 있으므로 이로써 공소사실은 특정되었다고 볼 것이다(대판 2009.1.30. 선고 2008도6950).

8. 맥시칸의 맥시칸 양념통닭에 관한 상품표지와 유사한 것을 사용한 상품을 반포하여 위 주식회사 맥시칸의 상품과 혼동을 일으키게 하였는지 여부가 문제로 되는 이 사건에서 위 주식회사 맥시칸의 상품표지가 모두 현존하고 있는 이상 이를 별도로 특정하지 않았다 하더라도 위 공소사실만으로도 다른 사실과 구별하기에 충분하다 할 것이니 위 변경된 공소사실은 특정된 것이라 할 것이다(대판 1996.5.31. 선고 96도197).

9. 공모 또는 모의의 판시는 모의의 구체적인 일시, 장소, 내용 등을 상세하게 판시하여야만 할 필요는 없고 **의사합치가 성립된 것이 밝혀지는 정도**면 된다고 할 것이다(대판 2006.8.25. 선고 2006도3631).

05. 임의적 기재사항

<table>
<tr><td rowspan="10">임의적 기재사항</td><td colspan="3">공소장에는 수개의 범죄사실과 적용 법조를 예비적 또는 택일적으로 기재할 수 있다.</td></tr>
<tr><td rowspan="4">예비적 택일적 기재</td><td>예비적 기재</td><td>예비적 기재란 수개의 사실 또는 법조에 대하여 심판의 순위를 정하여 선순위의 사실이 인정되지 않는 경우에 후순위의 사실 또는 법조의 인정을 구하는 취지로 기재하는 것을 말하며, 선순위의 사실을 본위적 공소사실, 후순위의 사실을 예비적 공소사실이라고 한다.</td></tr>
<tr><td>택일적 기재</td><td>택일적 기재란 수개의 사실에 관하여 심판의 순서를 정하지 않고 어느 것을 심판해도 좋다는 취지의 기재를 말한다.</td></tr>
<tr><td>허용이유</td><td>공소사실과 적용법조의 예비적 · 택일적 기재를 허용한 것은 공소제기시에 공소사실의 구성에 관하여 법률적 구성을 확정할 수 없는 경우에도 공소제기를 용이하게 하여 무죄판결을 방지하려는 데 주된 이유가 있다.</td></tr>
<tr><td>공소장변경</td><td>예비적 · 택일적 기재는 공소제기 시 뿐만 아니라 공소장변경의 경우도 공소사실을 예비적 · 택일적으로 추가 · 변경할 수 있다.</td></tr>
<tr><td>허용범위</td><td colspan="2">예비적 · 택일적 기재가 동일성이 인정되는 사실에 제한되는가 아니면 동일성이 인정되지 않는 사실에 대하여도 허용되는가에 관하여 견해가 대립하나, <u>판례는 수 개의 범죄사실 사이에 동일성이 인정될 것을 요하지 않는다는 입장이다.</u></td></tr>
<tr><td rowspan="2">법원의 심판</td><td>심판의 대상</td><td>㉠ 예비적 기재의 경우에는 본위적 공소사실 뿐만 아니라 예비적 공소사실도 현실적 심판의 대상이 되며, 택일적 기재의 경우에는 공소사실 전부가 현실적 심판의 대상이 된다.
㉡ 예비적 · 택일적으로 기재된 공소사실은 항소심에 있어서도 심판대상의 범위를 결정한다. 따라서 항소심은 원심판결을 파기하면서 원심법원이 판단하지 않았던 예비적 공소사실에 대하여 유죄판결을 하거나 또는 택일적 공소사실 가운데 다른 공소사실을 유죄로 인정할 수 있다.</td></tr>
<tr><td>심판의 순서</td><td>㉠ 예비적 기재의 경우 법원은 주된 사실에 먼저 심리하고 그것이 이유없는 경우에 예비적 공소사실을 심리하여야 한다.
㉡ 택일적 기재의 경우에는 법원의 심판순서에 아무런 제한이 없다. 따라서 택일적 공소사실 가운데 하나가 유죄로 인정되면 나머지 범죄사실을 인정하지 않아도 된다.</td></tr>
</table>

판례 · 지문 임의적 기재사항

1. **수개의 범죄사실과 적용 법조를 예비적 또는 택일적으로 기재**할 수 있다함은 수개의 범죄사실 간에 **범죄사실의 동일성이 인정되는 범위 내에서는 물론** 그들 범죄사실 상호간에 **범죄의 일시, 장소, 수단 및 객체 등이 달라서 수개의 범죄사실로 인정되는 경우에도** 이들 수개의 범죄사실을 **예비적 또는 택일적으로 기재할 수 있다**는 취지다.

2. 동일한 사실관계에 대하여 양립할 수 없는 적용법조의 적용을 주위적 · 예비적으로 구하는 사안에서 **예비적 공소사실만 유죄로 인정되고 그 부분에 대하여 피고인만이 상소한 경우, 주위적 공소사실까지 상소심의 심판대상에 포함된다**(대판 2006.5.25. 선고 2006도1146).

3. 본래의 강도살인죄에 택일적으로 살인 및 절도죄를 추가하는 공소장변경을 하여 **법원이 택일적으로 공소제기된 살인 및 절도죄에 대하여 유죄로 인정한 이상 검사는 중한 강도살인죄를 유죄로 인정하지 아니한 것이 위법이라는 이유로 상소할 수 없다**(대판 1981.6.9. 81도1269).

06. 공소장일본주의

공소장일본주의	공소장일본주의란 검사가 공소제기에 관할법원에 제출하는 것은 공소장 하나이어야 하며 공소장에는 사건에 관하여 **법원에 예단이 생기게 할 수 있는 서류 기타 물건을 첨부하거나 그 내용을 인용하여서는 아니 된다**(규칙 제118조 제2항).		
내용	**첨부와 인용의 금지**	**서류 또는 물건의 첨부 금지**	증거물, 수사서류 등의 사건기록으로 법관에게 예단이 생길 수 있는 서류나 물건이다. 단, 변호인선임서, 보조인신고서, 특별대리인선임결정 등본, 구속영장 기타 구속에 관한 서류 등은 제외된다.
		내용의 인용금지	공소장에 증거 등 예단이 생기게 할 수 있는 문서내용의 인용은 금지되나, 문서를 수단으로 하는 범죄에 문서의 기재내용자체가 범죄구성요건에 해당하는 중요한 요소인 경우는 가능하다.
	여사기재의 금지	① 전과의 기재 : 범죄구성요건의 요소가 된 경우나 구성요건적 행위가 밀접불가분의 관계가 있는 경우를 제외하고는 허용되지 않는다. ② 악성격 · 경력 : 구성요건에 해당하거나(상습범), 범죄사실을 이루는 경우에는 허용되며, 전과의 기재가 피고인을 특정할 수 있는 사항인경우를 제외는 허용되지 않는다. ③ 범죄동기의 기재 : 동기범죄(영아살해죄 · 영아유기죄), 중대범죄의 경우는 허용되나, 직접동기가 아닌 경우(여행비를 마련하기 위한 휴가철 절도)에는 허용되지 않는다. 직접동기가 아닌 사실이 기재되었더라도 공소사실과 밀접불가분한 관계가 있는 경우에는 공소장 일본주의에 위배되지 않는다. ④ 여죄의 기재 : 심판범죄사실 이외의 범죄사실의 기재는 예단이 생길 우려가 있으므로 원칙적으로 허용되지 않는다.	
예외	① 약식명령의 청구 ② 즉결심판청구 ③ 파기환송 후의 절차		
위반의 효과	공소장일본주의의 위반은 공소제기의 방식에 관한 중대한 위반이므로 공소장일본주의를 위반한 공소제기는 무효이며, 따라서 법원은 판결로써 공소를 기각하여야 한다(제327조 제2호).		

참고 · 지문

1. 공소장일본주의의 이론적 근거로는 예단배제의 원칙, 당사자주의적 소송구조, 공판중심주의, 위법수집증거의 배제, 전문법칙 등이 있다. 공소장일본주의의 이론적 근거로는 예단배제의 원칙, 당사자주의적 소송구조, 공판중심주의, 위법수집증거의 배제, 전문법칙 등이 있다.
2. 법원의 예단에 영향을 미치지 않는 공소장부본, 변호인선임서, 구속에 관한 서류 등은 첨부할 수 있다.

판례 · 지문 **공소장일본주의**

1. 검사가 약식명령을 청구하는 때에는 약식명령의 청구와 동시에 약식명령을 하는 데 필요한 증거서류 및 증거물을 법원에 제출하여야 하는바 그 후 **약식명령에 대한 정식재판청구가 제기되었음에도 법원이 증거서류 및 증거물을 검사에게 반환하지 않고 보관**하고 있다고 하여 그 이전에 이미 **적법하게 제기된 공소제기의 절차가 위법하게 된다고 할 수도 없다**(대판 2007.7.26. 선고 2007도3906).

2. 공소장의 공소사실 첫머리에 피고인이 전에 받은 **소년부송치처분과 직업 없음**을 기재하였다 하더라도 이는 형사소송법 제254조 제3항 제1호에서 말하는 **피고인을 특정할 수 있는 사항에 속하는 것**이어서 그와 같은 내용의 기재가 있다 하여 공소제기의 절차가 법률의 규정에 위반된 것이라고 할 수 없다(대판 1990.10.16. 선고 90도1813).

3. 공소장에 첨부 또는 인용된 서류 기타 물건의 내용, 그리고 법령이 요구하는 사항 이외에 **공소장에 기재된 사실이 법관 또는 배심원에게 예단을 생기게 하여 법관 또는 배심원이 범죄사실의 실체를 파악하는 데 장애가 될 수 있는지 여부를 기준으로 당해 사건에서 구체적으로 판단하여야 한다.** 이러한 기준에 비추어 **공소장일본주의에 위배된 공소제기**라고 인정되는 때에는 그 절차가 법률의 규정을 위반하여 무효인 때에 해당하는 것으로 보아 **공소기각의 판결**을 선고하는 것이 원칙이다(대판 2009도7436 전원합의체).

4. 공소장 기재의 방식에 관하여 피고인 측으로부터 아무런 이의가 제기되지 아니하였고 법원 역시 범죄사실의 실체를 파악하는 데 지장이 없다고 판단하여 **그대로 공판절차를 진행한 결과 증거조사절차가 마무리되어 법관의 심증형성이 이루어진 단계에서는** 소송절차의 동적 안정성 및 소송경제의 이념 등에 비추어 볼 때 이제는 **더 이상 공소장일본주의 위배를 주장하여 이미 진행된 소송절차의 효력을 다툴 수는 없다고 보아야 한다**(대판 2009도7436 전원합의체).

5. 살인, 방화 등의 경우 **범죄의 직접적인 동기 또는 공소범죄사실과 밀접불가분의 관계에 있는 동기**를 공소사실에 기재하는 것이 공소장일본주의 위반이 아님은 명백하고, 설사 범죄의 직접적인 동기가 아닌 경우에도 동기의 기재는 **공소장의 효력에 영향을 미치지 아니한다**(대판 2007.5.11. 선고 2007도748).

6. 공소장일본주의의 위배 여부는 공소사실로 기재된 범죄의 유형과 내용 등에 비추어 볼 때에 공소장에 첨부 또는 인용된 서류 기타 물건의 내용, 그리고 법령이 요구하는 사항 이외에 공소장에 기재된 사실이 법관 또는 배심원에게 예단을 생기게 하여 법관 또는 배심원이 범죄사실의 실체를 파악하는 데 장애가 될 수 있는지 여부를 기준으로 당해 사건에서 구체적으로 판단하여야 한다(대법원 2009.10.22. 선고 2009도7436).

7. 피고인이 택시 요금을 지불하지 않아 경범죄처벌법 위반으로 즉결심판에 회부되었다가 정식재판을 청구한 사안에서, 위 정식재판청구로 제1회 공판기일 전에 사건기록 및 증거물이 경찰서장, 관할지방검찰청 또는 지청의 장을 거쳐 관할법원에 송부된다고 하여 그 이전에 이미 적법하게 제기된 경찰서장의 즉결심판청구의 절차가 위법하게 되는 것은 아니며, 그 과정에서 정식재판이 청구된 이후에 작성된 피해자에 대한 진술조서 등이 사건기록에 편철되어 송부되었더라도 달리 볼 것은 아니다(대판 2011.1.27. 선고 2008도7375).

8. 국가공무원법 위반의 공소사실 기재 부분 중 피고인들이 **국가공무원법 제66조 제1항의 '공무 외의 일을 위한 집단행위'** 에 이르게 된 동기와 경위 등을 명확히 하기 위한 것으로 보일 뿐이므로, 그와 같은 기재가 법원에 예단이 생기게 할 수 있는 사유를 적시하여 **공소장일본주의에 위배된다고 볼 수는 없다**(대판 2012.4.19. 선고 2010도6388 전원합의체 판결).

07. 공소제기의 효과

공소제기의 효과		공소제기에 의하여 비로소 사건은 법원의 심판의 대상으로 되며 이 경우에도 법원의 심판의 범위는 공소장에 기재된 공소사실에 한정된다. 따라서 공소제기의 소송법적 효과로는 소송계속, 심판범위의 한정, 공소시효의 정지 등을 들 수 있다.
소송계속	적극적 효과	사건이 법원에 계속되면 법원은 사건을 심리 · 재판할 권리 · 의무를 갖게 되고, 검사와 피고인은 당해 사건의 심리에 관여하여 심판을 받을 권리 · 의무가 발생한다.
		㉠ 공소제기가 부적법 · 무효인 경우 : 소송계속의 경우에 형식적으로 사건의 실체에 대한 심판을 함이 없이 공소기각, 관할위반, 면소 등 형식재판으로 소송을 종결한다.
		㉡ 공소제기가 적법 · 유효한 경우 : 실체적 소송계속의 경우에는 사건의 실체에 대하여 유죄 · 무죄의 실체재판을 하여야 한다.
	소극적 효과	사건이 일정한 법원에 계속된 때에는 동일사건에 대하여 다시 공소를 제기할 수 없다.
		① 동일법원에 이중으로 공소가 제기된 경우 : 동일사건이 동일법원에 이중으로 공소가 제기된 경우에는 법원은 뒤에 제기된 공소기각판결을 한다.
		② 수개의 법원에 이중으로 공소 제기된 경우 : 동일사건이 수개의 법원에 이중으로 공소 제기 된 경우에는 법원합의부가 심판하거나, 먼저 공소제기를 받은 법원이 심판한다. 이 경우에 심판할 수 없게 된 법원은 공소기각결정을 하여야 한다.
공소시효 정지		① 공소제기에 의해서 공소시효의 진행이 정지되며, 공소기각 또는 관할위반의 재판이 확정된 때로부터 진행한다(제253조 제1항). ② 공소제기가 무효인 경우에도 실체심판을 받을 효력은 발생하지 않지만 공소시효정지의 효력은 인정된다.
	효력	공범의 1인에 대한 시효정지는 다른 공범자에 대하여도 효력이 미치고, 당해 사건의 재판이 확정된 때로부터 진행한다(제253조 제2항).
효력이 미치는 범위	심판범위의 한정	불고불리의 원칙에 의해서 법원은 공소제기가 없는 사건을 심판할 수 없다.
	인적 범위	① 공소제기의 효력은 검사가 피고인으로 지정한 사람 외의 다른 사람에게는 그 효력이 미치지 아니한다(제248조 1항). 따라서 공범자 중 1인에 대한 공소제기의 효력은 다른 공범자에게 미치지 아니한다. ② 공소제기로 인한 공소시효정지의 효력은 다른 공범자에게도 미친다.
	물적범위	범죄사실의 일부에 대한 공소는 그 전부에 대하여 미친다(제248조 제2항). 즉 공소는 공소사실의 단일성과 동일성이 인정되는 범위에 미친다.

참고 · 지문

1. 공범이 공소제기 되었더라도 범죄혐의가 없어 무죄판결이 된 경우에는 다른 공범에게 공소시효 정지의 효력이 미치지 않는다.
2. 포괄일죄나 과형상 일죄의 경우 일부에 대한 공소제기는 다른 부분도 공소제기의 효력이 미친다.

판례 · 지문 **공소제기의 효력**

1. **공소는 검사가 피고인으로 지정한 이외의 다른 사람에게 그 효력이 미치지 아니하는 것**이므로 공소제기의 효력은 **검사가 피고인으로 지정한 자에 대하여만 미치는 것**이고, 피모용자에 대한 공소의 제기가 있었던 것은 아니므로 법원은 모용자에 대하여 심리하고 재판을 하면 될 것이지, 원칙적으로는 **피모용자에 대하여 심판할 것은 아니다**(대판 1997.11.28. 선고 97도2215).

2. **상습범에 있어서 공소제기의 효력은 공소가 제기된 범죄사실과 동일성이 인정되는 범죄사실 전체에 미치는 것**이며, 검사가 일단 상습사기죄로 공소제기한 후 그 공소의 효력이 미치는 위 기준시까지의 사기행위 일부를 별개의 독립된 상습사기죄로 공소제기를 함은 비록 그 공소사실이 먼저 공소제기를 한 상습사기의 범행 이후에 이루어진 사기 범행을 내용으로 한 것일지라도 공소가 제기된 동일사건에 대한 이중기소에 해당되어 허용될 수 없다(대판 1999.11.26. 선고 99도3929,99감도97).

3. **상습범에 있어서 공소제기된 범죄사실과 추가로 발견된 범죄사실** 사이에 그것들과 동일한 습벽에 의하여 저질러진 또 다른 범죄사실에 대한 유죄의 확정판결이 있는 경우에는 전후 범죄사실의 일죄성은 그에 의하여 분단되어 **공소제기된 범죄사실과 판결이 확정된 범죄사실만이 포괄하여 하나의 상습범을 구성**하고, **추가로 발견된 확정판결 후의 범죄 사실은 그것과 경합범 관계에 있는 별개의 상습범**이 되므로, **검사는 공소장변경절차에 의하여 이를 공소사실로 추가할 수는 없고 어디까지나 별개의 독립된 범죄로 공소를 제기하여야 한다**(대판 2000.3.10. 선고 99도2744).

4. 법인세는 사업연도를 과세기간으로 하는 것이므로 그 포탈범죄는 각 사업연도마다 1개의 범죄가 성립하고, **일죄의 관계에 있는 범죄사실의 일부에 대한 공소제기 및 고발의 효력은 그 일죄의 전부에 대하여 미친다**(대판 2002도5411).

5. 포괄일죄인 영업범에서 공소제기의 효력은 공소가 제기된 범죄사실과 동일성이 인정되는 범죄사실의 전체에 미치므로, 공판심리 중에 그 범죄사실과 동일성이 인정되는 범죄사실이 추가로 발견된 경우에 검사는 공소장변경절차에 의하여 그 범죄사실을 공소사실로 추가할 수 있다. 그러나 공소제기된 범죄사실과 추가로 발견된 범죄사실 사이에 그 범죄사실들과 동일성이 인정되는 또 다른 범죄사실에 대한 유죄의 확정판결이 있는 때에는, **추가로 발견된 확정판결 후의 범죄사실은 공소제기된 범죄사실과 분단되어 동일성이 없는 별개의 범죄가 된다.** 따라서 이때 검사는 공소장변경절차에 의하여 확정판결 후의 범죄사실을 공소사실로 추가 할 수는 없고 **별개의 독립된 범죄로 공소를 제기하여야 한다**(대판 2017.4.28. 2016도21342).

08. 공소장변경

<table>
<tr><td colspan="2">공소장변경</td><td>검사가 공소사실의 동일성을 해하지 않는 한도에서 법원의 허가를 얻어 공소장에 기재된 공소사실 또는 적용 법조를 추가ㆍ철회 또는 변경하는 것을 공소장변경이라 한다.</td></tr>
<tr><td rowspan="2">검사의 신청</td><td>검사의 신청</td><td>㉠ 공소장변경은 검사의 신청에 의한다(제298조 제1항).
㉡ 법원은 부본을 피고인 또는 변호인에게 즉시 송달하여야 한다.</td></tr>
<tr><td>법원의 허가</td><td>㉠ 검사의 공소장변경이 공소사실의 동일성을 해하지 않은 때에는 법원은 의무적으로 이를 허가하여야 한다(제298조 제1항).
㉡ 공소장변경을 허가한 후에도 공소사실의 동일성이 인정되지 않는 등 위법사유가 있는 경우에는 공소장변경허가를 한 법원이 스스로 이를 취소할 수 있다.</td></tr>
<tr><td rowspan="2">법원의 요구</td><td>법원의 요구</td><td>㉠ 법원은 심리의 경과에 비추어 상당하다고 인정한 때에는 공소사실ㆍ적용법조의 추가 또는 변경을 요구하여야 한다(제298조 제2항).</td></tr>
<tr><td>요구의 방식</td><td>㉠ 공소장변경을 요구함에는 법원이 그러한 내용의 결정을 하여야 하며 그 결정을 검사에게 고지하여야 한다.
㉡ 공소장변경요구는 법원이 심리의 경과에 비추어 상당하다고 인정한 때에 한하여 허용되므로 공판기일에 한하여 허용되며, 제1심의 공판절차에서는 물론 항소심에서도 허용된다.</td></tr>
<tr><td>효과</td><td colspan="2">공소장의 변경이 피고인의 방어에 불이익을 증가할 염려가 있다고 인정한 때에는 직권 또는 피고인이나 변호인의 청구에 의하여 피고인의 방어준비에 필요한 기간 공판절차를 정지할 수 있다</td></tr>
<tr><td rowspan="4">관련문제</td><td colspan="2">① 항소심은 공소장변경이 허용된다. 그러나 상고심의 경우에는 법률심이므로 공소장변경이 허용되지 않는다.</td></tr>
<tr><td colspan="2">② 재심의 절차에서도 공소장변경이 허용된다.</td></tr>
<tr><td colspan="2">③ 간이공판정차에서도 공소장변경이 가능하다.</td></tr>
<tr><td colspan="2">④ 공소시효의 완성여부는 공소장변경시가 아니라 공소제기시를 기준으로 한다.</td></tr>
<tr><td rowspan="2">한계</td><td colspan="2">① 공소사실의 동일성 : 공소장변경은 공소사실의 동일성을 해하지 않는 범위 내에서 허용된다. 공소사실의 동일성은 공소사실의 단일성을 포함한 개념이다.</td></tr>
<tr><td colspan="2">② 동일성의 기준: 전후 범죄사실을 그 기초가 되는 사회적 사실로 환원하여 양자 사이에 기본적사실관계가 동일하다면 공소사실의 동일성이 인정해야 한다. 판례는 규범적 요소도 고려하고 있다.</td></tr>
</table>

판례 · 지문 공소사실의 동일성

1. **공소장변경의 방식**에 의한 공소사실의 철회는 **공소사실의 동일성이 인정되는** 범위 내의 일부 공소사실에 한하여 가능한 것이므로, 공소장에 기재된 수개의 **공소사실이 서로 동일성이 없고 실체적 경합관계**에 있는 경우에 그 일부를 소추대상에서 철회하려면 공소장변경의 방식에 의할 것이 아니라 **공소의 일부취소절차**에 의하여야 한다(대판 1992.4.24. 선고 91도1438).

2. **살인죄**와 선행사건에서 유죄로 확정된 **증거인멸죄** 등은 범행의 일시, 장소와 행위 태양이 서로 다르고, 살인죄는 폭처법위반죄나 증거인멸죄와는 보호법익이 서로 다르며 죄질에서도 현저한 차이가 있다. 따라서 살인죄의 공소사실과 증거인멸죄 등의 범죄사실 사이에 기본적 사실관계의 **동일성을 인정할 수 없다**(대판 2017.1.25. 2016도15526).

3. **마약류관리에 관한 법률 위반**으로 공소를 제기하였다가 피고인이 갑에게 필로폰을 구해 주겠다고 속여 갑 등에게서 필로폰 대금 등을 편취하였다는 **사기 범죄사실을 예비적으로 추가**하는 공소장변경을 신청한 사안에서, 위 두 범죄사실은 **기본적인 사실관계가 동일하다고 볼 수 없는데도**, 공소장변경을 허가한 후 **사기죄를 인정한 원심판결에 법리오해의 위법이 있다**(대판 2012.4.13. 선고 2010도16659).

4. 피고인들의 토지거래허가구역 내 토지에 대한 **미등기 전매 후 근저당권설정행위를 배임**으로 기소하였다가, 원심에서 **매매대금 편취에 대한 사기 공소사실을 예비적으로 추가**하는 공소장변경신청을 한 사안에서, 위 각 범죄사실은 **기본적 사실관계가 동일하다고 볼 수 없어** 공소장변경을 허가할 수 없는데도, 이와 달리 보아 공소장변경을 허가한 원심의 조치에 **공소사실의 동일성 등에 관한 법리를 오해한 위법이 있다**(대판 2012.4.13. 선고 2011도3469).

5. 과실로 교통사고를 발생시켰다는 **교통사고처리특례법 위반죄**와 고의로 교통사고를 낸 뒤 보험금을 청구하여 수령하거나 미수에 그쳤다는 **사기 및 사기미수죄**는 서로 행위 태양이 전혀 다르고, 교통사고처리 특례법 위반죄와 사기 및 사기미수죄는 그 **기본적 사실관계가 동일하다고 볼 수 없으므로**, 위 전자에 관한 확정판결의 기판력이 후자에 미친다고 할 수 없다(대판 2010.2.25. 선고 2009도14263).

6. **공소사실이나 범죄사실의 동일성**은 형사소송법상의 개념이므로 이것이 형사소송절차에서 가지는 의의나 소송법적 기능을 고려하여야 할 것이고, 따라서 두 죄의 기본적 사실관계가 동일한가의 여부는 그 규범적 요소를 전적으로 배제한 채 **순수하게 사회적, 전법률적인 관점에서만 파악할 수는 없고**, 그 자연적, 사회적 사실관계나 피고인의 행위가 동일한 것인가 외에 **그 규범적 요소도 기본적 사실관계 동일성의 실질적 내용의 일부를 이루는 것이라고 보는 것이 상당하다**(대판 1994.3.22. 선고 93도2080).

7. 피고인이 **공인중개사의 업무 및 부동산 거래신고에 관한 법률 위반 공소사실로 약식명령이 확정된 후 다시 횡령의 공소사실로 기소된** 사안에서, 확정된 약식명령의 공소사실과 공소가 제기된 횡령 공소사실은 **행위 태양이나 피해법익 등을 서로 달리하지만 규범적으로는 공소사실의 동일성이 인정**된다는 이유로, 같은 취지에서 **면소를 선고한 원심의 조치가 정당**하다(대판 2012.5.24. 선고 2010도3950)

8. 정당의 공직후보자 추천과 관련하여 **금품을 수수하였다는 공소사실**에 대하여, 법원이 공소장변경절차를 거치지 않고 직권으로 **금원을 대여함으로써 금융이익 상당의 재산상 이익을 수수하였다는 범죄사실을 유죄로 인정한 것**은, 금품수수행위에 금융이익 상당의 재산상 이익의 수수행위가 포함된 것으로 볼 수 없고 그 **범죄행위의 내용 내지 태양이 서로 달라** 그에 대응할 피고인들의 방어행위 역시 달라질 수밖에 없으므로, **피고인들의 방어권 행사에 실질적인 불이익을 초래한 것으로 위법**하다(대판 2008도11042).

판례 · 지문 **공소장변경**

1. 법원이 인정하는 범죄사실이 공소사실과 차이가 없이 동일한 경우에는 비록 검사가 재판시법인 개정 후 신법의 적용을 구하였더라도 그 범행에 대한 **형의 경중의 차이가 없으면** 피고인의 방어권 행사에 실질적으로 불이익을 초래할 우려도 없어 공소장변경절차를 거치지 않고도 정당하게 적용되어야 할 **행위시 법인 구법을 적용할 수 있다**(대판 2002.4.12. 2000도3350).

2. **뇌물수수죄와 정치자금법위반죄는 그 구성요건 및 보호법익이 다르므로**, 법원이 공소장변경 없이 정치자금법위반죄를 유죄로 인정하는 것이 피고인의 방어권 행사에 실질적인 불이익을 초래할 염려가 없다고 보기 어려울 뿐만 아니라, 정치자금법 위반죄를 유죄로 인정하지 아니한 것이 현저하게 정의와 형평에 반한다고 볼 수도 없다는 이유로, **공소제기된 뇌물수수죄에 대해서만 심리 · 판단하여 무죄를 선고한 원심의 결론은 정당하다**(대판 2010.1.14. 선고 2009도11601).

3. **재산상의 피해자와 공소장 기재의 피해자가 다른 것**이 판명된 경우에는 공소사실에 있어서 동일성을 해하지 아니하고 피고인의 방어권 행사에 실질적 불이익을 주지 아니하는 한 **공소장변경절차 없이** 직권으로 공소장 기재의 사기피해자와 다른 실제의 피해자를 적시하여 이를 유죄로 인정하여야 한다(대판 2002.8.23. 선고 2001도6876).

4. **일반법과 특별법을 적용한 때** 형의 범위가 차이 나는 경우에는, 비록 그 공소사실에 변경이 없고 적용법조의 구성요건이 완전히 동일하다 하더라도, 그러한 적용법조의 변경이 피고인의 방어권 행사에 실질적인 불이익을 초래한다고 보아야 하며, 따라서 **법원은 공소장변경 없이는 형이 더 무거운 특별법의 법조를 적용하여 특별법 위반의 죄로 처단할 수 없다**(대판 2007.12.27. 선고 2007도4749).

5. 피고인별로 별항으로 구성되어 있으나 피고인 갑에 대하여 피고인 을의 공소사실을 그대로 원용하는 형태로 되어 있어 **실질적으로는 피고인들의 공모관계를 전제한 것임이 명백하고**, 공모의 점을 다투어 증인조사까지 시행되었다면 **공소장변경 없이 피고인들을 공동정범으로 인정할 수 있다**(대판 2007.4.26. 선고 2007도309).

6. **공동정범**으로 기소된 사건에서, 공동정범에 해당하지는 아니하고 **방조범으로는** 처벌할 수 있다고 하더라도 법원이 공소장변경 없이 방조행위를 유죄로 인정하지 않고 무죄를 선고한 것이 위법하지 않다(대판 2006.3.9. 선고 2004도206).

7. **장물취득**의 점과 실제로 인정되는 **장물보관**의 범죄사실 사이에는 법적 평가에 차이가 있을 뿐 **공소사실의 동일성이 인정**되는 범위 내에 있으므로 따로 공소사실의 변경이 없더라도 법원이 직권으로 장물보관의 범죄사실을 유죄로 인정하여야 한다(대판 2003.5.13. 선고 2003도1366).

8. **절취한 신용카드를 사용한 사기**의 공소사실과 신용카드 절취 여부와 무관하게 **신용카드사용으로 인한 사기**를 인정할 수 있다는 검사 주장의 범죄 사실은 **그 범죄행위의 내용 내지 태양에서 서로 달라** 이에 대응할 피고인의 방어행위 역시 달라질 수밖에 없어, 공소장변경 없이 공소사실과 **다른 범죄사실을 인정할 수 없다**(대판 2003.7.25. 2003도2252).

9. 피고인이 재정하는 **공판정에서 검사가 구술로 공소장변경신청을 하자 피고인이 이에 동의**하였고 법원도 위 변경신청을 기각하지 아니한 채 바로 다음 공판절차를 진행하였다면, **법원이 공소장변경신청에 대하여 명시적인 허가결정을 하지 아니하였다 하더라도 그 허가가 있었던 것으로 봄이** 상당하다(대판 2002도587).

10. 공소사실의 동일성이 인정되지 않는 등의 사유로 **공소장변경허가결정**에 위법사유가 있는 경우에는 **공소장변경허가를 한 법원이 스스로 이를 취소할 수 있다**(대판 2001도116).

11. 법원이 공판의 심리를 종결하기 전에 한 공소장의 변경에 대하여는 공소사실의 동일성을 해하지 않는 한도에서 허가하여야 할 것이나, 적법하게 공판의 **심리를 종결하고 판결선고기일까지 고지한 후에 이르러서 한 검사의 공소장변경에 대하여**는 그것이 변론재개신청과 함께 된 것이라 하더라도 **법원이 종결한 공판의 심리를 재개하여 공소장**

변경을 허가할 의무는 없다(대판 2001도648).

12. 검사가 피고인을 도로교통법 위반(음주운전)으로 기소하면서 공소사실을 '술에 취한 상태에서의 운전금지의 무를 2회 이상 위반한 사람으로서 다시 혈중알코올농도 0.132%의 술에 취한 상태로 자동차를 운전하였다'고 기재하고, 적용 법조를 '도로교통법 제148조의2 제2항 제2호, 제44조 제1항'으로 기재한 사안에서, 법원이 공소장변경 없이 **직권으로 그보다 형이 무거운** '도로교통법 제148조의2 제1항 제1호, 제44조 제1항'을 **적용하여 처벌하는 것**은 불고불리 원칙에 반하여 피고인의 방어권 행사에 실질적인 불이익을 초래한다(대판 2019.6.13. 2019도4608).

	공소장변경을 요하는 경우		공소장변경이 필요 없는 경우
구성요건이 다른 경우	① 고의범 ⇨ 과실범 ② 미수 ⇨ 예비, 음모 ③ 살인죄 ⇨ 폭행치사죄 ④ 강간치사죄 ⇨ 강제추행치상죄 ⑤ 명예훼손죄 ⇨ 모욕죄 ⑥ 강간상해교사 ⇨ 공갈교사 ⑦ 절취한 신용카드이용사기 ⇨ 단순 신용카드이용사기 ⑧ 사기죄 ⇨ 배임 ⑨ 폭행치상 ⇨폭행 ⑩ 누범으로 처벌되는 상습절도 ⇨ 단순상습절도 ⑪ 특수강도 ⇨ 점유이탈물횡령 ⑫ 특수절도죄 ⇨ 장물운반죄 ⑬ 특수강도 ⇨ 특수공갈	축소사실인정	① 강간치상죄 ⇨ 강간죄 또는 강간미수죄 ② 강간치사죄 ⇨ 강간미수죄 ③ 강제추행치상죄 ⇨ 강제추행죄 ④ 특수절도 ⇨ 절도 ⑤ 상습절도 ⇨ 절도 ⑥ 위력자살결의 ⇨ 자살교사 ⑦ 허위사실적시 명예훼손 ⇨ 사실적시 명예훼손 ⑧ 수뢰후부정처사죄 ⇨ 뇌물수수 ⑨ 중실화죄 ⇨ 실화죄 ⑩ 특정범죄가중처벌 등에 관한 법률위반 ⇨ 수뢰, 준강도, 관세법위반, 절도 ⑪ 강도강간 ⇨ 강간
		결합범	① 강도상해 ⇨ 야간주거침입절도와 상해 ② 강도상해 ⇨ 주거침입과 상해 ③ 강도강간 ⇨ 특수강도미수와 강간 ④ 강도살인 ⇨ 특수강도와 살인
법정형 다른 죄	① 장물보관 ⇨ 업무상 장물보관 ② 절도죄의 실체적 경합 ⇨ 상습절도 ③ 사기 ⇨ 상습사기 ④ 사실적시 명예훼손 ⇨ 허위사실적시 명예훼손	법적평가	① 배임죄 ⇨ 횡령죄 ② 실체적 경합범 ⇨ 포괄일죄 ③ 실체적 경합범 ⇨ 상상적 경합범 ④ 공동정범 ⇨ 방조범 ⑤ 단독범 ⇨ 공동정범

09. 공소시효

<table>
<tr><td>공소시효</td><td colspan="2">범죄행위가 종료한 후 검사가 일정한 기간동안 공소를 제기하지 않고 방치하는 경우에 그 범죄에 관한 공소권을 소멸시키는 제도를 말한다.</td></tr>
<tr><td rowspan="7">시효기간</td><td>25년</td><td>사형</td></tr>
<tr><td>15년</td><td>무기징역 · 무기금고</td></tr>
<tr><td>10년</td><td>장기 10년 이상 징역 · 금고</td></tr>
<tr><td>7년</td><td>장기 10년 미만 징역 · 금고</td></tr>
<tr><td>5년</td><td>장기 5년 미만 징역 · 금고, 장기 10년 이상의 자격정지 · 벌금</td></tr>
<tr><td>3년</td><td>장기 5년 이상의 자격정지</td></tr>
<tr><td>1년</td><td>장기 5년 미만의 자격정지, 구류 · 과료 · 몰수</td></tr>
<tr><td colspan="3">○ 공소시효의 최장기간은 25년이며 최단기간은 1년이며, 공소제기 후 판결의 확정없이 25년을 경과하면 공소시효가 완성된 것으로 간주한다.</td></tr>
</table>

<table>
<tr><td rowspan="7">시효기간의 기준</td><td colspan="2">법정형</td><td>기준이 되는 형은 처단형이 아니라 법정형이다.</td></tr>
<tr><td colspan="2">중한 형</td><td>2개 이상의 형을 병과하거나 2개 이상의 형에서 1개를 과할 범죄에는 중한 형이 기준</td></tr>
<tr><td rowspan="2">가중감경</td><td>형법</td><td>형법에 의하여 형을 가중 또는 감경할 경우에는 가중 또는 감경하지 아니한 형</td></tr>
<tr><td>특별법</td><td>특별법에 의하여 형이 가중 · 감경되는 경우에는 특별법을 기준</td></tr>
<tr><td colspan="2" rowspan="2">공소장변경</td><td>공소장이 변경되어 법정형에 차이가 있는 경우 변경된 공소사실에 대한 법정형을 기준</td></tr>
<tr><td>공소제기 후 공소장변경이 행하여진 경우 공소시효완성여부는 최초공소제기시를 기준</td></tr>
</table>

<table>
<tr><td rowspan="6">공소시효의 가산점</td><td rowspan="5">범죄행위 종료 시</td><td>범죄행위의 종료</td><td>시효는 범죄행위가 종료한 때로부터 진행한다(제252조 제1항).</td></tr>
<tr><td>거동범과 미수범</td><td>결과발생에 요하지 않는 거동범과 미수범에 있어서는 실행 행위시부터 시효가 진행된다.</td></tr>
<tr><td>계속범</td><td>계속범에 있어서는 법익침해가 종료한 때로부터 공소시효가 진행된다.</td></tr>
<tr><td>포괄1죄</td><td>포괄1죄의 경우에는 최종의 범죄행위가 종료한 때이며, 신고기간이 정하여진 범죄는 신고의무소멸 시부터 공소시효가 진행된다.</td></tr>
<tr><td>결과적 가중범</td><td>결과적가중범의 경우 범죄의 결과까지도 포함되므로 중한 결과가 발생한 때부터 공소시효가 진행된다.</td></tr>
<tr><td colspan="2">공범에 관한 특칙</td><td>공범의 최종행위가 종료한 때로부터 전 공범에 대한 시효기간을 기산한다.</td></tr>
<tr><td colspan="4">○ 공소시효의 계산에 있어서는 초일은 시간을 계산함이 없이 1일로 산정하고 기간의 말일이 공휴일 또는 토요일에 해당하는 날이라도 기간에 산입한다(제66조).</td></tr>
</table>

참고 · 지문

1. 공범 중 1인에 대해 약식명령이 확정된 후 그에 대한 정식재판청구권회복결정이 있었다고 하더라도 그 사이의 기간 동안에는 특별한 사정이 없는 한 다른 공범자에 대한 공소시효는 정지함이 없이 계속 진행 한다.
2. 검찰항고, 재심청구, 헌법소원의 심판청구는 공소시효가 정지되지 않음

3. 형사소송법 제253조 제3항이 정한 '범인이 형사처분을 면할 목적으로 국외에 있는 경우' 는 범인이 국내에서 범죄를 저지르고 형사처분을 면할 목적으로 국외로 도피한 경우에 한정되지 아니하고, 범인이 국외에서 범죄를 저지르고 형사처분을 면할 목적으로 국외에서 체류를 계속하는 경우도 포함 된다(공소시효의 적용 배제)
4. 사람을 살해한 범죄(종범은 제외한다)로 사형에 해당하는 범죄에 대하여는 제249조 부터 제253조까지에 규정된 공소시효를 적용하지 아니한다.
5. 1개의 행위가 여러 개의 죄에 해당하는 경우 형법 제40조는 이를 과형상 일죄로 처벌한다는 것에 지나지 아니하고 공소시효를 적용함에 있어서는 각 죄마다 따로 따져야 할 것인바, 변호사법 위반죄의 공소시효가 완성되었다고 하여 그 죄와 상상적 경합관계에 있는 사기죄의 공소시효까지 완성되는 것은 아니다(대판 2006.12.8. 2006도6356).
6 사람을 살해한 범죄(종범은 제외한다)로 사형에 해당하는 범죄에 대해 공소시효의 적용을 배제하는 「형사소송법」의 규정은 이 법 시행 전에 범한 범죄로 아직 공소시효가 완성되지 아니한 범죄에 대하여도 적용한다(부칙 제2조).

구 분	형의 시효	공소시효
작용시점	확정판결 후의 형사시효	확정판결 전의 형사시효
효 과	확정적인 형벌권소멸(형집행 면제)	미확정인 형벌권 소멸(면소판결)
법적 근거	형법	형사소송법

판례 · 지문 공소시효

1. **공소장 변경이 있는 경우**에 **공소시효의 완성 여부는 당초의 공소제기가 있었던 시점을 기준으로 판단**할 것이고 공소장 변경시를 기준으로 삼을 것은 아니다(대판 2002.10.11. 선고2002도2939).

2. **범죄 후 법률의 개정에 의하여 법정형이 가벼워진 경우**에는 형법 제1조 제2항에 의하여 당해 범죄사실에 적용될 **가벼운 법정형(신법의 법정형)이 공소시효기간의 기준**이 된다(대판 2008.12.11. 선고 2008도4376).

3. **공소제기 당시의 공소사실에 대한 법정형을 기준**으로 하면 **공소제기 당시 아직 공소시효가 완성되지 않았으나 변경된 공소사실에 대한 법정형을 기준으로 하면 공소제기 당시 이미 공소시효가 완성된 경우**에는 공소시효의 완성을 이유로 **면소판결**을 선고하여야 한다(대판 2001.8.24. 선고2001도2902).

4. 공소시효의 기산점에 관하여 규정한 형사소송법 제252조 제1항 소정의 범죄행위에는 당해 범죄의 결과까지도 포함되는 취지로 해석함이 상당하므로, **업무상과실치사상죄의 공소시효**는 피해자들이 **사상에 이른 결과가 발생**함으로써 그 **범죄행위가 종료한 때로부터 진행**한다(대판 1996.8.23. 선고 96도1231).

5. 상상적 경합의 관계에 있는 사기죄와 변호사법 위반죄 중 변호사법 위반죄의 공소시효가 완성된 경우 공소시효를 적용함에 있어서는 각 죄마다 따로 따져야 할 것인바, 사기죄와 변호사법 위반죄는 **상상적 경합의 관계에 있으므로 변호사법 위반죄의 공소시효가 완성**되었다고 하여 그 죄와 **상상적 경합관계에 있는 사기죄의 공소시효까지 완성되는 것은 아니다**(대판 2006.1.27. 선고 2005도8704).

6. 허가를 받지 아니하거나 **신고를 하지 아니한 채 건축물을 다른 용도로 사용하는 행위는 계속범의 성질을 가지는 것이어서** 허가 또는 신고없이 다른 용도로 계속 사용하는 한 가벌적 위법상태는 계속 존재하고 있다고 할 것이므로, 그러한 **용도변경행위에 대하여는 공소시효가 진행하지 아니하는 것으로 보아야 한다**(대판 2001도3990).

7. **무고죄는** 타인으로 하여금 형사처분 등을 받게 할 목적으로 공무소 등에 **허위의 사실을 신고함으로써 성립하는 범죄**이므로, 그 신고된 범죄사실이 이미 공소시효가 완성된 것이어서 무고죄가 성립하지 아니하는 경우에 해당하는지 여부는 그 **신고시를 기준**으로 하여 판단하여야 한다고 할 것이다(대판 2007도11153).

8. **강제집행 면탈**의 목적으로 채무자가 그의 제3채무자에 대한 채권을 허위로 양도한 경우에 **제3채무자에게 채권**

양도의 통지가 행하여짐으로써 통상 제3채무자가 채권 귀속의 변동을 인식할 수 있게 된 시점에서는 채권 실현의 이익이 해하여질 위험이 실제로 발현되었다고 할 것이므로, 늦어도 그 통지가 있는 때에는 그 범죄행위가 종료하여 그때부터 **공소시효가 진행된다**고 볼 것이다(대판 2011.10.13. 선고 2011도6855)

9. **공무원이 그 직무에 관하여 금전을 무이자로 차용한 경우**에는 그 차용 당시에 금융이익 상당의 뇌물을 수수한 것으로 보아야 하므로, 그 **공소시효는 금전을 무이자로 차용한 때로부터 기산**한다(대판 2012.2.23. 선고 2011도7282).

10. 공정거래법에서 정한 가격결정 등의 합의 및 그에 기한 실행행위가 있었던 경우, **부당한 공동행위가 종료한 날은 합의가 있었던 날이 아니라 합의에 기한 실행행위가 종료한 날**을 의미한다. 공정거래법에서 정한 가격결정 등의 합의에 따른 실행행위가 있는 경우 공정거래법 위반죄의 공소시효는 실행행위가 종료한 날부터 진행한다(대판 2012.9.13. 선고 2010도16001).

11. 공소제기 효력의 인적 범위를 확장하는 예외를 마련하여 놓은 것이므로 원칙적으로 엄격하게 해석하여야 하고 피고인에게 불리한 방향으로 확장하여 해석해서는 아니 된다(대판 2012.3.29. 선고 2011도15137).

12. **뇌물공여죄와 뇌물수수죄 사이**와 같은 이른바 대향범 관계에 있는 자는 강학상으로는 필요적 공범이라고 불리고 있으나, 서로 대향된 행위의 존재를 필요로 할 뿐 각자 자신의 구성요건을 실현하고 별도의 형벌규정에 따라 처벌되는 것이어서, 2인 이상이 가공하여 공동의 구성요건을 실현하는 공범관계에 있는 자와는 본질적으로 다르며, **대향범 관계에 있는 자 사이에서는 각자 상대방의 범행에 대하여 형법 총칙의 공범규정이 적용되지 아니한다**(대판 2014.1.16. 선고 2013도6969).

10. 공소시효정지

공소시효의 정지	일정한 사유로 인하여 공소시효의 진행이 정지되고, 그 정지사유가 소멸한 때로부터 나머지 시효기간이 진행되는 제도를 말한다. 현행법은 공소시효의 중단은 인정하지 않고 있다.	
사 유	**공소의 제기**	공소시효는 공소의 제기로 진행이 정지되고 공소기각 또는 관할위반의 재판이 확정된 때로부터 다시 진행한다(제253조 제1항).
	재정신청	재정신청이 있으면 고등법원의 재정결정이 있을 때까지 공소시효의 진행이 정지된다.
	소년법	소년보호사건에 대하여 소년부판사가 심리개시의 결정을 한 때에는 그 사건에 대한 보호처분의 결정이 확정될 때까지 공소시효의 진행이 정지된다.
	범인의 국외도피	범인이 형사처벌을 면할 목적으로 국외에 도피한 경우 범인을 처벌하여 형벌권을 적정하게 실현하게 하기 위해 공소시효의 진행이 정지된다.
	대통령의 재직 중	대통령의 재직 중에는 국가의 소추권행사의 법률상 장애사유에 해당하므로, 대통령의 재직 중 내란 · 외란의 죄를 범한 경우를 제외하고는 공소시효의 진행이 당연히 정지되는 것으로 보아야 한다.
	성폭력범죄	미성년자에 대한 성폭력범죄의 경우 공소시효는 성폭력범죄피해 당한 미성년자가 성년에 달한 날부터 진행한다.
정지의 효력이 미치는 범위	공소시효정지의 효력은 공소제기된 피고인 또는 재정신청의 대상으로 된 피의사건의 피의자에 대하여만 미친다. 그러나 공범의 1인에 대한 시효정지의 효력은 다른 공범자에게도 미치고 당해 사건의 **재판이 확정된 때로부터 진행**한다(제253조 제2항).	
완성의 효과	수사 중인 피의사건에 대하여 공소시효가 완성되면 검사는 공소권 없음을 이유로 불기소처분을 하여야 한다. 공소 제기 후 피고사건에 대하여 공소시효가 완성된 것이 판명된 때에는 법원은 면소판결을 하여야 한다.	

판례 · 지문 **공소시효의 정지**

1. **공범의 1인으로 기소된 자가** 구성요건에 해당하는 위법행위를 공동으로 하였다고 인정되기는 하나 책임조각을 이유로 무죄로 되는 경우와는 **달리 범죄의 증명이 없다는 이유로 공범 중 1인이 무죄의 확정판결을 선고받은 경우에는 그를 공범이라고 할 수 없어** 그에 대하여 제기된 공소로써는 **진범에 대한 공소시효정지의 효력이 없다**(대판 98도4621).

2. 공범의 1인에 대한 시효의 정지는 다른 공범자에 대하여 효력이 미치고 당해 사건의 재판이 확정된 때로부터 다시 진행하도록 되어 있으므로, 피고인과 공범관계에 있는 자가 같은 범죄사실로 공소제기가 된 후 대법원에서 상고기각됨으로써 유죄판결이 확정된 사실이 명백하다면, **공범자인 피고인에 대하여도 적어도 그 공범이 공소 제기된 때부터 그 재판이 확정된 때까지의 기간 동안은 공소시효의 진행이 정지**되었음이 명백하다(대판 94도2752).

3. **범인이 형사처분을 면할 목적으로 국외에 있는 경우** 그 기간 동안 공소시효는 정지된다고 규정하고 있는데, 이 때 범인의 국외체류의 목적은 오로지 형사처분을 면할 목적만으로 국외체류 하는 것에 한정되는 것은 아니고 **범인이 가지는 여러 국외체류 목적 중 형사처분을 면할 목적이 포함되어 있으면 족하다**(대판 선고 2005도7527).

4. 법정최고형이 징역 5년인 부정수표단속법 위반죄를 범한 사람이 **중국으로 출국하여 체류하다가 그곳에서 징역 14년을 선고받고 8년 이상 복역한 후 우리나라로 추방되어 위 죄로 공소제기된 사안에서, 위 수감기간 동안에는 형사소송법 제253조 제3항의 형사처분을 면할 목적을 인정할 수 없어** 공소시효의 진행이 정지되지 않는다(대판 2008도4101).

5. 국외에 체류 중인 범인에게 '형사처분을 면할 목적'이 계속 존재하였는지가 의심스러운 사정이 발생한 경우,

그 기간 동안 '형사처분을 면할 목적' 이 있었는지는 **그러한 목적이 유지되고 있었다는 점은 검사가 증명**하여야 한다(대판 2012.7.26, 2011도8462).

11. 공판의 기본원칙

공개주의	공개주의란 일반국민에게 심리의 방청을 허용하는 주의를 말한다.	
한 계	**특수사건의 비공개**	사건의 내용이 국가의 안전보장, 안녕질서를 방해하거나 선량한 풍속을 해할 염려가 있을 때 법원의 결정으로 심리를 공개하지 않을 수 있다. 다만, 판결의 선고는 반드시 공개하여야 한다.
	① 소년보호사건은 비공개가 원칙이고, ② 가정보호, 성폭력사건은 비공개로 할 수 있다.	
	법정에서의 촬영·녹음	㉠ 누구든지 법정 안에서는 재판장의 허가없이 녹화·촬영·중계방송 등의 행위를 하지 못한다.
		㉡ 피고인의 동의가 없는 한 원칙적 불허이다. 그러나 재판장은 피고인의 동의가 있는 때에 한하여 신청에 대한 허가를 할 수 있다. 다만 촬영 등을 허가함이 공공의 이익을 위하여 상당하다고 인정되는 경우에는 그러하지 아니하다.
구두변론주의	**구두주의**	구두에 의하여 제공된 소송자료에 의하여 재판을 행하는 주의를 말한다. 구두주의는 당사자의 실체형성행위에 대해서는 예외없이 적용된다.
	변론주의	당사자의 변론, 즉 주장과 입증에 의하여 재판하는 주의이며 당사자주의의 중요한 내용이 된다. 따라서 당사자주의의 강화는 변론주의의 강화를 요구한다.
직접심리주의	**형식적 직접주의**	형식적 직접주의는 수소법원이 재판의 기초가 되는 증거를 공판정에서 법관이 직접 증거를 조사하여야 한다는 원칙이다.
	실질적 직접주의	실질적 직접주의는 법원이 사실의 존부를 판단함에 있어서는 원본증거를 재판의 기초로 삼아야 하고 그 대체물을 사용해서는 안 된다는 원칙이다.
집중심리주의	**집중심리 (제267조의2)**	㉠ 공판기일의 심리는 집중되어야 한다. 심리에 2일 이상이 필요한 경우에는 부득이한 사정이 없는 한 매일 계속 개정하여야 한다. ㉡ 재판장은 부득이한 사정으로 매일 계속 개정하지 못하는 경우에도 특별한 사정이 없는 한 전회의 공판기일부터 14일 이내로 다음 공판기일을 지정하여야 한다.
	특정강력범죄 특례법	㉠ 법원은 특정강력범죄사건의 심리에 2일 이상이 소요되는 때에는 가능한 한 매일 계속 개정하여 집중심리를 하여야 한다. ㉡ 재판장은 특별한 사정이 없는 한 전의 공판기일로부터 7일 이내로 다음 공판기일을 지정하여야 한다.

참고 · 지문

1. 헌법 제109조, 법원조직법 제57조 제1항이 정한 공개금지사유가 없음에도 불구하고 재판의 심리에 관한 공개를 금지하기로 결정하였다면 그러한 공개금지결정은 피고인의 공개재판을 받을 권리를 침해한 것으로서 그 절차에 의하여 이루어진 증인의 증언은 증거능력이 없다고 할 것이고, 변호인의 반대신문권이 보장되었더라도 달리 볼 수 없다.
2. 판사의 경질 시에 공판절차를 갱신해야 하는 것은 형식적 직접심리주의와 관계있고, 전문법칙은 실질적 직접주의와 관계있다.

판례 · 지문 공판절차기본원칙

1. 원심이 증인신문절차의 공개금지사유로 삼은 사정이 국가의 안녕질서를 방해할 우려가 있는 때에 해당하지 아니하고, 달리 헌법 제109조, 법원조직법 제57조 제1항이 정한 **공개금지사유를 찾아볼 수도 없어, 원심의 공개금지결정은 피고인의 공개재판을 받을 권리를 침해한 것으로서 그 절차에 의하여 이루어진 증인의 증언은 증거능력이 없다**(대판 2005도5854).

2. 헌법 제109조는 **재판공개의 원칙을 규정하고 있는 것으로서 검사의 공소제기절차에는 적용될 여지가 없다.** 따라서 공소가 제기되기 전까지 피고인이 그 내용이나 공소제기 여부를 알 수 없었다거나 피고인의 소송기록 열람 · 등사권이 제한되어 있었다고 하더라도 그 공소제기절차가 위 헌법 규정을 위반하였다고는 할 수 없다(대판 2006도1427).

3. 헌법 제109조에 규정된 **재판공개의 원칙이 법원이 판결하기 전에 당사자에게 미리 그 내용을 알려줄 것을 의미하는 것은 아니다**(대판 2006도1427).

4. **검사가 사전에 공판정에서의 녹음을 신청한 사실이 없고, 법원이 직권으로 녹음을 명한 바도 없으나** 조서 작성의 **편의를 위한 녹음이 이루어진 경우**, 형사소송법 제56조의2 제1항에 근거하여 이루어진 공판정에서의 심리에 관한 녹음이 있다고 할 수 없으므로 **검사는 녹음물의 사본을 청구할 수 없다**고 할 것이다(대판 2012.4.20).

12. 소송지휘권

<table>
<tr><td>소송지휘권</td><td colspan="2">소송지휘란 소송의 진행을 질서있게 하고 심리를 원활하게 하기 위한 법원의 합목적적 활동을 말하며, 소송지휘는 본래 법원의 권한이나 공판기일의 소송지휘는 포괄적으로 재판장에게 위임되어 있다.</td></tr>
<tr><td rowspan="2"></td><td>재판장</td><td>㉠ 공판기일의 지정 또는 변경(제267조 · 제270조) ㉡ 인정신문(제284조) ㉢ 피고인에 대한 진술기회의 부여(제286조) ㉣ 증인신문순서의 변경(제161조의2 제3항) ㉤ 불필요한 변론의 제한(제299조) ㉥ 석명권(규칙 제141조) 등</td></tr>
<tr><td>법원</td><td>㉠ 국선변호인의 선임(제283조) ㉡ 특별대리인의 선임(제28조) ㉢ 증거조사에 대한 이의신청의 결정(제296조) ㉣ 재판장의 처분에 대한 이의신청의 결정(제304조) ㉤ 공소장변경의 허가(제298조) ㉥ 공판절차의 정지(제306조) ㉦ 변론의 분리 · 병합 · 재개</td></tr>
<tr><td rowspan="2">불복</td><td colspan="2">① 재판장의 소송지휘권이 법령의 위반이 있는 경우에만 이의신청할 수 있다(제304조).</td></tr>
<tr><td colspan="2">② 법원의 소송지휘권은 판결 전의 소송절차에 관한 결정이므로 즉시 항고 할 수 있는 경우 외에는 불복방법이 없다.</td></tr>
<tr><td>법정경찰권</td><td colspan="2">법정경찰관이란 법정의 질서를 유지하고 심판의 방해를 제지 · 배제하기 위하여 법원이 행하는 권력 작용을 말한다.</td></tr>
<tr><td rowspan="2"></td><td>방해예방</td><td>법정의 질서를 해할 우려가 있는 자의 입정의 금지(법원조직법 제58조 제2항), 방청권의 발행과 소지품검사, 녹화 · 촬영 · 중계방송금지, 피고인에 대한 간수명령(제280조, 단서)</td></tr>
<tr><td>방해배제</td><td>퇴정의 제지, 경찰관의 파견요구, 퇴정명령</td></tr>
<tr><td rowspan="3">제재</td><td colspan="2">① 법원은 법정질서문란행위로 심리를 방해하거나 재판의 위신을 현저하게 훼손한 자에 대하여 결정으로 20일 이내의 감치 또는 100만 원 이하의 과태료에 처하거나 이를 병과 할 수 있다.</td></tr>
<tr><td colspan="2">② 법원은 감치를 위하여 즉시 행위자를 구속하게 할 수 있으며 구속한 때로부터 24시간 이내에 감치에 처하는 재판을 하여야 하고, 이를 하지 아니하면 즉시 석방을 명하여야 한다(법원조직법 제61조 제1항 · 제2항).</td></tr>
<tr><td colspan="2">③ 검사의 공소제기가 필요없는 사법행정적인 질서벌이며, 감치에 대해서는 항고 또는 특별항고를 할 수 있다.</td></tr>
</table>

참고 · 지문

1. 의의 : 소송관계의 명확을 위하여 검사, 피고인, 변호인에게 사실상 및 법률상 사항에 관한 질문을 하고 주장 · 진술의 보충 또는 필요한 사항에 대한 입증을 촉구하는 재판장(또는 합의부원)의 권한이다.
2. 성질 : 법원은 재판의 신속한 진행 및 진실발견의무가 존재하므로 석명권은 권리인 동시에 의무이다.
3. 검사, 피고인, 변호인은 재판장에 대해 석명을 위한 발문을 요구할 수 있다.

판례 · 지문 **소송지휘권**

형사소송법 제279조 및 형사소송규칙 제141조 제1항에 의하면, 재판장은 소송지휘의 일환으로 검사, 피고인 또는 변호인에게 석명을 구하거나 입증을 촉구할 수 있는데, 여기에서 석명을 구한다는 것은 사건의 소송관계를 명확하게 하기 위하여 당사자에 대하여 사실상 및 법률상의 사항에 관하여 질문을 하고 그 진술 내지 주장을 보충 또는 정정할 기회를 부여하는 것을 말한다(대판 2011.2.10. 선고 2010도14391).

13. 공판정

공판정		공판기일에는 공판정에서 심리하며, 공판정은 판사와 검사, 법원사무관 등이 출석하여 개정한다.
검사의 출석	원 칙	검사의 출석은 공판개정의 요건이다(제275조 제2항). 따라서 검사의 출석없이 공판절차를 진행하는 것은 소송절차의 법령 위반이므로 항소이유 또는 상고이유가 된다.
	예 외	검사가 공판기일의 통지를 2회 이상 받고 출석하지 아니하거나 판결만을 선고하는 때에는 검사의 출석없이 개정할 수 있다(제278조).
피고인의 출석	원 칙	① 피고인이 공판기일에 출석하지 아니한 때에는 특별한 규정이 없으면 개정하지 못한다. 단, 피고인이 법인인 경우에는 대리인을 출석하게 할 수 있다. ② 피고인은 재판장의 허가없이 퇴정하지 못하므로(제281조 1항) 피고인의 공판기일출석은 권리인 동시에 의무인 성격을 갖는다.
	경미사건	㉠ **다액 500만원 이하의 벌금, 과료**에 해당하는 사건에 관하여는 피고인의 출석을 요하지 아니한다. ㉡ **장기 3년 이하의 징역 또는 금고, 다액 500만원을 초과하는 벌금 또는 구류**에 해당하는 사건에서 **피고인의 불출석허가신청**이 있고 법원이 피고인의 불출석이 그의 권리를 보호함에 지장이 없다고 인정하여 이를 허가한 사건 ㉢ 즉결심판에 의하여 피고인에게 **벌금 또는 과료**를 선고하는 경우에는 피고인의 출석을 요하지 아니한다
	피고인에게 유리한 재판	㉠ 피고인에게 공소기각 또는 면소의 재판을 할 것이 명백한 사건 ㉡ 약식명령에 따라 피고인만이 정식재판의 청구를 하여 판결을 선고하는 사건 ㉢ 의사무능력자인 피고인에 대하여 무죄 · 면소 · 형의 면제 또는 공소기각의 재판을 할 것이 명백한 사건에 관하여는 피고인의 출정없이 재판할 수 있다(제306조 4항).
	의사무능력자대리	㉠ 피고인이 의사무능력자인 경우에 법정대리인 또는 특별대리인이 출석한 때에는 피고인의 출석을 요하지 않는다(제26조, 제28조). ㉡ 피고인이 법인인 때에는 법인이 소송행위를 할 수 없으므로 대표자가 출석하면 되지만 반드시 대표자가 출석할 것을 요하지 않고 대리인을 출석하게 할 수 있다.
	피고인의 퇴정	㉠ 재판장은 증인 또는 감정인이 피고인 또는 어떤 재정인의 면전에서 충분한 진술을 할 수 없다고 인정한 때에는 그를 퇴정하게 하고 진술하게 할 수 있다. 피고인이 다른 피고인의 면전에서 충분한 진술을 할 수 없다고 인정한 때에도 같다. ㉡ 피고인의 공판정출석은 권리인 동시에 의무가 된다. 따라서 피고인이 재판장의 허가 없이 퇴정하거나 재판장의 질서유지를 위한 퇴정명령을 받은 때에는 피고인의 진술없이 판결할 수 있다.
	피고인의 출석거부	㉠ 피고인이 출석하지 아니하면 개정하지 못하는 경우에 구속된 피고인이 정당한 사유 없이 출석을 거부하고, 교도관에 의한 인치가 불가능하거나 현저히 곤란하다고 인정되는 때에는 피고인의 출석없이 공판절차를 진행할 수 있다.
	피고인의 출석이 부적당	㉠ **상고심**은 법률심이어서 변호인이 아니면 변론할 수 없으므로 상고심의 공판기일에는 피고인의 소환을 요하지 않는다(제389조의2). ㉡ 재심의 공판절차에서는 피고인이 사망하거나 의사무능력자인 경우에도 피고인의 출석없이 심판할 수 있다
변호인의 출석	원 칙	변호인은 소송당사자가 아니고 피고인의 보조자에 불과하므로 변호인의 출정은 원칙적으로 공판개정의 요건이 아니다.
	예 외	피고사건이 필요적 변호사건인 경우 또는 국선변호사건인 경우에는 변호인 없이 개정하지 못한다.다만, **판결만을 선고하는 경우**에는 그러하지 아니한다.

14. 공판준비절차

구분	세부	내용
공판준비절차		공판준비절차란 공판기일에서의 심리를 준비하기 위하여 수소법원에 의하여 행하여지는 절차를 말한다. 제1회 공판기일 전은 물론이고, 제1회 공판기일 이후의 공판기일 전에도 할 수 있다.
공판기일 전의 절차	공소장부본의 송달	법원은 공소의 제기가 있는 때에는 지체 없이 공소장의 부본을 피고인 또는 변호인에게 송달하되, 제1회 공판기일 전 5일까지 송달하여야 한다(제266조).
	의견서제출	① 피고인 또는 변호인은 공소장 부본을 송달받은 날로부터 7일 이내에 공소사실에 대한 인정여부 등을 기재한 의견서를 법원에 제출하도록 하였다(제1항). ② 피고인이 의견서를 제출한 때에는 이를 검사에게 송부하도록 하였다(제2항).
	국선변호인 선정고지	국선변호인이 필요한 사건에서 피고인에게 변호인이 없는 경우 재판장은 피고인에게 국선변호인의 선정을 청구할 수 있다는 취지를 서면으로 고지해야 한다(규칙 제17조).
		공판기일은 검사, 변호인과 보조인에게 통지하여야 하며, 공판기일의 지정과 통지 그리고 5일 이상의 유예기간을 두어 피고인에게 공판기일소환장를 송부하여야한다
공판 전 준비절차		증거관계가 복잡하거나 다툼이 있는 사건의 경우는 별도의 기일을 마련하여 쟁점을 정리한 후 공판기일을 진행함으로써 재판의 신속, 효율적인 운용을 하기 위하여 규정하게 되었다.
방법		① 서면으로 준비하는 방법과 ② 공판준비기일을 여는 방법 중 선택할 수 있도록 하였다.
서면의 공판준비	서면제출	㉠ 검사나 피고인 또는 변호인은 공판준비절차에서 법률상 · 사실상 주장의 요지 및 입증 취지 등이 기재된 서면을 법원에 제출할 수 있다. ㉡ 재판장은 이러한 서면의 제출을 명할 수 있다(제266조의6).
	송달설명요구	㉠ 법원은 서면이 제출된 때에는 그 부본을 상대방에게 송달하여야 한다. ㉡ 재판장은 기소된 사건의 쟁점을 파악하고 향후 쌍방의 입증계획 등을 서면의 내용에 대한 설명을 요구하거나 공판준비에 관한 필요한 명령을 할 수 있도록 하였다.

15. 공판준비기일

공판준비기일	기일 진행	㉠ 공판준비기일을 지정함에 있어서는 검사, 피고인 또는 변호인의 의견을 듣도록 하였다 ㉡ 검사, 피고인 또는 변호인은 공판준비기일의 지정을 신청할 수 있다. 이 경우 당해 신청에 관한 법원의 결정에 대하여는 불복할 수 없다(제2항). ㉢ 공판준비기일은 **공개를 원칙**으로 하되, 공개로 인하여 절차의 진행이 방해될 우려가 있는 때에는 비공개로 할 수 있도록 하여 절차의 탄력성을 부여하였다(제4항).
	검사 및 변호인 출석	㉠ 공판준비기일은 검사와 변호인이 출석하여야 한다. ㉡ **피고인의 출석은 필수적인 요건은 아니고,** 다만 법원은 필요하다고 인정하는 때에는 피고인을 소환할 수 있으며, 피고인은 법원의 소환이 없는 때에도 공판준비 기일에 출석할 수 있다.
내용		1. 공소사실 또는 적용 법조를 명확히 2. 공소사실 또는 적용법조의 추가 · 철회 또는 변경을 허가 3. 사건의 쟁점을 정리 4. 복잡한 내용에 관하여 설명 5. 증거신청 6. 신청된 증거와 입증 취지 및 내용 명확 7. 증거신청에 관한 의견을 확인 8. 증거 채부의 결정 9. 증거조사의 순서 및 방법을 정하는 행위 10. 서류 등의 열람 또는 등사 당부를 결정 11. 공판기일을 지정 또는 변경 12. 그밖에 공판절차의 진행에 필요한 사항을 정하는 행위
준비절차의 종결사유		1. 쟁점 및 증거의 **정리가 완료**된 때 2. 사건을 공판준비절차에 부친 뒤 **3개월이 지난 때** 3. 검사 · 변호인 또는 소환받은 피고인이 **출석하지 아니한 때**
종결의 효과	실권효	공판준비절차의 실효성을 담보하기 위해 공판준비기일에서 신청하지 못한 증거는 공판기일에 증거신청을 할 수 없게 하였다.
	예 외	ⓐ 공판준비기일에서 신청하지 못한 증거는 그 신청으로 인하여 소송을 현저히 지연시키지 아니하는 때, 또는 중대한 과실 없이 공판준비기일에 제출하지 못하는 등 부득이한 사유를 소명한 때의 어느 하나에 해당하는 경우에 한하여 공판기일에 신청할 수 있다. ⓑ 법원은 실체적 진실발견을 위하여 이에 구애받지 않은 채 직권으로 증거조사를 할 수 있다.

16. 증거개시

<table>
<tr><td>증거개시</td><td colspan="2">공소제기 후 검사가 보관하고 있는 수사기록의 열람 · 등사를 가능하게 하여 피고인의 방어권을 충실히 보장하고 또한 신속한 재판이 가능하도록 하기 위해 허용</td></tr>
<tr><td rowspan="3">검사보관 서류</td><td>신청의 주체</td><td>㉠ 피고인 또는 변호인은 검사에게 다만, 피고인에게 변호인이 있는 경우에는 피고인은 열람만을 신청할 수 있다.
㉡ 검사는 열람 · 등사, 또는 서면의 교부를 거부하거나 그 범위를 제한하는 때에는 지체 없이 그 이유를 서면으로 통지하여야 한다(제266조3의3).</td></tr>
<tr><td>신청의 대상</td><td>1. 검사가 증거로 신청할 서류 등
2. 검사가 증인으로 신청할 사람의 성명, 사건과의 관계 등을 기재한 서면 또는 그 사람이 공판기일 전에 행한 진술을 기재한 서류
3. 제1호 또는 제2호의 서면 또는 서류 등의 증명력과 관련된 서류 등
4. 피고인 또는 변호인이 행한 법률상 · 사실상 주장과 관련된 서류 등</td></tr>
<tr><td>열람 · 등사의 제한</td><td>㉠ 검사는 국가안보, 증인보호의 필요성, 증거인멸의 염려, 관련 사건의 수사에 장애를 가져올 것으로 예상되는 상당한 이유가 있다고 인정하는 때에는 열람 · 등사 또는 서면의 교부를 거부하거나 그 범위를 제한할 수 있다.
㉡ 검사는 목록에 대하여는 열람 · 등사를 거부할 수 없도록 함
㉢ 서류 등은 도면 · 사진 · 비디오테이프 · 컴퓨터용 디스크 그밖에 특수매체를 포함하나 특수매체에 대한 등사는 필요 최소한의 범위에 한한다.</td></tr>
<tr><td rowspan="3">불복절차</td><td>검사의 증거개시 거부</td><td>ⓐ 피고인 또는 변호인은 검사가 서류 등의 열람 · 등사 또는 서면의 교부를 거부하거나 그 범위를 제한한 때에는 법원에 그 서류 등의 열람 · 등사 또는 서면의 교부를 허용하도록 할 것을 신청할 수 있다(제266조4의1).
ⓑ 검사가 열람 · 등사, 또는 서면의 교부를 거부하거나 그 범위를 제한하는 때에는 신청을 받은 때부터 48시간 이내에 통지를 하지 아니하는 때에도 법원에 그 서류 등의 열람 · 등사를 신청할 수 있다.</td></tr>
<tr><td>법원의 결정</td><td>ⓐ 법원은 피고인 측의 신청이 있는 때에는 검사에게 열람 · 등사 또는 서면의 교부를 허용할 것을 명할 수 있다. 이 경우 열람 또는 등사의 시기 · 방법을 지정하거나 조건 · 의무를 부과할 수 있다.
ⓑ 법원이 열람 · 등사 · 교부를 허용하는 경우 검사에게 의견을 제시할 기회를 부여하여야 하고, 필요하다고 인정하는 때 해당 서류 등의 제시를 요구할 수 있고, 피고인이나 그 밖의 이해관계인을 심문할 수 있다(제3항, 제4항).</td></tr>
<tr><td>증거신청 금지</td><td>검사는 열람 · 등사 또는 서면의 교부에 관한 법원의 결정을 지체 없이 이행하지 아니하는 때에는 해당 증인 및 서류 등에 대한 증거신청을 할 수 없다.</td></tr>
<tr><td rowspan="3">피고인 또는 변호인보관서류</td><td>요구의 대상</td><td>검사는 피고인 또는 변호인이 공판기일 또는 공판준비절차에서 현장부재 · 심신상실 또는 심신미약 등 법률상 · 사실상의 주장을 한 때에는 피고인 또는 변호인에게 다음 서류 등의 열람 · 등사 또는 서면의 교부를 요구할 수 있다.
1. 피고인 또는 변호인이 증거로 신청할 서류 등
2. 피고인 또는 변호인이 증인으로 신청할 사람의 성명, 사건과의 관계 등을 기재한 서면
3. 제1호의 서류 등 또는 제2호의 서면의 증명력과 관련된 서류 등
4. 피고인 또는 변호인이 행한 법률상 · 사실상의 주장과 관련된 서류 등</td></tr>
<tr><td>열람 · 등사의 거부</td><td>㉠ 피고인 또는 변호인은 검사가 개시의무를 이행하지 아니한 경우에는 피고인 측도 서류 등의 열람 · 등사 또는 서면의 교부를 거부할 수 있다.
㉡ 다만, 법원이 신청을 기각하는 결정을 한 때에는 그러하지 아니하다.</td></tr>
<tr><td>법원에 신청</td><td>검사는 피고인 또는 변호인이 서류 등의 열람 · 등사 또는 서면의 교부 요구를 거부한 때에는 법원에 그 서류 등의 열람 · 등사 또는 서면의 교부를 허용하도록 할 것을 신청할 수 있다.</td></tr>
</table>

17. 증거조사

1. 모두절차	① 진술거부권고지 ② 인정신문 ③ 검사의 모두진술 ④ 피고인의 모두진술 ⑤ 재판장의 쟁점정리		
2. 사실심리절차	① 증거조사	② 피고인신문	③ 최후변론
	검사▶피고인(변호인)▶직권	검사▶변호인▶재판장	검사▶피고인▶변호인
3. 판결 선고	공판정에서 재판서에 의해 주문을 낭독 이유 요지설명, 판결의 선고는 반드시 공개		

증거조사	증거조사란 수소법원 또는 법관이 피고사건의 사실인정과 형의 양정에 관한 심증을 얻기 위하여 인증 · 서증 · 물증 등 각종의 증거를 조사하여 그 내용을 감지하는 소송행위를 말한다.		
절차	시기	증거조사는 제287조에 따른 절차가 끝난 후에 실시한다.	
	증거신청	검사, 피고인 또는 변호인은 서류나 물건을 증거로 제출할 수 있고, 증인 · 감정인 · 통역인 또는 번역인의 신문을 신청할 수 있으며, 범죄피해자도 자신에 대한 증인신문을 신청할 수 있다.	
	조사의 순서	㉠ 증거조사의 순서를 검사신청 증거, 피고인 또는 변호인신청 증거 순으로 하고, 그 다음에 직권증거조사를 하도록 규정하였다(제1항, 제2항).	
		㉡ 법원은 직권 또는 당사자의 신청에 따라 그 순서를 변경할 수 있다(제3항).	
증거조사방식	증거서류	㉠ 증거서류의 내용을 법정에 현출하는 주체를 원칙적으로 당해 증거내용을 잘 알고 있는 증거신청인으로 규정하고, 증거조사의 방법도 원칙적으로 증거신청인이 이를 낭독하여야 한다. ㉡ 낭독이나 내용의 고지보다 열람이 보다 효과적인 증거조사방법이 되는 경우 재판장은 증거서류를 제시하여 열람하게 하는 방법으로 증거서류를 조사할 수 있다.	
	증거물	증거물의 증거조사방법은 원칙적으로 증거 신청인이 제시하도록 하였다.	
	증거물인 서면	제시 및 낭독이나 필요시 내용의 고지에 의하여야 한다.	
	기타	영상녹화물	영상녹화물은 봉인을 해체하고 영상녹화물의 전부 또는 일부를 재생하는 방법으로 조사 한다.
		녹음 녹화매체	녹음 · 녹화매체 는 재생하여 청취 또는 시청하는 방법으로 한다.
		전자자료	전자자료는 읽을 수 있도록 출력하여 인증한 등본으로 한다.
이의신청	시 기	이의신청은 개개의 행위, 처분 또는 결정시마다 서면 또는 구두로 그 이유를 간결하게 명시하여 즉시 이를 하여야 한다.	
	법원의 결정	이의신청에 대한 결정에 의하여 판단이 된 사항에 대하여는 다시 이의신청을 할 수 없다.	

참고 · 지문

1. 당사자의 증거신청에 대한 채택 여부는 법원의 재량에 속하는 것이고, 따라서 법원은 피고인이나 변호인이 신청한 증거에 대하여 불필요하다고 인정한 때에는 조사하지 않을 수 있다.
2. 본래 증거물이지만 증거서류의 성질도 가지고 있는 이른바 '증거물인 서면'을 조사하기 위해서는 증거서류의 조사방식인 낭독 · 내용고지 또는 열람의 절차와 증거물의 조사방식인 제시의 절차가 함께 이루어져야 하므로, 원칙적으로 증거신청인으로 하여금 그 서면을 제시하면서 낭독하게 하거나 이에 갈음하여 그 내용을 고지 또는 열람하도록 하여야 한다(대판 2013.7.26. 선고 2013도2511).

18. 판결의 선고

최종변론	검사의 의견진술	논 고	피고인신문과 증거조사가 종료한 때에는 검사는 사실과 법률적용에 관하여 의견을 진술하여야 한다. 단, 검사의 출석없이 개정한 경우에는 공소장의 기재사항에 의하여 검사의 의견진술이 있는 것으로 간주한다.
		구 형	검사의 양형에 대한 의견을 구형이라 하는데, 법원은 검사의 구형에 구속되지 않으므로 검사의 구형을 초과하는 형을 선고할 수 있다.
	피고인과 변호인의 의견진술	① 재판장은 검사의 의견을 들은 후 피고인과 변호인 모두에게 최종의 의견을 진술할 기회를 주어야 한다(제303조).	
		② 피고인과 변호인에게 최종의견 진술기회를 주지 않은 채 심리를 마치고 판결을 선고하는 것은 위법하다.	
판결의 선고	합의	판결을 위한 심판의 합의는 공개하지 아니하고, 과반수로 결정하며, 합의에 관한 의견이 3설 이상 분립하여 각각 과반수에 달하지 못한 경우에는 과반수에 달하기 전까지 피고인에게 가장 불리한 의견의 수에 순차 유리한 의견의 수를 더하여 그 중 가장 유리한 의견에 의한다.	
	피고인의 출석	판결선고기일에도 원칙적으로 피고인이 출석하여야 한다.	
	방 법	㉠ 판결의 선고는 재판장이 하며, 주문을 낭독하고 이유의 요지를 설명하여야 한다(제43조).	
		㉡ 형을 선고하는 경우에는 재판장은 피고인에게 상소할 기간과 상소할 법원을 고지하여야 한다(제324조).	
	선고기일	㉠ 판결의 선고는 변론을 종결한 기일에 하여야 한다. 다만, 특별한 사정이 있는 때에는 선고기일은 변론종결 후 14일 이내로 지정되어야 한다.	
		㉡ 변론을 종결한 기일에 판결을 선고하는 경우에는 판결의 선고 후에 판결서를 작성할 수 있다. 이 경우에는 선고 후 5일 이내에 판결서를 작성하여야 한다.	

19. 전문심리위원

전문심리위원 제도	법원은 첨단산업분야, 지적재산권, 국제금융 등 전문지식이 필요한 분야에서 소송관계를 분명하게 하거나 소송절차를 원활하게 진행하기 위하여 필요한 경우에는 직권으로 또는 검사, 피고인 또는 변호인의 신청에 의해 결정으로 전문심리위원을 지정하여 공판준비 및 공판기일 등 소송절차에 참여하게 할 수 있다.	
전문심리위원의 지정	전문심리위원을 소송절차에 참여시키는 경우 법원은 검사, 피고인 또는 변호인의 의견을 들어 각 사건마다 1인 이상의 전문심리위원을 지정한다.	
역 할	**의견의 진술**	전문심리위원은 전문적인 지식에 의한 설명 또는 의견을 기재한 서면을 제출하거나 기일에서 전문적인 지식에 의하여 설명이나 의견을 진술할 수 있다. 다만, 재판의 합의에는 참여할 수 없다.
	직접 질문	전문심리위원은 기일에서 재판장의 허가를 받아 피고인 또는 변호인, 증인 또는 감정인 등 소송관계인에게 소송관계를 분명하게 하기 위하여 필요한 사항에 관하여 직접 질문할 수 있다.
	의견진술의 기회부여	법원은 전문심리위원이 제출한 서면이나 전문심리위원의 설명 또는 의견의 진술에 관하여 검사, 피고인 또는 변호인에게 구술 또는 서면에 의한 의견진술의 기회를 주어야 한다.
제척 및 기피	① 제척 또는 기피 신청이 있는 전문심리위원은 그 신청에 관한 결정이 확정될 때까지 그 신청이 있는 사건의 소송절차에 참여할 수 없다. ② 전문심리위원은 당해 제척 또는 기피 신청에 대하여 의견을 진술할 수 있다.제척 및 기피에 관한 제17조 내지 제20조 및 제23조의 규정은 전문심리위원에게 준용한다.	

20. 증인

증인	증인이란 법원 또는 법관에 대하여 자기가 과거에 실행한 사실을 진술하는 제3자를 말한다. 법원 또는 법관에 대하여 진술하는 자임을 요하므로 참고인 등과는 구별된다.		
구별개념	**참고인**	법원 또는 법관에 대하여 진술하는 자라는 점에서 수사기관에 대하여 진술하는 참고인과 구별된다.	
	감정인	㉠ 특별한 지식 · 경험에 속하는 법칙이나 이를 구체적 사실에 적용하여 얻은 판단을 보고하는 자이므로, 사실을 진술하는 증인이 아니다.	
		㉡ 감정인은 증인과 달리 대체성이 있고, 감정인이 불출석하더라도 구인할 수 없다.	
	감정증인	특별한 지식 · 경험에 의해 얻게 된 과거사실을 진술하는 자로 대체성이 없어 증인에 속한다.	
증인적격	법률에 다른 규정이 없으면 누구든지 증인으로 신문할 수 있으므로(제146조), 원칙적으로 누구든지 증인적격이 있다.		
제한	**공무원**	공무원 또는 공무원이었던 자가 그 직무에 관하여 알게 된 사실에 관하여 본인 또는 당해공무소가 직무상 비밀에 속한 사항임을 신고한 때에는 그 소속공무소 또는 감독관공서의 승낙 없이는 증인으로 신문하지 못한다(제179조).	
	법 관	당해 사건의 공판에 관여하고 있는 법관은 그 지위에 있는 한 증인으로 될 수 없다. 당해 사건의 공판에 관여하고 있는 법원사무관 등도 법관과 동일하다.	
	검 사	검사는 당해 소송의 제3자가 아니므로 증인이 될 수 없다고 하는 것이 통설이다.	
		검찰사무관 등과 사법경찰관리는 소송당사자가 아니므로 증인적격이 인정된다.	
	변호인	피고인의 보호자인 변호인의 지위와 증인으로서의 지위는 조화되기 어려워 변호인의 증인적격을 부정한다.	
	피고인	피고인은 당해 소송의 당사자이므로 제3자임을 요하는 증인이 될 수 없어 피고인의 증인적격을 인정할 수 없다.	
		공동 피고인	공범자인 공동피고인은 증인적격이 부정되지만, 자기사건과 실질적 관련성이 없거나 공동피고인 사이에 이해관계가 상반된 경우는 긍정된다.

판례 · 지문 **증인적격**

1. 피고인과 별개의 범죄사실로 기소되어 병합심리 중인 공동피고인은 피고인의 범죄사실에 관하여는 증인의 지위에 있다 할 것이므로 선서없이 한 공동피고인의 법정진술이나 피고인이 증거로 함에 동의한 바 없는 공동피고인에 대한 피의자신문조서는 피고인의 공소범죄사실을 인정하는 증거로 할 수 없다(대판 1982.9.14, 82도1000).

2. 공범인 공동피고인은 당해 소송절차에서는 피고인의 지위에 있으므로 다른 공동피고인에 대한 공소사실에 관하여 증인이 될 수 없으나, 소송절차가 분리되어 피고인의 지위에서 벗어나게 되면 다른 공동피고인에 대한 공소사실에 관하여 증인이 될 수 있다(대판 2008도3300).

3. 게임장의 종업원이 그 운영자와 함께 게임산업진흥에 관한 법률 위반죄의 공범으로 기소되어 공동피고인으로 재판을 받던 중, 운영자에 대한 공소사실에 관한 증인으로 증언한 내용과 관련하여 위증죄로 기소된 사안에서, 소송절차가 분리되지 않은 이상 위 종업원은 증인적격이 없어 위증죄가 성립하지 않는다(대판 2008도3300).

21. 증인의 의무

증인의 의무	출석의 의무	증인의 소환		㉠ 소환을 받은 증인은 출석의 의무가 있다. 증인의 출석은 소환장의 송달, 전화, 전자우편, 그 밖의 상당한 방법으로 증인을 소환한다. 증인을 신청한 자는 증인이 출석하도록 합리적인 노력을 할 의무가 있다. ㉡ 법원 또는 법관이 증인을 소환함에는 급속을 요하는 경우 외에는 늦어도 출석일시 24시간 이전에 소환장을 송달하여야 한다(규칙 제68조). ㉢ 재정증인은 소환하지 않고 신문할 수 있다(제154조).
		동행명령과 구인		법원은 필요한 때에는 결정으로 지정한 장소에 증인의 동행을 명할 수 있으며, 증인이 정당한 사유없이 동행을 거부하는 때에는 구인할 수 있다(제166조).
		출석의 의무 위반에 대한 제재	소송비용 과태료	법원은 소환장을 송달받은 증인이 정당한 사유없이 출석하지 아니한 때에는 소송비용을 증인이 부담하도록 명하고, **500만원 이하의 과태료**를 부과할 수 있다.
			감 치	ⓐ 법원은 증인이 과태료 재판을 받고도 정당한 사유없이 다시 출석하지 아니한 때에는 결정으로 증인을 **7일 이내의 감치**에 처한다. ⓑ 법원은 감치재판기일에 증인을 소환하여 정당한 사유가 있는지의 여부를 심리하여야 한다. ⓒ 감치에 처하는 재판을 받은 증인이 규정된 감치시설에 유치된 경우 당해 감치시설의 장은 즉시 그 사실을 법원에 통보하여야 한다. ⓓ 법원은 감치의 재판을 받은 증인이 감치의 집행 중에 증언을 한 때에는 즉시 감치결정을 취소하고 그 증인을 석방하도록 명하여야 한다.
			불 복	ⓐ 과태료와 감치 결정에 대하여는 즉시 항고를 할 수 있다. ⓑ 그러나 즉시항고가 있다 하여도 집행이 정지되지 않는다.
	선서의 의무	선서의 절차		㉠ 출석한 증인은 선서무능력자를 제외하고는 신문 전에 선서서에 의해 선서하여야 한다. ㉡ 재판장은 증인으로 하여금 선서서를 낭독하고 기명날인 또는 서명하게 하여야 한다. ㉢ 선서는 각 증인마다 하여야 하며, 대표선서는 허용되지 않는다. ㉣ **대표선서는 허용되지 않으므로** 선서는 각 증인마다 하여야 하며, 재판장은 선서할 증인에 대하여 선서 전에 위증의 벌을 경고하여야 한다(제158조). <u>위증의 벌을 경고하지 않고 증언하게 하였다고 증언 자체가 무효가 되는 것은 아니다.</u>
		선서무능력자		㉠ 16세 미만의 자와 선서의 취지를 이해하지 못하는 자에게는 선서하게 하지 아니하고 신문하여야 한다(제159조). ㉡ 선서무능력자에게 선서를 시킨 경우 증언의 효력에는 영향이 없으나 선서가 무효이므로 허위증언을 하더라도 위증죄는 성립하지 않는다. 그러나 증언자체의 효력은 부인되지 않는다.
		선서의무 위반		증인이 정당한 이유없이 선서를 거부한 때에는 결정으로 50만원 이하의 과태료에 처할 수 있다. 과태료 결정에 대하여는 즉시항고를 할 수 있다(제161조).
	증언의무	의 의		㉠ 증인은 신문받은 사항에 대하여 증언할 의무가 있다. 증인이 주 신문에 대하여만 증언하고 반대신문에 대하여 증언을 거부한 경우에는 증거능력이 없다. ㉡ 증언능력이란 의사표시를 할 수 있는 능력이면 족하므로 형사미성년자일지라도 증언능력이 있을 수 있다.
		제 재		증인이 정당한 이유 없이 증언을 거부한 경우에는 50만원 이하의 과태료에 처할 수 있다. 이 결정에 대해서 증인은 즉시항고 할 수 있다(제161조).

22. 증인의 권리

증인의 권리	증언거부권	증인은 일정한 경우에 증언을 거부할 수 있는데, 증인의 이러한 권리를 증언거부권이라고 한다.
	근친자	누구든지 자기나 친족 또는 친족관계가 있었던 자 또는 법정대리인, 후견감독인 관계있는 자가 **형사소추 또는 공소제기를 당하거나 유죄판결을 받을 사실이 발로될 염려** 있는 증언을 거부할 수 있다(제148조).
	업무상 비밀	㉠ 변호사 · 변리사 · 공증인 · 공인회계사 · 세무사 · 대서업자 · 의사 · 한의사 · 치과의사 · 약사 · 약종상 · 조산사 · 간호사 · 종교의 직에 있는 자 또는 이러한 직에 있던 자가 그 업무상 위탁을 받은 관계로 알게 된 사실로서 타인의 비밀에 관한 것은 증언을 거부할 수 있다. 제한적 열거이므로 이외 다른 직업은 증언거부권이 인정되지 않는다. ㉡ 타인의 승낙이 있거나 중대한 공익상 필요있는 때에는 예외로 한다.
	증언거부권의 고지	① 증인이 증언거부권자에 해당하는 경우에 재판장은 신문 전에 증언을 거부할 수 있음을 설명하여야 한다. ② 증언거부권의 고지는 증언거부권에 대한 절차적 보장을 의미하므로 증언거부권을 고지하지 않고 신문한 경우 증거능력을 부정해야 한다. 그러나 판례는 증언의 효력에는 영향이 없다는 태도이다.

참고 · 지문

1. 증인신문절차에서 법률에 규정된 증인보호를 위한 규정이 지켜진 것으로 인정되지 않은 경우에는 증인이 허위의 진술을 하였다고 하더라도 위증죄의 구성요건인 '법률에 의하여 선서한 증인'에 해당하지 아니한다고 보아 이를 위증죄로 처벌 할 수 없는 것이 원칙이다.
2. 선서무능력자가 선서를 하고 허위의 증언을 하더라도 선서가 무효이므로 위증죄는 성립하지 아니한다.
3. 신뢰관계에 있는 자는 피해자의 배우자, 직계친족, 형제자매, 가족, 동거인, 고용주, 변호사, 그밖에 피해자의 심리적 안정과 원활한 의사소통에 도움을 줄 수 있는 사람을 말한다.
4. 촬영한 영상물에 수록된 피해자의 진술은 공판준비기일 또는 공판기일에 피해자나 조사 과정에 동석하였던 신뢰관계에 있는 사람 또는 진술조력인의 진술에 의하여 그 성립의 진정함이 인정된 경우에 증거로 할 수 있다.

23. 증인신문의 방법

증인신문의 방법	참여권	검사 · 피고인 또는 변호인은 증인신문에 참여할 수 있다. 따라서 증인신문의 시일과 장소는 검사 · 피고인 또는 변호인에게 미리 통지하여야 한다. 다만, 참여하지 않는다는 의사를 명시한 때에는 예외로 한다(제163조).
	구두주의	증인신문은 원칙적으로 구두로 해야 한다. 그러나 증인이 들을 수 없거나 말할 수 없는 때에는 서면으로 묻고, 서면으로 답하게 할 수 있다.
	대질	필요한 때에는 증인과 다른 증인 또는 피고인과 대질하게 할 수 있다(제162조).
	포괄신문의 금지	증인신문은 각 증인에 대하여 신문하여야 한다. 즉, 증인신문은 개별신문이 원칙이므로 여러 개의 사항을 하나의 질문으로 묻는 복합질문이나 포괄적이고 막연한 질문은 허용되지 않는다.
교호신문	교호신문제도라 함은 증인에 대하여 당사자 쌍방이 주신문, 반대신문, 재주신문, 재반대신문의 순서로 신문하는 증인신문방식을 말한다.	
	주신문	증인을 신청한 당사자가 먼저 하는 신문으로, 증인신문을 신청한 당사자에게 유리한 증언을 얻으려는 데 있다. ㉠ 범위 : 주신문은 증명할 사항과 이에 관련된 사항에 관하여 한다(규칙 제75조 제1항). 증인신문을 신청한 입증취지 및 증언의 증명력을 보장 또는 탄핵하기 위하여 필요한 사항이다. ㉡ **유도신문금지의 원칙** : 증인에 대하여 자기가 바라는 답을 암시하는 질문으로, 신문자와 증인의 우호관계로 인하여 신문자의 암시에 영합하는 진술을 할 위험성을 방지하기 위해 일반적이므로 유도신문은 금지된다(규칙 제75조 제2항).
	반대신문	주 신문 후에 반대당사자가 하는 증인신문으로, 주신문의 모순점 지적, 증인의 증언의 증명력을 탄핵하기 위한 신문을 반대신문이라 한다. ㉠ 범위: ⓐ 반대신문은 주신문에서 나타난 사항과 주 신문에 나타난 사항과 이에 관련된 사항 및 증명력을 다투기 위한 사항에 대하여 할 수 있다(규칙 제76조 제1항). ⓑ 반대신문의 기회에 주신문에 나타나지 아니한 새로운 사항에 관하여 신문하고자 할 때에는 재판장의 허가를 받아야 하며 그 사항에 관하여는 주신문으로 본다. ㉡ **유도신문의 허용** : 반대신문의 경우에는 증인과 신문자의 우호관계를 인정하기 어렵고, 왜곡된 증언을 바로잡는 것이 반대신문이기 때문에 원칙적으로 유도신문이 허용된다. 그러나 재판장은 유도신문의 방법이 상당하지 아니하다고 인정할 때에는 이를 제한할 수 있다.
	재주신문 · 재반대신문	㉠ 재주신문:재주신문이란 주신문을 한 검사 · 피고인 또는 변호인이 반대신문이 끝난 후 반대신문에 나타난 사항과 이와 관련된 사항에 관하여 다시 신문하는 것을 말한다. ㉡ 재반대신문 : 재주신문 후에 반대당사자는 재판장의 허가를 받아 재반대신문을 할 수 있다(규칙 제79조).
교호신문 제도의 수정	개입권	당사자가 신청한 증인에 대하여 교호신문의 방식으로 신문하는 경우에도 재판장은 필요하다고 인정하면 언제든지 신문할 수 있다(제161조의3).
	순서변경권	당사자가 신청한 증인을 신문한 경우에도 재판장은 필요하다고 인정하면 증인신문의 순서를 변경할 수 있다(제161조의2 제3항).
	직권에 의한 증인신문	법원이 직권으로 신문할 증인이나 범죄로 인한 피해자의 신청에 의하여 신문할 증인의 신문방식은 재판장이 정하는 바에 의한다. 이 경우 당사자의 증인신문방식은 반대신문의 예에 의한다.
	간이공판절차	간이공판절차에서는 교호신문의 방식에 의하지 않고 법원이 상당하다고 인정하는 방식으로 할 수 있다(제297조의2).

판례 · 지문 증인

1. 피고인들이 증 · 수뢰사건으로 기소되어 공동피고인으로 함께 재판을 받으면서 서로 뇌물을 주고받은 사실이 없다고 다투던 중 증 · 수뢰의 상대방인 공동피고인에 대한 사건이 변론 분리되어 뇌물공여 또는 뇌물수수의 증인으로 채택되었는데, **증언거부권을 고지받지 못한 상태**에서 자신들의 종전 주장을 되풀이함에 따라 거짓 진술에 이르게 된 사안에서, **피고인들을 위증죄로 처벌할 수 없다**(대판 2012.3.29. 선고 2009도11249).

2. 증인신문에 당하여 **증언거부권 있음을 설명하지 아니한 경우라 할지라도** 증인이 선서하고 증언한 이상 그 증언의 효력에 관하여는 역시 영향이 없고 **유효하다**고 해석함이 타당하다(대판 1957.3.8. 선고 4290형상23).

3. 자신의 유죄 확정판결에 대하여 재심을 청구한 증인에게 증언의무를 부과하는 것이 형사소추 또는 공소제기를 당하거나 유죄판결을 받을 사실이 발로될 염려 있는 증언을 강제하는 것이라고 볼 수는 없다. 따라서 자신에 대한 유죄판결이 확정된 증인이 **공범에 대한 피고사건에서 증언할 당시 앞으로 재심을 청구할 예정**이라고 하여도, 이를 이유로 증인에게 형사소송법 제148조에 의한 **증언거부권이 인정되지는 않는다**(대법원 2011.11.24. 선고 2011도11994).

4. 형사소송법 제160조는 '증인이 제148조, 제149조에 해당하는 경우에는 재판장은 신문 전에 증언을 거부할 수 있음을 설명하여야 한다.' 고 규정하고 있음에 반해, **'국회에서의 증언 · 감정 등에 관한 법률' 은 위와 같은 증언거부권의 고지에 관한 규정을 두고 있지 아니한데,** 증언거부권을 고지 받을 권리가 형사상 자기에게 불리한 진술을 강요당하지 아니함을 규정한 헌법 제12조 제2항에 의하여 바로 국민의 기본권으로 보장받아야 한다고 볼 수는 없고, **증언거부권의 고지를 규정한 형사소송법 제160조 규정이 '국회에서의 증언 · 감정 등에 관한 법률' 에도 유추적용되는 것으로 인정할 근거가 없다**(대판 2012.10.25., 2009도13197).

5. 사고 당시는 만 3년 3월 남짓, 증언 당시는 **만 3년 6월 남짓 된 강간치상죄의 피해자**인 여아가 피해상황에 관하여 비록 구체적이지는 못하지만 개괄적으로 물어 본 검사의 질문에 이를 이해하고 고개를 끄덕이는 형식으로 답변함에 대하여 **증언능력이 있다**(대판 1991.5.10., 91도579).

판례 · 지문 증인신문의 방법

1. 법원은 피고인 등과 대면하여 진술하면 심리적인 부담으로 정신의 평온을 현저하게 잃을 우려가 있는 경우 피고인뿐만 아니라 검사, 변호인, 방청인 등에 대하여도 차폐시설 등을 설치하는 방식으로 증인신문을 할 수 있으며, 이는 형사소송규칙 제84조의9에서 피고인과 증인 사이의 차폐시설 설치만을 규정하고 있다고 하여 달리 볼 것이 아니다(대판 2015.5.28. 2014도18006)

2. 재판장은 증인이 피고인의 면전에서 충분한 진술을 할 수 없다고 인정한 때에는 피고인을 퇴정하게 하고 증인신문을 진행함으로써 피고인의 직접적인 증인 대면을 제한할 수 있지만, 이러한 경우에도 피고인의 반대신문권을 배제하는 것은 허용될 수 없다(대판 2010.1.14. 선고 2009도9344).

3. 법원이 피고인에게 **증인신문의 시일과 장소를 미리 통지함이 없이 증인들의 신문을 시행하였음은 위법**이나 그 후 동 증인 등 신문 결과를 동 증인 등 신문조서에 의하여 소송관계인에게 고지하였던바, **피고인이나 변호인이 이의를 하지 않았다면 위의 하자는 책문권의 포기로 치유**된다(대판 1974.1.15. 선고 73도2967).

4. 검사가 제1심 증인신문 과정에서 증인 갑 등에게 **주신문을 하면서 형사소송규칙상 허용되지 않는 유도신문**을 하였다고 볼 여지가 있었는데, 그 다음 공판기일에 재판장이 증인신문 결과 등을 각 공판조서(증인신문조서)에 의하여 고지하였음에도 **피고인과 변호인이 '변경할 점과 이의할 점이 없다' 고 진술**한 사안에서, 피고인이 책문권 포기 의사를 명시함으로써 **유도신문에 의하여 이루어진 주신문의 하자가 치유**되었다(대법원 2012.07.26. 선고 2012도2937).

24. 간이공판절차

간이공판절차	간이공판절차란 피고인이 공판정에서 자백하는 사건에 대하여 형사소송법이 규정하는 증거조사절차를 간이화하고 증거능력의 제한을 완화하여 심리를 신속하게 하기 위하여 마련된 공판절차를 말한다.	
절차개시의 요건	**관할**	간이공판절차는 제1심의 공판심리절차에 한해서 허용되며 항소심 · 상고심의 공판심리절차에서는 허용되지 아니한다. 제1심 관할사건이면 단독사건은 물론 합의부사건에 대하여도 간이공판절차를 할 수 있다.
	자백의 주체	자백은 피고인이 하여야 한다. 피고인이 법인인 경우의 법인의 대표자, 의사무능력자인 피고인의 법정대리인(제26조)이나 특별대리인도 자백의 주체가 될 수 있으나, 변호인이 자백하거나 피고인의 출석 없이 개정할 수 있는 사건에 대하여는 간이공판절차를 개시할 수 없다.
	장소와 시기	자백은 공판정에서 자백한 경우에 한하므로 수사절차나 증거보전절차 · 공판준비절차에서 자백한 경우는 간이공판절차에 의한 심판이 허용되지 않는다.
	공소사실에 대한 자백	㉠ 간이공판절차는 공소사실에 대하여 자백한 때에 한하여 허용된다. 공소사실에 대하여 자백한 때라 함은 공소장의 기재사실을 전부 인정하는 것을 말한다. ㉡ 피고인이 범의를 부인하거나 위법성조각사유나 책임조각사유를 주장하는 경우는 간이공판절차의 개시요건으로서의 자백에 해당하지 않는다. ㉢ 피고인이 공소사실에 대하여 인정하면서 죄명이나 적용법조만을 다투는 경우에는 간이공판절차에 의하여 심판할 수 있다.
	일부자백	㉠ 경합범의 경우 수개의 공소사실 중 일부에 대하여만 자백한 경우에는 그 자백부분에 한하여 간이공판절차에 의한 심리가 가능하다. ㉡ 과형상 일죄 또는 포괄일죄나 예비적 · 택일적으로 기재된 공소사실의 일부를 자백한 경우 그 자백부분만을 특정하여 간이공판절차로 심리할 수는 없다.
	신빙성	자백은 신빙성이 있어야 한다.
절차개시의 결정	**결정의 방법**	간이공판절차로 심판하기 위해서는 법원은 간이공판절차에 의하여 심판할 것을 결정할 수 있다(제286조의2). **결정 여부는 법원의 재량**에 속한다.
	결정에 대한 불복	간이공판절차에 의하여 심판한다는 법원의 결정은 판결 전 소송절차에 관한 결정이므로 항고가 허용되지 아니한다(제403조 제1항).
공판절차상의 특칙	**전문법칙의 배제**	전문법칙 이외의 증거법칙인 자백의 임의성법칙, 위법수집증거의 배제법칙, 자백의 보강법칙은 간이공판절차에서도 배제되지 않는다. 증거능력제한이 완화되는 것은 전문법칙에 한한다.
	증거동의 의제	간이공판절차에서는 증거능력이 부정되는 전문증거라 할지라도 동의가 있는 것으로 간주한다. 단, 검사, 피고인 또는 변호인이 증거로 함에 **이의가 있는 때에는 그러하지 아니하다.**
	증거조사방식의 간이화	간이공판절차에서도 증거조사를 생략할 수는 없지만 **법원이 상당하다고 인정하는 방법**으로 증거조사를 할 수 있다(제297조의2).
	적 용	㉠ 증인의 선서 ㉡ 당사자의 증거신청권 ㉢ 증거조사참여권 ㉣ 증거조사에 대한 이의신청
	적용의 배제	㉠ 증거조사에 있어서는 증인신문의 방식 ㉡ 증거조사의 시기와 방식 및 증거조사결과에 대한 피고인의 의견과 고지 ㉢ 증인신문시의 피고인의 퇴정
간이공판절차의 취소	**취소사유**	법원은 피고인의 자백이 신빙성이 없다고 인정되거나, 간이공판절차로 심판하는 것이 현저히 부당하다고 인정되는 경우에는 그 결정을 취소하여야 한다.
	취소의 절차	간이공판절차의 취소는 법원이 직권에 의하여 결정으로 하며 취소결정을 함에는 검사의 의견을 들어야 한다.
	취소의 효과	간이공판절차의 결정이 취소된 때에는 공판절차를 갱신하여야 한다. 그러나 검사 · 피고인 또는 변호인의 이의가 없는 때에는 공판절차를 갱신하지 않아도 된다.

참고 · 지문

1. 국민참여재판의 경우에는 간이공판절차에서 심리할 수 없다.
2. 피고인이 공소사실에 대하여 검사의 신문에는 공소사실을 모두 인정하였으나 변호인의 신문에서 범의나 공소사실을 부인하였다면 그 공소사실은 간이공판절차에 의하여 심판할 대상이 아니다.
3. 간이공판절차에서의 증거조사는 증거방법을 표시하고 증거조사내용을 "증거조사함"이라고 표시하는 방법으로 하였다면 간이절차에서의 증거조사에서 법원이 인정채택한 상당한 증거방법이라고 인정할 수 있다.

판례 · 지문 **간이공판절차**

1. 피고인이 공소사실에 대하여 **검사가 신문을** 할 때에는 공소사실을 모두 사실과 다름없다고 진술하였으나 **변호인이 신문을 할 때에는 범의나 공소사실을 부인하였다면** 그 공소사실은 **간이공판절차에 의하여 심판할 대상이 아니고**, 따라서 피고인의 법정에서의 진술을 제외한 나머지 증거들은 간이공판절차가 아닌 일반절차에 의한 적법한 증거조사를 거쳐 그에 관한 증거능력이 부여되지 아니하는 한 그 공소사실에 대한 유죄의 증거로 삼을 수 없다(대판 1998.2.27. 선고 97도3421).

2. 형사소송법 제286조의2가 규정하는 간이공판절차의 결정의 요건인 공소사실의 자백이라 함은 **공소장 기재사실을 인정**하고 나아가 **위법성이나 책임조각사유가 되는 사실을 진술하지 아니하는 것으로 충분**하고 명시적으로 **유죄를 자인하는 진술이 있어야 하는 것은 아니다**(대판 1987.8.18. 87도1269).

3. 피고인이 법정에서 "공소사실은 모두 사실과 다름없다." 고 하면서 **술에 만취되어 기억이 없다는 취지로 진술한 경우**에, 피고인이 음주상태로 운전하다가 교통사고를 내었고, 또한, 사고 후에 도주까지 하였다고 하더라도 피고인이 술에 만취되어 사고 사실을 몰랐다고 **범의를 부인함과 동시에 그 범행 당시 심신상실 또는 심신미약의 상태에 있었다는 주장은 법률상 범죄의 성립을 조각하거나 형의 감면의 이유가 되는 사실의 진술**에 해당하므로 피고인은 적어도 공소사실을 부인하거나 심신상실의 책임조각사유를 주장하고 있는 것으로 볼 여지가 충분하므로 **간이공판절차에 의하여 심판할 대상에 해당하지 아니한다**(대판 2004도2116).

4. 제1심 공판기일에서의 피고인의 진술이 **공소사실 중 일부를 부인하거나 또는 최소한 피고인에게 폭력의 습벽이 있음을 부인하는 취지**라고 보임에도, **간이공판절차에 의하여 상습상해 내지 폭행의 공소사실을 유죄로 인정**한 제1심판결을 유지한 원심판결에 간이공판절차에 관한 법리를 오해하거나 증거 없이 유죄로 인정한 **위법이 있다**(대판 2004도6176).

5. 법원이 **간이공판절차에 의하여 심판할 것을 결정한 사건**의 공판조서에 대법원예규에 따라 그 공소사실에 대한 피고인신문의 내용이 검사 공소사실에 의하여 피고인을 신문, 피고인 공소사실은 모두 사실과 다름없다고 진술이라고 **간략하게 기재되었다고 해서 소송사실에 대한 피고인의 구체적인 진술이 없었다고 할 수 없다**(대판 1990.10.12. 선고 90도1755).

25. 공판절차 정지

<table>
<tr><td>공판절차 갱신</td><td colspan="2">공판절차를 진행한 법원이 판결 선고 이전에 이미 진행된 공판절차를 일단 무시하고 다시 그 절차를 진행하는 것을 말한다.</td></tr>
<tr><td rowspan="4">갱신사유</td><td>판사의 경질</td><td>공판개정 후 판사의 경질이 있는 때에는 공판절차를 갱신하여야 한다. 재판이 내부적으로 성립하고 판결만을 선고하는 경우에는 공판절차의 갱신을 요하지 아니한다(제301조 단서).</td></tr>
<tr><td>간이공판절차의 취소</td><td>간이공판절차의 결정이 취소된 때에는 공판절차를 갱신하여야 한다. 간이공판절차의 결정이 취소된 경우에도 검사 · 피고인 또는 변호인의 이의가 없으면 공판절차를 갱신함을 요하지 아니한다.</td></tr>
<tr><td>정지사유 소멸</td><td>공판개정 후 피고인의 심신상실로 인하여 공판절차가 정지된 경우는 그 정지사유가 소멸한 후의 공판기일에 공판절차를 갱신하여야 한다.</td></tr>
<tr><td>배심원의 변경</td><td>국민참여재판의 공판절차가 개시된 후 새로이 재판에 참여하는 배심원 또는 예비배심원이 있는 때에는 공판절차를 갱신하여야 한다.</td></tr>
<tr><td>공판절차의 정지</td><td colspan="2">공판절차의 정지라 함은 심리의 진행을 방해할 중대한 사유가 발생한 경우에 그 사유가 없어질 때까지 공판절차를 법원의 결정으로 법률상 진행할 수 없게 하는 것을 말한다.</td></tr>
<tr><td rowspan="7">정지사유</td><td>피고인의 심신상실</td><td>피고인이 사물의 변별 또는 의사의 결정을 할 능력이 없는 상태에 있는 때에는 법원은 검사와 변호인 그리고 의사의 의견을 들어서 결정으로 그 상태가 계속하는 기간 공판절차를 정지하여야 한다.</td></tr>
<tr><td>피고인의 질병</td><td>피고인의 질병으로 인하여 출정할 수 없는 때에는 법원은 검사와 변호인 그리고 의사의 의견을 들어서 결정으로 출정할 수 있을 때까지 공판절차를 정지하여야 한다.</td></tr>
<tr><td>공소장변경</td><td>공소장의 변경으로 인하여 피고인의 불이익을 증가할 염려가 있다고 인정한 때에는 법원은 직권 또는 피고인이나 변호인의 청구에 의하여 피고인으로 하여금 필요한 방어의 준비를 하도록 하기 위하여 결정으로 필요한 기간 공판절차를 정지할 수 있다.</td></tr>
<tr><td>기피신청</td><td>기피신청이 있는 때에는 그 기피신청이 부적법함을 이유로 기피신청을 기각하는 경우를 제외하고는 소송절차를 정지하여야 한다. 다만, 급속을 요하는 경우에는 예외로 한다.</td></tr>
<tr><td>관할</td><td>법원은 그 계속 중인 사건에 관하여 토지관할의 병합심리신청, 관할지정신청 또는 관할이전신청이 제기된 경우에는 그 신청에 대한 결정이 있기까지 소송절차를 정지하여야 한다. 다만, 급속을 요하는 경우에는 그러하지 아니하다(규칙 제7조).</td></tr>
<tr><td>재심청구의 경합</td><td>재심청구가 경합된 경우에 상급법원은 하급법원의 소송절차가 종료할 때까지 소송절차를 정지하여야 한다(규칙 제169조).</td></tr>
<tr><td>위헌법률 심판제청</td><td>법원이 법률의 위헌 여부에 관한 심판을 헌재에 제청한 때에는 당해 소송사건의 재판은 헌재의 위헌 여부의 결정이 있을 때까지 정지된다. 이때 재판정지기간은 구속기간에 산입되지 않는다(헌재법 제42조).</td></tr>
<tr><td>효과</td><td colspan="2">① 공판절차를 정지하는 기간에는 제한이 없다.
② 정지되는 절차는 공판기일의 절차에 한한다. 따라서 피고인의 구속 또는 보석에 관한 재판이나 공판준비는 허용된다.</td></tr>
</table>

판례 · 지문 공판절차의 정지

1. **공소사실의 변경** 등이 피고인의 불이익을 증가할 염려가 있다고 인정될 때에는 피고인으로 하여금 필요한 방어의 준비를 하게 하기 위하여 공판절차를 정지할 수 있도록 규정하고 있는바, 공소사실의 일부 변경이 있고 법원이 그 변경을 이유로 **공판절차를 정지하지 않았다고 하더라도 공판절차의 진행상황에 비추어 그 변경이 피고인의 방어권 행사에 실질적 불이익을 주지 않는 것으로 인정**되는 경우에는 이를 위법하다고 할 수는 없다(대판 2005.12.23. 선고 2005도6402).

2. **법원이 적법하게 공판의 심리를 종결한** 뒤에 이르러 **검사가 공소장변경신청을 하였다 하여 반드시 공판의 심리를 재개하여 공소장변경을 허가하여야 하는 것은 아니다**(대판 1994.10.28. 선고 94도1756).

3. **판결선고기일에 변론을 재개하고** 바로 검사의 공소장변경허가신청을 허가하여 변경된 공소사실에 대하여 심리를 하고 이에 출석한 피고인과 피고인의 변호인이 별다른 이의를 제기하지 아니한 채 피고인 및 피고인의 변호인에게 **최종 의견진술의 기회를 부여한 다음 다시 변론을 종결하고, 같은 날 판결을 선고하였다고 하여, 피고인의 방어권을 제약하여 법률에 의한 재판을 받을 권리를 침해하였다고 할 수는 없다**(대판 1996.4.9. 선고 96도173).

참고 · 지문

갱신된 공판절차에서 재판장은 진술거부권의 고지, 인정신문 등 모두절차부터 다시 진행하여야 한다.

판례 · 지문 병합심리

1. **동일한 피고인에 대하여 각각 별도로 2개 이상의 사건이 공소 제기되었을 경우 반드시 병합심리하여 동시에 판결을 하여야 하는 것은 아니다**(대판 1994.11.4, 94도 2354).

2. 검사가 다수인의 집합에 의하여 구성되는 **집합범이나 2인 이상이 공동하여 죄를 범한 공범의 관계에 있는 피고인들에 대하여** 여러 개의 사건으로 나누어 공소를 제기한 경우에, 법원이 변론을 **병합하지 아니하였다고 하여** 형사소송절차에서의 **구두변론주의와 직접심리주의에 위반한 것이라고 볼 수 없다**(대판 1990.6.22. 선고 90도764).

26. 피해자의 진술권

<table>
<tr><td rowspan="4">피 해 자 의 진술권</td><td>원 칙</td><td colspan="2">법원은 범죄로 인한 피해자 또는 그 법정대리인 피해자가 사망한 경우에는 배우자 · 직계친족 · 형제자매의 신청이 있는 경우에는 그 피해자를 증인으로 신문하여야 한다.</td></tr>
<tr><td>예 외</td><td colspan="2">피해자의 증인신문은 필요적이나 피해자 등 이미 당해 사건에 관하여 공판절차에서 충분히 진술하여 다시 진술할 필요가 없다고 인정되는 경우, 피해자 등의 진술로 인하여 공판절차가 현저하게 지연될 우려가 있는 경우에는 그러하지 아니하다.</td></tr>
<tr><td>진술내용</td><td colspan="2">법원은 범죄로 인한 피해자를 증인신문을 하는 기회에 피해자 등에게 피해의 정도와 결과, 피고인의 처벌에 대한 의견 기타 당해 사건에 관한 의견을 진술할 기회를 주어야 한다.</td></tr>
<tr><td>제한 · 철회</td><td colspan="2">법원은 동일한 범죄사실에서 신청인이 여러 명인 경우에는 진술할 자의 수를 제한할 수 있으며, 신청인이 소환을 받고도 정당한 이유없이 출석하지 아니한 때에는 그 신청을 철회한 것으로 본다.</td></tr>
<tr><td rowspan="3">피해자진술</td><td>증 인 신 문 의 절차</td><td colspan="2">피해자의 진술은 증인신문의 절차에 의하며, 피해자에 대한 증인신문의 방식은 재판장이 정하는 바에 의한다(제161조의2 제4항).</td></tr>
<tr><td>진술의 비공개</td><td colspan="2">㉠ 법원은 범죄로 인한 피해자를 증인으로 신문하는 경우 당해 피해자 · 법정대리인 또는 검사의 신청에 따라 피해자의 사생활의 비밀이나 신변보호를 위하여 필요하다고 인정하는 때에는 결정으로 심리를 공개하지 아니할 수 있다.
㉡ 심리를 비공개로 한 경우에도 적당하다고 인정되는 자의 재정을 허가할 수 있다.</td></tr>
<tr><td>신뢰관계자의 동석</td><td colspan="2">㉠ 법원은 증인의 연령, 심신의 상태, 그 밖의 사정을 고려하여 증인이 현저하게 불안 또는 긴장을 느낄 우려가 있다고 인정하는 때에는 직권 또는 피해자 · 법정대리인 · 검사의 신청에 따라 피해자와 신뢰관계에 있는 자를 동석하게 할 수 있다(제163조의2).
㉡ 법원은 범죄로 인한 피해자가 13세 미만이거나 신체적 또는 정신적 장애로 사물을 변별하거나 의사를 결정할 능력이 미약한 경우에 신뢰관계에 있는 자를 동석하게 하여야 한다.
㉢ 법원은 성폭력의 범죄의 피해자를 증인으로 신문하는 경우에 검사, 피해자 또는 법정대리인이 신청할 때에는 부득이한 경우가 아니면 피해자와 신뢰관계에 있는 사람을 동석하게 하여야 한다.</td></tr>
<tr><td rowspan="5">피해자기록 열람 · 등사</td><td>피해자에 대한 통지</td><td colspan="2">검사는 범죄로 인한 피해자 또는 그 법정대리인(피해자가 사망한 경우에는 그 배우자 · 직계친족 · 형제자매를 포함한다)의 신청이 있는 때에는 당해 사건의 공소제기여부, 공판의 일시 · 장소, 재판결과, 피의자 · 피고인의 구속 · 석방 등 구금에 관한 사실 등을 신속하게 통지하여야 한다.</td></tr>
<tr><td rowspan="4">공판기록 열람 · 등사</td><td>신청권자</td><td>소송계속 중인 사건의 피해자(피해자가 사망하거나 그 심신에 중대한 장애가 있는 경우에는 그 배우자 · 직계친족 및 형제자매를 포함한다), 피해자 본인의 법정대리인 또는 이들로부터 위임을 받은 피해자 본인의 배우자 · 직계친족 · 형제자매 · 변호사이다.</td></tr>
<tr><td>상대방과 시기</td><td>신청의 상대방은 재판장으로 하고, 신청 시기는 기소 후 법원에 기록이 있는 경우에는 특별한 제한이 없다.</td></tr>
<tr><td>허용 요건</td><td>재판장은 등사를 허가하는 경우에는 등사한 소송기록의 사용목적을 제한하거나 적당하다고 인정하는 조건을 붙일 수 있다.</td></tr>
<tr><td>불복 절차</td><td>재판절차가 지연될 우려 등을 이유로, 열람 · 등사 허가 여부 및 등사한 기록의 사용목적 제한 및 조건부가 처분에 대한 불복을 허용하지 아니한다.</td></tr>
</table>

참고 · 지문

법원은 필요하다고 인정하는 경우에는 직권으로 또는 피해자 등의 신청에 따라 피해자 등을 공판기일에 출석하게 하여 범죄사실의 인정에 해당하지 않는 사항에 관하여 증인신문에 의하지 아니하고 의견을 진술하게 할 수 있다. 증인신문에 갈음하는 의견진술은 범죄사실의 인정을 위한 증거로 할 수 없다.

27. 국민참여재판

<table>
<tr><td>국민의 참여재판</td><td colspan="3">사법의 민주적 정당성을 강화하고 투명성을 높임으로써 국민으로부터 신뢰받는 사법제도를 확립하기 위하여 국민이 배심원으로서 형사재판에 참여하는 국민참여재판 제도를 도입하도록 하였다.</td></tr>
<tr><td>대상사건</td><td colspan="3">① 법원조직법 제32조 제1항(제척 · 기피사건은 제외)
② 제1호에 해당하는 사건의 미수죄 · 교사죄 · 방조죄 · 예비죄 · 음모죄에 해당하는 사건
③ 대상사건과「형사소송법」제11조에 따른 관련 사건으로서 병합하여 심리하는 사건</td></tr>
<tr><td rowspan="4">관할</td><td>심 급</td><td colspan="2">국민참여재판은 1심(합의부) 절차에 한한다. 상고심에서는 국민참여재판이 인정되지 않는다.</td></tr>
<tr><td>관할사건</td><td colspan="2">① 지방법원 지원 합의부가 심판권을 가지는 사건 중 지방법원 지원 합의부가 회부결정을 한 사건에 대하여는 지방법원 본원 합의부가 관할권을 가진다.
② 피고인이 국민참여재판을 원하는 의사를 표시한 경우 지방법원 지원 합의부가 배제결정을 하지 아니하는 경우에는 국민참여재판 절차 회부결정을 하여 사건을 지방법원 본원 합의부로 이송하여야 한다.</td></tr>
<tr><td rowspan="2">공소장변경</td><td>원 칙</td><td>법원은 공소사실의 일부 철회 또는 변경으로 인하여 대상사건에 해당하지 아니하게 된 경우에도 이 법에 따른 재판을 계속 진행한다.</td></tr>
<tr><td>예 외</td><td>㉠ 법원은 심리의 상황이나 그 밖의 사정을 고려하여 국민참여재판으로 진행하는 것이 적당하지 아니하다고 인정하는 때에는 결정으로 당해 사건을 지방법원 본원 합의부가 국민참여재판에 의하지 아니하고 심판하게 할 수 있다.
㉡ 결정에 대하여는 불복할 수 없고 결정이 있는 경우에는 당해 재판에 참여한 배심원과 예비배심원은 해임된 것으로 본다. 그러나 결정 전에 행한 소송행위는 그 결정 이후에도 그 효력에 영향이 없다</td></tr>
<tr><td colspan="2">필요적 국선변호</td><td colspan="2">국민참여재판에 관하여 변호인이 없는 때에는 법원은 직권으로 변호인을 선정하여야 한다.</td></tr>
</table>

참고 · 지문

1. 국민참여재판은 배심제와 참심제를 혼합하여 양 제도를 현실에 맞게 수정을 가한 제도이며, 배심원의 평결과 의견이 법원을 기속하지 않고 권고적 효력을 가진다는 특징이 있다.
2. 헌법상 헌법과 법률이 정한 법관에 의한 재판을 받을 권리라 함은 직업법관에 의한 재판을 주된 내용으로 하는 것이므로 국민참여재판을 받을 권리는 헌법 제27조 제1항에서 규정한 재판을 받을 권리의 보호범위에 속한다고 볼 수 없다(헌재 2015.7.30. 2014헌바447)

28. 배심절차

구분	항목	세부	내용
선택적 배심절차	피고인 의사의 확인		① 법원은 대상사건의 피고인에 대하여 국민참여재판을 원하는지 여부에 관한 **의사를 서면 등의 방법으로 반드시 확인**하여야 한다. ② 법원은 지방법원이나 그 지원의 단독판사 관할사건의 피고인에 대하여도 국민참여재판을 원하는지 여부에 관한 의사를 서면 등의 방법으로 확인할 수 있다. 국민참여재판은 1심(합의부) 절차에 한한다. 상고심에서는 국민참여재판이 인정되지 않는다.
	서면제출		① 피고인은 공소장 부본을 송달받은 날부터 7일 이내에 국민참여재판을 원하는지 여부에 관한 의사가 기재된 서면을 제출하여야 한다. ② 피고인이 서면을 우편으로 발송한 때, 교도소 또는 구치소에 있는 피고인이 서면을 교도소장 · 구치소장 또는 그 직무를 대리하는 자에게 제출한 때에 법원에 제출한 것으로 본다. ③ 피고인이 제출한 서면만으로는 피고인의 의사를 확인할 수 없는 경우에는 법원은 심문기일을 정하여 피고인을 심문하거나 서면 기타 상당한 방법으로 피고인의 의사를 확인하여야 한다. ☞ 피고인이 위 서면을 제출하지 아니한 경우에도 법원은 위와 같은 방법으로 피고인의 의사를 확인할 수 있다.
	의사의 철회		피고인은 배제결정이나 회부결정이 있거나 공판준비기일이 **종결된 경우 종전의 의사를 바꿀 수 없다.**
통상재판회부	배제사유		① 배심원 · 예비배심원 · 배심원후보자 또는 그 친족의 생명 · 신체 · 재산에 대한 침해 또는 침해의 우려가 있어서 출석의 어려움이 있거나 공정하게 수행하지 못할 염려가 있는 경우 ② 공범 관계에 있는 피고인들 중 일부가 국민참여재판을 원하지 아니한 경우 ③ 그밖에 국민참여재판으로 진행하는 것이 적절하지 아니하다고 인정되는 경우 ④ 성폭력범죄의 피해자 또는 법정대리인이 국민참여재판을 원하지 아니한 경우
	국민참여재판 배제결정		법원은 공소제기 후부터 공판준비기일이 종결된 다음 날까지 검사 · 피고인 또는 변호인의 의견을 들어 국민참여재판을 하지 아니하기로 하는 결정을 할 수 있다. ☞ 이 결정에 대하여는 즉시 항고를 할 수 있다.
	통상절차 회부	회부사유	법원은 피고인의 질병 등으로 공판절차가 장기간 정지되거나 피고인에 대한 국민참여재판을 계속 진행하는 것이 부적절하다고 인정하는 경우, 또는 검사 · 피고인 · 변호인이나 성폭력범죄 피해자 또는 법정대리인이 통상절차회부 신청을 하는 때는 국민참여재판에 의하지 아니하고 심판하게 할 수 있다.
		절 차	㉠ 법원은 회부사유가 있는 경우 직권 또는 검사 · 피고인 또는 변호인의 신청에 따라 결정으로 사건을 지방법원 본원 합의부가 국민참여재판에 의하지 아니하고 심판하게 할 수 있다. ㉡ 법원은 결정을 하기 전에 검사 · 피고인 또는 변호인의 의견을 들어야하며, 통상절차 회부 신청을 하지 아니한 검사 · 피고인 또는 변호인은 통지를 받은 날부터 3일 이내에 의견서를 법원에 제출하여야 한다. ㉢ 검사 · 피고인 · 변호인이나 성폭력범죄피해자 또는 법정대리인은 공판준비기일 또는 공판기일에 구술로 그 사유를 주장하여 통상회부신청을 할 수 있다. 이 경우 법원사무관 등은 통상회부신청의 취지와 그 사유의 요지를 공판준비기일 또는 공판기일 조서에 기재하여야 하고, 출석하지 아니한 검사 · 피고인 또는 변호인에게 조서의 등본을 송달하여야 한다.
		효 과	㉠ 통상절차회부 결정이 있는 경우에는 당해 재판에 참여한 배심원과 예비배심원은 해임된 것으로 본다. ㉡ 회부 결정 전에 행한 소송행위는 그 결정 이후에도 그 효력에 영향이 없다.

제4편 공판

29. 배심원

<table>
<tr><td>종류</td><td colspan="2">배심원, 예비배심원</td></tr>
<tr><td>자격</td><td colspan="2">만 20세 이상의 대한민국 국민 중에서 이 법으로 정하는 바에 따라 선정된다.</td></tr>
<tr><td rowspan="3">배심원의 수</td><td>원칙</td><td>법정형이 사형 · 무기징역 또는 무기금고에 해당하는 대상사건에 대한 국민참여재판에는 9인의 배심원이 참여하고, 그 외의 대상사건에 대한 국민참여재판에는 7인의 배심원이 참여한다.</td></tr>
<tr><td>축소</td><td>법원은 피고인 또는 변호인이 공판준비절차에서 공소사실의 주요내용을 인정한 때에는 5인의 배심원이 참여하게 할 수 있다.</td></tr>
<tr><td>변경</td><td>법원은 사건의 내용에 비추어 특별한 사정이 있다고 인정되고 검사 · 피고인 또는 변호인의 동의가 있는 경우에 한하여 결정으로 배심원의 수를 7인과 9인 중에서 달리 정할 수 있다.</td></tr>
<tr><td>예비배심원</td><td colspan="2">법원은 배심원의 결원 등에 대비하여 5인 이내의 예비배심원을 둘 수 있다.</td></tr>
</table>

참고 · 지문

피고인은 배제결정 또는 회부결정이 있거나 공판준비기일이 종결되거나 제1회 공판기일이 열린 이후에는 종전의 의사를 바꿀 수 없다.

판례 · 지문 국민의 참여재판

1. 국민의 형사재판 참여에 관한 법률 제8조는 피고인이 공소장 부본을 송달받은 날부터 7일 이내에 국민참여재판을 원하는지 여부에 관한 의사가 기재된 서면을 제출하도록 하고, 피고인이 그 기간 내에 의사확인서를 제출하지 아니한 때에는 국민참여재판을 원하지 아니하는 것으로 보며, 공판준비기일이 종결되거나 제1회 공판기일이 열린 이후 등에는 종전의 의사를 바꿀 수 없도록 규정하고 있다. **위 규정의 취지를 위 기한이 지나면 피고인이 국민참여재판 신청을 할 수 없도록 하려는 것으로는 보기 어려운 점** 등에 비추어 볼 때, **공소장 부본을 송달받은 날부터 7일 이내에 의사확인서를 제출하지 아니한 피고인도 제1회 공판기일이 열리기 전까지는 국민참여재판 신청을 할 수 있고,** 법원은 그 의사를 확인하여 국민참여재판으로 진행할 수 있다고 봄이 상당하다(대판 2009.10.23. 자 2009모1032).

2. 국민참여재판 대상사건의 공소제기가 있으면 법원은 피고인에 대하여 **국민참여재판을 원하는지에 관한 의사를 서면 등의 방법으로 반드시 확인**하여야 하고 만일 이러한 규정에도 불구하고 법원에서 피고인이 국민참여재판을 원하는지에 관한 **의사 확인절차를 거치지 아니한 채 통상의 공판절차로 재판을 진행하였다면,** 이는 피고인의 국민참여재판을 받을 권리에 대한 중대한 침해로서 그 절차는 위법하고 이러한 위법한 공판절차에서 이루어진 **소송행위도 무효**라고 보아야 한다(대판 2012.4.26. 선고 2012도1225).

3. **국민참여재판의 배심원**이 증인신문 등 사실심리의 전 과정에 함께 참여한 후 증인이 한 진술의 신빙성 등 증거의 취사와 사실의 인정에 관하여 **만장일치의 의견**으로 내린 무죄의 평결이 재판부의 심증에 부합하여 그대로 채택된 경우라면, 이러한 절차를 거쳐 이루어진 증거의 취사 및 사실의 인정에 관한 제1심의 판단은 실질적 직접심리주의 및 공판중심주의의 취지와 정신에 비추어 **항소심에서의 새로운 증거조사를 통해 그에 명백히 반대되는 충분하고도 납득할 만한 현저한 사정이 나타나지 않는 한 한층 더 존중될 필요가 있다**(대판 2010.3.25. 선고 2009도14065).

30. 배심원 선정

선정예비절차		
명부의 작성		㉠ 지방법원장은 행정자치부장관에게 매년 그 관할 구역 내에 거주하는 만 20세 이상 국민의 주민등록정보에서 일정한 수의 배심원후보예정자를 추출하여 전자파일의 형태로 송부하여 줄 것을 요청할 수 있다. ㉡ 요청을 받은 행정안전부장관은 30일 이내에 주민등록자료를 지방법원장에게 송부하여야 하며, 지방법원장은 매년 주민등록자료를 활용하여 배심원후보예정자명부를 작성한다.
결정 및 출석통지		㉠ 법원은 배심원후보예정자명부 중에서 필요한 수의 배심원후보자를 무작위 추출 방식으로 정하여 배심원과 예비배심원의 선정기일을 통지하여야 한다. ㉡ 통지를 받은 배심원후보자는 **선정기일에 출석하여야 한다.**
질문표		㉠ 법원은 배심원후보자가 제28조 제1항(배심원후보자에 대한 질문과 기피신청)에서 정하는 사유에 해당하는지의 여부를 판단하기 위하여 질문표를 사용할 수 있다. ㉡ 배심원후보자는 정당한 사유가 없는 한 질문표에 기재된 질문에 답하여 이를 법원에 제출하여야 한다.
후보자 명부 송부		㉠ 법원은 선정기일의 2일 전까지 검사와 변호인에게 배심원후보자 명부를 송부하여야 한다. ㉡ 법원은 선정절차에 질문표를 사용하는 때에는 선정기일을 진행하기 전에 배심원후보자가 제출한 질문표 사본을 검사와 변호인에게 교부하여야 한다.
선정기일의 진행		
선정기일의 참여자		㉠ 법원은 검사 · 피고인 또는 변호인에게 선정기일을 통지하여야 한다. ㉡ 검사와 변호인은 선정기일에 출석하여야 하며, **피고인은 법원의 허가를 받아 출석할** 수 있다. ㉢ 법원은 변호인이 선정기일에 출석하지 아니한 경우 국선변호인을 선정하여야 한다.
기일의 진행		㉠ 법원은 합의부원으로 하여금 선정기일의 절차를 진행하게 할 수 있다. 이 경우 수명법관은 선정기일에 관하여 법원 또는 재판장과 동일한 권한이 있다. ㉡ 선정기일은 공개하지 아니한다.
후보자에 대한 질문		㉠ 법원은 배심원후보자가 결격 사유에 해당하는지 여부 또는 불공평한 판단을 할 우려가 있는지 여부 등을 판단하기 위하여 배심원후보자에게 질문을 할 수 있다. ㉡ 검사 · 피고인 또는 변호인은 법원으로 하여금 필요한 질문을 하도록 요청할 수 있고, 법원은 검사 또는 변호인으로 하여금 직접 질문하게 할 수 있다.
기피신청	이유부 기피신청	법원은 배심원후보자가 결격 사유에 해당하거나 불공평한 판단을 할 우려가 있다고 인정되는 때에는 직권 또는 검사 · 피고인 · 변호인의 기피신청에 따라 당해 배심원후보자에 대하여 불선정결정을 하여야 한다. ⓐ 기피신청을 기각하는 결정에 대하여는 즉시 이의신청을 할 수 있다. ⓑ 이의신청에 대한 결정에 대하여는 불복할 수 없다.
	무 이유부 기피신청	ⓐ 검사와 변호인은 각자 다음 각 호의 범위 내에서 배심원후보자에 대하여 이유를 제시하지 아니하는 기피신청(이하 "무 이유부기피신청" 이라 한다)을 할 수 있다. 1. 배심원이 9인인 경우는 5인 2. 배심원이 7인인 경우는 4인 3. 배심원이 5인인 경우는 3인 ⓑ 법원은 검사 · 피고인 또는 변호인에게 순서를 바꿔가며 무 이유부기피신청을 할 수 있는 기회를 주어야 한다.
선정방식		㉠ 법원은 출석한 배심원후보자 중에서 당해 재판에서 필요한 배심원과 예비배심원의 수에 해당하는 배심원후보자를 무작위로 뽑고 이들을 대상으로 직권, 기피신청 또는 무 이유부기피신청에 따른 불선정결정을 한다. ㉡ 불선정결정이 있는 경우에는 그 수만큼 절차를 반복한다. ㉢ 절차를 거쳐 필요한 수의 배심원과 예비배심원 후보자가 확정되면 무작위의 방법으로 배심원과 예비배심원을 선정한다. 예비배심원이 2인 이상인 경우에는 그 순번을 정하여야 한다. ㉣ 법원은 **배심원과 예비배심원에게 누가 배심원으로 선정되었는지 여부를 알리지 아니할 수 있다.**

31. 배심원 결격사유

필요적 결격 사유	
결격사유	1. 금치산자 또는 한정치산자 2. 파산자로서 복권되지 아니한 사람 3. 금고 이상의 실형을 선고받고 그 집행이 종료(종료된 것으로 보는 경우를 포함한다)되거나 집행이 면제된 후 **5년을 경과하지 아니한 사람** 4. 금고 이상의 형의 집행유예를 선고받고 그 기간이 완료된 날부터 2년을 경과하지 아니한 사람 5. 금고 이상의 형의 선고유예를 받고 그 **선고유예기간 중**에 있는 사람 6. 법원의 판결에 의하여 자격이 상실 또는 정지된 사람
제외사유	1. 대통령 2. 국회의원 · 지방자치단체의 장 및 지방의회의원 3. 입법부 · 사법부 · 행정부 · 헌재 · 중앙선거관리위원회 · 감사원의 정무직 공무원 4. 법관 · 검사 5. 변호사 · 법무사 6. 법원 · 검찰 공무원 7. 경찰 · 교정 · 보호관찰 공무원 8. 군인 · 군무원 · 소방공무원 또는 「예비군법」에 따라 동원되거나 교육훈련의무를 이행 중인 예비군
제척사유	1. 피해자 2. 피고인 또는 피해자의 친족이나 이러한 관계에 있었던 사람 3. 피고인 또는 피해자의 법정대리인 4. 사건에 관한 증인 · 감정인 · 피해자의 대리인 5. 사건에 관한 피고인의 대리인 · 변호인 · 보조인 6. 사건에 관한 검사 또는 사법경찰관의 직무를 행한 사람 7. 사건에 관하여 전심 재판 또는 그 기초가 되는 조사 · 심리에 관여한 사람
임의적 면제사유	
면제사유	1. 만 70세 이상인 사람 2. **과거 5년 이내에 배심원후보자로서 선정기일에 출석한 사람** 3. 금고 이상의 형에 해당하는 죄로 기소되어 사건이 종결되지 아니한 사람 4. 법령에 따라 체포 또는 구금되어 있는 사람 5. 배심원 직무의 수행이 자신이나 제3자에게 위해를 초래하거나 직업상 회복할 수 없는 손해를 입게 될 우려가 있는 사람 6. 중병 · 상해 또는 장애로 인하여 법원에 출석하기 곤란한 사람 7. 그 밖의 부득이한 사유로 배심원 직무를 수행하기 어려운 사람

32. 공판절차

공판준비절차		
공판준비기일	필요적	㉠ 재판장은 피고인이 국민참여재판을 원하는 의사를 표시한 경우에 사건을 반드시 공판준비절차에 부쳐야 한다. 다만, 공판준비절차에 부치기 전에 배제결정이 있는 때에는 그러하지 아니하다. ㉡ 지방법원 본원 합의부가 지방법원 지원 합의부로부터 이송받은 사건에 대하여는 이미 공판준비절차를 거친 경우에도 필요한 때에는 공판준비절차에 부칠 수 있다.
	종결	공판준비절차에 부친 이후 피고인이 국민참여재판을 원하지 아니하는 의사를 표시하거나 배제결정이 있는 때에는 공판준비절차를 종결할 수 있다.
㉠ 법원은 합의부원으로 하여금 공판준비기일을 진행하게 할 수 있다. ㉡ 공판준비기일은 공개한다. 다만, 법원은 공개함으로써 절차의 진행이 방해될 우려가 있는 때에는 공판준비기일을 공개하지 아니할 수 있다. ㉢ **공판준비기일에는 배심원이 참여하지 아니한다.**		
공판절차		
공판기일의 통지와 개정	공판기일은 배심원과 예비배심원에게 통지하여야 한다. 공판정은 판사 · 배심원 · 예비배심원 · 검사 · 변호인이 출석하여 개정한다.	
공판정의 구성	① 검사와 피고인 및 변호인은 대등하게 마주 보고 위치한다. 다만, 피고인신문을 하는 때에는 피고인은 증인석에 위치한다. ② 배심원과 예비배심원은 재판장과 검사 · 피고인 및 변호인의 사이 왼쪽에 위치한다. ③ 증인석은 재판장과 검사 · 피고인 및 변호인의 사이 오른쪽에 배심원과 예비배심원을 마주 보고 위치한다.	
선서와 재판장의 설명	① 배심원과 예비배심원은 법률에 따라 공정하게 그 직무를 수행할 것을 다짐하는 취지의 선서를 하여야 한다. ② 재판장은 배심원과 예비배심원에 대하여 배심원과 예비배심원의 권한 · 의무 · 재판절차, 그밖에 직무수행을 원활히 하는 데 필요한 사항을 설명하여야 한다.	
배심원의 권리와 의무	권리	㉠ 피고인 · 증인에 대하여 필요한 사항을 신문하여 줄 것을 재판장에게 요청하는 행위 ㉡ 필요하다고 인정되는 경우 재판장의 허가를 받아 각자 필기를 하여 이를 평의에 사용하는 행위
	의무	㉠ 심리 도중에 법정을 떠나거나 평의 · 평결 또는 토의가 완결되기 전에 재판장의 허락 없이 평의 · 평결 또는 토의 **장소를 떠나는 행위** ㉡ 평의가 시작되기 전에 당해 사건에 관한 **자신의 견해를 밝히거나 의논하는 행위** ㉢ 재판절차 외에서 당해 사건에 관한 **정보를 수집하거나 조사하는 행위** ㉣ 이 법에서 정한 평의 · 평결 또는 토의에 관한 **비밀을 누설하는 행위**
공판정에서 속기 · 녹취	① 법원은 특별한 사정이 없는 한 공판정에서 속기하게 하거나 녹음장치 또는 영상녹화장치를 사용하여 녹음 또는 영상녹화 하여야 한다. ② 속기록 · 녹음테이프 또는 비디오테이프는 공판조서와는 별도로 보관되어야 하며, 검사 · 피고인 또는 변호인은 비용을 부담하고 사본을 청구할 수 있다. ③ 속기록, 녹음물, 영상녹화물 또는 녹취서는 전자적 형태로 이를 보관할 수 있으며, 재판이 확정되면 폐기한다. 다만, 속기록, 녹음물, 영상녹화물 또는 녹취서가 조서의 일부가 된 경우에는 그러하지 아니하다.	
기타	① **간이공판절차 규정의 배제** : 국민참여재판에서는 피고인이 자백하여도 간이공판절차 규정은 적용하지 아니한다. ② **배심원의 증거능력판단 배제** : 배심원 또는 예비배심원은 법원의 증거능력에 관한 심리에 관여할 수 없다. ③ 공판절차의 갱신:공판절차가 개시된 후 새로 재판에 참여하는 배심원 또는 예비배심원이 있는 때에는 공판절차를 갱신하여야 한다.	

33. 배심원 해임

배심원의 해임	① 법원은 배심원 또는 예비배심원은 직권 또는 검사 · 피고인 · 변호인의 신청에 따라 배심원 또는 예비배심원을 해임하는 결정을 할 수 있다. ② 해임의 결정을 함에 있어서는 검사 · 피고인 또는 변호인의 의견을 묻고 출석한 당해 배심원 또는 예비배심원에게 진술기회를 부여하여야 한다. ③ 해임의 결정에 대하여는 불복할 수 없다.
배심원의 사임	① 배심원과 예비배심원은 직무를 계속 수행하기 어려운 사정이 있는 때에는 법원에 사임을 신청할 수 있다. ② 법원은 신청에 이유가 있다고 인정하는 때에는 당해 배심원 또는 예비배심원을 해임하는 결정을 할 수 있다. ③ 사임 결정을 함에 있어서는 **검사 · 피고인 또는 변호인의 의견을 들어야 한다.** ④ 사임신청의 결정에 대하여는 불복할 수 없다.
배심원의 추가선정	① 배심원이 부족하게 된 경우 예비배심원은 미리 정한 순서에 따라 배심원이 된다. 이 때 배심원이 될 예비배심원이 없는 경우 배심원을 추가로 선정한다. ② 국민참여재판 도중 심리의 진행 정도에 비추어 배심원을 추가 선정하여 재판에 관여하게 하는 것이 부적절하다고 판단되는 경우 ㉠ 1인의 배심원이 부족한 때에는 검사 · 피고인 또는 변호인의 의견을 들어야 하고, ㉡ 2인 이상의 배심원이 부족한 때에는 검사 · 피고인 또는 변호인의 동의를 받아, 남은 배심원만으로 계속하여 국민참여재판을 진행하는 결정을 할 수 있다. 다만, 배심원이 5인 미만이 되는 경우에는 그러하지 아니하다.

34. 평의 · 평결 · 판결

<table>
<tr><th colspan="3">평의 · 평결 · 판결</th></tr>
<tr><td>평의의 방식</td><td colspan="2">① 평의 · 평결 및 양형에 관한 토의는 공개하지 않는다.
② 평의 · 평결 및 양형에 관한 토의는 변론이 종결된 후 연속하여 진행하여야 한다. 다만, 재판장은 평의 등에 소요되는 시간 등을 고려하여 필요하다고 인정하는 때에는 변론 종결일로부터 3일 이내의 범위 내에서 평의 · 평결 및 양형에 관한 토의를 위한 기일을 따로 지정할 수 있다.
③ 배심원은 평의를 진행하는 도중 필요한 경우에는 배심원 대표를 통하여 재판장에게 공소장 사본, 재판장 설명서가 존재하는 경우 그 사본, 증거서류 사본 및 증거물의 제공을 요청할 수 있다.
④ 재판장은 필요하다고 인정하는 경우에는 배심원의 요청이 있을시 배심원에게 공소장 사본, 재판장 설명서 사본, 증거서류 사본 및 증거물을 제공할 수 있다.
⑤ 재판장은 평의가 시작된 후 예비배심원이 배심원으로 추가 선정된 경우에는 배심원들로 하여금 평의를 처음부터 다시 시작하도록 하여야 한다.
⑥ 법원사무관 등은 평의 · 평결 및 양형에 관한 토의가 종료된 직후 배심원이 당해 재판과 관련하여 작성한 서류를 지체 없이 수거하여 폐기하여야 한다.</td></tr>
<tr><td rowspan="4">평 결</td><td>만장일치 평결</td><td>심리에 관여한 배심원은 설명을 들은 후 유 · 무죄에 관하여 평의하고, 전원의 의견이 일치하면 그에 따라 평결한다. 다만, 배심원 과반수의 요청이 있으면 심리에 관여한 판사의 의견을 들을 수 있다.</td></tr>
<tr><td>다수결 평결</td><td>① 배심원은 유 · 무죄에 관하여 전원의 의견이 일치하지 아니하는 때에는 평결을 하기 전에 심리에 관여한 판사의 의견을 들어야 한다. 이 경우 유 · 무죄의 평결은 다수결의 방법으로 한다.
② 심리에 관여한 판사는 평의에 참석하여 의견을 진술한 경우에도 평결에는 참여할 수 없다.</td></tr>
<tr><td>양형의 토의</td><td>평결이 유죄인 경우 배심원은 심리에 관여한 판사와 함께 양형에 관하여 토의하고 그에 관한 의견을 개진한다. 재판장은 양형에 관한 토의 전에 처벌의 범위와 양형의 조건 등을 설명하여야 한다.</td></tr>
<tr><td>평결의 효과</td><td>평결과 의견은 법원을 기속하지 아니하며, 평결결과와 의견을 집계한 서면은 소송기록에 편철한다.</td></tr>
<tr><td rowspan="3">판결의 선고</td><td>판결서의 선고</td><td>① 판결의 선고는 변론을 종결한 기일에 하여야 한다. 다만, 특별한 사정이 있는 때에는 따로 선고기일을 지정할 수 있다. 선고기일은 변론종결 후 14일 이내로 정하여야 한다.
② 변론을 종결한 기일에 판결을 선고하는 경우에는 판결서를 선고 후에 작성할 수 있다</td></tr>
<tr><td>판결서의 기재사항</td><td>① 판결서에는 배심원이 재판에 참여하였다는 취지를 기재하여야 하고, 배심원의 의견을 기재할 수 있다.
② 배심원의 평결결과와 다른 판결을 선고하는 때에는 판결서에 그 이유를 기재하여야 한다.</td></tr>
<tr><td>평결결과 고지</td><td>재판장은 판결 선고시 피고인에게 배심원의 평결결과를 고지하여야 하며, 배심원의 평결결과와 다른 판결을 선고하는 때에는 피고인에게 그 이유를 설명하여야 한다.</td></tr>
</table>

판례 · 지문 **평결**

국민참여재판의 배심원이 증인신문 등 사실심리의 전 과정에 함께 참여한 후 증인이 한 진술의 신빙성 등 증거의 취사와 사실의 인정에 관하여 만장일치의 의견으로 내린 무죄의 평결이 재판부의 심증에 부합하여 그대로 채택된 경우라면, 이러한 절차를 거쳐 이루어진 증거의 취사 및 사실의 인정에 관한 제1심의 판단은 실질적 직접심리주의 및 공판중심주의의 취지와 정신에 비추어 항소심에서의 새로운 증거조사를 통해 그에 명백히 반대되는 충분하고도 납득할 만한 현저한 사정이 나타나지 않는 한 한층 더 존중될 필요가 있다(대판 2010.3.25. 선고 2009도14065).

01. 재판의 종류

종국재판	종국재판이란 소송을 그 심급에서 종결시키는 재판을 말하며, 유죄 · 무죄의 실체재판과 관할위반, 공소기각, 면소 등의 형식재판이 여기에 해당한다.
	① 종국재판은 구속력이 발생(법적 안정성의 원리가 적용)하므로 재판을 한 법원이 이를 취소 · 변경할 수 없다. ② 종국재판에 대해서는 상소의 이익이 있는 한 상소가 허용된다. ☞상소심에서의 파기자판 · 상소기각의 판결 · 파기환송 · 파기이송판결도 종국재판에 해당한다.
종국 전 재판	종국 전의 재판이란 종국재판에 이르기까지의 절차에 관한 재판을 말하며 종국재판 이외의 결정 · 명령이 여기에 해당한다.
	① 종국 전의 재판에는 합목적성의 원리가 지배하므로 **그 재판을 한 법원이 취소 · 변경할 수 있다.** ② 종국 전의 재판에 대해서는 원칙적으로 상소가 허용되지 아니한다(제403조 · 제415조 · 제416조).
실체재판 (본안재판)	실체재판이란 피고사건의 실체에 관하여 구체적 형벌권의 존부를 판단하는 재판을 말하며 유죄 · 무죄의 판결이 여기에 해당한다. 실체재판은 모두 종국재판이며 판결의 형식에 의한다. 실체재판이 확정되면 기판력이 발생한다.
형식재판 (본안 외 재판)	형식재판이란 사건의 실체에 관하여 심리하지 않고 절차적 · 형식적 법률관계를 판단하는 재판을 말한다. 종국 전의 재판, 종국재판 중에서 유죄 · 무죄판결을 제외한 재판(공소기각, 관할위반, 면소판결)이 여기에 해당한다. 형식재판은 확정되더라도 **기판력이 발생하지 아니한다.** 다만, 면소의 판결이 확정되면 기판력이 발생한다.

	판 결	**결 정**	**명 령**
주체	종국재판(법원)	종국 전 재판(법원)	종국 전 재판(법관)
종류	① 실체재판은 모두 판결이다. ② 형식재판인 관할위반 · 공소기각 및 면소의 판결	① 절차에 관한 재판(보석허가결정, 증거의 결정) ② 종국재판도 결정에 의할 수 있다(공소기각결정)	재판장 또는 법관 1인이 하는 재판은 명령이다.
변 론	구두변론이 원칙이지만 정정판결은 예외이다(필요적 변론).	구두변론을 요하지 않으나, 필요한 경우에는 사실조사를 할 수 있다(임의적 변론).	구두변론을 요하지 않으나, 필요한 경우에는 사실조사를 할 수 있다(임의적 변론).
이유명시	이유를 명시하여야 한다.	상소를 불허하는 결정을 제외하고는 이유를 명시하여야 한다.	이유명시를 요하지 않는다.
판결	선고	고지	고지
불복방법	상소(항소 · 상고), 재심 · 비상상고	항고, 재항고	상소방법은 없다. 예외적으로 이의신청 또는 준항고가 허용

02. 재판의 성립

<table>
<tr><td>재판의 성립</td><td colspan="2">재판은 법원 또는 법관의 의사표시이므로 그 의사표시는 의사의 결정과 결정된 의사의 표시라는 두 단계로 구분된다.</td></tr>
<tr><td rowspan="3">내부적 성립</td><td colspan="2">재판의 의사표시적 내용이 당해 사건의 심리에 관여한 재판기관의 내부에서 결정되는 것을 내부적 성립이라고 한다.</td></tr>
<tr><td>합의부</td><td>합의부의 재판은 그 구성원인 법관의 합의가 성립한 때에 내부적으로 성립한다. 재판의 합의는 과반수로써 결정하며(법원조직법 제66조 제1항), 재판의 합의는 공개하지 아니한다.</td></tr>
<tr><td>단독 판사</td><td>단독판사의 재판은 재판서 작성시에 내부적으로 성립한다. 다만, 재판서를 작성하지 아니하고, 재판을 고지하는 경우에는 재판의 고지시에 내부적으로 성립하고 동시에 외부적으로 성립한다.</td></tr>
<tr><td>내부적 성립의 효과</td><td colspan="2">① 심리에 관여하지 않은 법관이 재판의 내부적 성립에 관여하는 것은 허용되지 않는다. 사건의 심리에 관여하지 않은 판사가 판결의 내부적 성립에 관여한 때에는 절대적 항소이유 또는 상고이유가 된다.
② 재판이 내부적으로 성립하면 그 후에 법관이 경질되더라도 공판절차를 갱신할 필요가 없다.</td></tr>
<tr><td rowspan="4">외부적 성립</td><td colspan="2">재판의 의사표시적 내용이 재판을 받는 자에게 인식될 수 있는 상태에 이른 것을 재판의 외부적 성립이라고 한다.</td></tr>
<tr><td rowspan="3">성립의 시기</td><td>① 재판은 선고 또는 고지에 의해서 외부적으로 성립한다.</td></tr>
<tr><td>② 재판의 선고 또는 고지는 재판장이 하며(제43조), 공판정에서는 재판서에 의하여야 하고 기타의 경우에는 재판서 등본의 송달 또는 다른 적당한 방법으로 하여야 한다.</td></tr>
<tr><td>③ 재판의 선고 또는 고지는 이미 내부적으로 성립한 재판을 대외적으로 공표하는 행위에 불과하므로 반드시 내부적 성립에 관여한 법관에 의해서 행해질 필요는 없다.</td></tr>
<tr><td rowspan="4">외부적 성립의 효과</td><td>재판 구속력</td><td>종국재판이 외부적으로 성립되면 법적 안정성의 요청에 의하여 그 재판을 한 재판기관도 여기에 구속되어 철회 또는 변경할 수 없다.</td></tr>
<tr><td>상소기간 진행</td><td>상소의 제기기간은 재판을 선고 또는 고지한 날로부터 진행한다(제343조 제2항).</td></tr>
<tr><td>영장의 실효</td><td>무죄, 면소, 형의 면제, 형의 선고유예, 집행유예, 공소기각 또는 벌금이나 과료를 과하는 판결이 선고된 때에는 구속영장은 효력을 잃는다.</td></tr>
<tr><td>집행력</td><td>㉠ 재판의 집행력은 재판의 확정에 의해서 발생하는 것이 원칙이나, 항고 또는 준 항고는 즉시항고를 제외하고는 집행정지의 효력이 없다(다만, 제416조 제4항의 경우는 예외).
㉡ 결정 및 명령은 원칙적으로 고지에 의해서 집행력이 발생하며 재산형의 가납재판도 즉시로 집행할 수 있다(제334조).</td></tr>
</table>

03. 재판의 구성

재판의 구성	주 문	주문은 재판의 대상이 된 사실에 대한 최종적 결론을 말한다. 재판서에는 주문을 반드시 기재하여야 하며 주문이 없는 재판서는 재판서로서의 효력이 없다. 형의 선고를 하는 재판의 경우에는 구체적인 선고형이 주문의 내용을 이룬다. ☞ 형의 집행유예, 미결구금일수의 산입, 노역장유치기간, 재산형의 가납판결 및 소송비용의 부담도 주문에 기재된다.
	이 유	재판에는 이유를 명시하여야 한다. 다만, 상소를 불허하는 결정 또는 명령은 예외로 한다. 재판서에 재판의 이유가 없는 경우에는 이유 불비의 항소이유에 해당한다.
재판의 방식	재판서의 작성	재판은 법관이 작성한 재판서에 의하여야 한다. 단, 결정 또는 명령을 고지하는 경우에는 재판서를 작성하지 아니하고 조서에만 기재하여 할 수 있다(제38조).
	기재요건	㉠ 재판서에는 법률에 다른 규정이 없으면 재판을 받는 자의 성명, 연령, 직업과 주거를 기재하여야 한다. ㉡ 재판을 받는 자가 법인인 때에는 그 명칭과 사무소를 기재하여야 한다. ㉢ 판결서에는 기소한 검사와 공판에 관여한 검사의 관직, 성명과 변호인의 성명을 기재하여야 한다(제40조).
	서명 · 날인	㉠ 재판서에는 재판한 법관이 서명 · 날인하여야 한다. ㉡ 재판장이 서명 · 날인할 수 없는 때에는 다른 법관이 그 사유를 부기하고 서명 · 날인하여야 하며, 다른 법관이 서명 · 날인할 수 없는 때에는 재판장이 그 사유를 부기하고 서명 · 날인하여야 한다. ㉢ 판결서 기타 대법원규칙이 정하는 재판서를 제외한 재판서에 대하여는 서명 · 날인에 갈음하여 기명날인할 수 있다.
	검사의 집행지휘	검사의 집행지휘를 요하는 재판은 재판서 또는 재판을 기재한 조서의 등본 또는 초본을 재판의 선고 또는 고지한 때로부터 **10일 이내에 검사에게 송부**하여야 한다. 단, 법률에 다른 규정이 있는 때에는 예외로 한다(제44조).
	등본 · 초본의 청구	㉠ 피고인 기타의 소송관계인은 비용을 납입하고 재판서 또는 재판을 기재한 조서의 등본 또는 초본의 교부를 청구할 수 있다(제45조). ㉡ 재판서 또는 재판을 기재한 조서의 등본 또는 초본은 원본에 의하여 작성하여야 한다. 단, 부득이한 경우에는 등본에 의하여 작성할 수 있다(제46조).

☞ 공판정에서 선고한 형과 판결서에 기재된 형이 다를 경우에는 공판정에서 선고한 형을 집행해야 한다.
☞ **피고인에게** 판결을 선고한 때는 선고일로부터 **7일 이내 판결서를 송달**하여야 하나, 불구속피고인과 구속영장의 효력이 상실한 구속피고인은 피고인이 송달을 신청하는 경우에 한하여 판결서등본을 송달한다.

참고 · 지문

형의 집행유예, 미결구금일수의 산입, 노역장유치기간, 재산형의 가납판결 및 소송비용의 부담도 주문에 기재된다.

04. 유죄판결

유죄판결	피고사건에 대하여 범죄의 증명이 있는 때에 선고하는 실체 재판으로서 여기에는 형의 선고의 판결과 형의 면제와 선고유예의 판결이 포함된다.	
주문	① 형을 선고하는 판결의 주문에는 주형을 표시하여야 한다. 병과형, 부가형은 물론 집행유예, 미결구금 일수의 본형통산, 노역장유치기간도 주문에 표시하여야 하며(제321조 제2항), 가납명령(제334조), 압수장물의 피해자환부(제333조), 소송비용의 부담(제191조), 배상명령 등도 주문에 표시하여야 한다.	
	② 과형상 일죄 또는 포괄적 일죄의 일부만을 유죄로 인정하는 경우에는 나머지 부분에 대해서는 주문에서 무죄의 선고를 하여서는 안 된다.	
	③ 경합범 중 일부만을 유죄로 인정하고 다른 부분을 무죄로 인정하는 경우에는 무죄부분도 주문에 표시하여야 한다.	
	④ 일죄의 일부에 대하여 공소기각의 이유가 있고 나머지 부분에 대하여 유죄의 증거가 없는 경우에는 주문에는 무죄만을 표시하면 족하다.	
명시할 이유	범죄 될 사실	① 구성요건 해당사실 ② 위법성과 책임 ③ 처벌조건 ④ 형의 가중 · 감면사유 : 누범전과와 같은 법률상 형의 가중사유나 법률상 형의 감면사유도 명시하여야 한다. 그러나 양형사유인 정상에 관한 사실은 명시할 필요가 없다.
	증거의 요지	① 의 의 : 유죄판결의 이유에 증거의 요지를 명시할 것을 요구한 것은 법관의 사실인정의 합리성을 보장하고, 상고심에 심사 자료를 제공하는 데 목적이 있다.
		② 명시의 정도 : 증거의 요지를 적시할 것을 요하는 것은 범죄사실의 내용을 이루는 사실에 한하며 유죄판결의 증거는 범죄사실을 증명할 적극적 증거만 적시하면 족하고, 범죄사실 인정에 배치되는 소극적 증거까지 판단할 필요는 없다.
	법령의 적용	법령의 적용을 명시할 것을 요구한 것은 죄형법정주의의 요청으로서 판결주문에 형에 대한 법령상의 근거를 명확히 하려는 취지이다.
	소송관계인 주장에 대한 판단	① 법률상 범죄성립을 조각하는 이유 또는 형의 가중 · 감면의 이유되는 사실의 진술이 있을 때는 이에 대한 판단을 명시해야 한다(제323조 제2항). ② 형의 가중 · 감면은 법률상의 필요적 가중 · 감면의 사실만을 의미하고 자수나 작량감경과 같은 임의적 감면 사유는 포함하지 않는다.

참고 · 지문

1. 법률상 범죄성립을 조각하는 위법성조각사유나 책임조각사유는 명시하여야하나, 구성요건해당조각사유는 포함되지 않는다. 피고인이 당해 등기가 실체적 권리관계에 부합하는 유효한 등기라고 주장하는 것은 공소사실에 대한 적극부인에 해당할 뿐, 2.범죄의 성립을 조각하는 사유에 관한 주장이라고는 볼 수 없으므로 그에 대한 판단을 판결이유에 명시하여야만 하는 것은 아니다(대판 1997.7.11. 97도1180).

판례 · 지문 재판의 구성

1. 유죄판결 이유에서 그에 대한 판단을 명시하여야 할 **'형의 가중, 감면의 이유되는 사실'** 이란 형의 **필요적 가중, 감면의 이유되는 사실을 말하고** 형의 감면이 법원의 재량에 맡겨진 경우, 즉 **임의적 감면사유는 이에 해당하지 않는다**(대판 2017.11.9., 2017도14769).

2. **증거의 요지는** 어느 증거의 어느 부분에 의하여 범죄사실을 인정하였냐 하는 이유 설명까지 할 필요는 없지만 적어도 어떤 증거에 의하여 어떤 범죄사실을 인정하였는가를 알아볼 정도로 **증거의 중요부분을 표시하여야 하고,** 피고인의 자백이 그 피고인에게 불이익한 유일의 증거인 때에는 이를 유죄의 증거로 하지 못하는 것이므로, **"피고인의 법정 진술과 적법하게 채택되어 조사된 증거들" 로만 기재된 제1심판결의 증거의 요지를 그대로 인용한 항소심판결은 증거 없이 그 범죄사실을 인정하였거나 형사소송법 제323조 제1항을 위반한 위법을 저지른** 것이라고 아니할 수 없다(대판 2000.3.10. 선고 99도5312).

3. 형사소송법 제323조 제1항에 따른 법령 적용의 기재 방법 및 유죄판결의 판결이유에서 법령을 적용하면서 형종의 선택을 명시하지 아니하고 **경합범 가중을 하면서** 어느 죄에 정한 형에 가중하는지를 명시하지 아니한 경우, **주문에서 형의 종류와 그 형기를 명기하여 어떠한 법령을 적용하여 주문의 판단을 하게 되었는지를 알 수 있다면** 이는 판결에 영향을 미친 **법령위반에는 해당하지 아니한다**(대판 2004.4.9. 선고 2004도340).

4. 판결에 범죄사실에 대한 증거를 설시함에 있어 어느 증거의 어느 부분에 의하여 어느 범죄사실을 인정한다고 **구체적으로 설시하지 아니하였다 하더라도 그 적시한 증거들에 의하여 판시 범죄사실을 인정할 수 있으면 이를 위법한 증거설시라고 할 수 없다**(대판 2001.7.27. 선고 2000도4298).

5. 형사소송법 제457조의2는 "피고인이 정식재판을 청구한 사건에 대해서는 약식명령의 형보다 중한 형을 선고하지 못한다." 고 규정하고 있고, 한편 형사소송법 제323조 제1항에 따르면, 유죄판결의 판결이유에는 범죄사실, 증거의 요지와 법령의 적용을 명시하여야 하는 것인바, 유죄판결을 선고하면서 **판결이유에 이 중 어느 하나를 전부 누락한 경우에는 형사소송법 제383조 제1호에 정한 판결에 영향을 미친 법률위반으로서 파기사유가 된다**(대판 2010.10.14. 선고 2010도9151).

6. 사실인정에 배치되는 증거에 대한 판단을 반드시 판결이유에 기재하여야 하는 것은 아니므로 피고인이 **알리바이를 내세우는 증인들의 증언에 관한 판단을 하지 아니하였다 하여 위법이라 할 수 없다**(대판 1982.9.28. 선고 82도1798,82감도368).

7. 판결 이유에 법령의 적용을 명시하면서 각 범죄사실이 해당하는 법조문을 나열한 다음 법정형이 선택적으로 규정된 일부 죄에 대하여 **형종의 선택을 명시하지 아니하고,** 경합범가중을 하면서도 **어느 죄에 정한 형에 가중하는지를 명시하지 아니하더라도, 주문에서 형종과 형기를 명기한 이상 법령을 위반하여 판결에 영향을 미친 위법이 있다고 할 수는 없다**(대판 2000.5.12. 선고 2000도605).

8. 피고인이 자수하였다 하더라도 **자수한 자에 대하여는 법원이 임의로 형을 감경할 수 있음에 불과한** 것으로서 원심이 자수감경을 하지 아니하였다거나 **자수감경 주장에 대하여 판단을 하지 아니하였다 하여 위법하다고 할 수 없다**(대판 2001.4.24. 2001도872).

9. 사기죄에 있어서 **사기의 의사가 없었다는 진술**은 법률상 범죄의 성립을 조각하는 이유되는 사실의 진술이 아니라 단순한 **범죄의 부인**에 지나지 않으므로 **원심이 이에 대해 판단을 하지 않았다 하더라도 이를 위법이라 할 수 없다**(대판 1983.10.11. 선고 83도2281).

10. **범행 당시 술에 만취하였기 때문에 전혀 기억이 없다**는 취지의 진술은 범행 당시 심신상실 또는 심신미약의 상태에 있었다는 주장으로서 형사소송법 제323조 제2항 소정의 **법률상 범죄의 성립을 조각하거나 형의 감면의 이유가 되는 사실의 진술에 해당한다**(대판 1990. 2.13. 89도2364).

05. 형식재판

<table>
<tr><td>공소기각 결정</td><td colspan="2">① 공소가 취소되었을 때
② 피고인이 사망하거나 피고인인 법인이 존속하지 아니하게 되었을 때
③ 제12조 또는 제13조의 규정에 의하여 재판할 수 없는 때
④ 공소장에 기재된 사실이 진실하더라도 범죄가 될 만한 사실이 포함되지 아니하는 때</td></tr>
<tr><td>공소기각 판결</td><td colspan="2">① 피고인에 대하여 재판권이 없는 때
② 공소제기의 절차가 법률규정에 위반하여 무효인 때
③ 공소가 제기된 사건에 대하여 다시 공소가 제기되었을 때
④ 제329조의 규정에 위반하여 공소가 제기되었을 때
⑤ 고소가 있어야 죄를 논할 사건에 대하여 고소의 취소가 있는 때
⑥ 피해자의 명시한 의사에 반하여 죄를 논할 수 없는 사건에 대하여 처벌을 희망하지 아니하는 의사표시가 있거나 처벌을 희망하는 의사표시가 철회되었을 때</td></tr>
<tr><td>면 소 판 결</td><td colspan="2">① 확정판결이 있는 때
② 사면이 있는 때(일반사면)
③ 공소시효가 완성되었을 때
④ 범죄 후 법령개폐로 형이 폐지되었을 때</td></tr>
<tr><td rowspan="3">관 할 위 반</td><td>사유</td><td>피고사건이 법원의 관할에 속하지 아니한 때에는 판결로써 관할위반의 선고를 하여야 한다(제319조). 관할위반판결은 일사부재리의 효력은 없다.</td></tr>
<tr><td>시기</td><td>사물관할은 공소제기시는 물론 재판시에도 존재하여야 한다. 다만, 토지관할은 공소제기시에 존재하면 족하다.</td></tr>
<tr><td>신청</td><td>법원은 피고인의 신청이 없으면 토지관할에 관하여 관할위반의 선고를 하지 못한다(제320조 제1항). 관할위반의 신청은 피고사건에 대한 진술 전에 하여야 한다.</td></tr>
</table>

참고 · 지문

1. 범죄가 되지 않은 것이 공소장기재에 의하여 처음부터 명백한 경우에는 공소기각결정을 해야 한다(제328조 제1항 제4호).
2. 외국의 확정판결, 과태료부과처분, 공소기각재판, 관할위반, 소년법상 보호처분은 확정판결에 포함되지 않는다.
3. 공소기각결정에 대한 상소방법은 즉시항고이다. 면소판결 사유인 형사소송법 제326조 제2호의 '사면이 있는 때'에서 말하는 '사면'이란 일반사면을 의미할 뿐 형을 선고받아 확정된 자를 상대로 이루어지는 특별사면은 여기에 해당하지 않으므로 재심대상판결 확정 후에 형선고의 효력을 상실케 하는 특별사면이 있었다고 하더라도 재심심판절차를 진행하는 법원은 실체에 관한 유 · 무죄 등의 판단을 해야 하며, 특별사면이 있음을 들어 면소판결을 하여서는 아니 된다(대판 2015.5.21. 2011도 1932).

판례 · 지문 **형식재판**

1. **소년법 제30조의 보호처분**을 받은 사건과 동일한 사건에 대하여 **다시 공소제기가 되었다면** 동조의 **보호처분은 확정판결이 아니고 따라서 기판력도 없으므로** 이에 대하여 **면소판결을 할 것이 아니라** 공소제기절차가 동법 제47조의 규정에 위배하여 무효인 때에 해당한 경우이므로 **공소기각의 판결을 하여야 한다**(대판 1985.5.28. 선고 85도21).

2. 도로교통법 제119조 제3항은 그 법 제118조에 의하여 **범칙금 납부통고서를 받은 사람이 그 범칙금을 납부한 경우** 그 범칙행위에 대하여 다시 벌 받지 아니한다고 규정하고 있는바, 이는 **범칙금의 납부에 확정재판의 효력에 준하는 효력을 인정**하는 취지로 해석하여야 한다(대판 2002.11.22. 선고 2001도849).

3. 피고인이 **안전운전의 의무를 불이행하였음을 이유로 통고처분에 따른 범칙금을** 납부하였다고 하더라도 피고인을 **교통사고처리특례법 제3조 위반죄로 처벌**한다고 하여 도로교통법 제119조 제3항에서 말하는 **이중처벌에 해당한다고 볼 수 없다**(대판 2002.11.22. 선고 2001도849).

4. **확정판결에는** 정식재판에서 선고된 유죄판결과 무죄의 판결 및 면소의 판결뿐만 아니라, 확정판결과 동일한 효력이 있는 약식 명령이나 즉결심판 등이 모두 포함되는 것이지만, **행정벌에 지나지 않는 과태료의 부과처분은 위 확정판결의 범주에 속하지 않는**다고 할 것이다(대판 1992.2.11. 선고 91도2536).

5. 범칙금의 납부에 따라 확정판결에 준하는 효력이 인정되는 범위는 범칙금 통고의 이유에 기재된 당해 범칙행위 자체 및 범칙행위와 동일성이 인정되는 범칙행위에 한정된다. 따라서 범칙행위와 같은 시간과 장소에서 이루어진 행위라 하더라도 **범칙행위의 동일성을 벗어난 형사범죄행위**에 대하여는 **범칙금의 납부에 따라 확정판결에 준하는 일사부재리의 효력이 미치지 아니한다**(대판 2012.9.13. 선고 2012도6612).

6. 피고인이 동일한 행위에 관하여 **외국에서 형사처벌을 과하는 확정판결을 받았다 하더라도 이런 외국판결은 우리나라에서는 기판력이 없으므로 여기에 일사부재리의 원칙이 적용**될 수 없다(대판 1983.10.25. 선고 83도2366).

7. **부정수표단속법위반** 사건에 있어서 **수표가 그 제시기일에 제시되지 아니한 사실이 공소사실 자체에 의하여 명백하다면** 이 공소사실에는 **범죄가 될 만한 사실이 포함되지 아니하는 때**에 해당하므로 형사소송법 제328조 제1항 제4호에 의하여 **공소기각의 재판을 하여야 한다**(대판 73도2173).

8. 고소인이 피고인과 이혼하였다가 피고인에 대한 간통죄의 재판이 종결되기 전에 다시 피고인과 혼인한 경우 간통고소는 혼인관계의 부존재라는 유효조건을 상실하여 소추조건을 결하게 되므로, 결국 공소제기절차가 법률의 규정을 위반하여 무효인 때에 해당한다. 따라서 고소인이 피고인에 대하여 이혼소송을 제기함과 아울러 피고인을 간**통죄로 고소한 다음 협의이혼에 따른 이혼신고를 하였다가 항소심재판 계속 중 피고인과 다시 혼인한 경우,** 간통죄의 **공소제기절차가 법률의 규정을 위반하여 무효**인 때에 해당한다고 하여, 원심판결을 파기하고 직접 **공소기각판결**을 선고함(2009.12.10. 선고 2009도7681).

9. 가정폭력범죄의 처벌 등에 관한 특례법에 따른 보호처분의 결정이 확정된 경우에는 원칙적으로 가정폭력행위자에 대하여 같은 범죄사실로 다시 공소를 제기할 수 없으나(가정폭력처벌법 제16조), 보호처분은 확정판결이 아니고 따라서 기판력도 없으므로, 보호처분을 받은 사건과 동일한 사건에 대하여 다시 공소제기가 되었다면 이에 대해서는 면소판결을 할 것이 아니라 공소제기의 절차가 법률의 규정에 위배하여 무효인 때에 해당한 경우이므로 형사소송법 제327조 제2호의 규정에 의하여 **공소기각의 판결**을 하여야 한다(대판 2017.8.23., 2016도 5423).

10. 상소심에서 제1심의 공소기각판결이 법률에 위반됨을 이유로 이를 파기하고 사건을 제1심법원에 환송함에 따라 다시 제1심 절차가 진행된 경우, 종전의 제1심판결은 이미 파기되어 그 효력을 상실하였으므로 환송 후의 제1심판결 선고 전에는 고소취소의 제한사유가 되는 제1심판결 선고가 없는 경우에 해당한다. 따라서 환송 후 제1심판결 선고 전에 고소가 취소되면 형사소송법 제 327조 제5호에 의하여 판결로써 공소를 기각하여야 한다(대판 2011.8.25. 2009

도9112).

11. 보호처분은 확정판결이 아니고 따라서 기판력도 없으므로, 보호처분을 받은 사건과 동일한 사건에 대하여 다시 공소제기가 되었다면 이에 대해서는 면소판결을 할 것이 아니라 공소제기의 절차가 법률의 규정에 위배하여 무효인 때에 해당한 경우이므로 형사소송법 제327조 제2호의 규정에 의하여 공소기각의 판결을 하여야 한다(대판 2017.8.23. 2016도5423).

12. 형사피고사건에 대한 법원의 소년부송치결정은 형사소송법 제403조가 규정하는 판결 전의 소송절차에 관한 결정에 해당하는 것이 아니므로, 이 결정에 대하여 불복이 있을 때에는 같은 법 제402조에 의한 항고를 할 수 있다(대판 1986.7.25. 86모9).

판례 · 지문 무죄

1. **포괄일죄의 관계에 있는 공소사실에 대하여는 그 일부가 무죄로 판단되는 경우**에도 이를 판결 주문에 따로 표시할 필요가 없으나 **이를 판결 주문에 표시하였다 하더라도** 판결에 영향을 미친 **위법사유가 되는 것은 아니다**(대판 1993.10.12. 선고 93도1512).

2. **경합범에 있어서 일부 무죄**를 선고함에 있어 판결이유에서는 범죄의 증명이 없다는 이유로 무죄라는 판단을 하면서 주문에 위 **무죄부분에 대한 아무런 표시도 하고 있지 아니하다면** 이는 **판결에 영향을 미침**이 명백한 구 군법회의법(87.12.4. 법률 제3993호로 전면 개정 전)제370조 위반이라 할 것이다(대판 1968.5.28. 선고 68도487).

3. 공소제기된 사건에 관하여 **심신상실을 이유로 한 무죄판결이 확정**되어 다시 공소를 제기할 수 없는 경우에도 사회보호법 제15조 제1호에 따라 **독립하여 치료감호를 청구할 수 있다**(대판 1999.8.24. 선고 99도1194).

4. 형벌에 관한 법령이 **헌재의 위헌결정으로 인하여 소급하여 그 효력을 상실**하였거나 **법원에서 위헌 · 무효로 선언된 경우,** 당해 법령을 적용하여 공소가 제기된 피고사건에 대하여 같은 법 제325조에 따라 **무죄를 선고하여야 한다**(대판 2010.12.16. 선고 2010도5986 전원합의체).

5. **헌법재판소의 헌법불합치결정**은 헌법과 헌법재판소법이 규정하고 있지 않은 변형된 형태이지만 법률조항에 대한 위헌결정에 해당한다. 그리고 헌법재판소법 제47조 제3항 본문에 따라 형벌에 관한 법률조항에 대하여 위헌결정이 선고된 경우 그 조항은 소급하여 효력을 상실하므로, 법원은 해당 조항이 적용되어 공소가 제기된 피고사건에 대하여 형사소송법 제325조 전단에 따라 **무죄를 선고**하여야 한다(대판 2020. 5. 28. 선고 2017도8610).

06. 재판의 확정, 기판력

재판확정		재판이 통상의 불복방법에 의하여는 다툴 수 없게 되어 그 내용을 변경할 수 없게 된 상태를 재판의 확정이라 하며, 이러한 상태에 있는 재판을 확정재판이라 한다.
확정의 시기	불복이 허용	① 상소 등 불복신청이 허용되는 재판은 불복신청기간의 경과, 불복신청의 포기 · 취하 · 불복신청을 기각하는 재판의 확정에 의해서 확정된다. ② 보통항고에는 항고기간의 제한이 없으므로 원심판결을 취소하여도 실익이 없게 된 때에 확정된다(제404조).
	불복이 허용되지 않는 재판	① 법원의 관할 또는 판결 전의 소송절차에 관한 결정(제403조) ② 항고법원 또는 고등법원의 결정(제415조) ③ 대법원의 결정과 판결
확정의 효력	형식적 확정력	재판의 형식적 확정에 의하여 통상의 불복방법에 의하여는 다툴 수 없는 효력을 말한다. 소송절차가 확정적으로 종결되는 소송의 절차면에서의 효력이므로 종국재판 · 종국 전의 재판, 실체재판 · 형식재판을 불문하고 모든 재판에 대하여 발생한다.
	내용적 확정력	재판의 의사표시적 내용의 확정에 의하여 그 판단내용인 법률관계를 확정하게 하는 효력을 말한다. 특히 유죄 · 무죄의 실체재판이 확정되면 형벌권의 존부 및 범위가 확정되며 이러한 실체재판의 내용적 확정력을 실체적 확정력이라 한다.
기판력이 인정	실체 재판	① 유 · 무죄의 실체재판뿐만 아니라 약식명령과 즉결심판도 확정되면 유죄판결과 동일한 효력을 가지므로 일사부재리효력이 발생한다. ② 경범죄처벌법 제7조 3항과 도로교통법 제119조 제3항은 일정한 범칙행위로 통고처분을 받은 자가 범칙금을 납부한 경우에는 일사부재리효력이 발생한다.
	형식 재판	면소판결에는 일사부재리효력이 인정되나, 공소기각재판과 관할위반의 형식재판에는 일사부재리효력이 인정되지 않는다.
기판력의 범위	주관적 범위 (인적 범위)	㉠ 기판력은 판결을 받은 피고인에 대해서만 미친다. 공동피고인인 경우에도 한 피고인에 대한 기판력은 다른 피고인에게 미치지 않는다. ㉡ 피고인이 타인의 성명을 모용한 경우에 기판력은 피모용자에게 미치지 아니하나, 위장출석의 경우에는 기판력이 위장 출석하여 피고인으로 취급된 자에게 미친다.
	객관적 범위 (물적 범위)	㉠ 기판력은 확정판결이 있는 공소사실과 동일성이 인정되는 전부에 대해서 미친다. ㉡ 포괄1죄나 과형상 일죄의 일부에 대한 판결의 효력은 전부에 미친다. ㉢ 실체적 경합범의 경우 일부사실에 대한 확정판결의 효력은 나머지 범죄사실에 미치지 않는다.
	시간적 범위	㉠ 확정판결 전후에 걸쳐서 계속범 · 상습범 등이 행해진 경우에 **사실심판결선고시를** 표준으로 해야 한다. ㉡ 약식명령의 경우는 그 명령의 송달시가 아니라 **약식명령 발령시**가 기준이 된다. ㉢ 항소이유서를 제출하지 아니하여 결정으로 항소가 기각된 경우 기판력의 시간적 한계는 사실심리의 가능성이 있는 최후시점인 **항소기각 결정시**이다. ㉣ 항소심의 경우에는 항소심판결 확정시가 아니라 **항소심 판결선고시**가 기준이 된다.
기판력의 효과		당해 사건에 대한 기판력의 발생은 소극적 소송조건이다. 따라서 유죄 · 무죄 · 면소의 확정판결이 있은 후 그 범죄사실과 동일성이 인정된 범죄사실이 공소제기된 경우에는 법원은 면소의 판결로 소송을 종결시켜야 한다(제326조 제1호).

참고 · 지문

1. 소년법상 보호처분, 행정상 징계처분이나 관세법상의 통고처분에는 일사부재리효력이 미치지 않는다
2. 가정보호사건에 대하여 불처분결정이 확정된 후에 동일한 범죄사실에 대하여 검사가 다시 공소를 제기하거나 법원이 유죄판결을 선고하더라도 이중처벌금지의 원칙 내지 일사부재리의 원칙에 위배되지 않는다(대판 2017.8.23. 2016도5423).

판례 · 지문 기판력

1. **특정 성폭력범죄자에 대한 위치추적 전자장치 부착에 관한 법률에 의한 전자감시제도는** 성폭력범죄로 부터 국민을 보호함을 목적으로 하는 **일종의 보안처분**이다. 전자감시제도는 범죄행위를 한 자에 대한 응보를 주된 목적으로 그 책임을 추궁하는 사후적 처분인 형벌과 구별되어 그 본질을 달리하는 것으로서 형벌에 관한 일사부재리의 원칙이 그대로 적용되지 않으므로, 위 법률이 **형 집행의 종료 후에 부착명령을 집행하도록 규정하고 있다 하더라도 그것이 일사부재리의 원칙에 반한다고 볼 수 없다**(대판 2009도6061, 2009전도13).

2. 확정판결의 기판력이 미치는 범위를 정함에 있어서는 그 **확정된 사건 자체의 범죄사실과 죄명을 기준**으로 하는 것이 원칙이고, **비 상습범으로 기소되어 판결이 확정된 이상** 그 사건의 범죄사실이 **상습범 아닌 기본 구성요건의 범죄라는 점에 관하여 이미 기판력이 발생하였다**고 보아야 하며, 뒤에 드러난 다른 범죄사실이나 그 밖의 사정을 부가하여 전의 확정판결의 효력을 검사의 기소내용보다 무거운 범죄유형인 **상습범에 대한 판결로 바꾸어 적용하는 것은 형사소송의 기본원칙에 비추어 적절하지 않다**(대법원 2004.9.16. 선고 2001도3206 전원합의체 판결).

3. 경범죄처벌법위반죄의 범죄사실인 **음주소란과 폭력행위 등 처벌에 관한 법률 위반죄**의 공소사실은 **범행 장소가 동일하고 범행일시도 같으며** 모두 피고인과 피해자의 시비에서 발단한 일련의 행위들임이 분명하므로, 양 사실은 **그 기본적 사실관계가 동일한 것**이어서 이미 확정된 경범죄처벌법위반죄에 대한 **즉결심판의 기판력이 폭력행위 등 처벌에 관한 법률 위반죄의 공소사실에도 미친다고 보아 면소의 판결을 선고**한다(대판 1996.6.28., 95도1270).

4. **포괄일죄의 관계에 있는 범행의 일부에 대하여 판결이 확정된 경우**에는 **사실심 판결선고시를 기준**으로 그 이전에 이루어진 범행에 대하여는 확정판결의 기판력이 미쳐 **면소의 판결을 선고**하여야 할 것이다(대판 2006.5.11. 2006도1252).

5. 17개월 동안 **피해자의 휴대전화로 거의 동일한 내용을 담은 문자메시지를 발송**함으로써 이루어진 정보통신망 이용촉진 및 정보보호 등에 관한 법률 위반행위 중 일부 기간의 행위에 대하여 먼저 유죄판결이 확정된 후, 판결확정 전의 다른 일부 기간의 행위가 다시 기소된 사안에서, 이는 판결이 확정된 위 법률 위반죄와 **포괄일죄의 관계이므로 확정판결의 기판력이 미친다**(대법원 2009.02.26. 선고 2009도39).

6. 동일인 한도초과 대출로 상호저축은행에 손해를 가하여 **상호저축은행법 위반죄와 업무상배임죄가 모두 성립한 경우,** 두 죄는 형법 제40조에서 정한 상상적 경합관계에 있고, 형법 제40조의 **상상적 경합관계의 경우에는 그 중 일죄에 대한 확정판결의 기판력은 다른 죄에 대하여도 미친다**(대판 2011.2.24. 선고 2010도13801 판결).

7. 상상적 경합은 1개의 행위가 수개의 죄에 해당하는 경우를 말한다(형법 제40조). 여기에서 1개의 행위란 법적 평가를 떠나 **사회관념상 행위가 사물자연의 상태로서 1개로 평가**되는 것을 의미한다. 그리고 상상적 경합 관계의 경우에는 그 중 1죄에 대한 확정판결의 기판력은 다른 죄에 대하여도 미친다(대판 2017.9.21. 선고 2017도11687).

8. **항소이유서를 제출하지 아니하여 결정으로 항소가 기각된 경우**에도 형사소송법 제361조의4 제1항에 의하면 피고인이 항소한 때에는 법정기간 내에 항소이유서를 제출하지 아니하였다 하더라도 판결에 영향을 미친 사실오인이 있는 등 직권조사사유가 있으면 항소법원이 직권으로 심판하여 제1심 판결을 파기하고 다시 판결할 수도 있으므로 사실심리의 가능성이 있는 최후시점은 **항소기각결정시**라고 보는 것이 옳다(대판 1993.5.25. 93도836).

9. 도로교통법 제148조의2 제1항 제1호에서 정하고 있는 '도로교통법 제44조 제1항을 2회 이상 위반한' 것에 개정된 도로교통법이 시행된 2011.12.9. 이전에 구 도로교통법 제44조 제1항을 위반한 **음주운전 전과까지 포함**되는 것으로 해석하는 것이 **형벌불소급의 원칙이나 일사부재리의 원칙 또는 비례의 원칙에 위배된다고 할 수 없다**(대판 2012.11.29. 2012도10269).

판례 · 지문 　기판력이 미치지 않는 것

1. 과실로 교통사고를 발생시켰다는 각 **교통사고처리 특례법 위반죄**와 고의로 교통사고를 낸 뒤 보험금을 청구하여 수령하거나 미수에 그쳤다는 **사기 및 사기미수죄**는 서로 **행위 태양이 전혀 다르고**, 교통사고처리 특례법 위반죄와 사기 및 사기미수죄는 그 **기본적 사실관계가 동일하다고 볼 수 없으므로**, 위 **전자에 관한 확정판결의 기판력이 후자에 미친다고 할 수 없다**(대판 2010.2.25. 선고 2009도14263).

2. **특정범죄가중처벌 등에 관한 법률 제5조의4 제5항**은 거기서 정하는 범죄전력 및 누범가중의 요건이 갖추어진 경우에는 **상습성이 인정되지 아니하는 때에도 상습범에 관한** 같은 조 제1항 내지 제4항 소정의 **법정형에 의하여 처벌한다는** 취지로서, 위 **제5항의 범죄로 기소되어 처벌받은 경우를 상습범으로 기소되어 처벌받은 경우라고 볼 수 없다**. 따라서 설사 피고인에게 절도의 습벽이 인정된다고 하더라도 위 법조항으로 처벌받은 **확정판결의 기판력은 그 판결의 확정 전에 범한 다른 절도행위에 대하여는 미치지 아니한다고** 봄이 상당하다(대판 2010.1.28. 선고 2009도13411).

3. 타인의 **신용카드 정보를 자신의 메일 계정에 보유한 행위**에 대해서 여신전문금융업법 제70조 제1항 제6호 위반죄로 **처벌받은 후 계속하여 위 신용카드 정보를 보유한 경우, 별개의 범죄로서 종전 확정판결의 기판력이 미치지 않는다**(대판 2008도2099).

4. **위험물인 유사석유제품을 제조**한 제1 범죄행위로 경찰에 단속된 후 기소중지 되어 1달 이상 범행을 중단하였다가 다시 위험물인 유사석유제품을 제조한 **제2 범죄행위**를 하고, 그 후 **제1 범죄행위에 대하여 약식명령**이 확정된 사안에서, 원심판결이 확정된 **약식명령의 기판력이 제2 범죄행위에 미친다고 볼 수 없다**(대법원 2006.09.08. 선고 2006도3172).

5 **상습범으로서 포괄적 일죄의 관계에 있는 여러 개의 범죄사실** 중 일부에 대하여 유죄판결이 확정된 경우에, **그 확정판결의 사실심판결 선고 전에 저질러진 나머지 범죄**에 대하여 새로이 공소가 제기되었다면 그 새로운 공소는 **확정판결이 있었던 사건과 동일한 사건**에 대하여 다시 제기된 데 해당하므로 이에 대하여는 **판결로써 면소의 선고**를 하여야 하는 것인바, 다만 이러한 법리가 적용되기 위해서는 **전의 확정판결에서 당해 피고인이 상습범으로 기소되어 처단되었을 것을 필요하다**(대판 2004.9.16. 선고 2001도3206 전원합의체 판결).

6. 피고인이 '1997.4.3. 21:50경 서울 용산구 이태원동에 있는 햄버거 가게 화장실에서 피해자 갑을 칼로 찔러 을과 공모하여 갑을 살해하였다' 는 내용으로 기소되었는데, 선행사건에서 '1997.2. 초순부터 1997.4.3. 22:00경까지 정당한 이유 없이 범죄에 공용될 우려가 있는 위험한 물건인 휴대용 칼을 소지하였고, 1997. 4.3. 23:00경 을이 범행 후 햄버거 가게 화장실에 버린 칼을 집어 들고 나와 용산 미8군영 내 하수구에 버려 타인의 형사사건에 관한 증거를 인멸하였다' 는 내용의 범죄사실로 유죄판결을 받아 확정된 사안에서, **살인죄의 공소사실과 선행사건에서 유죄로 확정된 증거인멸죄 등의 범죄사실** 사이에 기본적 사실관계의 **동일성이 없다**(대판 2017.1.25. 2016도15526).

PART 05

상소 · 비상구제절차

01. 상소

<table>
<tr><td rowspan="4">상소</td><td colspan="2">미확정의 재판에 대하여 상급법원에 구제를 구하는 불복신청제도를 말한다.</td></tr>
<tr><td colspan="2">① 미확정 : 상소는 미확정의 재판에 대한 불복신청이다. 따라서 확정재판에 대한 불복의 제도인 재심청구 또는 비상상고는 상소가 아니다.</td></tr>
<tr><td colspan="2">② 재 판 : 상소는 재판에 대한 불복신청이다. 따라서 검사의 불기소처분에 대한 검찰항고 또는 재정신청은 상소가 아니다.</td></tr>
<tr><td colspan="2">③ 상급법원 : 상소는 상급법원에 대한 구제신청이다. 따라서 약식명령 또는 즉결심판에 대한 정식재판의 청구, 이의신청, 상고심판결에 대한정정신청 등은 재판을 한 법원과 동급 또는 동일한 법원에 하는 불복신청이므로 상소가 아니다.</td></tr>
<tr><td rowspan="3">상소의 종류</td><td>항소</td><td>항소는 제1심판결에 대한 상소이다. 단독판사의 제1심판결에 대해서는 지방법원본원의 합의부에 항소할 수 있으며 지방법원 합의부의 제1심판결에 대해서는 고등법원에 항소할 수 있다(제357조).</td></tr>
<tr><td>상고</td><td>상고는 제2심판결에 대한 상소이다. 다만, 제1심판결에 대해서도 예외적으로 상고가 허용되는데, 이를 비약적 상고라고 한다. 어느 경우나 상고사건의 관할법원은 대법원이다. 상고심은 최종심이므로 상고심의 재판에 대해서는 상소가 허용되지 아니한다.</td></tr>
<tr><td>항고</td><td>항고는 법원의 결정에 대한 상소이다. 항고에는 일반항고와 특별항고(재항고)가 있으며, 일반항고는 보통항고와 즉시항고가 있다. ☞준 항고는 엄격한 의미에서는 상소에 해당하지 않는다.</td></tr>
<tr><td rowspan="2">상소권자</td><td>고유의 상소권자</td><td>① 당사자 : 검사와 피고인은 소송당사자로서 당연히 상소권을 가진다.
② 항고권자 : 검사 또는 피고인 이외의 자가 법원의 결정을 받은 때에는 항고할 수 있다.
☞ 과태료의 결정을 받은 증인 또는 감정인, 피고인 이외 소송비용부담의 재판을 받은 자.</td></tr>
<tr><td>당사자 이외의 상소권자</td><td>① 피고인의 법정대리인 : 피고인의 법정대리인은 피고인을 위하여 상소할 수 있다. 피고인의 법정대리인은 피고인의 명시한 의사에 반하여도 상소할 수 있다.
② 기 타 : 피고인의 배우자, 직계친족, 형제자매 또는 원심의 대리인이나 변호인은 피고인을 위하여 상소할 수 있다. 그러나 이들의 상소는 피고인의 명시한 의사에 반하여 하지 못한다.</td></tr>
<tr><td>상소권의 발생</td><td colspan="2">상소권은 재판의 선고 또는 고지에 의해서 발생한다.</td></tr>
</table>

상소권의 소멸	기간의 경과	㉠ 항소와 상고는 7일(제358 · 374조), 즉시항고는 7일(제405조)이며 보통항고의 경우에는 기간의 제한이 없고, 항고의 이익이 있는 한 보통항고를 할 수 있으며, 준항고는 7일이다. ㉡ 상소의 제기기간은 재판을 선고 또는 고지한 날로부터 진행한다(제343조 제2항).
	상소의 포기 · 취하	상소의 포기라 함은 상소권자가 상소의 제기기간 내에 법원에 대하여 상소권의 행사를 포기한다는 의사표시를 하는 것을 말하며, 상소의 취하라 함은 일단 제기한 상소를 철회하는 법원에 대한 소송행위를 말한다.
		ⓐ 고유의 상소권자 : 고유의 상소권자는 상소의 포기 또는 취하를 할 수 있다(제349조). 단, **피고인 또는 상소권의 대리행사자는 사형 또는 무기징역이나 무기금고가 선고된 판결에 대하여는 상소의 포기를 할 수 없다**(제349조 단서). ⓑ 법정대리인의 동의 : 법정대리인이 있는 피고인이 상소의 포기 · 취하를 함에는 법정대리인의 동의를 얻어야 한다. 다만, 법정대리인이 사망 기타 사유로 인하여 그 동의를 얻을 수 없는 때에는 예외로 한다(제350조). ⓒ 피고인의 동의 : 피고인의 법정대리인 또는 상소의 대리권자는 피고인의 동의를 얻어 상소를 취하할 수 있다(제351조).

상소의 방식	상소장 제출	① 상소의 제기는 반드시 서면(상소장)으로 하여야 한다(제343조 제1항). ② 상소장은 원심법원에 제출하여야 하며(제359 · 375 · 406조), 상소장이 원심법원에 제출된 때(도달된 때)에 상소제기의 효력이 생긴다.
	재소자특칙	교도소 또는 구치소에 있는 피고인이 상소의 제기기간 내에 상소장을 교도소장 또는 구치소장 또는 그 직무를 대리하는 자에게 제출한 때에는 상소의 제기기간 내에 상소한 것으로 간주한다.
	상대방에게 통지	상소의 제기가 있는 때에는 법원은 지체 없이 그 사유를 상대방에게 통지하여야 한다(제356조).
	법원의 결정	상소제기의 방식이 법령에 위반되거나 상소권 소멸 후인 경우에는 원심법원 또는 상소법원이 결정으로 상소를 기각하여야 한다.
효력	정지의 효력	① 원칙 : 정지의 효력이란 상소의 제기에 의하여 재판의 확정과 집행이 정지되는 효력을 말한다. 확정정지의 효력은 상소의 제기에 의하여 예외 없이 발생하나, 집행정지의 효력에는 예외가 있다. ② 집행정지의 효력 예외 : 항고는 즉시항고를 제외하고는 재판의 집행을 정지하는 효력이 없으며(제409조), 가납재판의 집행도 상소제기에 의하여 정지되지 아니한다(제334조).
	이심의 효력	이심의 효력이란 소송계속이 원심을 떠나 상소심에 옮겨지는 것을 말한다. 이심의 효력은 상소제기와 동시에 발생하는 것이 아니라 상소법원에 상소장과 증거물 및 소송기록이 송부된 때에 발생한다.

참고 · 지문

1. 주의할 것은 상소제기기간 내에 포함된 공휴일 또는 토요일까지 모두 계산하여 7일 이내에 상소를 제기하여야 한다는 점이다. 다만, 상소제기기간의 마지막 날이 공휴일인 경우에는 그 다음날까지, 토요일인 경우에는 그 다음 주 월요일까지 상소하면 된다.
2. 상소는 상소장이 상소기간 내에 제출처인 법원에 도달하여야만 효력이 있다. 다만 교도소 또는 구치소에 있는 피고인이 상소의 제기기간 내에 상소장을 교도소장 또는 구치소장 등에게 제출한 때에는 상소장이 상소의 제기기간 후에 법원에 도달되었더라도 상소의 제기기간 내에 상소한 것으로 간주된다.

02. 상소권의 회복

<table>
<tr><td>상소권회복</td><td colspan="2">상소권의 회복이란 상소제기기간이 경과한 후에 법원의 결정에 의해서 일단 소멸한 상소권을 회복시키는 제도를 말한다. 상소권회복에 의하여 일단 발생한 재판의 확정력(기판력)은 배제된다.</td></tr>
<tr><td>상소권회복의 사유</td><td colspan="2">① 상소권자 또는 그 대리인이 책임질 수 없는 사유로 인하여 상소제기기간 내에 상소를 하지 못한 때에 한하여 상소권의 회복이 인정된다(제345조).
② 책임질 수 없는 사유라 함은 상소를 하지 못한 것이 상소권자 또는 그 대리인의 고의 · 과실에 기인하지 않는 경우를 의미한다.</td></tr>
<tr><td rowspan="3">상소권회복의 절차</td><td>청구권자</td><td>상소권자는 상소권회복의 청구를 할 수 있다. 고유의 상소권자뿐만 아니라 상소권의 대리행사자도 포함된다.</td></tr>
<tr><td>청구절차</td><td>㉠ 상소권회복의 청구는 사유가 종지한 날로부터 상소의 제기기간에 상당한 기간 내에 서면으로 원심법원에 제출하여야 한다. 상소권회복의 청구를 할 때에는 원인된 사유를 소명하여야 한다.
㉡ 상소권의 회복을 청구한 자는 그 청구와 동시에 상소를 제기하여야 한다(제346조).
㉢ 상소권회복의 청구가 있는 때에는 지체 없이 상대방에게 그 사유를 통지하여야 한다.
㉣ 재소자의 경우 피고인이 교도소장 또는 구치소장 또는 그 직무를 대리하는 자에게 상소권회복청구서를 제출한때에는 그 기간 내에 상소권회복청구를 한 것으로 간주한다.</td></tr>
<tr><td>법원의 결정</td><td>㉠ 상소권회복의 청구를 받은 법원은 청구의 허부에 관한 결정을 하여야 한다(제347조 제1항). 이 결정에 대하여는 즉시항고를 할 수 있다(제347조 제2항).
㉡ 상소권회복의 청구가 있는 때에는 법원은 결정을 할 때까지 재판의 집행을 정지하는 결정을 할 수 있다(제348조).
㉢ 집행정지 결정을 한 경우 피고인의 구금이 필요하다고 인정한 때에는 구속사유가 구비된 때에 한하여 구속영장을 발부하여야 한다(제348조 제2항).</td></tr>
</table>

03. 상소의 이익

상소이익	상소는 재판에 의하여 이익이 침해되었음을 전제로 하므로 그 불복신청은 자기에게 이익이 될 때에만 허용된다는 것이다.	
판단기준	**검사**	① 피고인에게 불이익한 상소 : 검사는 피고인과 대립되는 당사자이므로 피고인에게 불이익한 상소를 할 수 있다. ② 피고인에게 이익이 되는 상소 : 검사는 공익의 대표자로서 법령의 정당한 적용을 청구할 임무를 가지기 때문에 피고인에게 이익이 되는 상소도 할 수 있다.
	피고인	피고인은 자기에게 불이익한 상소를 할 수 없으며, 이익된 재판을 구하는 경우에 한하여 상소를 할 수 있다.
구체적 기준	**유죄판결**	① 형선고 : 형선고판결 · 형면제 · 선고유예판결은 상소의 이익이 있다 ② 제3자의 소유물에 대한 몰수재판은 상소의 이익이 인정된다.
	무죄판결	무죄판결은 피고인에게 가장 유리한 판결이므로 피고인의 상소는 허용되지 아니한다.
	형식재판	공소기각, 관할위반 및 면소의 판결에 대하여 피고인이 무죄를 주장하여 상소할 수 없다.
	항소기각판결	피고인이 항소를 제기한 경우 항소기각판결 또는 유죄판결에 대해서 피고인에게 상고 이익이 있다.
상소이익이 없는 경우	① 무죄, 면소, 공소기각, 관할위반의 재판에 대한 상소와 같이 상소이유 없음이 상소장의 기재에 의하여 명백한 경우에는 결정으로 상소를 기각해야 한다. ② 유죄판결에 대한 상소와 같이 상소의 이익이 없다는 것이 상소이유서에 기재된 상소이유에 의해서 비로소 밝혀지는 경우에는 상소의 이유가 없다는 이유로 판결로써 상소를 기각해야 한다.	

판례 · 지문 상소

1. 검사는 공익의 대표자로서 법령의 정당한 적용을 청구할 임무를 가지므로 이의신청을 기각하는 등 **반대당사자에게 불이익한 재판에 대하여도 그것이 위법일 때에는 위법을 시정하기 위하여 상소**로써 불복할 수 있지만 **불복은 재판의 주문에 관한 것이어야 하고 재판의 이유만을 다투기 위하여 상소하는 것은 허용되지 않는다**(대판 1993.3.4. 자 92모21 결정).

2. **공소기각의 판결**이 있으면 피고인은 공소의 제기가 없었던 상태로 복귀되어 유죄판결의 위험으로부터 해방되는 것이니 그 **공소기각결정에 대하여 피고인은 상소할 수 없다**(대판 1983.12.13, 82도3076).

3. **피고인을 위한 상소는** 피고인에게 불이익한 재판을 시정하여 이익된 재판을 청구함을 그 본질로 하는 것이므로 피고인은 재판이 자기에게 불이익하지 아니하면 이에 대한 상소권이 없다. **공소기각의 재판이 있으면 피고인은 유죄판결의 위험으로부터 벗어나는 것이므로 그 재판은 피고인에게 불이익한 재판이라고 할 수 없어서 이에 대하여 피고인은 상소권이 없다**(대판 2007도6793).

4. **제1심 판결**에 대하여 피고인은 항소하지 아니하고 **검사만이 그 양형이 부당하게 가볍다는 이유로 항소**하였으나 항소심이 **검사의 항소를 이유없다고 기각한 경우**에 항소심판결은 **피고인에게 불이익한 판결이라고 할 수 없어 이에 대하여 피고인은 상소권이 없으므로**, 피고인의 상고는 방식에 위배한 부적법한 상고라고 할 것이다(대판 1981.8.25, 81도2110).

판례 · 지문 **상소권회복**

1. 재심을 청구하는 대신 항소권회복청구를 함으로써 항소심 재판을 받게 되었다면 항소심을 제1심이라고 할 수 없는 이상 항소심 절차에서는 처벌을 희망하는 의사표시를 철회할 수 없다(대판 2016.11.25. 2016도94700).

2. 제1심판결에 대하여 검사의 항소에 의한 항소심판결이 선고된 후 피고인이 동일한 제1심판결에 대하여 항소권회복청구를 하는 경우 이는 적법하다고 볼 수 없어 형사소송법 제347조 제1항에 따라 결정으로 이를 기각하여야 한다(대법원 2017.3.30. 2016모2874).

3. **상소권을 포기한 후** 상소제기기간이 도과한 다음에 **상소포기의 효력을 다투는 한편**, 자기 또는 대리인이 책임질 수 없는 사유로 인하여 상소제기기간 내에 상소를 하지 못하였다고 주장하는 사람은 **상소를 제기함과 동시에 상소권회복청구**를 할 수 있고, 그 경우 상소포기가 부존재 또는 무효라고 인정되지 아니하거나 자기 또는 대리인이 책임질 수 없는 사유로 인하여 상소제기기간을 준수하지 못하였다고 인정되지 아니한다면 상소권회복청구를 받은 원심으로서는 **상소권회복청구를 기각함과 동시에 상소기각결정**을 하여야 한다(대판 2004.1.13. 자2003모451).

4. 상소권회복청구는 자기 또는 대리인이 책임질 수 없는 사유로 인하여 상소의 제기기간 내에 상소를 하지 못한 때에만 청구할 수 있는바, 형사피고사건으로 **법원에 재판이 계속되어 있는 사람은 공소제기 당시의 주소지나 그 후 신고한 주소지를 옮길 때에는 자기의 새로운 주소지를 법원에 신고하거나 기타 소송 진행 상태를 알 수 있는 방법을 강구하여야 하고**, 만일 **이러한 조치를 취하지 않았다면** 소송서류가 송달되지 않아서 공판기일에 출석하지 못하거나 판결 선고사실을 알지 못하여 상고기간을 도과하는 등 **불이익을 받는 책임을 면할 수 없다**(대판 2008.3.10. 자2007모795).

5. 징역 1년의 실형을 선고받았으나 법정구속을 하지 않으므로 형의 집행유예를 선고받은 것으로 **잘못 전해 듣고 또한 선고당시 법정이 소란하여 판결주문을 알아들을 수 없어서 항소제기 기간내 항소를 하지 못한** 것이라면 그 사유만으로는 형사소송법 제345조의 **자기 또는 대리인이 책임질 수 없는 사유로 상소제기 기간내 상소를 하지 못한 경우에 해당된다고 볼 수 없다**(대판 1987.4.8. 자87모19).

6. 상소권자 또는 대리인이 단순히 **질병으로 입원하였다거나 기거 불능**하였었기 때문에 상소를 하지 못하였다는 것은 **상소권회복의 사유에 해당하지 아니한다**(대판 1986.9.17. 자86모46).

7. **교도소장이 결정정본을 송달받고 1주일이 지난 뒤에 그 사실을 피고인에게 알렸기 때문**에 피고인이나 그 배우자가 **소정 기간 내에 항고장을 제출할 수 없게 된 것이라면 상소권회복신청은 인용할 여지가 있을 것이다**(대판 1991.5.6. 자91모32).

8. 자기 또는 대리인이 책임질 수 없는 사유라 함은 본인 또는 대리인에게 귀책사유가 전혀 없는 경우는 물론, 본인 또는 대리인의 귀책사유가 있더라도 그와 상소제기기간의 도과라는 결과 사이에 다른 독립한 원인이 개입된 경우를 배제한다고 보기 어려우므로, **위법한 공시송달에 터 잡아 피고인의 진술 없이 공판이 진행되고, 피고인이 출석하지 않은 기일에 판결이 선고된 이상, 피고인은 자기 또는 대리인이 책임질 수 없는 사유로 인하여 상소제기기간 내에 상소를 하지 못한 것으로 봄이 상당하다**(대판 2006.2.8. 자2005모507).

9. **상소권회복은** 피고인 등이 책임질 수 없는 사유로 상소제기기간을 준수하지 못하여 소멸한 상소권을 회복하기 위한 것일 뿐, **상소의 포기로 인하여 소멸한 상소권까지 회복하는 것이라고 볼 수는 없다**(대판 2002.7.23. 자2002모180).

04. 일부상소

<table>
<tr><td>일부상소</td><td colspan="3">재판의 일부에 대한 상소를 일부상소라고 한다. 상소는 재판의 일부에 대하여 할 수 있다. 여기서 재판의 일부라 함은 1개의 사건의 일부를 말하는 것이 아니고 수개의 사건이 병합 심판된 경우에 있어서의 재판의 일부를 말한다.</td></tr>
<tr><td rowspan="3">허용범위</td><td colspan="3">① 일부상소가 허용되기 위하여는 재판의 내용이 가분이고 독립된 판결일 것을 요한다.
② 수개의 사건이 병합심판된 경우에는 원칙적으로 주문은 각 죄별로 판시하므로 원심재판의 주문의 단복이 일부상소의 허용 여부를 결정하는 기준이 된다.</td></tr>
<tr><td rowspan="2">경합범</td><td>일부상소 허용</td><td>㉠ 경합범의 각 부분에 대하여 각각 다른 재판이 선고된 경우(일부유죄, 일부무죄 · 면소 · 공소기각 · 관할위반 · 형면제 판결이 선고된 경우)
㉡ 주문에서 2개 이상의 형이 병과된 경우
㉢ 수개의 공소사실이 확정판결 전후에 범한 죄이기 때문에 수개의 형이 선고된 경우
㉣ 경합범관계에 있는 범죄사실 전부에 대하여 무죄판결이 선고된 경우에 무죄판결은 각 공소사실에 대한 것이므로 일부만 특정하여 상소할 수 있다.</td></tr>
<tr><td>허용되지 않는 경우</td><td>㉠ 일죄의 일부 : 단순일죄 · 포괄일죄 · 과형상의 일죄 등의 일부에 대한 상소는 허용되지 않는다.
㉡ 경합범에 대해 한 개의 형이 선고된 경우 : 경합범의 전부에 대해 한 개의 형이 선고된 경우(형법 제37조, 제38조 1항)에도 일부상소는 허용되지 않는다.
㉢ 주형과 일체가 된 부가형
ⓐ 주형과 일체가 된 부가형 · 환형처분 · 집행유예 등은 주형과 분리하여 상소할 수 없다(집행유예, 환형처분, 미결구금일수산입, 압수물의 환부, 몰수, 추징).
ⓑ 소송비용부담재판은 독립하여 상소할 수 없고 본안재판에 관해 상소하는 때에만 불복할 수 있다. ☞ 배상명령에 대해서는 독립하여 즉시항고를 할 수 있다.</td></tr>
<tr><td>방식</td><td colspan="3">일부상소를 함에는 일부상소를 한다는 취지를 명시하고 불복의 부분을 특정하여야 한다. 불복부분을 특정하지 아니한 상소는 전부상소로 보아야 한다.</td></tr>
<tr><td>효력</td><td colspan="3">① 일부상소의 경우에 상소심의 심판범위는 상소를 제기한 범위에만 미치므로 상소가 없는 부분의 재판은 확정된다.
② 상소법원은 일부상소된 부분에 한하여 심판하여야 하며, 상고심의 파기환송에 의하여 사건을 환송받은 법원도 일부상소된 사건에 대하여만 심판해야 하고 확정된 사건을 심판할 수는 없다.
③ 경합범관계에 있는 공소사실이 심리결과 상소심에서 단순일죄나 과형상 일죄로 판명된 경우, 판례는 공소사실 모두 상소심에 계속된다고 본다.</td></tr>
</table>

참고 · 지문

배상명령에 대해서는 독립하여 즉시항고를 할 수 있다

판례 · 지문 **일부상소**

1. 피고사건 본안에 관한 판단에 따른 주형 등에 부가하여 한 번에 선고되고 이와 일체를 이루어 동시에 확정되어야 하고 본안에 관한 **주형 등과 분리되어 이심되어서는 아니 되는 것이 원칙**이다. 따라서 **상소심에서 원심의 주형 부분을 파기하는 경우 부가형인 몰수 또는 추징 부분도 함께 파기**하여야 하고, 몰수 또는 추징을 제외한 나머지 주형 부분만을 파기할 수는 없다(대판 2009.6.25. 선고 2009도2807).

2. 특정 범죄자에 대한 **위치추적 전자장치 부착** 등에 관한 법률 제4장에서는 '형의 집행유예와 부착명령'에 관하여 규정하고 있는데, 보호관찰부 집행유예의 경우 보호관찰명령부분 만에 대한 일부상소는 허용 되지 않는 점 등에 비추어 볼 때, 위와 같은 **부착명령은 보호관찰부 집행유예와 서로 불가분의 관계에 있는 것으로서 독립하여 상소의 대상이 될 수 없다**(대판 2012.8.30. 2011도14257).

3. 수개의 범죄사실에 대하여 항소심이 일부는 유죄, 일부는 무죄의 판결을 하고, 그 판결에 대하여 **피고인 및 검사 쌍방이 상고**를 제기하였으나, 유죄 부분에 대한 피고인의 상고는 이유 없고 무죄 부분에 대한 **검사의 상고만 이유 있는 경우**, 항소심이 유죄로 인정한 죄와 무죄로 인정한 죄가 형법 제37조 전단의 **경합범 관계에 있다면 항소심판결의 유죄 부분도 무죄 부분과 함께 파기되어야** 한다(대판 1997.6.13. 선고 96도2606).

5. **상상적 경합관계**에 있는 두 죄에 대하여 한 죄는 무죄, 한 죄는 유죄가 선고되어 **검사만이 무죄부분에 대하여 상고**하였다 하여도 그 유죄 부분은 형식상 검사 및 피고인 어느 쪽도 상고한 것 같아 보이지 않지만 그 부분과 **상상적 경합관계에 있는 무죄 부분에 대하여 검사가 상고함으로써** 그 유죄 부분은 **그 무죄 부분의 유 · 무죄 여하에 따라서 처단될 죄목과 양형을 좌우하게 되므로, 결국 그 유죄 부분도 함께 상고심의 판단대상**이 된다(대판 2005.1.27. 선고 2004도7488).

6. 법원이 1개의 죄에 정한 형이 **징역형, 벌금형 등 수종임에도 형의 종류를 선택하지 아니한 채 수죄에 대하여 징역형과 벌금형을 병과하는 경우**에는 어느 죄에 대하여 징역형이, 어느 죄에 대하여 벌금형이 선고된 것인지 알 수 없게 되어 재판의 내용이 불가분적인 것이 되므로, 징역형이나 벌금형 중 어느 하나의 형에 관한 판결 부분만을 상소의 대상으로 할 수는 없다고 할 것이어서, **징역형이나 벌금형 중 어느 하나의 형에 관한 판결 부분에 대하여만 상소를 하였다고 하더라도 그 일부와 불가분의 관계에 있는 다른 형에 관한 판결 부분에 대하여도 상소의 효력이 미친다**(대판 2004.9.23. 2004도4727).

7. **항소장에** 경합범으로서 2개의 형이 선고된 죄 중 **일죄에 대한 형만을 기재**하고 나머지 일죄에 대한 형을 기재하지 아니하였다 하더라도 **항소이유서에서 그 나머지 일죄에 대하여도 항소이유를** 개진한 경우에는 판결 **전부에 대한 항소**로 봄이 상당하다(대판 2004.12.10. 선고 2004도3515).

8. 불가분의 관계에 있는 재판의 일부만을 불복대상으로 삼은 경우 그 상소의 효력은 상소불가분의 원칙상 피고사건 전부에 미쳐 그 전부가 **상소심에 이심**되고, 이러한 경우로는 **일부 상소가 피고사건의 주위적 주문과 불가분적 관계에 있는 주문에 대한 것, 일죄의 일부에 대한 것, 경합범에 대하여 1개의 형이 선고된 경우 경합범의 일부 죄에 대한 것 등에 해당하는 경우**를 들 수 있다(대판 2008.11.20. 선고 2008도5596 전원합의체).

9. 경합범 관계에 있는 수개의 범죄사실을 유죄로 인정하여 한 개의 형을 선고한 **불가분의 확정판결에서 그 중 일부의 범죄사실에 대하여만 재심청구의 이유**가 있는 것으로 인정된 경우에는 형식적으로는 1개의 형이 선고된 판결에 대한 것이어서 그 판결 전부에 대하여 재심개시의 결정을 할 수밖에 없지만, 비상구제수단인 재심제도의 본질상 재심사유가 없는 범죄사실에 대하여는 재심개시결정의 효력이 그 부분을 형식적으로 심판의 대상에 포함시키는데 그치므로 재심법원은 그 부분에 대하여는 이를 다시 심리하여 유죄인정을 파기할 수 없고 다만 그 부분에 관하여 새로이 양형을 하여야 하므로 **양형을 위하여 필요한 범위에 한하여만 심리를 할 수 있을 뿐**이다(대판 1996.6.14. 96도477).

05. 불이익변경금지

불이익변경금지	불이익변경금지의 원칙이라 함은 피고인이 항소·상고한 사건이나 피고인을 위하여 항소·상고가 제기된 사건에 관하여는 상소심에서 원심판결보다 중한 형을 선고하지 못한다는 원칙을 말한다.	
적용범위	피고인이 상소한 사건	① 피고인이 제338조 제1항에 의하여 상소한 사건에 대하여 적용된다. 피고인만 상소한 사건을 뜻하므로 검사만 상소한 사건이나 검사와 피고인 쌍방이 상소한 사건에 대하여는 적용되지 않는다. ② 검사와 피고인 쌍방이 상소한 사건에 대하여 검사의 상소가 기각된 경우 불이익변경금지의 원칙이 적용
	피고인을 위하여 상소한 사건	① 피고인 이외의 상소권자(피고인의 법정대리인, 배우자, 직계존속)가 상소한 사건을 말한다. ② 검사가 피고인의 이익을 위하여 상소한 경우도 불이익변경 금지의 원칙이 적용된다.
	상소한 사건	① 파기환송·파기이송사건 은 피고인의 상소권보장이라는 측면에서 불이익변경금지의 원칙이 적용된다. ② 약식명령이나 즉결심판의 경우 정식재판 청구시 불이익변경금지의 원칙을 인정하여 정식재판청구권을 보장하고 있다. ③ 재심사건 : 확정판결에 대한 재심개시의 결정이 확정된 사건에 대하여 재심이 개시된 경우에 그 재심에는 원심판결의 형보다 중한 형을 선고하지 못하도록 규정하고 있다. ④ 상소심에서 다른 사건이 병합되어 경합범으로 처단되는 경우에는 불이익변경금지의 원칙이 적용되지 않는다(판례). ⑤ 항고사건은 불이익변경금지의 원칙이 적용되지 않는다고 보아야 한다.
내용	중형선고 금지	① 불이익변경금지의 원칙에서 금지되는 것은 중한 형의 선고이다. 따라서 사실인정, 법령적용, 죄명선택에 있어 원심보다 중하게 변경되었다 할지라도 선고한 형이 중하게 변경되지 않는 한 이 원칙에 위배되지 않는다. ② 형이란 형법 제41조의 형의 종류에 엄격히 제한되는 것은 아니다. 실질적으로 피고인에게 형벌과 같은 불이익을 주는 처분, 예컨대 추징이나 미결구금일수의 산입 또는 벌금형에 대한 노역장유치기간은 실질적으로 형과 같은 성질을 가지므로 여기의 형에 해당한다. ③ 소송비용은 형이 아니므로 이 원칙이 적용되지 않는다.
	선고형 경중판단기준	선고형의 경중에 관해서는 법정형의 경중에 관한 규정인 형법 제50조가 기준이 되나, 형법 제50조는 추상적인 법정형 상호간의 경중을 규정한 데 지나지 아니하므로 원심판결과 상소심판결의 주문을 전체적·종합적으로 고찰하여 어느 형이 피고인에게 실질적으로 불이익한가의 여부를 기준으로 판단하여야 한다.

구체적 고찰	**형의 추가 · 양형증가**	원심이 선고한 형 이외에 다른 형을 추가하는 것은 불이익변경이며, 동종의 형을 과하면서 양형을 증가시키는 것도 불이익변경이다.
	징역형과 금고형	징역형을 금고형으로 변경하면서 형기를 인상하는 것은 금지되나, 금고형을 징역형으로 변경하면서 형기를 단축하는 것은 허용된다.
	자유형과 벌금형	㉠ 벌금형을 자유형으로 변경하는 것은 불이익변경이다. ㉡ 자유형을 벌금형으로 변경하는 경우에 그 노역장유치기간이 자유형을 초과하는 때 불이익변경이 아니다. ㉢ 벌금액은 동일하나 노역장유치기간이 길어졌다면 불이익변경이다. ㉣ 벌금액이 감경되면서 노역장유치기간이 길어졌다면 불이익변경이 아니다.
	부정기형과 정기형	부정기형을 정기형으로 변경하는 경우에 부정기형의 무엇을 기준으로 형의 경중을 정할 것인가에 대해 단기표준설을 취하고 있다.
	형의 집행유예	㉠ 집행유예를 붙인 자유형 판결에 대하여 집행유예만 없애거나 유예기간만을 연장한 경우는 불이익변경에 해당한다. ㉡ 징역형 · 금고형을 줄이면서 집행유예를 박탈한 경우도 불이익변경에 해당한다. ㉢ 징역형을 늘리면서 집행유예를 붙인 경우도 불이익변경에 해당한다. ㉣ 징역형에 집행유예를 붙이면서 벌금형을 병과한 경우, 금고형을 징역형으로 바꾸면서 집행유예를 선고한 경우에도 불이익변경이다. ㉤ 집행유예를 붙인 징역형에 대하여 형을 가볍게 하면서 유예기간을 길게 한 경우는 불이익변경이 아니다.
	집행유예 · 선고유예와 벌금형	㉠ 징역형에 대한 집행유예를 벌금형으로 변경하는 것은 불이익변경이 아니나, ㉡ 징역형에 대한 선고유예를 벌금형으로 변경하는 것은 불이익변경이다.
	집행유예 · 집행면제	집행면제를 집행유예로 변경하는 것은 불이익변경이 아니다. ☞ 선고유예 〈 벌금 〈 집행유예 〈 집행면제
	몰수 · 추징	징역형을 그대로 두면서 새로 몰수 · 추징을 추가하거나, 원심보다 무거운 추징을 병과하는 것은 불이익변경이다. 주형을 가볍게 하고 몰수나 추징을 추가 또는 증가케 한 경우는 불이익변경이 아니다(다수설). 그러나 추징을 몰수로 변경하는 것은 불이익변경이 아니다.
	미결구금일수산입	미결구금일수산입을 박탈하거나 감소시킨 경우는 불이익변경이 되나, 미결구금일수의 통산에 있어서 불이익하게 변경되더라도 본형이 경하게 변경된 경우는 불이익변경이 아니다.
	치료감호	치료감호에 대해서 피고인이 항소한 경우 징역형을 선고하는 것은 불이익변경이다.
	소송비용	소송비용이나 압수물의 환부는 형벌이 아니므로 불이익변경금지의 원칙이 적용되지 않는다.
위반	① 항소심의 판결이 불이익변경금지의 원칙(제368조)을 위반한 경우에는 상고이유에 해당한다(제383조 제1호).	
	② 상고심의 판결이 불이익변경금지의 원칙을(제396조 제2항) 위반한 경우에는 비상상고의 이유(제441조)에 해당한다.	

참고 · 지문

1. 소송비용의 부담은 형이 아니므로 이 원칙이 적용되지 않는다.
2. 피고인만이 항소한 사건에서 항소심이 제1심 판결을 직권으로 파기하고 다른 형은 동일하게 선고하면서 위치추적전자장치부착명령의 기간만을 제1심 판결보다 장기의 기간으로 부과한 것은 불이익변경금지의 원칙에 위배된다(대판 2014.3.27. 2013도9666).
3. 동일한 형을 선고하면서 새로 수강명령 또는 이수명령을 병과하는 것은 전체적 · 실질적으로 볼 때 피고인에게 불이익하게 변경한 것이므로 허용되지 않는다(2016도15961).

판례 · 지문 **불이익변경금지**

1. 약식명령에 대하여 **피고인만이 정식재판을 청구**하였는데, 검사가 당초 사문서위조 및 위조사문서행사의 공소사실로 공소제기하였다가 제1심에서 사서명위조 및 위조사서명행사의 공소사실을 예비적으로 추가하는 내용의 공소장변경을 신청한 사안에서, **불이익변경금지 원칙 등을 이유로 공소장변경을 불허한** 채 원래의 공소사실에 대하여 무죄를 선고한 제1심판결을 그대로 유지한 원심의 조치에 법리오해의 위법이 있다(대판 2013.2.28. 선고 2011도14986)

2. **피고인과 검사 쌍방이 항소**하였으나 **검사가 항소 부분에 대한 항소이유서를 제출하지 아니하여 결정으로 항소를 기각하여야** 하는 경우에는 **실질적으로 피고인만이 항소한 경우와 같게 되므로** 항소심은 불이익변경금지의 원칙에 따라 제1심판결의 형보다 중한 형을 선고하지 못한다(대판 선고 98도2111).

3. 제1심이 **실체적 경합범 관계에 있는 공소사실 중** 일부에 대하여 재판을 누락한 경우, 항소심으로서는 당사자의 주장이 없더라도 직권으로 제1심의 누락부분을 파기하고 그 부분에 대하여 재판하여야 한다. 다만, 피고인만이 항소한 경우라면 불이익변경금지의 원칙에 따라 제1심의 형보다 중한 형을 선고하지 못한다(대판 2009.2.12. 선고 2008도7848).

4. 불이익변경금지의 원칙은 선고된 형이 피고인에게 불이익하게 변경되었는지에 관한 판단은 형법상 형의 경중을 일응의 기준으로 하되, **병과형이나 부가형, 집행유예, 미결구금일수의 통산, 노역장 유치기간** 등 **주문 전체를 고려하여 피고인에게 실질적으로 불이익한가의 여부에 의하여 판단**하여야 할 것이고, 더 나아가 피고인이 상소 또는 정식재판을 청구한 사건과 다른 사건이 병합 · 심리된 후 경합범으로 처단되는 경우에는 **병합된 다른 사건에 대한 법정형, 선고형 등 피고인의 법률상 지위를 결정하는 객관적 사정을 전체적 · 실질적으로 고찰**하여 병합심판된 선고형이 불이익한 변경에 해당하는지를 판단하여야 한다(대판 2004.11.11. 선고 2004도6784).

5. 불이익변경금지 규정을 적용함에 있어 정기형과 부정기형간에 그 경중을 교량할 경우에는 부정기형 중 **최단기형과 정기형 자체와를 비교**하여야 한다(대판 1969.3.18. 선고 69도114).

6. 제1심에서 징역형의 집행유예를 선고한 데 대하여 제2심이 그 징역형의 **형기를 단축하여 실형을 선고**하는 것도 불이익변경 금지원칙에 **위배된다**(대판 1986.3.25. 자 86모2).

7. 제1심에서 **징역 6월**의 선고를 받고 피고인만이 항소한 사건에서 **징역 8월에 집행유예 2년을 선고한** 것은 제1심형보다 중하고 따라서 **불이익변경의 금지원칙에 위반된다**(대판 1966.12.8. 선고 66도1319).

8. **추징도 몰수에 대신하는 처분으로서 몰수와 마찬가지**로 형에 준하여 평가하여야 할 것이므로 그에 관하여도 형사소송법 제368조의 **불이익변경금지의 원칙이 적용된다**(대판 2006.11.9. 선고 2006도4888).

9. 벌금형의 약식명령을 고지받아 정식재판을 청구한 사건과 공소가 제기된 사건을 **병합 · 심리한 후 경합범**으로 처단하면서 **징역형을 선고한** 것이 **불이익한 변경에 해당한다**(대판 2004.11.11. 선고 2004도6784).

10. 제1심 법원에서 **치료감호**처분만 선고되고 피고인만이 항소한 이 사건에서 원심이 공판절차이행에 따라 **징역 1년 6월의 형을 선고**하였음은 형사소송법 제368조 소정의 **불이익변경금지의 원칙에 반한다**(대판 1983.6.14. 선고 83도765).

판례 · 지문 불이익변경금지에 반하지 않는 것

1. 피고인이 **약식명령에 대하여 정식재판을 청구한 사건과 공소가 제기된 다른 사건을 병합**하여 심리한 결과 형법 제37조 전단의 경합범 관계에 있어 하나의 벌금형으로 처단하는 경우에는 약식명령에서 정한 벌금형보다 **중한 벌금형을 선고하더라도** 형사소송법 제457조의2에 정하여진 **불이익변경금지의 원칙에 어긋나는 것이 아니다**(대판 2004.8.20. 선고 2003도4732).

2. 원심이 피고인에게 **징역 장기 7년, 단기 5년 및 5년 동안의 위치추적 전자장치 부착명령**을 선고한 제1심판결을 파기한 후 **피고인에 대하여 징역 장기 5년, 단기 3년 및 20년 동안의 위치추적 전자장치 부착명령**을 선고한 것이 **불이익변경금지의 원칙에 어긋나는 것이라고 할 수 없다**(대판 2010.11.11. 선고 2010도7955).

3. 피고인만이 항소한 사건에서 항소심법원이 제1심판결을 파기하고 새로운 형을 선고함에 있어 피고인에 대한 주형에서 그 **형기를 감축하고 제1심판결이 선고하지 아니한 압수장물을 피해자에게 환부하는 선고**를 추가하였더라도 그것만으로는 피고인에 대한 형이 제1심판결보다 **불이익하게 변경되었다고 할 수 없다**(대판 1990.4.10. 선고 90도16).

4. 피고인의 상고에 의하여 상고심에서 원심판결을 파기하고 사건을 항소심에 환송하였는데 **환송 후의 원심에서 법정형이 가벼운 죄로 공소장의 변경**이 이루어지고 이에 따라 그 항소심이 새로운 범죄사실을 유죄로 인정하면서 환송 전 원심에서 정한 **선고형과 동일한 형을 선고**한 경우, 불이익변경금지원칙에 **위배된다고 할 수 없다**(대판 2001.3.9. 선고 2001도192).

5. **불이익변경이 금지되는 것은 형의 선고에 한하므로, 살인죄**에 대하여 원심이 유기징역형을 선택한 **1심보다 중하게 무기징역형을 선택**하였다 하더라도 결과적으로 **선고한 형이 중하게 변경되지 아니한 이상** 위 조문에서 말하는 중한 형을 선고하였다고 할 수 없다(대판 1999.2.5. 선고 98도4534).

6. 피고인에 대하여 **주형을 징역 1년 6월형의 집행유예 또는 징역 1년 형의 선고유예에서 벌금 40,000,000원 형의 선고유예로 감경**한 점에 비추어, **그 선고를 유예한 금 16,485,250원의 추징을 새로이 추가하였다고 하더라도**, 전체적 · 실질적으로 볼 때 피고인에 대한 형이 제1심판결이나 환송 전 원심판결보다 **불이익하게 변경되었다고 볼 수는 없다**(대판 1998.3.26. 선고 97도1716).

7. 징역형의 형기가 **징역 1년에서 징역 10월로 단축**되었다면 벌금형의 액수가 같고 **벌금형에 대한 환형유치기간이 길어졌다 하더라도 형량이 불이익하게 변경되었다고 할 수 없다**(대판 1994.1.11. 93도2894).

8. **형의 집행유예의 판결은** 소정 유예기간을 특별한 사유 없이 경과한 때에는 그 **형의 선고의 효력이 상실**되나 **형의 집행면제는 그 형의 집행만을 면제하는데 불과하여, 전자가 후자보다 피고인에게 불이익한 것이라 할 수 없다**(대판 1985.9.24. 선고 84도2972).

9. 항소심이 몰수의 가능성에 관하여 제1심과 견해를 달리하여 **추징을 몰수로 변경**하더라도, 그것만으로 피고인의 이해관계에 실질적 변동이 생겼다고 볼 수는 없으며, 따라서 이를 두고 **형이 불이익하게 변경되는 것이라고 보아서는 안 된다**(대판 2005.10.28. 선고 2005도5822).

10. 제1심법원이 소송비용의 부담을 명하는 재판을 하지 않았음에도 **항소심법원이 제1심의 소송비용에 관하여 피고인에게 부담하도록 재판을 한 경우, 불이익변경금지원칙에 위배되지 않는다**(대판 2001도872).

11. 피고인만이 항소한 사건에서 **제1심이 인정한 범죄사실의 일부가 제2심에서 무죄**로 되었음에도 제2심이 **제1심과 동일한 형을 선고**하였다 하여 그것이 형사소송법 제368조의 **불이익변경금지 원칙에 위배된다고 볼 수 없다**(대판 1995.9.29. 선고 95도1577).

판례 · 지문 파기판결의 구속력

1. 환송판결의 **하급심에 대한 구속력은 파기의 이유가 된 원판결의 사실상 및 법률상의 판단이 정당하지 않다는 소극적인 면에서만 발생하는 것**이므로 환송 후의 심리과정에서 새로운 사실과 증거가 제시되어 기속적 판단의 **기초가 된 사실관계에 변동이 있었다면** 새로운 사실과 증거에 따라 다른 가능한 견해에 의하여 **환송 전의 판결과 동일한 결론을 낸다고 하여도 환송판결의 하급심 기속**에 관한 법원조직법 제7조의2에 위반한 위법이 있다고 **할 수 없다**(대판 1983.2.8. 선고 82도2672).

2. 환송 후 원심에서의 증인들의 각 증언 내용이 환송 전과 같은 취지여서 그들의 종전 진술을 다시 한 번 확인하는 정도에 그쳤고, 그 외에 **환송 후 원심에서 추가적인 증거조사가 이루어지지 않았다면**, 환송 후의 심리 과정에서 **새로운 증거가 제시되어 기속적 판단의 기초가 된 증거관계의 변동이 생긴 경우에 해당한다고 볼 수 없다**(대판 2009.4.9. 선고 2008도10572)

3. 환송받은 법원은 상고심 판결의 파기이유가 된 사실상 · 법률상의 판단에 기속되지만 파기이유를 피하여 새로운 증거 등에 따라 환송 전 판결과 같은 결론은 물론 그보다 무거운 결론을 내리더라도 위법하지 않다(2017도14322).

06. 항소

<table>
<tr><td>항소</td><td colspan="2">항소란 제1심판결에 불복하여 제2심 법원에 제기하는 상소를 말한다. 단독판사의 제1심판결에 대해서는 지방법원 본원 합의부에 항소할 수 있으며 지방법원 합의부의 제1심판결에 대해서는 고등법원에 항소할 수 있다.</td></tr>
<tr><td rowspan="4">항소이유</td><td rowspan="2">법령위반</td><td>① 상대적 항소이유 : 법령위반은 원칙적으로 상대적 항소이유에 해당한다. 즉, 판결에 영향을 미친 헌법 · 법률 · 명령 또는 규칙의 위반이 있는 때에 항소이유가 된다(제1호).
㉠ 헌법위반에는 판결의 내용이 헌법에 위반한 경우
㉡ 판결절차가 헌법에 위반한 경우 ㉢ 법령적용의 착오 ㉣ 소송법규의 위반</td></tr>
<tr><td>② 절대적 항소이유 : 법령위반 가운데 판결에의 영향여부를 불문하고 상소이유로 되는 경우가 절대적 항소이유가 된다.
㉠ 관할 또는 관할위반의 인정이 법률에 위반한 때(제3호)
㉡ 판결법원의 구성이 법률에 위반한 때(제4호)
㉢ 법률상 그 재판에 관여하지 못할 판사가 그 사건의 심판에 관여한 때(제7호)
㉣ 사건의 심리에 관여하지 아니한 판사가 그 사건의 판결에 관여한 때(제8호)
㉤ 공판의 공개에 관한 규정에 위반한 때(제9호)
㉥ 판결에 이유를 붙이지 아니하거나 이유에 모순이 있는 때(제11호)</td></tr>
<tr><td rowspan="2">법령위반 외</td><td>① 상대적 항소이유 : 사실의 오인이 있어 판결에 영향을 미친 때에 항소이유가 된다(제14호).</td></tr>
<tr><td>② 절대적 항소이유
㉠ 판결 후 형의 폐지나 변경 또는 사면이 있는 때(제2호)
㉡ 재심청구사유가 있는 때(제13호)
㉢ 형의 양정이 부당하다고 인정할 사유가 있는 때(제15호)</td></tr>
<tr><td rowspan="5">절차</td><td>항소장 제출</td><td>㉠ 항소를 함에는 7일의 항소제기기간 내에 항소장을 원심법원에 제출하여야 한다.
㉡ 교도소 또는 구치소에 있는 피고인이 상소의 제기기간 내에 상소장을 교도소장 또는 구치소장 또는 그 직무를 대리하는 자에게 제출한 때에는 상소의 제기기간 내에 상소한 것으로 간주한다.</td></tr>
<tr><td>원심법원</td><td>㉠ 항소장을 심사하여 항소의 제기가 법률상의 방식에 위반하거나 항소권소멸 후인 것이 명백한 때에는 결정으로 항소를 기각하여야 한다(제360조).
㉡ 그 이외의 경우에는 14일 이내에 소송기록과 증거물을 항소법원에 송부하여야 한다.</td></tr>
<tr><td>항소법원</td><td>㉠ 항소법원의 기록의 송부를 받은 때에는 즉시 항소인과 상대방에게 그 사유를 통지하여야 한다.
㉡ 피고인이 구속되어 있는 경우 검사는 통지를 받은 날부터 14일 이내에 피고인을 항소법원소재지 교도소 또는 구치소에 이송하여야 한다(제361조의2 제1항 · 제3항).</td></tr>
<tr><td>항소이유서</td><td>㉠ 항소인과 변호인은 소송기록의 접수통지를 받은 날로부터 20일 이내에 항소이유서를 항소법원에 제출하여야 한다(제361조의3 제1항).
㉡ 항소이유서는 상대방 수에 2를 더한 부본을 첨부하여야 하고, 항소이유서를 제출받은 항소법원은 지체 없이 그 부본을 상대방에게 송달하여야 한다.</td></tr>
<tr><td>답변서</td><td>상대방은 항소이유서 부본 또는 등본의 송달을 받은 날로부터 10일 이내에 답변서를 항소법원에 제출하여야 한다. 답변서를 제출받은 항소법원은 지체 없이 그 부본을 상대방에게 송달하여야 한다.</td></tr>
</table>

07. 항소심절차

항소법원의 심판범위	① 항소법원은 항소이유에 포함된 사유에 관하여 심판하여야 한다(제364조 제1항). ② 그러나 판결에 영향을 미친 사유에 관하여는 항소이유서에 포함되지 아니한 경우에도 직권으로 심판할 수 있다(제364조 제2항).	
심리의 특칙	항소심의 절차에 관하여는 특별한 규정이 없는 한 제1심 공판에 관한 규정이 준용된다(제370조). 다만, 항소심의 심리에 관하여는 특칙이 인정되고 있다.	
	불출석재판	피고인이 공판기일에 출정하지 아니한 때에는 다시 기일을 정하여야 한다. 피고인이 정당한 사유 없이 다시 정한 기일에 출정하지 아니한 때에는 피고인의 진술 없이 판결을 할 수 있다.
	증거에 대한 특칙	제1심법원에서 증거로 할 수 있었던 증거는 항소심에서도 증거로 할 수 있다(제364조 제3항). 그러나 항소심은 속심이므로 새로운 증거조사가 가능하다.
항소심의 종국재판	**공소기각의 결정**	제328조의 사유가 있는 때에는 항소법원은 공소기각의 결정을 하여야 한다(제363조). 이 결정에 대하여는 즉시항고를 할 수 있다(제363조).
	항소기각의 결정	㉠ 항소의 제기가 법률상의 방식에 위반하거나 항소권소멸 후인 것이 명백한 때에 원심법원이 항소기각의 결정을 하지 아니한 때. ㉡ 항소이유서 제출기간 내에 항소이유서를 제출하지 아니한 때에는 결정으로 항소를 기각하여야 한다(제362조, 제361조의4). 직권조사사유가 있거나 항소장에 항소이유의 기재가 있을 때에는 예외로 한다.
	항소기각의 판결	㉠ 항소이유가 없다고 인정한 때에는 판결로써 항소를 기각하여야 한다(제364조 제4항). ㉡ 항소이유 없음이 명백한 때에는 소송기록에 의하여 변론없이 판결로써 항소를 기각할 수 있다(제364조 제5항).
	파기판결	㉠ 항소이유 있다고 인정한 때에는 원심판결을 파기하여야 한다(제364조 제6항). 피고인을 위하여 원심판결을 파기하는 경우에 파기의 이유가 항소한 공동피고인에게 공통되는 때에는 그 공동피고인에 대하여도 원심판결을 파기하여야 한다(제364조의2). ㉡ 공동피고인이란 원심에서의 공동피고인으로서 항소한 자를 말하며, 항소를 적법하게 제기한 이상 항소이유서를 제출하지 않거나 항소이유가 부적법한 경우도 포함된다.
	① 파기자판	항소법원이 원심판결을 파기한 후 피고사건에 대하여 직접 다시 판결을 하는 것을 파기자판이라고 한다. 항소법원이 형선고의 판결을 하는 경우에는 불이익변경금지의 원칙이 적용된다(제368조).
	② 파기환송	공소기각 또는 **관할위반의 재판이 법률에 위반**됨을 이유로 원심판결을 파기하는 때에는 판결로써 사건을 원심법원에 환송하여야 한다(제366조).
	③ 파기이송	**관할인정이 법률에 위반됨**을 이유로 원심판결을 파기하는 때에는 판결로써 사건을 관할법원에 이송하여야 한다(제367조).

참고 · 지문

기록을 송부받은 항소법원은 필요적 변호사건에 변호인이 없는 경우 지체없이 변호인을 선정한 후 그 변호인에게 소송기록접수 통지를 하여야한다.

판례 · 지문 **항소**

1. 판결내용 자체가 아니고 **구속 등의 조치의 위법은** 그것 자체만으로 **판결에 영향이 있어 상고이유가 되는 경우는 없다**(대판 1994.11.4, 94도).

2. 형사소송법 제361조의5 제14호에서 항소이유의 하나로 규정한 사실의 오인이 있어 판결에 영향을 미친 때라는 것은 **사실오인에 의하여 판결의 주문에 영향을 미쳤을 경우와 범죄에 대한 구성요건적 평가에 직접 또는 간접으로 영향을 미쳤을 경우를 의미한다**(대판 1996.9.20. 선고 96도1665).

3. 검사가 피고인을 위하여 하는 상소는 재판의 주문에 관한 것이어야 하고 **이유만을 다투기 위한 상소는 허용되지 않는다**(대판 2016도20488).

4. 항소법원은 직권조사사유가 아닌 것에 관해서는 그것이 항소장에 기재되었거나 소정 기간 내에 제출된 항소이유서에 포함된 경우에 한하여 심판의 대상으로 할 수 있다. 다만 판결에 영향을 미친 사유에 한하여 예외적으로 항소이유서에 포함되지 않았다고 하더라도 직권으로 심판할 수 있다. 한편 피고인이나 변호인이 **항소이유서에 포함시키지 않은 사항을 항소심 공판정에서 진술**한다고 하더라도 그러한 사정만으로 그 진술에 포함된 주장과 같은 **항소이유가 있다고 볼 수 없다**(대판 2017.5.17. 선고 2017도3373).

5. 형사소송법 제361조의2 제1항에 따라 항소법원이 피고인에게 소송기록 접수통지를 함에 있어 2회에 걸쳐 그 통지서를 송달하였다고 하더라도, **항소이유서 제출기간의 기산일은 최초 송달의 효력이 발생한 날의 다음날부터**라고 보아야 한다(대판 2010.5.27. 선고 2010도3377).

6. 항소법원이 **국선변호인 선정 이후 병합된 사건**에 관하여 국선변호인에게 소송기록 접수통지를 하지 아니함으로써 항소이유서 제출기회를 주지 아니한 채 판결을 선고한 것은 위법하다(대판 2010.5.27. 선고 2010도3377).

7. 검사가 제출한 제1심 무죄판결에 대한 항소장의 **항소의 이유에 사실오인 및 법리오해라는 문구만 기재되어 있을 뿐** 다른 **구체적인 항소이유가 명시되어 있지 않은 경우**, 위와 같은 항소장의 기재는 **적법한 항소이유의 기재에 해당하지 않는다**(대판 2006.3.30. 2005모564).

8. **항소이유서**에 다른 구체적인 이유의 기재 없이 단순히 항소장의 **항소의 범위란에 양형부당이라는 문구가 기재되어 있다고 하여 이를 적법한 항소이유의 기재라고 볼 수는 없다**(대판 2008.1.31. 선고 2007도8117).

9. 필요적 변호사건에서 법원이 정당한 이유없이 **국선변호인을 선정하지 않고 있는 사이에 피고인 스스로 변호인을 선임하였으나 그 때는 이미 피고인에 대한 항소이유서 제출기간이 도과해버린 후**이어서 그 변호인이 피고인을 위하여 항소이유서를 작성 · 제출할 시간적 여유가 없는 경우에도 마찬가지로 보호되어야 한다고 할 것이므로, 그 경우에는 법원은 **사선변호인에게도 형사소송규칙 제156조의2를 유추적용하여 소송기록접수통지를 함으로써 그 변호인이 통지를 받은 날로부터 기산하여 소정의 기간 내에 피고인을 위하여 항소이유서를 작성 · 제출할 수 있는 기회를 주어야 한다**(대판 2000.12.22. 선고 2000도4694).

10. **전혀 다른 두 개의 사건에 대한 항소이유서가 마치 하나의 사건에 대한 항소이유서인 것처럼 하나로 작성되어 제출**되었고, 그 항소이유서에 **별개의 두 사건의 피고인들이 하나의 사건의 공동피고인들인 것처럼 기재되어 있다면**, 이러한 **항소이유서는 법률이 정한 방식에 위배되는 항소이유서로서 부적법**하다(대판 1998.2. 10. 97모101).

11. 피고인이 항소심 공판기일에 출정하지 아니하여 다시 기일을 정하였는데도 정당한 사유 없이 그 기일에도 출정하지 아니한 때에는 **피고인의 진술 없이 판결**할 수 있으므로, 이와 같이 피고인이 불출석한 상태에 서 그 진술 없이 판결할 수 있기 위해서는 **피고인이 적법한 공판기일 통지를 받고서도 2회 연속으로 정당한 이유 없이 출정하지 아니한 경우**에 해당하여야 한다(대판 2012.6.28., 2011도16166).

08. 상고

<table>
<tr><td>상고</td><td colspan="2">① 상고는 제2심판결에 불복하여 대법원에 제기하는 상소이다. 다만, 제1심판결에 대해서도 예외적으로 상고가 허용되는데(제372조), 이를 비약적 상고라고 한다. 어느 경우나 상고사건의 관할법원은 대법원이다.
② 상고도 상소의 일종으로서 오판을 시정하려는 데에 그 존재이유가 있지만 상고심의 주된 기능은 법령의 해석 · 적용의 통일에 있다. 상고심은 최종심이므로 상고심의 재판에 대해서는 상소가 허용되지 아니한다.</td></tr>
<tr><td rowspan="3">상고심의 구조</td><td>법률심</td><td>상고심은 일반적으로 법률문제를 심리 · 판단하는 법률심이라고 할 수 있다. 그러나 사실 오인과 양형부당을 상고이유(제383조 제4호)로 하고 있고 상고심에서도 파기자판(제396조)을 하는 경우가 있으므로 극히 예외적인 경우에는 사실심의 성격도 가지고 있다.</td></tr>
<tr><td rowspan="2">사후심</td><td>① 현행법상 상고심은 사후심이다. 상고이유가 원칙적으로 법령위반에 엄격히 제한되어 있고(제383조), 상고법원은 변론없이 서면심리에 의하여 판결할 수 있으며(제390조), 원심판결을 파기하는 때에는 파기환송 또는 이송하는 것이 원칙(제397조)이기 때문이다.</td></tr>
<tr><td>② 상고심에서는 피고인신문 · 증거조사 등 사실조사가 원칙적으로 허용되지 아니하며, 원판결의 당부를 판단하는 기준시도 원판결시이며, 검사의 공소장변경도 인정되지 않는다.</td></tr>
<tr><td rowspan="2">상고이유</td><td>절대적 상고이유</td><td>① 판결에 영향을 미친 헌법 · 법률 · 명령 또는 규칙의 위반이 있는 때(제1호)
② 판결 후 형의 폐지, 변경 또는 사면이 있는 때(제2호)
③ 재심청구의 사유가 있는 때(제3호)</td></tr>
<tr><td>상대적 상고이유</td><td>④ 사형, 무기 또는 10년 이상의 징역이나 금고가 선고된 사건에 있어서 중대한 사실의 오인이 있어서 판결에 영향을 미친 때 또는 형의 양정이 심히 부당하다고 인정할 현저한 사유가 있는 때
☞ 피고인의 이익을 위하여 피고인이 상고하는 경우에만 적용되며, 검사는 사실오인 · 양형부당을 이유로 상고하지 못한다.</td></tr>
<tr><td rowspan="5">절차</td><td>방식</td><td>상고제기의 방식은 7일 상고제기기간 내에 상고장을 원심법원에 제출하여야 한다.</td></tr>
<tr><td>원심법원</td><td>① 상고의 제기가 법률상의 방식에 위반하거나 상고권소멸 후인 것이 명백한 때에는 원심법원은 결정으로 상고를 기각하여야 한다.
② 상고기각결정을 하는 경우를 제외하고는 원심법원은 상고장을 받은 날부터 14일 이내에 소송기록과 증거물을 상고법원에 송부하여야 한다.</td></tr>
<tr><td>상고법원</td><td>① 상고법원이 소송기록의 송부를 받은 때에는 즉시 상고인과 상대방에 대하여 그 사유를 통지하여야 한다.
② 상고법원이 소송기록접수 통지 전에 변호인의 선임이 있는 때에는 변호인에 대하여도 소송기록통지를 하여야 한다.</td></tr>
<tr><td>상고이유서 제출</td><td>① 상고인 또는 변호인이 전조의 통지를 받은 날로부터 20일 이내에 상고이유서를 상고법원에 제출하여야 한다.
② 상고이유서에는 소송기록과 원심법원의 증거조사에 표현된 사실을 인용하여 그 이유를 명시하여야 한다.
③ 상고이유서의 제출을 받은 상고법원은 지체 없이 그 부본 또는 등본을 상대방에 송달하여야 한다.</td></tr>
<tr><td>답변서의 제출</td><td>① 상대방은 상고이유서부본의 송달을 받은 날로부터 10일 이내에 답변서를 상고법원에 제출할 수 있다(항소의 경우와 달리 임의적 규정임).
② 답변서의 제출을 받은 상고법원은 지체 없이 그 부본 또는 등본을 상고인 또는 변호인에게 송달하여야 한다.</td></tr>
</table>

참고 · 지문

1. 치열한 법리공방이 예상되는 사건, 사회의 이목이 집중되는 사건, 국가 전체의 방향, 정책 등에 지대한 영향을 미치는 사건 등에 관하여 참고인(전문가)의 진술을 들을 필요가 있다고 판단되는 경우
2. 피고인의 이익을 위하여 피고인이 상고하는 경우에만 적용되며, 검사는 사실오인 · 양형부당을 이유로 상고하지 못한다.

판례 · 지문 **상고**

1. **제1심판결에 대하여 검사만이 양형부당을 이유로 항소**하였을 뿐 **피고인은 항소하지 아니한 경우, 피고인으로서는 사실오인이나 법령위반 사유를 들어 상고할 수 없다**(대판 91도1796).

2. **피고인이 경합범**에 해당되어 **징역 4년, 징역 2년 6월 및 징역 4년**의 각 형이 선고된 경우, 이를 **합하면 징역 10년 이상**이 되므로 형사소송법 제383조 제4호에 기하여 **원심의 양형부당을 이유로 상고할 수 있다**(대판 2010.1.28. 선고 2009도13411).

3. 죄수평가를 잘못한 결과 **처단형의 범위에 차이가 생긴 경우**에는 죄수에 관한 법리를 오해함으로써 판결에 영향을 미친 **위법**이 있다(대판 2003.12.26. 선고 2003도6288).

4. 형사소송법 제383조 제4호의 해석상 **검사는 원심의 형의 양정이 가볍다거나** 피고인의 이익에 반하여 양형의 전제사실의 인정에 있어서 **원심에 채증법칙을** 위반한 위법이 있다는 사유를 **상고이유로 주장할 수 없다**(대판 2005.9.15. 선고 2005도1952).

5. 상고심은 항소법원판결에 대한 사후심이므로 항소심에서 심판대상이 되지 않은 사항은 상고심의 심판범위에 들지 않는 것이어서, **피고인이 항소심에서 항소이유로 주장하지 아니하거나 항소심이 직권으로 심판대상으로 삼은 사항 이외의 사유에 대하여는 이를 상고이유로 삼을 수 없다**(대판 2009.2.12. 선고 2008도8661).

09. 상고심절차

상고심의 심판범위	상고법원은 상고이유서에 포함된 사유에 관하여 심판하여야 한다. 그러나 제383조 제1호 내지 제3호의 경우에는 상고이유서에 포함되지 아니한 때에도 직권으로 심판할 수 있다(제384조).	
상고심의 변론	변호인의 변론	상고심은 법률심이기 때문에 변호사 아닌 자를 변호인으로 선임하지 못하고(제386조), 변호인이 아니면 피고인을 위하여 변론하지 못한다(제387조).
	피고인의 출석배제	피고인 자신은 변론을 할 수 없고, 따라서 상고심의 공판기일에는 피고인의 소환을 요하지 않는다.
	상고이유서에 의한 변론	㉠ 검사와 피고인은 상고이유서에 의하여 변론하여야 한다(제388조). ㉡ 변호인의 선임이 없거나 변호인이 공판기일에 출정하지 아니한 때에는 직권으로 변호인을 선정해야 하는 경우(제283조)를 제외하고는 검사의 진술을 듣고 판결을 할 수 있다. ㉢ 이 경우에 적법한 상고이유서의 제출이 있는 때에는 그 진술이 있는 것으로 간주하여야 한다(제389조).
	서면심리	① 원 칙 : 상고법원은 상고장 · 상고이유서 기타의 소송기록에 의하여 변론 없이 판결할 수 있다. ② 예 외 : 상고법원은 필요한 경우에는 특정한 사항에 관하여 변론을 열어 참고인의 진술을 들을 수 있다(제390조 ②).
상고심의 재판	공소기각의 결정	공소가 취소된 때, 피고인의 사망, 피고인인 법인이 존속하지 않게 된 경우(제382조) 결정으로 공소를 기각하여야 한다.
	상고기각의 결정	㉠ 상고의 제기가 법률상의 방식에 위반하거나 상고권 소멸 후인 것이 명백한 때에 원심법원이 상고기각의 결정을 하지 아니한 때(제381조) ㉡ 상고인이나 변호인이 상고이유서 제출기간 내에 상고이유서를 제출하지 아니한 때(제380조) 상고기각의 결정을 한다.
	상고기각의 판결	상고제기가 이유 없다고 인정하는 때(제399조, 제364조 제4항), 상고기각의 판결을 한다.
	파기판결	상고이유가 있는 때에는 판결로써 원심판결을 파기하여야 한다. 피고인의 이익을 위하여 원심판결을 파기하는 경우에 파기의 이유가 상고한 공동피고인에 공통되는 때에는 그 공동피고인에 대하여도 원심판결을 파기하여야 한다(제392조).
	① 파기자판	㉠ 원심판결을 파기하는 경우 그 소송기록과 원심법원과 제1심법원이 조사한 증거에 의하여 판결하기에 충분하다고 인정한 때에는 피고사건에 대하여 직접 판결을 할 수 있다. ㉡ 유죄 · 무죄의 실체재판뿐만 아니라 공소기각 · 면소의 형식재판도 할 수 있으며 형선고판결을 하는 경우 불이익변경금지의 원칙이 적용된다(제396조).
	② 파기환송	공소기각 또는 관할위반이 법률에 위반됨을 이유로 원심판결 또는 제1심판결을 파기하는 경우에는 판결로써 사건을 원심법원 또는 제1심법원에 환송하여야 한다(제393조).
	③ 파기이송	관할의 인정이 법률에 위반됨을 이유로 원심판결 또는 제1심판결을 파기하는 경우에는 판결로써 사건을 관할 있는 법원으로 이송하여야 한다.

판례 · 지문 **상고심**

1. 상고인이나 변호인이 상고이유서라는 제목의 서면을 제출하였다고 하더라도 위 **법조에서 상고이유로 들고 있는 어느 하나에라도 해당하는 사유를 포함하고 있지 않은 때에는 적법한 상고이유서를 제출한 것이라고 할 수 없고,** 이 경우 **상고법원은** 같은 법 제380조에 의하여 **결정으로 상고를 기각**할 수 있다고 할 것이다. 다만, 상고법원은 같은 법 제383조 제1호 내지 제3호의 사유에 관하여는 상고이유서에 포함되지 아니한 때에도 직권으로 이를 심판할 수 있으므로(같은 법 제384조 단서), 원심판결에 이에 해당하는 사유가 있는 때에는 상고법원은 판결로 그 사유에 관하여 심판할 수 있다고 할 것이다(대판 2010.4.20. 자2010도759).

2. 수 개의 범죄행위를 **포괄일죄로 본 항소심의 판단을 탓하는 상고이유는 피고인에게 죄수를 증가하는 불이익을 초래하는 것이 되어 적법한 상고이유가 될 수 없다**(대판 2004.7.9. 선고 2004도810).

3. 형사소송법 제392조는 피고인의 이익을 위하여 원심판결을 파기하는 경우에 **파기의 이유가 상고한 공동피고인에 공통되는** 때에는 그 공동피고인에 대하여도 원심판결을 파기하여야 한다고 규정하고 있는바, **이 규정은 상고가 법률상 방식에 위반하거나 상고권 소멸 후인 것이 명백한 공동피고인에게는 이를 적용할 수 없다**(대판 2003도6412).

4. 피고인 1은 피고인 2의 항소와 검사의 피고인들에 대한 항소를 모두 기각한 원심판결에 대하여 **사실오인 내지 법리오해를 이유로 상고를 제기**한 사실을 인정할 수 있는바, 피고인 1이 상고이유서에서 주장하는 상고이유는 적법한 상고이유가 될 수는 없다고 할 것이나, 피고인 1의 상고 자체가 법률상 방식에 위반하거나 상고권 소멸 후인 것이 명백한 때에 해당하는 부적법한 상고는 아니므로, 피고인 1은 피고인 2와 **파기의 이유가 공통되는 공동피고인으로서 형사소송법 제392조의 적용을 받는**다고 할 것이다(대판 2004.7.22. 선고 2003도6412).

10. 비약적 상고

비약적 상고	비약적 상고란 법령해석에 관한 중요한 사항을 포함한다고 인정되는 사건에 관하여 제1심 판결에 대하여 직접 대법원에 상고하게 하는 것을 말한다.	
대상	①원심판결이 인정한 사실에 대하여 법령을 적용하지 아니하였거나 법령의 적용에 착오가 있는 때(제1호), 1심판결에 대해서만 할 수 있다. ☞ 사실오인 또는 양형의 과중은 비약적 상고의 이유가 되지 않으며, 판결이 아닌 제1심법원의 결정은 비약적 상고이유가 되지 않는다.	
	② 원심판결이 있는 후 형의 폐지나 변경 또는 사면이 있는 때(제2호)	
제 한	① 비약적 상고로 인하여 상대방은 심급의 이익을 잃게 될 우려가 있으므로, 그 사건에 대하여 항소가 제기된 때에는 비약적 상고는 효력을 잃는다.	
	② 항소의 취하 또는 항소기각의 결정이 있는 때에는 상고의 효력이 유지된다(제373조).	
판결정정	상고심판결에 명백한 오류가 있는 경우에 이를 정정하는 것을 말한다. 그러나 판결의 정정이 인정된다고 하여 대법원판결의 확정시기가 늦어지는 것은 아니다. 판결은 선고와 동시에 확정된다.	
사유	정정사유는 판결내용에 오류가 있는 경우, 예컨대 판결내용의 잘못 계산 · 오기 기타 이와 유사한 명백한 잘못이 있는 경우이다.	
절차	**정정신청**	상고법원은 직권 또는 검사 · 상고인이나 변호인의 신청에 의하여 판결로써 정정할 수 있다. 정정신청은 판결의 선고가 있은 날로부터 10일 이내에 신청의 이유를 기재한 서면으로 하여야 한다.
	정정판결	정정의 판결은 변론 없이 할 수 있다. 정정할 필요가 없다고 인정한 때에는 지체 없이 결정으로 신청을 기각하여야 한다.

참고 · 지문

사실오인 또는 양형의 과중은 비약적 상고의 이유가 되지 않으며, 판결이 아닌 제1심법원의 결정은 비약적 상고이유가 되지 않는다.

11. 항고

<table>
<tr><th colspan="2">종류</th><th>내용</th><th colspan="2">허용여부</th></tr>
<tr><td rowspan="3">일반항고</td><td rowspan="2">즉시항고</td><td rowspan="2">① 즉시항고 할 수 있다는 명문의 규정이 있는 경우에만 허용
② 기간이 7일로 제한됨
③ 제기시 재판집행정지의 효력이 있음</td><td>가능</td><td>불가능</td></tr>
<tr><td>① 공소기각결정(제328조 제2항)
② 상소기각결정(제360조 제2항)
③ 기피신청기각결정(제23조)
④ 구속취소결정(제97조 제3항)
⑤ 구속집행정지결정(제101조 제3항)
⑥ 소송비용부담결정(제192조)
⑦ 증인에 대한 과태료부가결정(제151조의 2)
⑧ 집행유예의 취소결정(제335조의 3)
⑨ 재심청구기각결정(제437조)
⑩ 재심개시결정(제437조)
⑪ 상소권회복청구에 대한 결정(제347조)
⑫ 국민참여재판 하지 않기로 한 결정
⑬ 무죄판결에 대한 비용보상 결정
⑭ 기타 비용부담이나 과태료부과 결정</td><td rowspan="2">① 영장의 기각
② 구속적부심사청구결정
③ 항고법원 · 고등법원의 결정</td></tr>
<tr><td>보통항고</td><td>① 원칙적으로 허용되며, 특별한 규정이 있는 때에는 허용되지 않음.
② 기간에 제한이 없음.
③ 제기시 재판집행이 정지되지 않음</td><td>① 구금 · 보석 · 압수나 압수물의 환부에 관한 결정
② 피고인에 대한 감정유치에 대한 결정
③ 보석허가</td></tr>
<tr><td colspan="2">재항고</td><td colspan="3">재판에 영향을 미친 헌법 · 법률 · 명령 또는 규칙의 위반이 있음을 이유로 하는 때에 한하여 대법원에 즉시항고를 할 수 있다(제415조).</td></tr>
<tr><td colspan="2" rowspan="3">항고심의 절차</td><td>항고장</td><td colspan="2">㉠ 항고는 항고장을 원심법원에 제출하여야 한다(제406조).
㉡ 즉시항고의 제기기간은 7일이다(제405조).
㉢ 보통항고에는 기간의 제한이 없으므로 언제든지 할 수 있다. 단, 원심결정을 취소하여도 실익이 없게 된 때에는 예외로 한다(제404조).</td></tr>
<tr><td>원심법원의 조치</td><td colspan="2">① 항고기각결정 : 원심법원은 항고의 제기가 법률상의 방식위반, 항고권소멸 후인 것이 명백한 경우에는 결정으로 항고를 기각하여야 하며(제407조) 이에 대하여는 즉시항고를 할 수 있다.
② 경정결정 : 원심법원은 항고가 이유 있다고 인정한 때에는 결정을 경정하여야 한다.
③ 항고의 전부 또는 일부가 이유 없다고 인정한 때에는 항고장을 받은 날로부터 3일 이내에 의견서를 첨부하여 항고법원에 송부하여야 한다(제408조).
④ 항고법원은 송부 받은 날로부터 5일 이내에 당사자에게 그 사유를 통지하여야 한다(제411조).
⑤ 항고인에게 통지하더라도 항고인은 항고이유서를 제출 할 의무를 부담하지 않는다.</td></tr>
<tr><td>항고법원의 심리</td><td colspan="2">① 항고심은 법률문제와 사실문제 모두 심사할 수 있으며, 심사범위도 항고이유에 한정되지 않는다.
② 반드시 구두변론을 거쳐야 하는 것은 아니며, 검사는 항고사건에 대하여 의견을 진술할 수 있다</td></tr>
</table>

판례 · 지문 항고

1. 형사소송법상 **즉시항고의 제기기간을 제한하고 그 기간 내에 즉시항고를 제기하지 아니할 경우 결정으로 항소를 기각하도록 할 것인지 아니면 그 제기기간에 제한을 두지 아니할 것인지 여부는** 기본적으로 입법자가 형사 항소심의 구조와 성격, 형사사법 절차의 특성 등을 고려하여 결정할 **입법재량에 속하는 문제**라 할 것이므로, 위 관련 법조항인 형사소송법 제405조가 헌법 제11조 제1항의 평등권을 침해하는 위헌적인 법률규정이라고 할 수 없다(대판 2008.3.21. 자 2007초기318).

2. **공소장변경허가 결정**은 판결 전의 소송절차에 관한 결정이라 할 것이므로, 그 결정을 함에 있어서 저지른 위법이 판결에 영향을 미친 경우에 한하여 그 판결에 대하여 상소를 하여 다툼으로써 불복하는 외에는 당사자가 이에 대하여 **독립하여 상소할 수 없다**(대판 1987.3.28. 자 87모17).

3. 어떤 특정한 법률규정이 헌법에 위반된다는 이유로 제기된 위헌여부제청신청에 대하여 그 법률규정이 위헌이 아니라는 이유로 그 **위헌제청신청을 기각하는 하급심의 결정은 중간재판적 성질을 가지는 것으로서** 이는 본안에 대한 하급심판결이 상소되었을 때에 이와 함께 그 판단도 상소심의 판단을 받는데 불과하고, **위 결정에 대하여 독립하여 항고, 재항고를 할 수는 없다**(대판 1986.7.18. 자 85모49).

4. 검사가 제1심 결정에 대해 항고하면서 항고이유서를 첨부하였는데 **항고심인 원심법원이 검사에게 소송기록접수통지서를 송달한 다음날 항고를 기각**한 사안에서, 검사가 항고장에 상세한 항고이유서를 첨부하여 제출함으로써 의견진술을 하였으므로 형사소송법 제412조에 따라 **별도로 의견을 진술하지 아니한 상태에서 원심이 항고를 기각하였더라도 그 결정에 위법이 없다**(대판 2012.4.20. 자 2012모459).

5. 형사소송법 제411조에서 항고법원은 제1심법원이 필요하다고 인정하여 송부하거나 항고법원이 요구하여 송부한 소송기록과 증거물을 송부받은 날부터 5일 이내에 당사자에게 그 사유를 통지하도록 규정하고 있는바, 이는 비록 **항고인이 항고이유서 제출의무를 부담하는 것은 아니지만 당사자에게 항고에 관하여 그 이유서를 제출하거나 의견을 진술하고 유리한 증거를 제출할 기회를 부여하려는 데 그 취지가 있다**(대판 2008.1.2. 자 2007모601).

6. 검사가 제1심 결정에 대해 항고하면서 항고이유서를 첨부하였는데 항고심인 **원심법원이 검사에게 소송기록접수통지서를 송달한 다음날 항고**를 기각한 경우라도, 검사가 항고장에 **상세한 항고이유서를 첨부하여 제출함으로써 의견진술을 하였다면** 형사소송법 제412조에 따라 별도로 의견을 진술하지 아니한 상태에서 원심이 항고를 기각하였더라도 **그 결정에 위법이 없다**고 할 것이다(대판 2012.4.20. 2012모459).

7. 정식재판청구권회복청구를 기각한 제1심법원으로부터 소송기록을 송부받은 **항고법원이 항고인에게 소송기록접수통지서를 송달한 날 곧바로 즉시항고를 기각한 것은** 형사소송법 제411조에 따라 **당사자에게 항고에 관하여 그 이유서를 제출하거나 의견을 진술하고 유리한 증거를 제출할 기회를 부여하였다고 할 수 없으므로 위법하다**(대판 2008.1.2. 자 2007모60).

참고 · 지문

기피신청에 대한 간이기각결정(제20조 제1항)에 대한 즉시항고는 재판의 집행을 정지하는 효력이 없다(제23조 제2항).

12. 준항고

준항고	준항고는 재판장 또는 수명법관의 재판과 검사나 사법경찰관의 처분에 대하여 그 법관소속의 법원 또는 관할법원에 처분의 취소 또는 변경을 청구하는 불복제도로 이를 준항고라 한다.	
대상	**재판장 수명법관의 재판**	① 기피신청을 기각한 재판 ② 구금, 보석, 압수 또는 압수물환부에 관한 재판 ③ 감정하기 위하여 피고인의 유치를 명한 재판 ④ 증인, 감정인, 통역인 또는 번역인에 대하여 과태료 또는 비용의 배상을 명한 재판
	수사기관의 처분	검사 또는 사법경찰관의 구금, 압수 또는 압수물의 환부에 관한 처분과 제243조의2에 따른 변호인의 참여 등에 관한 처분
방 식	① 수사기관의 처분에 대한 준항고는 기간의 제한이 없으나, 법관의 재판에 대한 준항고는 재판의 고지가 있는 날로부터 **7일** 이내에 하여야 한다.	
	② 준항고의 청구는 서면으로 관할법원에 제출하여야 한다(제418조).	
	③ 지방법원이 준항고 청구를 받은 때에는 합의부에서 결정하여야 한다(제416조 제2항).	
집행정지의 효력	준항고는 원칙적으로 집행정지의 효력이 없으나(제419조), 증인, 감정인, 통역인 또는 번역인에 대하여 과태료 또는 비용의 배상을 명한 재판에 대한 준항고는 집행정지의 효력이 있다.	
관할법원	재판장 · 수명법관의 재판에 대한 준항고 사건은 그 **법관소속의 법원의 관할**에 속한다(제416조 제1항).	
	수사기간의 처분에 대한 준항고 사건은 그 직무집행지의 관할법원 또는 검사의 소속검찰청이 대응한 법원의 관할에 속한다(제417조). 지방법원의 경우는 합의부의 사물관할에 속한다(제416조 제2항).	
불복	준항고에 대한 불복방법은 대법원에 재항고할 수 있다.	

판례 · 지문 준항고

1. **검사 또는 사법경찰관의 구금에 관한 처분에 불복**이 있으면 법원에 그 처분의 취소 또는 변경을 청구할 수 있다고 규정하고 있는바, **영장에 의하지 아니한 구금이나 변호인 또는 변호인이 되려는 자와의 접견교통권을 제한하는 처분뿐만 아니라 구금된 피의자에 대한 신문에 변호인의 참여(입회)를 불허하는 처분 역시 구금에 관한 처분에 해당하는 것으로 보아야 한다**(대판 2003.11.11. 자 2003모402).

2. **검사 또는 사법경찰관이 수사단계에서 압수물의 환부에 관하여 처분을 할 권한을 가지고 있을 경우에 그 처분에 불복이 있으면 준항고를** 허용하는 취지라고 보는 것이 상당하므로 형사소송법 제332조의 규정에 의하여 **압수가 해제된 것으로 되었음에도 불구하고 검사가 그 해제된 압수물의 인도를 거부하는 조치**에 대해서는 형사소송법 제417조가 규정하는 **준항고로 불복할 대상이 될 수 없다**(대판 1984.2.6. 자 84모3).

3. 형사소송법 제416조는 **재판장 또는 수명법관이 한 재판에 대한 준항고**에 관하여 규정하고 있는바, **지방법원 판사가 한 압수영장발부의 재판에 대하여는 위 조항에서 정한 준항고로 불복할 수 없고**, 나아가 같은 법 제402조, 제403조에서 규정하는 항고는 법원이 한 결정을 그 대상으로 하는 것이므로 법원의 결정이 아닌 지방법원 판사가 한 압수영장발부의 재판에 대하여 그와 같은 **항고의 방법으로도 불복할 수 없다**(대판 1997.9.29. 자 97모66).

4. 수사기관의 압수물의 환부에 관한 처분의 취소를 구하는 준항고는 일종의 항고소송이므로, 통상의 항고소송에서와 마찬가지로 그 이익이 있어야 하고, 소송 계속 중 준항고로써 달성하고자 하는 목적이 이미 이루어졌거나 시일의 경과 또는 그 밖의 사정으로 인하여 그 이익이 상실된 경우에는 준항고는 그 이익이 없어 부적법하게 된다(2015.10.15. 2013모1970).

13. 재심

재심		재심이란 유죄의 확정판결에 대하여 중대한 사실오인이나 그 오인의 의심이 있는 경우에 판결을 받은 자의 이익을 위하여 판결의 부당함을 시정하는 비상구제절차이다.
허위증거	유죄의 확정재판	① 유죄의 확정판결에 대해서만 재심이 인정된다. 그러므로 확정된 약식명령 · 즉결심판은 유죄판결과 효력이 동일하므로 재심대상이다. ② 무죄 · 면소 · 공소기각의 판결은 재심대상이 아니다. 또 결정 · 명령은 확정판결이 아니므로 재심대상이 아니다.
허위증거	상소기각의 확정판결	상소기각판결에 의해 확정된 하급심판결이 아니라 항소기각판결, 상고기각판결 자체를 의미하므로 확정된 항소기각의 판결 · 상고기각판결도 재심의 대상이 된다.
허위증거	허위증거	증거된 서류 또는 증거물이 확정판결에 의하여 위조 또는 변조인 것이 증명된 때
허위증거	허위증언	원판결의 증거된 증언, 감정, 통역 또는 번역이 확정판결에 의하여 허위인 것이 증명된 때
허위증거	무고증명	무고로 인하여 유죄의 선고를 받은 경우에 그 무고의 죄가 확정판결에 의하여 증명된 때 단순히 무고에 의하여 수사가 개시되었다는 것만으로는 재심사유가 될 수 없다.
허위증거	재판변경	증거 된 재판이란 원판결의 이유 중에서 증거로 채택되어 범죄 될 사실을 인정하는데 인용된 다른 재판을 말한다. 재판은 형사재판, 민사재판 및 기타의 재판을 불문
허위증거	저작권 등의 무효 확정	저작권, 특허권, 실용신안권, 의장권 또는 상표권을 침해한 죄로 유죄의 선고를 받은 사건에 관하여 그 권리에 대한 무효의 심결 또는 무효의 판결이 확정된 때(제420조 제6호)
허위증거	법관 등 직무범죄	원판결, 전심판결 또는 그 판결의 기초된 조사에 관여한 법관, 공소의 제기 또는 그 공소의 기초된 수사에 관여한 검사나 사법경찰관이 그 직무에 관한 죄를 범한 것이 확정판결에 의하여 증명된 때(원판결의 선고 전에 법관, 검사 또는 사법경찰관에 대하여 공소의 제기가 있는 경우에는 원판결의 법원이 그 사유를 알지 못한 때에 해당)
신규형		① 무죄 또는 면소를 선고할 경우이여야 하므로 공소기각의 판결을 선고할 경우는 포함되지 않는다. ② 형의 면제 또는 원판결이 인정한 죄보다 경한 죄를 인정할 경우이여야 하므로 여기서 **형의 면제는 필요적 면제만을 의미하고, 임의적 면제는 포함하지 않는다.**
신규형	증거의 신규성	① 판단의 기준시기 : 원판결 당시에 존재했던 증거가 뒤에 발견된 경우, 원판결 후에 새로 생긴 증거나, 원판결 당시 그 존재를 알았지만 제출 · 조사하지 못했던 증거가 그 뒤에 가능하게 된 경우가 기준이 된다. ② 판단의 기준 : 증거의 신규성은 **법원의 입장에서 새로운 것**이어야 하므로 유죄를 인정한 원판결의 증거로 사용된 자백이나 증언이 번복되었다는 것만으로는 새로운 증거라고 할 수 없다.
신규형	증거의 명백성	① 의 의 : 명백한 증거란 새로운 증거가 확정판결을 파기할 고도의 가능성 내지 개연성이 인정되는 것을 말한다. ② 판단방법 증거의 명백성은 새로운 증거만으로 판단하는 것이 아니라 신증거와 구증거를 종합하여 판단 ③ 공범 모순된 판결 : 공범자에 대한 무죄판결에 사용된 증거가 유죄판결을 파기할 만한 개연성이 있는 경우에는 무죄를 인정할 명백한 증거라고 보아야 한다(다수설).
상소기각의 판결		항소 또는 상고의 기각판결에 대하여는 제420조 제1호(허위증거) · 2호(허위증언) · 7호(공무원의 직무범죄)의 사유가 있는 경우에 한하여 그 선고를 받은 자의 이익을 위하여 재심을 청구할 수 있다.
상소기각의 판결		제1심 또는 제2심의 확정판결에 대한 재심청구사건의 판결이 있은 후에는 상고기각판결에 대하여 다시 재심을 청구하지 못한다.
헌재 위헌결정		위헌결정된 법률을 근거로 한 유죄의 확정판결에 대해 재심을 청구할 수 있다.

판례 · 지문 **재심**

1. 수사과정에서 피고인을 불법 감금하였다 하여 **기소유예처분**을 받은 **사법경찰관에 대하여 피고인이 제기한 재정신청이 기각되었으나,** 위 경찰관이 형사소송법 제420조 제7호의 공소의 기초가 된 수사에 관여하였다고 보아 위 법조의 **재심사유에 해당한다**(대판 2004모16).

2. 형사소송법 **제420조 제2호의 재심사유**에 해당하기 위해서는 원판결의 증거된 증언이 확정판결에 의하여 허위인 것이 증명되어야 하는데, 원판결의 이유에서 증거로 인용된 증언이 **죄로 되는 사실과 직접 혹은 간접적으로 관련된 내용**이라면 위 법조에서 정한 원판결의 증거된 증언에 해당하고, 그 증언이 나중에 확정판결에 의하여 허위인 것이 증명된 이상 **허위증언 부분을 제외하고도 다른 증거에 의하여 죄로 되는 사실이 유죄로 인정될 것인지에 관계없이 형사소송법 제420조 제2호의 재심사유가 있다**고 보아야 한다(대판 2012.4.13. 선고 2011도8529).

3. 형사소송법 제420조 제5호는 유죄의 선고를 받은 자에 대하여 무죄 또는 면소를, 형의 선고를 받은 자에 대하여 형의 면제 또는 원판결이 인정한 죄보다 경한 죄를 인정할 명백한 증거가 발견된 때에는 재심을 청구할 수 있다고 규정하고 있고, 위 법조 소정의 '**원판결이 인정한 죄보다 경한 죄**'라 함은 **원판결이 인정한 죄와는 별개의 죄로서 그 법정형이 가벼운 죄**를 말하는 것이므로, 동일한 죄에 대하여 **공소기각을 선고받을 수 있는 경우는 여기에서의 경한 죄에 해당하지 않는다**(대판 1997.1.13. 자 96모51).

4. 피고인의 귀책사유 때문에 신규성이 부정된다는 이유로 재심사유로 인정받지 못하게 되면 정의의 관념에 현저히 반하는 결과를 초래할 수 있으며, 법원이 종전 소송절차에서 인식하였는지 여부만을 기준으로 하여 새로운 증거인지 여부를 판단하고 그에 의하여 판결확정 후에도 사실인정의 문제에 한하여 이를 재론할 수 있다는 것 자체가 대법원을 최종심으로 규정한 헌법의 취지에 반한다고 할 수는 없다. 따라서 형사소송법 제420조 제5호에서 무죄 등을 인정할 증거가 **'새로 발견된 때' 에 해당하는지는, 재심을 청구하는 피고인이 아니라 어디까지나 재심 개시 여부를** 심사하는 **법원이 새로이 발견하여 알게 된 것인지 여부에 따라 결정**되어야 한다(대법원 2009.07.16. 자 2005모472 전원합의체 결정).

5. 형사소송법 제420조 제5호에서 말하는 **무죄를 인정할 명백한 증거가 새로 발견된 때**라고 함은 확정판결의 소송절차에서 발견되지 못하였거나 발견되었어도 제출 또는 신문할 수 없었던 증거로서 그 증거가치에 있어 다른 증거들에 비하여 객관적인 우위성이 인정되는 것을 발견하거나 이를 제출할 수 있게 된 때를 말하고, 따라서 **법관의 자유심증에 의하여 그 증거가치가 좌우되는 증거는 이에 해당하지 않는다**(대판 1995.11.8, 95모67).

6. 확정판결에 의한 형집행이 종료된 후 3년 내에 범죄하였더라도 **확정판결에 대한 재심판결이 확정**된 때에는 누범사유가 되지 아니한다고 하였다(대판 2017도4019).

7. 수사기관이 영장주의를 배제하는 위헌적 법령에 따라 영장 없는 체포 · 구금을 한 경우에도 불법체포 · 감금의 직무범죄가 인정되는 경우에 준하는 것으로 보아 형소법 **420조 제7호의 재심사유**가 있다(2018.5.2. 2015모3243).

8. 상습범으로 유죄의 확정판결을 받은 사람이 그 후 동일한 습벽에 의해 후행범죄를 저질렀는데 유죄의 확정판결에 대하여 재심이 개시된 경우, 동일한 습벽에 의한 후행범죄가 재심대상판결에 대한 재심판결 선고 전에 범하여졌다면, 아직 판결을 받지 아니한 후행범죄는 재심심판절차에서 재심대상이 된 선행범죄와 함께 심리하여 동시에 판결할 수 없었으므로 **후행범죄와 재심판결이 확정된 선행범죄 사이에는 후단 경합범이 성립하지 않고,** 동시에 판결할 경우와 형평을 고려하여 **그 형을 감경 또는 면제할 수 없다**(대판 2019.6.20. 선고 2018도20698).

14. 재심절차

재심개시절차	재심의 관할	재심청구는 원판결을 한 법원이 관할한다(제423조).
	청구권자	① 재심의 청구권자는 검사, 유죄의 공개선고를 받은 자 또는 그 법정대리인, 유죄의 선고를 받은 자가 사망하거나 심신장애가 있는 경우에는 그 배우자, 직계친족, 형제자매이다(제424조). ② 검사 이외의 자가 재심의 청구를 하는 경우에는 변호인을 선임할 수 있으며(제426조), 이 경우에는 그 변호인도 재심청구를 할 수 있다. ③ 제420조 제7호(법관 등의 직무상 범죄를 이유로 한 경우)의 경우에 유죄선고를 받은 자가 그 죄를 범하게 한 경우에는 검사만이 청구할 수 있다(제425조).
	청구의 시기	재심청구의 시기에는 제한이 없다. 재심의 청구는 형의 집행을 종료하거나 형의 집행을 받지 아니하게 된 때에도 할 수 있으며(제427조), 유죄의 선고를 받은 자가 사망한 때에도 할 수 있다.
	청구의 방식	㉠ 재심의 청구를 함에는 재심청구의 취지 및 이유를 구체적으로 기재한 재심청구서를 제출하여야 하며, 재심청구서에는 원판결의 등본 및 증거자료를 첨부하여야 한다(규칙 제166조). ㉡ 재소자는 재심청구서를 교도소장에게 제출하면 재심을 청구한 것으로 간주한다(제430조).
	청구의 효과	① 재심의 청구는 형의 집행을 정지하는 효력이 없다. ② 관할법원에 대응하는 검사는 재심청구에 대한 재판이 있을 때까지 형의 집행을 정지할 수 있다.
	청구의 취하	① 재심청구의 취하는 재심의 제1심판결 선고시까지 할 수 있다. 재심의 청구를 취하한 자는 동일한 이유로 다시 재심을 청구하지 못한다(제429조 제2항). ② 재심청구의 취하는 서면으로 하여야 한다. 다만, 공판정에서는 구술로 할 수 있으며 이 경우에는 그 사유를 조서에 기재하여야 한다(규칙 제167조).
	청구에 대한 심판	① 심리절차구조: 재심청구의 심리절차는 판결절차가 아니라 결정절차이므로 구두변론에 의할 필요가 없고 절차를 공개할 필요도 없다. 그러나 필요한 때에는 사실을 조사할 수 있다.
		② 재심의 청구에 대하여 결정을 함에는 청구한 자와 상대방의 의견을 들어야 한다.
	청구기각의 결정	① 청구기각의 결정: 재심의 청구가 법률상의 방식에 위반하거나 청구권의 소멸 후인 것이 명백한 때에는 청구가 이유 없다고 인정한 때 결정으로 기각하여야 한다. ② 재심청구가 경합한 경우(제436조)에는 하급심이 재심판결을 한 경우에는 상급법원은 재심청구를 기각하며, 이 경우 소송절차를 정지해야 한다.
	재심개시결정	㉠ 재심의 청구가 이유 있다고 인정한 때에는 재심개시의 결정을 하여야 한다. ㉡ 재심개시의 결정을 할 때에는 결정으로 형의 집행을 정지할 수 있다(제435조).
	결정에 대한 불복	재심청구에 대한 결정에 대해서는 기각결정 · 재심개시결정을 불문하고 즉시항고를 할 수 있다.

심판절차	재심의 공판절차	재심개시의 결정이 확정된 사건에 대하여는 법원은 그 심급에 따라 다시 심판하여야 한다.
	심판절차의 특칙	① 사망자 또는 회복할 수 없는 심신장애자를 위하여 재심의 청구가 있는 때, 유죄의 선고를 받은 자가 재심의 판결 전에 사망하거나 회복할 수 없는 심신장애자로 된 때에는 공판절차정지(제306조 제1항)와, 공소기각의 결정(제328조 제1항 제2호)에 관한 규정은 적용되지 아니한다. ② 변호인이 출정하지 아니하면 개정하지 못한다(제438조 제2항 · 제3항). 따라서 재심을 청구한 자가 변호인을 선임하지 아니한 때에는 재판장은 직권으로 변호인을 선임하여야 한다(제438조).
		① 재심의 공판절차에 있어서는 제1심 판결의 선고 전이라도 공소를 취소할 수 없다. ② 그러나 재심의 공판절차에 있어서도 공소장의 변경은 허용된다.
	재심의 재판	① 불이익변경의 금지:재심에는 원판결의 형보다 중한 형을 선고하지 못한다. ② 무죄의 선고를 한 때에는 그 판결을 관보와 그 법원소재지의 신문지에 기재하여 공고 ③ 재심판결이 확정된 때에는 원판결은 당연히 효력을 잃는다.

판례 · 지문 재심

1. 형사재판에서 재심은 형사소송법 제420조, 제421조 제1항의 규정에 의하여 유죄 확정판결 및 유죄판결에 대한 항소 또는 상고를 기각한 확정판결에 대하여만 허용된다. **면소판결은 유죄 확정판결이라 할 수 없으므로** 면소판결을 대상으로 한 **재심청구는 부적법하다**(대법원 2018.5.2. 자 2015모3243 결정).

2. 수사기관이 영장주의를 배제하는 **위헌적 법령에 따라 영장 없는 체포 · 구금을 한 경우**에도 불법체포 · 감금의 직무범죄가 인정되는 경우에 준하는 것으로 보아 형사소송법 제420조 제7호의 **재심사유가 있다**고 보아야 한다(대법원 2018.5.2. 자 2015모3243 결정).

3. **피고인이 불출석한 채로 진행된 제1심**의 재판에 대하여 **검사만 항소하고 항소심도 피고인 불출석 재판으로 진행한 후에 검사의 항소를 기각하여 제1심의 유죄판결이 확정된 경우**, 피고인이 귀책사유 없이 제1심과 항소심의 공판절차에 출석할 수 없었고 **상고권회복에 의한 상고를 제기**하였다면, 이는 형사소송법 제383조 제3호에서 상고이유로 정한 **'재심청구의 사유가 있는 때' 에 해당한다**(대판 2017.6.8. 선고 2017도3606).

4. 재심이 개시된 사건에서 형에 관한 법령이 **재심판결 당시 폐지되었다 하더라도** 그 폐지가 당초부터 헌법에 위배되어 효력이 없는 법령에 대한 것이었다면 형사소송법 제325조 전단이 규정하는 범죄로 되지 아니한 때의 무죄사유에 해당한다(대판 2013.7.11. 2011도14044).

5. **특별사면**으로 형선고의 효력이 상실된 유죄의 확정판결에 대하여 재심개시결정이 이루어져 재심심판법원이 그 심급에 따라 다시 심판한 결과 무죄로 인정되는 경우라면 무죄를 선고하여야 한다. 특별사면으로 형선고의 효력이 상실된 유죄의 확정판결에 대하여 재심개시결정이 이루어져 재심심판법원이 그 심급에 따라 다시 심판한 결과 유죄로 인정되는 경우에는, 피고인에 대하여 **형을 선고하지 아니한다는 주문을 선고**할 수밖에 없다(대판 2015.10.29. 2012도2938).

6. 형사소송법이나 형사소송규칙에는 재심청구인이 **재심의 청구를 한 후 그 청구에 대한 결정이 확정되기 전에 사망한** 경우에 재심청구인의 배우자나 친족 등에 의한 재심청구인 지위의 승계를 인정하거나 형사소송법 제438조와 같이 재심청구인이 사망한 경우에도 절차를 속행할 수 있는 규정이 없으므로 재심청구절차는 **재심청구인의 사망으로 당연히 종료**하게 된다(대판 2014.5.30. 2014모739).

7. 경합범 관계에 있는 수개의 범죄사실을 유죄로 인정하여 한 개의 형을 선고한 불가분의 확정판결에서 그 중 일부의 범죄사실에 대하여만 재심청구의 이유가 있는 것으로 인정된 경우에는 비상구제수단인 재심제도의 본질상 **재심사유가 없는 범죄사실에 대하여는** 재심개시결정의 효력이 그 부분을 **형식적으로 심판의 대상에 포함시키는데 그치므로 재심법원은 그 부분에 대하여는 이를 다시 심리하여 유죄인정을 파기할 수 없고,** 다만 그 부분에 관하여 새로이 양형을 하여야 하므로 **양형을 위하여 필요한 범위에 한하여만 심리를 할 수 있을 뿐이다**(대판 2001.7.13. 2001도1239).

8. 군법회의는 군인 또는 군무원이 아닌 국민에 대하여는 헌법 제26조 제2항에 해당하는 경우가 아니면 그 재판권이 없고, 관할은 재판권을 전제로 하는 것이므로 **군법회의판결이 확정된 후 군에서 제적되어 군법회의에 재판권이 없는 경우에는 재심사건이라 할지라도** 그 관할은 원판결을 한 군법회의가 아니라 **같은 심급의 일반법원에 있다**(대판 1985.9.24. 선고 84도2972).

9. 형사소송법상 재심절차는 재심개시절차와 재심심판절차로 구별되는 것이므로, 재심개시절차에서는 형사소송법을 규정하고 있는 **재심사유가 있는지 여부만을 판단**하여야 하고, 나아가 **재심사유가 재심대상판결에 영향을 미칠 가능성이 있는가의 실체적 사유는 고려하여서는 아니 된다**(대법원 2008.04.24. 자 2008모77 결정).

10. 형벌에 관한 **법령이 재심판결 당시 폐지되었다** 하더라도 그 폐지가 당초부터 **헌법에 위배되어 효력이 없는 법령에 대한 것이었다면** 같은 법 제325조 전단이 규정하는 범죄로 되지 아니한 때의 무죄사유에 해당하는 것이지, 같은 법 제326조 제4호의 **면소사유에 해당한다고 할 수 없다.** 따라서 면소판결에 대하여 무죄판결인 실체 판결이 선고되어야 한다고 주장하면서 상고할 수 없는 것이 원칙이지만, 위와 같은 경우에는 이와 달리 면소를 할 수 없고 피고인에게 무죄의 선고를 하여야 하므로 **면소를 선고한 판결에 대하여 상고가 가능**하다(대판 2010.12.16. 선고 2010도5986 전원합의체).

11. 재심이유인 '원판결이 인정한 죄보다 경한 죄를 인정할 경우'라 함은 별개의 경한 죄를 말하고 피해회복에 관한 자료 등 **양형상 자료에 불과한 것은 이에 해당하지 않는다**(대판 2017도14769).

12. 합헌결정 후 **위헌결정이 있으면 합헌결정이 있는 날의 다음 날로 소급하여 효력을 상실**하는데, 범죄가 합헌결정 다음 날 전에 있었더라도 유죄판결의 선고가 그 이후라면 위헌법률을 적용한 것으로서 재심을 청구할 수 있다고 하였다(대판 2016도1475).

15. 비상상고

비상상고		비상상고란 확정판결에 대하여 그 심판의 법령위반을 이유로 허용되는 비상구제절차를 말한다. 확정판결에 대한 구제절차인 점에서 미확정판결에 대한 시정제도인 상소와 구별되고, 법령위반을 이유로 하는 점에서 사실오인을 이유로 하는 재심과 구별된다.
대상 · 이유	확정판결	① 비상상고의 대상은 **모든 확정판결**이다. 재심의 경우와는 달리 유죄의 확정판결에 제한되지 않는다. 따라서 무죄 · 공소기각 · 관할위반 · 면소 등의 재판도 비상상고의 대상이 되며, 약식명령 · 즉결심판도 확정되면 비상상고의 대상으로 된다. ② 당연 무효의 판결은 무효라 할지라도 판결은 확정되어 존재하므로 무효를 확인할 필요가 있어 비상상고의 대상이 된다.
	상소기각 결정	항소기각 결정과 상고기각 결정은 판결은 아니나 비상상고의 대상이 된다. 왜냐하면 원판결을 확정시키는 효력을 갖는 당해 사건의 종국재판이기 때문이다.
	이유	① 비상상고의 이유는 판결이 확정한 후 그 사건의 심판이 법령에 위반한 것을 발견한 때에는 대법원에 비상상고를 할 수 있다. ② 심판의 법령위반에는 판결내용의 법령위반과 소송절차의 법령위반이 있다.
절차	신청권자와 관할	검찰총장은 판결이 확정된 후 그 사건의 심판이 법령에 위반한 것을 발견한 때에는 대법원에 비상상고를 할 수 있다
	신청방식	① 비상상고를 함에는 그 이유를 기재한 신청서를 대법원에 제출하여야 한다(제442조). ② 신청에는 기간의 제한이 없으며, 형의 시효가 완성된 경우, 형이 소멸한 경우, 판결을 받은 자가 사망한 경우에도 허용된다.
	심리	① 비상상고를 심리하기 위하여는 **반드시 공판기일을 열어야 한다.** ② 공판기일에는 검사가 출석하여야 하며 검사는 신청서에 의하여 진술하여야 한다. ③ 비상상고의 공판에는 제1심 절차에 관한 규정이 준용되지 않으므로, 피고인을 소환할 필요는 없다.
	사실조사	① 대법원은 신청서에 포함된 이유에 한하여 조사하여야 한다(제444조 제1항). ② 그러나 법원의 관할, 공소의 수리와 소송절차에 관하여는 사실조사를 할 수 있다
판결	기각판결	비상상고가 이유 없거나 부적합하다고 인정한 때에는 판결로써 이를 기각하여야 한다.
	파기판결	① 판결의 법령위반 : 원판결이 법령에 위반한 때에는 그 위반된 부분을 파기하여야 한다. 원판결이 피고인에게 불이익한 때에는 원판결을 파기하고 피고사건에 대하여 다시 판결 ② 소송절차의 법령위반 : 원심소송절차가 법령에 위반한 때에는 그 위반된 절차를 파기한다.
판결의 효력		비상상고의 판결은 원판결이 피고인에게 불이익하여 파기자판의 경우를 제외하고는 피고인에게 효력을 미치지 아니한다.

판례 · 지문 비상상고

1. 법원이 원판결의 선고 전에 **피고인이 이미 사망한 사실을 알지 못하여 공소기각의 결정을 하지 않고 실체재판에 나아감으로써 법령위반의 결과를 초래하였다고 하더라도** 이는 형사소송법 제441조에 정한 그 심판이 **법령에 위반한 것에 해당한다고 볼 수 없다**(대판 2005.3.11., 2004오2).

2. 비상상고 제도는 법령 적용의 오류를 시정함으로써 법령의 해석 · 적용의 통일을 도모하려는 데에 주된 목적이 있는 것이므로, '그 사건의 심판이 법령에 위반한 것' 이라고 함은 확정판결에서 인정한 사실을 변경하지 아니하고 이를 전제로 한 실체법의 적용에 관한 위법 또는 그 사건에 있어서의 절차법상의 위배가 있음을 뜻하는 것이라고 할

것이다. 따라서 단순히 **그 법령 적용의 전제사실을 오인함에 따라 법령위반의 결과를 초래한** 것과 같은 경우는 법령의 해석 · 적용을 통일한다는 목적에 유용하지 않으므로 '그 사건의 심판이 **법령에 위반한 것'** 에 **해당하지 않는**다고 해석함이 상당하다(대판 2017.6.15. 선고 2017오1).

3. **판결 선고 당시 20세 미만인 소년에 대하여 정기형을 선고한 것은** 법령에 위반한 것으로서 **비상상고의 대상이 된다**(대판 1963.4.4. 63오1).

4. 피고인에 대하여는 공소가 제기된 후 군사법원법 제2조 제2항에 의하여 **군사법원이 재판권**을 가지게 되었으므로 위 법원으로서는 형사소송법 제16조의2에 의하여 사건을 **관할군사법원에 이송하였어야 함에도 피고인에 대하여 재판권을 행사한 것은 위법하다 할 것이므로, 이 비상상고는 이유 있다**(대판 2006.4.14. 2006오1).

5. **공소시효가 완성된 사실을 간과한 채 피고인에 대하여 약식명령을 발령한 원판결**은 법령을 위반한 잘못이 있고 또한 피고인에게 불이익하다고 할 것인바, 이 점을 지적하는 이 사건 **비상상고는 이유가 있다**(대판 2006.10.13. 2006오2).

6. 법원은 특정범죄를 범한 자에 대하여 **형의 집행을 유예하면서 보호관찰을 받을 것을 명하는 때에만 위치추적 전자장치 부착을 명할 수 있다.** 원판결 및 제1심판결이 성폭력범죄를 범한 피고인에게 **형의 집행을 유예하면서 보호관찰을 받을 것을 명하지 않은 채 위치추적 전자장치 부착을 명한 것은 법령 위반**으로서 피부착명령청구자에게 불이익한 때에 해당한다는 이유로, 형사소송법 제446조 제1호 단서에 의하여 원판결 및 제1심판결 중 부착명령사건 부분을 파기하고 검사의 부착명령 청구를 기각 한다(대법원 2011.02.24. 선고 2010오1).

7. 형사소송법 제441조는 "검찰총장은 판결이 확정한 후 그 사건의 심판이 법령에 위반한 것을 발견한 때에는 대판에 비상상고를 할 수 있다."고 규정하고 있는바, 이러한 비상상고 제도는 법령 적용의 오류를 시정함으로써 법령의 해석 · 적용의 통일을 도모하려는 데에 주된 목적이 있는 것이므로, **법원이 원판결의 선고 전에 피고인이 이미 사망한 사실을 알지 못하여 공소기각의 결정을 하지 않고 실체 판결**에 나아감으로써 법령위반의 결과를 초래하였다고 하더라도, 이는 형사소송법 제441조에 정한 '그 심판이 법령에 위반한 것'에 해당한다고 볼 수 없다(대판 2005.3.11., 2004오2).

구 분	재심	비상상고
목적	사실오인의 시정	법령해석 · 적용 통일
대상	유죄의 확정판결	모든 확정판결
청구권자	검사, 피고인, 기타	검찰총장
관할법원	원판결을 한 법원	대법원
기간	제한이 없다	제한이 없다
판결효력	피고인에게 미친다.	원칙적으로 피고인에게 미치지 않는다.

01. 재판의 집행

<table>
<tr><td>재판집행</td><td colspan="3">재판집행이란 재판의 의사표시적 내용을 국가권력에 의하여 강제적으로 실현하는 것으로, 재판의 집행에는 형의 집행(유죄판결의 집행), 추징 · 소송비용과 같은 부수처분, 과태료 · 보증금의 몰수, 비용배상 등 형 이외의 제재의 집행, 강제처분을 위한 영장의 집행 등이 포함된다.</td></tr>
<tr><td rowspan="5">집행의 주체</td><td>검사의 지휘</td><td colspan="2">㉠ 재판의 집행은 그 재판을 한 법원에 대응한 검찰청검사가 지휘한다. 단, 재판의 성질상 법원 또는 법관이 지휘할 경우에는 예외로 한다.
㉡ 상소의 재판 또는 상소의 취하로 인하여 하급법원의 재판을 집행할 경우에는 상소법원에 대응한 검찰청검사가 지휘한다. 단, 소송기록이 하급법원 또는 그 법원에 대응한 검찰청에 있는 때에는 그 검찰청검사가 지휘한다.</td></tr>
<tr><td>집행지휘의 방식</td><td colspan="2">재판의 집행지휘는 재판서 또는 재판을 기재한 조서의 등본 또는 초본을 첨부한 서면으로 하여야 한다. 단, 형의 집행을 지휘하는 경우 외에는 재판서의 원본, 등본이나 초본 또는 조서의 등본이나 초본에 인정하는 날인으로 할 수 있다.</td></tr>
<tr><td rowspan="3">시기</td><td colspan="2">재판은 확정된 후에 즉시 집행하는 것이 원칙이다(제459조).</td></tr>
<tr><td>확정 전의 재판집행</td><td>ⓐ 결정과 명령은 즉시항고 또는 이에 준하는 불복신청이 허용되는 경우를 제외하고는 즉시 집행할 수 있다.
ⓑ 벌금 · 과료 또는 추징에 대한 가납의 재판은 즉시 집행할 수 있다(제334조).</td></tr>
<tr><td>확정 후 일정기간 경과 후의 집행</td><td>ⓐ 소송비용부담의 재판은 소송비용집행면제의 신청기간 내 또는 그 신청에 대한 재판이 확정될 때까지 집행할 수 없다(제472조).
ⓑ 노역장유치의 집행은 벌금 또는 과료의 재판이 확정된 후 30일 이내에는 집행할 수 없다(형법 제69조 제1항).
ⓒ 사형의 집행은 법무부장관의 명령 없이는 집행할 수 없다(제463조).
ⓓ 보석허가결정에서 조건을 부가한 경우 이를 이행한 후가 아니면 집행할 수 없다.</td></tr>
</table>

02. 형의 집행

구분	항목	세부	내용
형의 집행	중한 형 우선		2개 이상의 형의 집행은 자격상실 · 자격정지 · 벌금 · 과료와 몰수 외에는 그 중한 형을 먼저 집행한다.
	예 외		① 검사는 소속장관의 허가를 얻어 중한 형의 집행을 정지하고 다른 형의 집행을 할 수 있다. ② 자유형과 벌금형은 동시에 집행할 수 있다. 그러나 자유형과 벌금형에 대한 노역장유치가 병존하는 경우에 검사는 자유형의 집행을 정지하고 노역장유치를 먼저 집행할 수도 있다.
사형의 집행	집행명령		ⓐ 사형은 법무부장관의 명령에 의하여 집행한다(제463조). ⓑ 사형집행의 명령은 판결이 확정된 날로부터 6월 이내에 하여야 한다(제465조). ⓒ 법무부장관이 사형의 집행을 명한 때에는 5일 이내에 집행하여야 한다(제466조).
	집행 방법		㉠ 사형은 교도소 또는 구치소 내에서 교수하여 집행한다(형법 제66조). ㉡ 군형법의 적용을 받는 사건의 경우에는 국방부장관의 명령에 의하여 집행하며 총살에 의한다.
	집행정지		① 사형의 선고를 받은 자가 심신의 장애로 의사능력이 없는 상태에 있거나 잉태 중에 있는 여자인 때에는 법무부장관의 명령으로 집행을 정지한다(제469조 제1항).
			② 사형의 집행을 정지한 경우에는 심신장애의 회복 또는 출산 후 **법무부장관의 명령**에 의하여 형을 집행한다.
자유형의 집행	집행방법		자유형(징역 · 금고 · 구류)의 집행은 검사가 형집행지휘서에 의하여 지휘하며, 자유형은 교도소에 구치하여 집행한다.
	집행정지	필요적	심신의 장애로 의사능력이 없는 상태에 있는 때 심신장애가 회복될 때까지 형의 집행을 정지한다.
		임의적	1. 형의 집행으로 인하여 현저히 건강을 해하거나 생명을 보전할 수 없을 염려가 있는 때 2. 연령 70세 이상인 때 3. 잉태 후 6월 이상인 때 4. 출산 후 60일을 경과하지 아니한 때 5. 직계존속이 연령 70세 이상 또는 중병이나 불구자로 보호할 다른 친족이 없는 때 6. 직계비속이 유년으로 보호할 다른 친족이 없는 때 7. 기타 중대한 사유가 있는 때
			검사가 임의적 집행정지 지휘를 함에는 소속 고등검찰청검사장 또는 지방검찰청검사장의 허가를 얻어야 한다.
미결구금일수의 산입			㉠ 유기징역, 유기금고, 벌금이나 과료에 관한 유치기간 또는 구류의 경우 판결 선고 전의 구금일수는 전부를 반드시 삽입하여야 한다. ㉡ 미결구금일수산입방법은 법률에 규정에 의거 당연히 미결구금일수의 전부를 본형에 삽입하여야 하며 판결에서 미결구금일수의 산입에 대한 선고를 요하지 않는다.
자격형의 집행			자격상실 또는 자격정지의 선고를 받은 자에 대하여는 이를 수형자원부에 기재하고 지체 없이 그 등본을 형의 선고를 받은 자의 등록기준지와 주거지의 시 · 구 · 읍 · 면장에게 송부하여야 한다.

03. 집행에 대한 구제

재산형의 집행	검사의 집행명령	㉠ 벌금, 과료, 몰수, 추징, 과태료, 소송비용, 비용배상 또는 가납의 재판은 검사의 명령에 의하여 집행한다. ㉡ 검사의 집행명령은 집행력 있는 채무명의와 동일한 효력이 있다(동조 제2항).
	준 용	㉠ 재판의 집행에는 민사소송법의 집행에 관한 규정을 준용한다. 단, 집행 전에 재판의 송달을 요하지 아니한다(동조 제3항). ㉡ 재산형의 집행에 국세체납처분의 예에 따라 할 수 있도록 하는 규정을 추가하였다. 민사소송법의 집행에 관한 규정을 준용
	집행의 대상	① 원 칙 : 재산형도 형인 이상 선고를 받은 본인, 즉 수형자의 재산에 대하여만 집행할 수 있다.
		② 상속재산에 대한 집행 : 상속재산에 대한 집행은 몰수 또는 조세, 전매 기타 공과에 관한 법령에 의하여 재판한 벌금 또는 추징은 그 재판을 받은 자가 재판확정 후 사망한 경우에는 그 상속재산에 관하여 집행할 수 있다(제478조).
		③ 법인에 대한 집행 : 합병 후 법인에 대한 집행은 법인에 대하여 벌금, 과료, 몰수, 추징, 소송비용 또는 비용배상을 명한 경우에는 법인이 그 재판확정 후 합병에 의하여 소멸한 때에는 합병 후 존속한 법인 또는 합병에 의하여 설립된 법인에 대하여 집행할 수 있다(제479조).
	몰수물	① 몰수물은 검사가 처분하여야 한다(제483조). ② 몰수를 집행한 후 3월 이내에 그 몰수물에 대하여 정당한 권리 있는 자가 몰수물의 교부를 청구한 때에는 검사는 파괴 또는 폐기할 것이 아니면 이를 교부하여야 한다. ③ 몰수물을 처분한 후 교부의 청구가 있는 경우에는 검사는 공매에 의하여 취득한 대가를 교부한다
	압수물	㉠ 압수물의 환부를 받을 자의 소재가 불명하거나 기타 사유로 인하여 환부를 할 수 없는 경우에는 검사는 그 사유를 관보에 공고하여야 한다(제486조 제1항). ㉡ 공고한 후 3월 이내에 환부의 청구가 없는 때에는 그 물건은 국고에 귀속한다. ㉢ 3월의 기간 내에도 가치 없는 물건은 폐기할 수 있고 보관하기 곤란한 물건은 공매하여 그 대가를 보관할 수 있다(동조 제3항). ㉣ 위조 또는 변조한 물건을 환부하는 경우에는 그 물건의 전부 또는 일부에 위조나 변조인 것을 표시하여야 한다.
집행에 대한 구제	재판해석에 의의	형의 선고를 받은 자는 집행에 관하여 재판의 해석에 대한 의의가 있는 때에는 **재판을 선고한 법원**에 의의신청을 할 수 있다(제488조).
	절 차	① 형의 선고를 받은 자만 해석에 대한 **의의신청** 할 수 있으므로, 법정대리인이나 검사는 신청권이 없다. ② 재판을 선고한 법원이란 형을 선고한 법원을 말한다. 따라서 상소기각의 경우에는 원심법원이 관할법원이 된다.
	재판집행에 이의	① 재판의 집행을 받은 자 또는 그 법정대리인이나 배우자는 집행에 관한 검사의 처분이 부당함을 이유로 재판을 선고한 **법원에 이의신청**을 할 수 있다(제489조). ② 이의신청은 재판이 확정될 것을 요하지는 않지만, 집행이 종료한 후에는 이의신청이 허용되지 않는다.

참고 · 지문

1. 대통령령으로 정한 금액 범위 내의 벌금형이 확정된 벌금 미납자는 검사의 납부명령일부터 30일 이내에 주거지를 관할하는 지방검찰청의 검사에게 사회봉사를 신청할 수 있다(벌금미납자의 사회봉사 집행에 관한 특례법 제4조 제1항). 다만, 이 경우 그 벌금형의 금액은 300만원으로 한다(벌금 미납자의 사회봉사 집행에 관한 특례법 시행령 제2조).
2. 재판의 해석이나 집행의 이의신청에 대한 결정에 대하여는 즉시항고를 할 수 있다.

판례 · 지문 **형의 집행**

1. 노역장 유치 집행을 위하여 구인하려면 **형집행장을 제시**하여야 하지만 **급속을 요하는 때에는 형집행 사유와 형집행장이 발부되었음을 고하고 집행**할 수 있는데 여기서 '급속을 요하는 때' 라고 함은 상대방을 조우한 경우 등을 가리키는 것이라는 기존 법리를 확인하면서, 이때 **형집행 사유와 더불어 벌금 미납으로 인한 지명수배 사실을 고지하였다고 하더라도 특별한 사정이 없는 한 그러한 고지를 형집행장이 발부되어 있는 사실도 고지한 것이라고 볼 수 없다**(대판 2017도9458).

2. 사법경찰관리가 벌금형을 받은 자를 노역장 유치의 집행을 위하여 구인하려면, 검사로부터 발부받은 형집행장을 그 상대방에게 제시하여야 함이 원칙이다(대판 2013.9.12. 2012도2349).

3. 벌금 미납자의 사회봉사 집행에 관한 특례법」은 벌금형이 확정된 벌금 미납자는 검사의 '납부명령일부터 30일 이내에' 사회봉사를 신청할 수 있다고 규정하고 있는데, 그 신청은 벌금형이 확정된 때부터 가능하고 그 종기는 **검사의 납부명령일이 아니라 납부명령이 벌금 미납자에게 '고지된 날' 로부터 30일이 되는 날**이라고 해석함이 상당하다(대판 2013.1.16. 2011모16).

04. 형사보상

<table>
<tr><td rowspan="3">형사보상</td><td colspan="3">형사보상이란 국가형사사법의 과오에 의하여 죄인의 누명을 쓰고 구속되었거나 형의 집행을 받은 자에 대하여 국가가 그 손해를 배상해 주는 제도를 말한다.</td></tr>
<tr><td>보상의 성질</td><td colspan="2">공무원의 고의 또는 과실을 불문하고 국가가 배상해야 하는 법률적 의무로 무과실책임이다.</td></tr>
<tr><td>손해배상과의 관계</td><td colspan="2">① 이 법은 보상을 받을 자가 다른 법률에 따라 손해배상을 청구하는 것을 금지하지 아니한다.
② 이 법에 따른 보상을 받을 자가 다른 법률에 따라 손해배상을 받은 경우에 그 손해배상의 액수가 이 법에 따라 받을 보상금의 액수와 같거나 그보다 많을 때에는 보상하지 아니한다.</td></tr>
<tr><td rowspan="4">요건</td><td rowspan="2">피의자 보상</td><td>불기소</td><td>① 불기소처분 : 피의자로서 구금되었던 자 중 검사로부터 공소를 제기하지 아니하는 처분을 받은 자는 국가에 대하여 그 구금에 관한 보상을 청구할 수 있다.
㉠ 구금된 이후 공소를 제기하지 아니하는 처분을 할 사유가 있는 경우와 공소를 제기하지 아니하는 처분이 종국적인 것이 아닌 경우
㉡ 기소유예처분에 의한 것일 경우에는 그러하지 아니하다.</td></tr>
<tr><td>제외사유</td><td>① 본인이 수사 또는 재판을 그르칠 목적으로 허위의 자백을 하거나 다른 유죄의 증거를 만듦으로써 구금된 것으로 인정되는 경우
② 구금기간 중에 다른 사실에 대하여 수사가 행하여지고 그 사실에 관하여 범죄가 성립한 경우
③ 보상을 하는 것이 선량한 풍속 기타 사회질서에 반한다고 인정할 특별한 사정이 있는 경우</td></tr>
<tr><td rowspan="2">피고인 보상</td><td>무죄판결</td><td>① 피고인이 형사보상을 청구하기 위해서는 무죄의 재판을 받았을 것을 요한다.
② 면소 또는 공소기각의 재판을 받아 확정된 피고인이 면소 또는 공소기각의 재판을 할 만한 사유가 없었더라면 무죄재판을 받을 만한 현저한 사유가 있었을 경우
③ 치료감호의 독립 청구를 받은 피 치료감호청구인의 치료감호사건이 범죄로 되지 아니하거나 범죄사실의 증명이 없는 때</td></tr>
<tr><td>보상제외</td><td>① 책임무능력(형법 제9조 및 제10조 제1항)의 사유에 의하여 무죄재판을 받은 경우
② 본인이 수사 또는 심판을 그르칠 목적으로 허위의 자백을 하거나 또는 다른 유죄의 증거를 만듦으로써 기소, 미결구금 또는 유죄재판을 받게 된 것으로 인정된 경우
③ 1개의 재판으로써 경합범의 일부에 대하여 무죄재판을 받고 다른 부분에 대하여 유죄재판을 받았을 경우</td></tr>
</table>

<table>
<tr><td rowspan="3">절차</td><td>피의자 보상</td><td>① 공소를 제기하지 아니하는 처분을 한 검사가 소속된 지방검찰청의 보상심의회에 보상을 청구
② 피의자보상의 청구는 검사로부터 공소를 제기하지 아니하는 처분의 고지 또는 통지를 받은 날부터 3년 이내에 하여야 한다.</td></tr>
<tr><td rowspan="2">피고인 보상</td><td>피고인 보상청구는 무죄재판을 한 법원에 대하여 하여야 하며, 보상청구는 무죄재판이 확정된 사실을 안 날부터 3년, 무죄재판이 확정된 때부터 5년 이내에 하여야 한다.</td></tr>
<tr><td>① 보상결정에 대하여는 1주일 이내에 즉시항고를 할 수 있다.
② 청구기각결정에 대하여서도 즉시항고를 할 수 있다.</td></tr>
<tr><td>보상금의 청구</td><td colspan="2">① 보상금 지급을 청구하려는 자는 보상을 결정한 법원에 대응하는 검찰청에 보상금 지급청구서를 제출
② 보상결정이 송달된 후 2년 이내에 보상금 지급청구를 하지 아니할 때에는 권리를 상실한다.
③ 보상금을 받을 수 있는 자가 여러 명인 경우에는 그 중 1명이 한 보상금 지급청구는 보상결정을 받은 모두를 위하여 그 전부에 대하여 보상금 지급청구를 한 것으로 본다.</td></tr>
</table>

보상결정의 공시	① 법원은 보상결정이 확정되었을 때에는 2주일 내에 보상결정의 요지를 관보에 게재하여 공시하여야 한다.
	② 보상결정을 받은 자의 신청이 있을 때에는 그 결정의 요지를 신청인이 선택하는 두 종류 이상의 일간신문에 각각 한 번씩 공시하여야 하며 그 공시는 신청일부터 30일 이내에 하여야 한다.

판례 · 지문 **형사보상**

1. 경합범의 일부에 대하여 유죄가 선고되더라도 **다른 부분에 대하여 무죄가 선고되었다면 미결구금에 대한 형사보상을 청구할 수 있고** 판결이유에서만 무죄로 판단된 경우도 같지만, 미결구금 일수의 전부 또는 일부가 유죄에 대한 본형에 산입되는 것으로 확정되었다면 그 본형이 실형이든 집행유예가 부가된 형이든 산입된 **미결구금 일수는 형사보상의 대상이 되지 않는다**고 하였다(대판 2017모1990).

2. 비상상고의 절차에서 보호감호를 기각하는 재판을 받은 자가 원판결에 의하여 보호감호의 집행을 받았을 때에도 형사보상법 제1조 제2항을 유추적용하여 보호감호의 집행에 대한 보상을 청구할 수 있다고 해석함이 상당하고, 이렇게 해석하는 것이 형사보상청구의 권리를 선언하고 있는 헌법정신에도 부합한다(대법원 2004.10.18. 자 2004코1).

제5편 상소 · 특별

01. 약식명령

구분	항목	세부	내용
약식명령			약식절차란 지방법원의 관할사건에 대하여 검사의 청구가 있는 때에 공판절차를 경유하지 않고 서면심리만으로 피고인에게 벌금 · 과료 또는 몰수의 형을 과하는 간이한 재판절차를 말하며 이러한 약식절차에 의한 재판을 약식명령이라고 한다.
약식명령의 청구	대상		① 약식명령은 지방법원의 관할에 속하는 사건으로서 벌금 · 과료 또는 몰수에 처할 수 있는 사건에 대하여 청구할 수 있다(제448조 제1항). ② 벌금 · 과료 · 몰수의 형이 법정형에 선택적으로 규정되어 있으면 되나, 징역 · 금고만 규정된 경우나 다른 형과 벌금 · 과료 · 몰수를 병과 해야 하는 사건에 대해서는 청구할 수 없다.
	청구의 방식	청구권자	약식명령은 검사가 공소제기와 동시에 서면으로 하여야 한다(제449조).
		공소장 일본주의	검사는 약식명령의 청구와 동시에 약식명령을 하는데 필요한 증거서류 및 증거물을 법원에 제출하여야 하므로 공소장일본주의가 적용되지 않는다.
		공소장 부본	약식명령을 청구함에는 공소장부본의 첨부를 요하지 않는다. 따라서 약식명령이 청구된 경우에는 **공소장부본이 피고인에게 송달되지 않는다.**
	공판절차의 이행	이행의 사유	① 법원은 약식명령의 청구가 있는 경우에 그 사건이 약식명령으로 할 수 없거나 약식명령으로 하는 것이 적당하지 아니하다고 인정한 때 ② 약식명령으로 할 수 없는 경우란 법정형으로 벌금 또는 과료가 규정되어 있지 않은 죄에 대하여 약식명령의 청구가 있거나 그 사건에 대하여 무죄 · 면소 · 공소기각 또는 관할위반의 재판을 선고해야 할 경우를 말한다.
		이행 후 절차	① 법원의 약식명령의 청구가 있는 사건을 공판절차에 의하여 심판하기로 한 때에는 즉시 **그 취지를 검사에게 통지**하여야 한다(규칙 제172조 제1항). ② 통지를 받은 검사는 **5일 이내에 피고인의 수에 상응하는 공소장 부본을 법원에 제출**하여야 한다(규칙 제172조 제2항). ③ 법원은 **공소장 부본을 지체 없이 피고인 또는 변호인에게 송달**하여야 한다.
약식절차의 심판	서면심리		약식절차는 공판절차와 달리 서면심리에 의함을 원칙으로 한다.
	증거		자백배제법칙이나 자백의 보강법칙은 약식절차에서도 적용되지만 전문증거의 제한은 공판절차에 의할 것을 전제로 하는 것이므로 약식절차에 적용될 여지가 없다.
	사실조사		약식절차에서의 사실조사는 약식절차의 본질을 해하지 않는 범위에서만 허용된다고 해야 한다.
	약식명령의 고지		약식명령은 청구가 있은 날로부터 14일 이내에 하여야 하며, 약식명령의 고지는 검사와 피고인에 대한 재판서의 송달에 의하여야 한다(제452조).
	약식명령의 방식		① 약식명령에는 범죄사실, 적용법조, 주형, 부수처분과 약식명령의 고지를 받은 날로부터 7일 이내에 정식재판의 청구를 할 수 있음을 명시하여야 한다(제451조). ② 약식명령의 부수처분에는 추징 이외에 압수물의 환부나 벌금 · 과료 또는 추징에 대한 가납명령이 포함된다. ③ 약식명령으로 과할 수 있는 형은 벌금 · 과료 · 몰수에 한한다.
	약식명령 확정과 효력		① 약식명령은 정식재판의 청구기간이 경과하거나 그 청구의 취하 또는 청구기각의 결정이 확정한 때에는 확정판결과 동일한 효력이 있다(제457조). ② 약식명령이 확정되면 확정판결과 동일한 효력이 있으므로 기판력과 집행력을 발생하며 재심 또는 비상상고의 대상으로 된다. ③ 기판력의 시적 범위는 약식명령사건에 대한 실체심리가 가능하였던 시점인 약식명령의 발령시를 기준으로 해야 한다.

<table>
<tr><td rowspan="3">정식재판의 청구</td><td>청구권자</td><td colspan="2">① 정식재판의 청구권자는 검사와 피고인이다. 피고인은 정식재판의 청구를 포기할 수 없으나, 검사는 포기할 수 있다(제453조 제1항).
② 피고인의 법정대리인은 피고인의 의사와 관계없이, 피고인의 배우자 · 직계친족 · 형제자매 · 호주 · 대리인 또는 변호인은 피고인의 명시의 의사에 반하지 않는 한 독립하여 정식재판을 청구할 수 있다(제458조).</td></tr>
<tr><td>청구의 시기</td><td colspan="2">정식재판의 청구는 약식명령의 고지를 받은 날로부터 7일 이내에 약식명령을 한 법원에 서면으로 제출하여야 한다.</td></tr>
<tr><td>당사자에게 통지</td><td colspan="2">정식재판의 청구가 있는 때에는 법원은 지체 없이 검사 또는 피고인에게 그 사유를 통지하여야 한다(제453조). 공소장부본을 송달할 필요가 없다. 피고인에게는 이미 공소장부본과 동일한 내용의 약식명령서가 송달되어 있기 때문이다.</td></tr>
<tr><td>청구의 취하</td><td colspan="3">정식재판의 청구는 제1심판결 선고 전까지 취하할 수 있다(제454조). 정식재판청구를 취하한 자는 다시 정식재판을 청구하지 못한다.</td></tr>
<tr><td rowspan="5">재판</td><td>기각결정</td><td colspan="2">정식재판의 청구가 법령상의 방식에 위반하거나 청구권의 소멸 후인 것이 명백한 때에는 결정으로 기각하여야 한다. 이 결정에 대하여는 즉시항고를 할 수 있다</td></tr>
<tr><td rowspan="4">공판절차에 의한 심판</td><td>공판절차</td><td>정식재판의 청구가 적법한 때에는 약식명령에 구속되지 않고 사실인정, 법령적용에 관하여 법원은 자유롭게 판단할 수 있다.</td></tr>
<tr><td>변호인의 지위</td><td>약식절차에서 선임된 변호인은 정식재판절차에서도 당연히 변호인의 지위를 갖는다.</td></tr>
<tr><td>형종 상향의 금지</td><td>㉠ 피고인이 정식재판을 청구한 사건에 대하여는 약식명령의 형보다 중한 종류의 형을 선고하지 못한다.
㉡ 피고인이 정식재판을 청구한 사건에 대하여 약식명령의 형보다 중한 형을 선고하는 경우에는 판결서에 양형의 이유를 적어야 한다.</td></tr>
<tr><td>피고인의 불출석</td><td>피고인이 공판기일에 출정하지 아니한 때에는 다시 기일을 정하여야 하며, 피고인이 정당한 사유없이 다시 정한 기일에 출정하지 아니한 때에는 피고인의 진술없이 판결을 할 수 있다.</td></tr>
<tr><td>약식명령의 실효</td><td colspan="3">약식명령은 정식재판의 청구에 의한 판결이 있는 때에는 그 효력을 잃는다(제456조). 여기서 판결이 있을 때란 판결이 확정된 경우를 의미한다.</td></tr>
</table>

판례 · 지문 약식명령

1. 검사가 약식명령을 청구하는 때에는 약식명령의 청구와 동시에 약식명령을 하는 데 필요한 증거서류 및 증거물을 법원에 제출하여야 하는바, 이는 약식절차가 서면심리에 의한 재판이어서 공소장일본주의의 예외를 인정한 것이므로 **약식명령의 청구와 동시에 증거서류 및 증거물이 법원에 제출되었다 하여 공소장일본주의를 위반하였다 할 수 없고, 그 후 약식명령에 대한 정식재판청구가 제기되었음에도 법원이 증거서류 및 증거물을 검사에게 반환하지 않고 보관하고 있다고** 하여 그 **이전에 이미 적법하게 제기된 공소제기의 절차가 위법하게 된다고 할 수도 없다**(대판 2007도3906).

2. 법원은 약식명령의 청구가 있는 경우에 그 사건이 **약식명령을 할 수 없거나 약식명령으로 하는 것이 부적당하다고 인정한 때에는** 공판절차에 의하여 심판하여야 하고, 법원이 약식명령 청구사건을 공판절차에 의하여 심판하기로 함에 있어서는 **사실상 공판절차를 진행하면 되고, 특별한 형식상의 결정을 할 필요는 없다**(대법원 2003.11.14. 선고 2003도2735).

3. 판결절차 아닌 약식명령은 그 고지를 검사와 피고인에 대한 재판서 송달로써 하고 따로 선고하지 않으므로 약식

명령에 관하여는 그 **기판력의 시적 범위를** 약식명령의 송달시를 기준으로 할 것인가 또는 그 발령시를 기준으로 할 것인지 이론의 여지가 있으나 그 **기판력의 시적 범위를 판결절차와 달리하여야 할 이유가 없으므로 그 발령시를 기준**으로 하여야 한다(대판 1984.7.24. 84도1129).

4. 약식명령은 **피고인에게 송달함으로써 효력이 발생**하고 반드시 변호인에게 송달해야 하는 것은 아니므로 **정식재판 청구기간은 피고인에 대한 고지일을 기준**으로 하며 변호인이 제출할 것으로 믿고 피고인이 제출하지 못하였더라도 책임질 수 없는 사유에 해당하지 않는다(대판 2017모1557).

5. 피고인이 약식명령에 대하여 **정식재판을 청구한 사건에서 다른 사건을 병합심리한 후 경합범으로 처단**하면서 약식명령의 형량보다 **중한 형을 선고한 것은 형사소송법 제457조의2가 규정하는 불이익변경금지의 원칙에 어긋나지 아니한다**(대판 2003.5.13. 선고 2001도3212).

6. 검사가 사기죄에 대하여 약식명령의 청구를 한 다음, 피고인이 약식명령의 고지를 받고 정식재판의 청구를 하여 그 사건이 제1심법원에 계속 중일 때, 사기죄의 수단의 일부로 범한 사문서위조 및 동행사죄에 대하여 추가로 공소를 제기하였다고 하더라도 일사부재리의 원칙에 위반되거나 공소권을 남용한 것으로 공소제기의 절차가 법률의 규정에 위반하여 무효인 때에 해당한다고 볼 수는 없다(대판 1990.2.23. 89 도 2102).

7. 약식명령에 대하여 정식재판 청구가 이루어지고 그 후 진행된 정식재판 절차에서 유죄판결이 선고되어 확정된 경우, 피고인 등은 효력을 잃은 약식명령이 아니라 유죄의 확정판결을 대상으로 재심을 청구하여야 한다. 그런데도 그 재심개시결정에 의하여 재심이 개시된 대상은 약식명령으로 확정되고, 그 재심개시결정에 따라 재심절차를 진행하는 법원이 재심이 개시된 대상을 유죄의 확정판결로 변경할 수는 없다. 이 경우 그 재심개시결정은 이미 효력을 상실하여 재심을 개시할 수 없는 약식명령을 대상으로 한 것이므로, 그 재심개시결정에 따라 재심절차를 진행하는 법원으로서는 심판의 대상이 없어 아무런 재판을 할 수 없다(대판 2013.4.11. 2011도10626).

8. 형사소송법 제457조의2 제1항은 "피고인이 정식재판을 청구한 사건에 대하여는 약식명령의 형보다 중한 종류의 형을 선고하지 못한다." 라고 규정하여, 정식재판청구 사건에서의 **형종상향 금지의 원칙**을 정하고 있다. 위 형종 상향 금지의 원칙은 피고인이 **정식재판을 청구한 사건과 다른 사건이 병합 · 심리된 후 경합범으로 처단되는 경우**에도 정식재판을 청구한 사건에 대하여 그대로 적용된다(대판 2020. 3. 26. 선고 2020도355).

9. 피고인이 절도죄 등으로 벌금형의 약식명령을 발령받은 후 정식재판을 청구하였는데, 제1심법원이 위 정식재판청구 사건을 통상절차에 의해 공소가 제기된 다른 점유이탈물횡령 등 사건들과 **병합한 후** 각 죄에 대해 모두 징역형을 선택한 다음 **경합범으로 처단한 징역형을 선고**하자, 피고인과 검사가 각 양형부당을 이유로 항소한 사안에서, 제1심 판결 중 위 정식재판청구 사건 부분에 형사소송법 제457조의2 제1항에서 정한 **형종상향 금지의 원칙을 위반한 잘못**이 있다(2020. 4. 29. 선고 2017도13409)

구 분	약식절차	즉결심판절차
청구권자	검사	경찰서장
심 리	서면심리	판사가 직접 피고인신문
형벌의 범위	벌금 · 과료 · 몰수	20만원 이하 벌금 · 구류 · 과료
정식재판청구방법	약식명령한 법원에 서면으로	경찰서장에게
정식재판청구포기	피고인은 포기할 수 없다.	피고인 포기 가능
선고가능 한 재판	유죄판결만	유죄판결 · 무죄 · 면소 · 공소기각의 재판

02. 즉결심판

즉결심판	즉결심판절차라 함은 판사가 20만원 이하의 벌금 · 구류 · 과료에 처할 경미한 범죄사건에 관하여 공판절차에 의하지 아니하고 즉결심판절차에 의해 처리하는 심판절차를 말한다.	
즉결심판의 청구	청구권자	즉결심판의 청구권자는 경찰서장 또는 해양경찰서장이다(즉결법 제3조 제1항).
	심판의 대상	즉결심판의 대상이 되는 범죄는 20만원 이하의 벌금 · 구류 · 과료에 처할 사건에 한한다. 여기서 20만원 이하의 벌금 · 구류 · 과료는 **법정형이 아니고 선고형을 기준**으로 한다.
	관할법원	즉결심판사건의 관할법원은 지방법원 지원 또는 시 · 군 법원이다. 지방법원 또는 그 지원의 판사는 관할사무와 관계없이 즉결심판청구사건을 심판할 수 있다
	청구의 방식	① 즉결심판의 청구는 서면으로 하여야 하며 그 서면(즉결심판청구서)에는 피고인의 성명 기타 피고인을 특정할 수 있는 사항, 죄명, 범죄사실과 적용 법조를 기재하여야 한다(동법 제3조).
		② 경찰서장은 즉결심판의 청구와 동시에 즉결심판을 함에 필요한 서류 또는 증거물을 판사에게 제출하여야 한다(동법 제4조). 즉결심판의 경우에는 공소장일본주의가 적용되지 아니한다.
		③ 즉결심판의 청구가 있으면 즉시 심판하여야 하므로 청구서에 부본을 첨부할 필요가 없으며, 피고인에게 부본을 송달할 필요도 없다.
	청구기각 결정	① 판사는 사건이 즉결심판을 할 수 없거나 즉결심판절차에 의하여 심판함이 적당하지 아니하다고 인정한 경우에는 결정으로 즉결심판의 청구를 기각하여야 한다.
		② 청구기각의 결정이 있는 때에는 경찰서장은 지체 없이 사건을 관할지방 검찰청 또는 지청의 장에게 송치하여야 한다(동법 제5조).
사건의 심리	심리의 시기	즉결심판의 청구가 있는 때에는 판사는 즉결심판청구를 기각하는 경우를 제외하고 즉시 심판을 하여야 한다(동법 제6조).
	심리장소	즉결심판절차에 의한 심리와 재판의 선고는 공개된 법정에서 행하되, 그 법정은 경찰관서(해양경찰관서를 포함한다) 외의 장소에 설치되어야 한다.
	궐석재판 허용	① 즉결심판의 경우에도 원칙적으로 피고인의 출석이 개정요건이다. ② 벌금 또는 과료를 선고하는 경우에는 피고인이 출석하지 아니하더라도 심판할 수 있다. ③ 피고인 또는 즉결심판출석통지서를 받은 자는 법원에 불출석심판을 청구할 수 있고, **법원이 이를 허가한 때**에는 피고인이 출석하지 아니하더라도 심판할 수 있다.
	심리방법	① 판사는 피고인에게 피고사건의 내용과 「형사소송법」 제283조의2에 규정된 진술거부권이 있음을 알리고 변명할 기회를 주어야 한다. ② 구류에 처하는 경우를 제외하고 판사는 상당하다고 인정되는 경우에 한하여 피고인의 진술서와 경찰서장이 송부한 서류 또는 증거물에 의하여 개정 없이 심판할 수 있다.
	증거조사	① 판사는 필요하다고 인정한 때에는 적당한 방법에 의하여 재정하는 증거에 한하여 조사할 수 있다(동법 제9조 제2항). ② 변호인은 기일에 출석하여 증거조사에 참여할 수 있으며 의견을 진술할 수 있다.

증거법에 관한 특칙	배 제	① 전문법칙 : 즉결심판절차에 있어서는 형사소송법 제312조 제2항 및 제313조의 규정(전문법칙)은 적용되지 아니한다(동법 제10조). ☞사법경찰관이 작성한 피의자신문조서는 본인이 내용을 인정하지 않는 경우에도 증거로 할 수 있고, 진술서도 성립의 진정이 인정되지 않아도 증거로 할 수 있다. ② 보강법칙 : 즉결심판절차에서는 자백의 보강법칙이 적용되지 않으므로, 보강증거가 없더라도 피고인의 자백만으로 유죄판결을 선고할 수 있다.
	적 용	즉결심판절차에서도 자백배제의 법칙과 위법수집증거배제의 법칙은 적용된다.
즉결심판의 선고	선고방식	① 즉결심판으로 유죄를 선고할 때에는 형, 범죄사실과 적용 법조를 명시하고 피고인은 7일 이내에 정식재판을 청구할 수 있다는 것을 고지하여야 한다. ② 개정없이 심판한 경우에는 법원사무관 등은 7일 이내에 정식재판을 청구할 수 있음을 부기한 즉결심판서의 등본을 피고인에게 송달하여 고지한다.
	선고형	① 즉결심판으로 선고 · 고지할 수 있는 주형은 20만원 이하의 벌금, 구류 또는 과료에 한한다. ② 판사는 사건이 무죄 · 면소 · 공소기각을 함이 명백하다고 인정할 때에는 이를 선고 · 고지할 수 있다.
	유치명령	판사는 구류의 선고를 받은 피고인이 일정한 주소가 없거나 또는 도망할 염려가 있을 때에는 5일을 초과하지 아니하는 기간 경찰서유치장에 유치할 것을 명령할 수 있다 다만, 이 기간은 선고기간을 초과할 수 없다(동법 제17조 제1항 · 제2항).
	가납명령	벌금 또는 과료를 선고하였을 때에는 노역장 유치기간을 선고하여야 하고 가납명령을 할 수 있다.
형의 집행	주 체	즉결심판에 의한 형의 집행은 경찰서장이 하고 그 집행결과를 지체 없이 검사에게 보고하여야 한다.
	집 행	① 구류는 경찰서유치장 · 구치소 또는 교도소에서 집행하며 구치소 또는 교도소에서 집행할 때에는 검사가 이를 지휘한다. ② 벌금, 과료, 몰수는 그 집행을 종료하면 지체 없이 검사에게 이를 인계하여야 한다. 다만, 즉결심판 확정 후 상당기간 내에 집행할 수 없을 때에는 검사에게 통지하여야 한다.
	집행정지	즉결심판에 의한 형의 집행정지는 사전에 검사의 허가를 얻어야 한다(동법 제18조 제4항).
	즉결심판의 효력	① 즉결심판은 정식재판청구기간의 경과, 정식재판청구의 포기 또는 그 청구의 취하, 정식재판청구를 기각하는 재판의 확정에 의해서 확정되며 확정되면 유죄 · 무죄의 확정판결과 동일한 효력이 발생한다. ② **즉결심판의 판결이 확정된 때**에는 즉결심판서 및 관계서류와 증거는 **관할경찰서 또는 지방해양경찰관서가 이를 보존**한다(동법 제13조).

<table>
<tr><td rowspan="5">정식재판의 청구</td><td>피고인</td><td>① 정식재판을 청구하고자 하는 피고인은 즉결심판의 선고 · 고지를 받은 날부터 7일 이내에 정식재판청구서를 경찰서장에게 제출하여야 한다.
② 정식재판청구서를 받은 경찰서장은 지체 없이 판사에게 이를 송부하여야 한다.</td></tr>
<tr><td>경찰서장</td><td>① 경찰서장은 즉결심판에서 무죄 · 면소 또는 공소기각을 선고 · 고지된 경우에는 그 선고 · 고지를 한 날부터 7일 이내에 정식재판을 청구할 수 있다.
② 이 경우 경찰서장은 관할 지방검찰청 또는 지청의 검사의 승인을 얻어 정식재판청구서를 판사에게 제출하여야 한다(동조 제2항).</td></tr>
<tr><td rowspan="3">청구 후 절차</td><td>① 판사의 송부: 정식재판청구서를 받은 판사는 7일 이내에 정식재판청구서를 첨부한 사건기록과 증거물을 경찰서장에게 송부하여야 한다.</td></tr>
<tr><td>② 경찰서장의 송부: 사건기록과 증거물을 받은 경찰서장은 이를 지체없이 관할 지방검찰청 또는 지청의 장에게 송부하여야 한다.</td></tr>
<tr><td>③ 검찰의 송부: 경찰서장으로부터 송부받은 검찰청 또는 지청의 장은 지체없이 관할법원에 이를 송부하여야 한다.</td></tr>
<tr><td rowspan="2">재판</td><td>청구기각 결정</td><td>정식재판의 청구가 법령상의 방식에 위반하거나 청구권의 소멸 후임이 명백한 때에는 결정으로 그 청구를 기각하여야 하며 정식재판의 청구가 적법한 때에는 공판절차에 의하여 심판하여야 한다.</td></tr>
<tr><td>공판절차</td><td>① 정식재판의 청구가 적법한 경우에는 공판절차에 관한 규정 중 약식절차에 관한 규정이 준용되므로, 즉결심판과 정식재판 사이에는 형종 상향의 금지의 원칙이 적용된다.
② 즉결심판절차는 전심재판의 관계에 있지 않으므로 즉결심판에 관여한 판사가 공판절차에 관여하더라도 제척사유에 해당하지 않는다.</td></tr>
<tr><td colspan="2">즉결심판의 실효</td><td>즉결심판은 정식재판의 청구에 의한 확정판결이 있는 때에는 그 효력을 잃는다(동조 제15조).</td></tr>
</table>

판례 · 지문 **즉결심판**

1. 형법 제59조 제1항은 1년 이하의 징역이나 금고, 자격정지 또는 벌금의 형을 선고할 경우 같은 법 제51조의 사항을 참작하여 개전의 정상이 현저한 때에는 선고를 유예할 수 있다고 규정하고 있어 형의 선고를 유예할 수 있는 경우는 선고할 형이 1년 이하의 징역이나 금고, 자격정지 또는 벌금의 형인 경우에 한하고 **구류형에 대하여는 선고를 유예할 수 없다**(대판 1993.6.22. 선고 93오1).

2. 즉결심판 청구기각의 결정이 있어 경찰서장이 관할 지방검찰청 또는 지청의 장에게 송치한 사건을 검사가 이를 즉결심판에 대한 피고인의 정식재판청구가 있은 사건으로 오인하여 그 사건기록을 법원에 송부한 경우에는 이러한 검사의 사건기록 송부행위는 외관상 즉결심판에 대한 피고인의 정식재판청구가 있는 사건의 사건기록 송부행위와 차이가 없다고 할지라도, 공소제기의 본질적 요소라고 할 수 있는 **검사에 의한 공소장의 제출이 없는 이상 기록을 법원에 송부한 사실만으로 공소제기가 성립되었다고 볼 수 없다**(대판 2003.11.14. 2003도2735).

3. 피고인이 택시 요금을 지불하지 않아 경범죄처벌법 위반으로 즉결심판에 회부되었다가 정식재판을 청구한 사안에서, 위 정식재판청구로 제1회 공판기일 전에 **사건기록 및 증거물이 경찰서장, 관할 지방검찰청 또는 지청의 장을 거쳐 관할 법원에 송부된다**고 하여 그 이전에 이미 적법하게 제기된 경찰서장의 즉결심판청구의 절차가 위법하게 된다고 볼 수 없고, 그 과정에서 **정식재판이 청구된 이후에 작성된 피해자에 대한 진술조서 등이 사건기록에 편철되어 송부되었다고 하더라도 달리 볼 것은 아니다**(대법원 2011.01.27. 선고 2008도7375).

4. 경찰서장이 범칙행위에 대하여 통고처분을 한 이상, 범칙자의 위와 같은 절차적 지위를 보장하기 위하여 통고처분에서 정한 범칙금 납부기간까지는 원칙적으로 경찰서장은 즉결심판을 청구할 수 없고, 검사도 동일한 범칙행위에 대하여 공소를 제기할 수 없다고 보아야 한다(대판 2020. 4. 29. 선고 2017도13409).

03. 소년법

소년법	소년법은 반사회성 있는 소년에 대하여 그 환경의 조정과 성행의 교정에 관한 보호처분을 행하고 소년의 건전한 육성을 기함을 목적으로 하며, 소년법에서 소년이라 함은 19세 미만의 자를 말한다.	
소년형사사건	소년형사사건이란 14세 이상 19세 미만의 죄를 범한 소년으로서 그 동기와 죄질이 금고 이상의 형사처분을 할 필요가 있다고 인정되는 사건을 말한다. ☞ ① 범죄소년 : 14세 이상 19세 미만(형벌의 선고도 가능) ② 촉범소년(보호처분만 가능) : 10세 이상 14세 미만 ③ 우범소년 : 10세 이상 19세 미만	
형사사건의 소년부 송치	**경찰서장의 송치**	촉법소년과 우범소년이 있는 때에는 경찰서장은 직접 관할소년부에 송치하여야 한다.
	검사의 송치	검사는 소년에 대한 피의사건을 수사한 결과 **보호처분에 해당하는 사유**가 있다고 인정한 경우에는 사건을 관할 소년부에 송치하여야 한다.
	법원의 송치	법원은 소년에 대한 피의사건을 심리한 결과 **보호처분에 해당하는 사유**가 있다고 인정한 경우에는 결정으로 사건을 관할 소년부에 송치하여야 한다.
소송조건 특칙	**공소제기의 제한**	보호처분을 받은 소년에 대하여는 그 심리 결정된 사건은 다시 공소를 제기하거나 소년부에 송치할 수 없다. 다만, 보호처분의 계속 중 본인이 처분당시 **19세 이상인 것이 판명**된 경우에는 공소를 제기할 수 있다(제53조).
	공소시효의 정지	보호절차에 의한 심리개시의 결정이 있는 때로부터 그 사건에 대한 보호처분의 결정이 확정될 때까지 공소의 시효는 그 진행이 정지된다(제54조).
	구속영장의 제한	소년에 대한 구속영장은 부득이한 경우가 아니면 발부하지 못한다. 소년을 구속하는 경우에는 특별한 사정이 없으면 다른 피의자나 피고인과 분리하여 수용하여야 한다.
공판절차 특칙	**조사관 위촉**	법원은 소년에 대한 형사사건에 관하여 그 필요한 사항의 조사를 조사관에게 위촉할 수 있다(제56조).
	심리의 비공개와 분리	① 심리는 공개하지 아니한다. ② 소년에 대한 형사사건의 심리는 다른 피의사건과 관련된 경우에도 심리에 지장이 없으면 그 절차를 분리하여야 한다(제57조).
양형상의 특칙	**사형 · 무기형의 완화**	범죄시를 기준으로 하여 죄를 범할 때에 **18세 미만인** 소년에 대하여는 사형 또는 무기형으로 처할 것인 때에는 **15년의 유기징역**으로 한다(제59조).
	부정기형	① 소년이 법정형 장기 2년 이상의 유기형에 해당하는 죄를 범한 때에는 그 형의 범위 안에서 장기와 단기를 정하여 선고한다. ☞**소년인지 여부는 재판시를 기준**으로 한다. 범행시에는 20세 미만인 자가 재판시에 성년이 된 경우에는 부정기형을 선고할 수 없다. ② 장기는 10년, 단기는 5년을 초과하지 못한다(제60조 제1항). ③ 집행유예, 형의 선고유예를 선고할 때는 부정기형을 선고하지 않는다.
	환형처분의 금지	18세 미만인 소년에 대하여는 벌금 또는 과료를 선고하는 경우 **노역장유치 선고를 하지 못한다**(제62조).
형집행의 특칙	**자유형의 집행**	① 징역 또는 금고의 선고를 받은 소년에 대하여는 특히 설치된 교도소 또는 일반 교도소 내에 특히 분계된 장소에서 그 형을 집행한다. 다만, 소년이 형의

		집행 중에 23세에 달한 때에는 일반 교도소에서 집행할 수 있다(제63조). ② 보호처분의 계속 중에 징역, 금고 또는 구류의 선고를 받은 소년에 대하여는 먼저 그 형을 집행한다(제64조).
	가석방요건의 완화	징역 또는 금고의 선고를 받은 소년에 대하여는 무기형에는 5년, 15년의 유기형에는 3년, 부정기형에는 단기의 3분의1의 기간을 경과하면 가석방을 허가할 수 있다(제65조).
	보호관찰	성범죄를 범한 소년의 경우 성폭력범죄를 범한 소년법 제2조에 따른 소년에 대하여 **형의 선고를 유예하는 경우에는 반드시 보호관찰을 명**하여야 한다.

참고 · 지문

1. 소년부는 심리결과 19세 이상인 것이 밝혀지면 결정으로 송치한 법원에 사건을 다시 이송하여야 한다.
2. 소년에 대한 형사사건에 관하여는 이 법에 특별한 규정이 없으면 일반 형사사건의 예에 따르므로 소년보호사건이 아닌 사건의 심리는 공개한다.

판례 · 지문 **소년법**

1. 소년으로 인정하여 구 **소년법에 의하여 부정기형을 선고**하였고, 그 항소심 계속 중 개정 소년법이 시행되었는데 **항소심판결 선고일에 피고인이 이미 19세에 달하여 개정 소년법상 소년에 해당하지 않게 되었다면**, 항소심법원은 **피고인에 대하여 정기형을 선고**하여야 한다(대판 2008.10.23. 선고 2008도8090).

2. **항소심 판결선고 당시 미성년자로서 부정기형을 선고**받은 피고인이 **상고심 계속 중에 성년**이 되었다 하더라도 **항소심의 부정기형선고를 정기형으로 고칠 수는 없다**(대법원 1990.11.27. 선고 90도2225).

3. 소년법 제2조에서의 **소년이라 함은 20세 미만자**로서 그것이 심판의 조건이므로 **범행시뿐만 아니라 심판시까지 계속**되어야 하는바, 따라서 소년법 제60조 제2항의 소년인지 여부의 판단은 원칙으로 심판시 즉 사실심 판결 선고시를 기준으로 한다(대판 96도1241).

04. 배상명령

배상명령	배상명령절차란 **법원이 직권 또는 피해자의 신청**에 의하여 피고인에게 피고사건의 범죄행위로 인하여 발생한 손해의 배상을 명하는 절차를 말한다.	
대상	피고사건	① 배상명령은 **상해죄, 중상해, 상해치사죄, 폭행치사상죄, 과실치사상의 죄, 절도와 강도의 죄, 사기와 공갈의 죄, 횡령과 배임의 죄, 손괴죄**에 한한다. ☞폭행죄·장물에 관한 죄와 존속범죄는 제외 ② 피고인과 피해자 사이에 합의된 손해배상액에 관하여도 배상을 명할 수 있다.
	유죄판결	배상명령은 범죄에 대하여 유죄판결을 선고한 경우에 한하여 할 수 있으므로, 무죄·면소 또는 공소기각의 재판을 하는 경우에는 배상명령을 할 수 없다.
범위	원 칙	배상명령은 피고사건의 범죄행위로 인하여 발생한 직접적인 물적 피해와 치료비 및 위자료도 배상명령의 범위에 포함된다. 그러나 **간접적 피해는 배상명령에 포함되지 않는다.**
	불허사유	① 피해자의 성명·주소가 분명하지 아니한 경우 ② 피해금액이 특정되지 않은 경우 ③ 피고인의 배상책임의 유무 또는 그 범위가 명백하지 아니한 경우 ④ 배상명령으로 인하여 공판절차가 현저히 지연될 우려가 있거나 형사소송절차에서 배상명령을 함이 상당하지 아니하다고 인정한 경우
배상절차	신청권자	① 배상명령의 신청은 피해자 또는 그 상속인이 할 수 있다. ② 피해자는 피고사건의 범죄행위로 인하여 발생한 피해에 관하여 다른 절차에 의한 손해배상청구가 법원에 계속 중인 때에는 배상신청을 할 수 없다.
	신청의 방법	① 피해자는 제1심 또는 제2심 공판의 변론 종결시까지 신청할 수 있다. ☞ 즉결심판절차, 약식명령절차, 상고심에서는 배상명령을 신청할 수 없다. ② 피해자가 배상신청을 함에는 신청서와 상대방 피고인의 수에 상응한 신청서 부본을 제출하여야 한다. 다만, 피해자가 증인으로 법정에 출석한 때에는 구술로 배상을 신청할 수 있다.
	효과	배상신청은 민사소송에 있어서의 소의 제기와 동일한 효력이 있다.
재판	각하	① 배상신청이 부적법한 때 또는 그 신청이 이유 없거나 배상명령을 함이 상당하지 아니하다고 인정될 때에는 결정으로 이를 각하하여야 한다. ② 신청을 각하하거나 그 일부를 인용한 재판에 대하여 신청인은 불복을 신청하지 못하며, 다시 동일한 배상신청을 할 수 없다. 신청인은 민사소송 등의 절차에 의하여 손해배상을 청구할 수 있다.
	배상명령의 선고	① 배상명령은 유죄판결의 선고와 동시에 하여야 한다. ② 배상명령은 가집행할 수 있음을 선고할 수 있다. ③ 배상명령을 한 때에는 유죄판결서의 정본을 피고인과 피해자에게 지체 없이 송달하여야 한다.
불복	상소에 의한 불복	㉠ 유죄판결에 대한 상소의 제기가 있는 때에는 배상명령은 피고사건과 함께 상소심에 이심된다. ㉡ 상소심에서 원심의 유죄판결을 파기하고 피고사건에 대하여 무죄·면소 또는 공소기각의 재판을 할 때에는 원심의 배상명령을 취소하여야 한다. ㉢ 원심에서 피고인과 피해자 사이에 합의된 배상액에 대하여 배상명령을 한 때에는 그러하지 않다. ㉣ 상소심에서 원심판결을 유지하는 경우에도 배상명령에 대하여는 이를 취소·변경할 수 있다.
	즉시항고	피고인은 유죄판결에 대하여 상소를 제기함이 없이 배상명령에 대하여만 상소제기 기간 내에 즉시항고를 할 수 있다.
배상명령의 효력	집행력	확정된 배상명령 또는 가집행 선고 있는 배상명령이 기재된 유죄판결서의 정본은 민사소송법에 의한 강제집행에 관하여는 집행력 있는 민사판결 정본과 동일한 효력이 있다.

판례 · 지문 **배상명령**

배상신청인의 배상명령신청에 대한 제1심판결이 피고인에 대하여 배상신청인에게 편취금을 지급할 것을 명하였으나, 배상신청인이 원심에 이르러 '피고인으로부터 피해를 회복받고 원만히 합의하였으므로 향후 민 · 형사상 일체의 이의(청구)를 제기하지 않을 것을 확약한다'는 취지의 **합의서를 제출한 사안**에서, 이는 배상신청인에 대한 피고인의 배상책임의 유무 및 범위가 명백하지 아니하여 **배상명령을 할 수 없는 경우에 해당**한다(대판 2017.5.11. 선고 2017도4088).

저자 이양수

약력

- 태학관법정연구회 형법, 형사소송법 강의
- 남부행정고시학원 7급, 경찰, 경찰승진 강의
- 한교고시학원 경찰, 검찰7급 강의
- 베리타스M 형사소송법 강의
- 법률중앙회 형사법 전임
- 고시타임지 편집인

주요저서

- 형사소송법(법고을, 1999)
- 객관식형사소송법(법고을, 1999)
- 경찰직대비 형사소송법(새롬, 2002)
- 완전정복 형사소송법(새롬, 2005)
- 개정 형사소송법 조문해설(고시가이드, 2007)
- 완전정복 형사소송법(법고을, 2010)
- 이양수 형사소송법(아름다운새벽, 2011)
- 이양수 형사소송법(법고을, 2014)
- 객관식 형사소송법(법고을, 2015)
- 이양수 형사소송법(아람, 2018)
- 이양수 형사소송법핵심정리(마이스터연구소, 2020)

2021대비 이양수 형사소송법 핵심정리

초판인쇄 : 2020년 10 월 10 일
초판발행 : 2020년 10 월 15 일
지은이 : 이 양 수
펴낸곳 : ㈜마이스터연구소
펴낸이 : 김연욱
출판등록 : 2007년 3월 12일 제307-2014-65호
주소 : 서울시 성북구 성북로4길 52, 스카이프라자 718호
전화 : 02-701-7002 팩스 : 02-6969-9428
이메일 : yeonuk2020@naver.com
ISBN 979-11-88586-04-2
정가 18,000원